图书在版编目（CIP）数据

欧桥村志 /《欧桥村志》编纂委员会编. —上海：文汇出版社，
2018.9

ISBN 978-7-5496-2724-0

Ⅰ.①欧… Ⅱ.①欧… Ⅲ.①村史-张家港
Ⅳ.①K295.35

中国版本图书馆CIP数据核字（2018）第219066号

欧桥村志

编　　者／《欧桥村志》编纂委员会
责任编辑／熊　勇

出版发行／**文匯**出版社
　　　　　上海市威海路755号
　　　　　（邮政编码200041）
印刷装订／成都勤德印务有限公司
版　　次／2018年10月第1版
印　　次／2018年10月第1次印刷
开　　本／787×1092　1/16
字　　数／460千
印　　张／23

ISBN 978-7-5496-2724-0
定价：178.00元

《欧桥村志》编纂委员会

主　　任：张小飞

副 主 任：田建林　　徐正芳

委　　员：徐建亭　　周学江　　张建博　　卢静芳　　杨建依　　陈　欢

《欧桥村志》编纂人员

主　　编：陶全坤

副 主 编：周正刚

助　　编：陆文龙　　吴益民　　吴　栋

摄　　影：刘志刚

《欧桥村志》审定单位

中共张家港市委党史地方志办公室

塘　桥　镇　人　民　政　府

塘桥镇地图（2015年）

欧桥小区

西旸工业小区

村民住宅（2017年摄）

小桥头自然村（2017年摄）

西旸街（2017年摄）

场角马家自然村
（2017年摄）

场角小区（2017年摄）

欧桥小区一角
（2017年摄）

新沙河排涝站
（2017年摄）

走马塘（2017年摄）

西山大桥（2017年摄）

瑞群服饰有限公司

公司外景（2015年摄）

电脑横机车间（2015年摄）

毛纺厂（2015年摄）

羊毛衫展示厅（2015年摄）

欧桥精纺有限公司

公司外景（2016年摄）

后整组车间（2011年摄）

织造车间

细纱车间（2016年摄）

业务洽谈（2016年摄）

盛而达纺织有限公司

公司外景（2017年摄）

纺纱车间（2017年摄）

盈盈针织服饰有限公司（2017年摄）

西旸工业小区一角（2017年摄）

水稻种植示范区
（2017年摄）

雅农生态园
（2017年摄）

启园生态农庄（2017年摄）

果园（2017年摄）

养鹅（2017年摄）

生猪饲养（2017年摄）

大棚种植（2017年摄）

农机收割（2017年摄）

西山茶场（2015年摄）

银行（2017年摄）

同购超市（2017年摄）

莲都超市（2017年摄）

西旸集市（2017年摄）

集市一角（2017年摄）

启园农庄餐厅
（2017年摄）

干部考核工作会议（2014年摄）

党员大会（2016年摄）

党员教育（2014年摄）

消防安全教育（2015年摄）

市领导在欧桥村调研
（2018年摄）

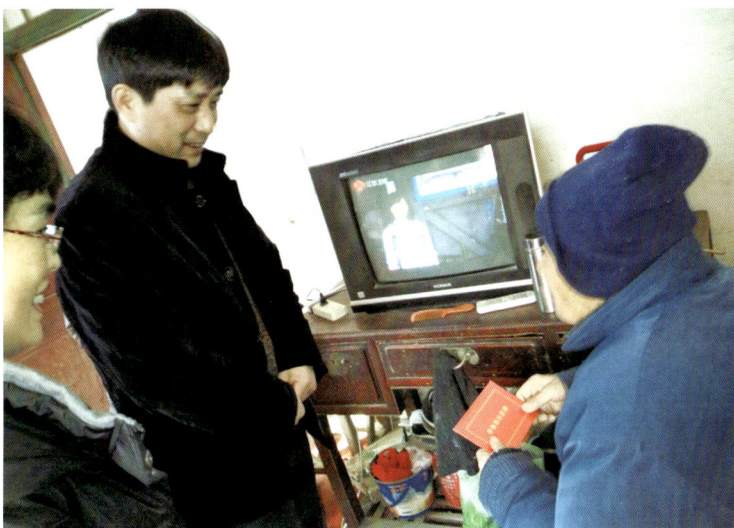

慰问老党员
（2012年摄）

党建工作会议（2014年摄）

防汛抗灾（2016年摄）

宣讲活动（2016年摄）

欧桥书厅评弹演出（2017年摄）

青少年暑期活动（2015年摄）

党员培训文艺专场（2016年摄）

端午节活动（2015年摄）

公益文艺巡演（2015年摄）

锡剧下乡巡演（2018年摄）

宝贝启蒙阅读（2014年摄）

西旸小学毕业师生合影（1989年摄）

欧桥小学（1975年摄）

西旸中学同学会（2016年摄）

欧桥体育代表队
（2017年摄）

塘桥镇第六届运
动会4×100米冠军合影

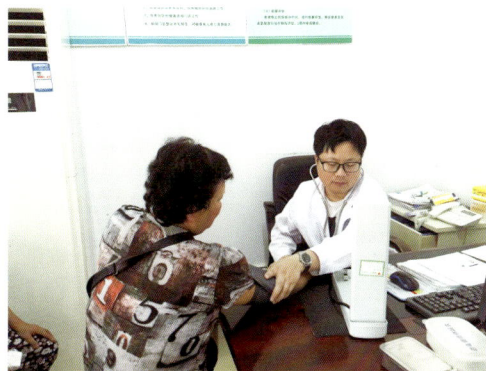

村民在卫生服务站问诊（2017年摄）

欧桥社区卫生服务站（2017年摄）

全省第一个千万元大队

中共江苏省委员会　江苏省人民政府
一九八〇年十二月

苏州市双文明单位

中共苏州市委员会
一九八三年十二月

全省农业先进单位

江苏省人民政府
一九八四年三月

江苏省十大创汇单位

江苏省人民政府
一九八八年

苏州市第一个亿元村

中共苏州市委员会　苏州市人民政府
一九八八年十二月

江苏省卫生村

江苏省爱国卫生运动委员会
二〇〇二年

苏州市先进基层党组织

中共苏州市委员会
二〇〇四年

苏州市先锋村

中共苏州市委员会　苏州市人民政府
二〇〇六年

序

　　历经三载，数易其稿，张家港市名村志系列丛书《欧桥村志》正式付梓出版了。这是欧桥历史发展中的一大盛事，是欧桥人民的大喜事，是全村精神文明建设的丰硕成果，可喜可贺。盛世修志，《欧桥村志》的面世，正是今日欧桥百花争艳、吉祥安康大好局面的生动体现。

　　欧桥是江南鱼米之乡，历史悠久，昔日因地处偏僻、交通不便而鲜为人知，历史上很少有记载，更不用说有部全面记载历史与现实的地方志书了。中华人民共和国成立后，尤其是党的十一届三中全会以来，欧桥发生翻天覆地的变化。全村人民在党的领导下，发扬艰苦奋斗、团结拼搏、勇于创新、开拓进取的创业精神，坚定不移地走农副工商综合经营之路，在这块7平方千米的沃土上，创造出一个又一个旧貌换新颜的奇迹，谱写出一首又一首小村大贡献的壮丽诗篇。20世纪80年代，欧桥村率先跨入全国"千万元村"的先进行列，初步形成了以农业为基础，以村办工业为主体，商业、运输业、服务业全面发展的多元化经营结构，成为苏州市第一个亿元村，外贸收购额列入江苏省十大创汇单位。全村进行规划早起点高的新农村建设，拥有一流的文化娱乐设施。往日的讨饭村成为苏南地区治穷致富的典型。今日的欧桥已发展成为经济发达、各项社会事业全面发展的现代化新农村。获江苏省名村、江苏省卫生村、江苏省生态村、苏州市文明村、苏州市农业现代化建设示范村和先锋村等荣誉称号。

　　追溯历史，感慨万千；展望未来，任重道远。为此，村党委将编纂村志列入为民办实事的文化工程，经过两位编纂人员艰苦工作，并在市委党史地方志办公室专家的悉心指导和社会各界人士大力协助下，现终竣其工。可以说，这是妙桥地区历史上第一部有着翔实历史依据、真实可信的村级志书，亦是一本凝聚众人智慧、全面介绍村情的生动读物。真诚希望全村广大干部、群众和一切关心家乡建设的亲朋好友都能认真一读，以加深对欧桥历史的了解，进而激发乡情、增加亲情、扩大友情，并从中获得启迪与鼓舞、激励与促进，以更加卓有成效的工作，把家乡建设得更富、更美、更强。

　　是为序。

中共塘桥镇欧桥村委员会书记　张小牛

2017 年 12 月

凡　例

一、本志以马列主义、毛泽东思想、邓小平理论、"三个代表"重要思想、科学发展观、习近平新时代中国特色社会主义思想为指导，坚持辩证唯物主义和历史唯物主义的立场、观点和方法，贯彻实事求是、存真求实的原则，力求完整、准确、科学地记述欧桥村境内物质文明和精神文明、自然和社会的历史演变和现状，并体现时代特点和村情特色。

二、本志按照详今略古原则，记述欧桥村经济社会的发展情况，反映欧桥村社会人文特色。上限尽力追溯事物的发端，下限迄于 2015 年末，彩页延至 2017 年。

三、本志以现行欧桥村行政区域为纪事域限，凡在村域内的企业、事业单位，均予以记述。

四、本志大事记以编年体为主，辅之于纪事本末体。

五、本志继承历来编志传统和新地方志的编纂体例，采用卷、章、节、目结构，横分门类，纵记史实，并辅之于图表。全志分概述、大事记、专志、志余等部分。专志设 15 卷，按卷、章、节、目层次排列。

六、本志以汉语语体文记述；述、记、志、传、图、表、录诸体并用，以志为主；记物叙事遵循《张家港市地方志编纂行文规范》。

七、人物设传记、名录 2 类。传记按生不立传的原则收录欧桥籍已故知名人士，以卒年为序。名录收录革命烈士、县级以上劳动模范、科技文卫界高级知识分子、宗教界人士、副镇（副局）级以上干部和苏州市级以上先进个人，收录市级以上集体荣誉。

八、历史纪年、地理名称、党派政府、官称等均沿用当时称呼。中华民国前的纪年，同时夹注公元纪年；中华民国成立后的纪年，一律采用公元纪年。名称第一次出现用全称，其后用简称。凡未用全称的"省""市""县""公社（乡、镇）"，均分别指江苏省、张家港市、沙洲县、妙桥公社（乡、镇）。除20世纪外，都写明何世纪、何年代。20世纪某年可只写年代，新世纪指21世纪。本志所言"党"又未指明何种党派，均指中国共产党。

九、数字书写、文字规范按国家统一规范为准。计量单位，中华人民共和国成立前一般沿用旧制，中华人民共和国成立后采用国家计量单位。土地面积计量单位公顷和亩同时使用。"文章辑录"和"志余"中的时间表述和计量单位依据原文。

十、本志资料来源于文献、档案、调查材料，均经考证核实，一般不注明出处。

目　录

第三卷　基础建设

概　述

欧桥村地处张家港市塘桥镇东部，与常熟市海虞镇毗邻，西与蒋家村、顾家村和妙桥社区相接，南连千年文化古村金村村，北与南丰镇永联村隔七干河相望，距市区16千米、塘桥镇区6.5千米。村域南北最大直线距离为4.3千米，东西最大直线距离为3.4千米。至2015年末，全村有西旸集镇和45个自然村，有居民1779户5828人。

一

欧桥村古属吴地。汉永建四年（129）隶属南沙乡。宋元时分属为常熟县南沙乡十四都、十七都。明代乡都区域未有大变，仅都以下划区。时西洋（西旸）为十四都十三区。清朝年间隶属常熟县南三场下十四都。清末至民国初年，隶属常熟县慈妙乡。1934年，境域东西部分属梅李区太平乡、西旸乡，1946年归属梅李区妙桥乡。1950年，境域分属福山区西旸乡和太平乡。1956年，农业合作化高潮时，境内有红旗二、五、六社，隶属常熟县塘桥区西旸乡。1957年，常熟县实行撤区并乡，境域隶属妙桥乡。1958年9月隶属常熟县妙桥公社。1962年1月始，归属沙洲县妙桥公社。1983年7月，隶属沙洲县妙桥乡，1986年撤乡建镇、撤县建市后，隶属张家港市妙桥镇。2003年8月，张家港市调整部分行政区划，域内为张家港市塘桥镇欧桥村、西旸村和立新村。2004年3月，塘桥镇调整部分行政区划，西旸、立新2村并入欧桥村，辖区面积7.01平方千米，共设3个片区，57个村民小组。

二

欧桥有着悠久的历史。据1974年西旸遗址出土石锛、石刀推断，6000年前境内就有人类活动。境内场角（常阁）、蔡家厅（大巷）、陈家宕（瑞草村）、王金川、刘家巷、张家云头等都是宋元年间形成的村落。早在宋代，西旸陈氏就在长江边建造西旸山居。明代就建造欧家桥（石条桥）、西旸桥（初称饮马桥）。域内先人素有反对外来侵略和反抗封建压迫的革命斗争传统。明朝，当地农民和道教信徒因抗倭斗争而"西阳山居"被焚烧。清光绪二十六年（1900）大旱，境内数百贫困农民响应塌山农民蒋松亭号召，不怕关杀而参与抗征斗争。1928年，境内西旸孟家宕贫苦农民孟云生就在常熟王庄参加革命，成为虞锡澄三地区共产党的水路交通员。1932年，境内遭灾荒，群众不怕镇压到当地富户（大地主）家"吃大户"。1950年以后，为响应党中央保家卫国的号召，境内先后有300余位热血青年参军，其中有16位参加中国人民志愿军，入朝参战。

<h1 style="text-align:center">三</h1>

旧时，境内村民大多以农为本，从事农业生产。种植的作物以水稻、元麦、小麦、黄豆、油菜和棉花为主。由于河稍、河浜、河潭、高墩、荒坟等众多，十年九荒，农作物产量很低。平常年份水稻亩产160千克，小麦60千克，棉花28千克。

中华人民共和国成立后，经过土地改革，农民有了自己的土地，并响应党中央号召走农业合作化之路，兴办互助组，创办初级社，组建高级社，实现农业集体化；通过修筑北部长江江堤、疏浚河道，提高防洪抗涝、抵御自然灾害的能力；通过推广农业耕作技术，合理安排作物布局，改良作物品种，使农业生产不断发展，农作物产量逐年提高。1955年，红旗二社水稻亩产264千克，小麦亩产108千克，棉花亩产籽棉79.5千克。可在1958年大跃进、人民公社化运动中，搞"一平二调"，极大地挫伤农民的劳动积极性，致粮食连续三年大幅减产。以后，又片面强调"以粮为纲"，强制推行种植双季稻、三熟制。产量虽有所提高，可花工大，农本高，十多年间农民人均年收益一直徘徊百元上下。改革开放后，境内欧桥大队在大力发展工业的同时，从工业积累中提取资金投入农田基本建设，填平河沟，修筑渠道，平整土地，建立农机站、购置农业耕种收割机械，加快了农业发展。1979年，该村粮食平均亩产量1302.15千克，棉花亩产皮棉58.6千克，油菜亩产158.5千克，为全县农业先进单位。1982年冬，境内欧桥、西旸、立新3村进行农村经济体制改革，实现家庭联产承包责任制，生产经营单位由51生产队扩大为1420余家农户，农民可以自己安排作物种植布局，自行安排劳动时间，农民有生产自主权，生产积极性高涨，从单一的农业走向农副工全面发展的道路。1986年，境内欧桥、西旸、立新等3村集体耕地面积5720亩，有大中型拖拉机9台/420马力，中小型收割机8台/96马力，电动机14台/98千瓦，农业机械总动力8870千瓦。其中欧桥村农业机械动力5360千瓦，位列全县各行政村之首。1985年秋，妙桥镇农业适度规模经营在境内欧桥村进行试点工作，该村将1038亩耕地承包给118名农民种植。1997年，欧桥村又试行种田大户规模经营承包责任制。2006年，欧桥村实行土地规模经营有偿使用。2007年，该村土地流出户亩均年收652元，其中种田大户的每亩土地使用费

352 元，市镇财政补贴 300 元。2015 年，该村土地由 35 位种田大户承包，其中在籍人口经营农业的仅 48 人，占全村劳动总人口的 1.37%。是年，全村粮食种植面积 7231 亩，平均单季亩产 470.2 千克，油料总产 14 吨，果品 15 吨，生猪出栏 700 头，羊出栏 45 头，家禽出栏 110 万羽，水产品总产量 215 吨。农业总收入达 3500 万元。

四

中华人民共和国成立前，境内小手工业遍布乡村，尤以土纺土织为甚。中华人民共和国成立后，西旸镇铁、木、竹、漆等作坊店纷纷开业。而村（大队）办工业起步于 60 年代、发展于 70 年代、壮大于 80 年代。1964 年，欧桥大队办起手套厂，西旸和立新大队亦分别办起粮饲加工厂和砖瓦厂。1971 年始，先后办起欧桥针织厂、欧桥农机修配厂、欧桥加捻厂、立新服装厂、西旸针织厂和西旸服装厂等。1977 年，工业总产值 173 万元，利润 31 万元。其中欧桥大队工业产值 98.98 万元，利税 19.02 万元。改革开放后，欧桥大队采取"母鸡生蛋"、"细胞分裂"的方法，大力发展村（大队）办企业。1980 年，有主要工业企业 4 家，工业总产值 1000.08 万元，占妙桥公社队办工业总产值的 42%，成为江苏省第一个工业产值超千万元的大队。1985 年，欧桥村主要工业企业 11 家，工业产值增至 2700 余万元。是年始，欧桥村遵循市场导向，效益至上的原则，不断调整产业结构，先后关闭手套厂、加捻厂，投资 600 余万元筹建精纺厂。1988 年，该村工业产值 10003 万元，成为张家港市乃至苏州市第一个工业产值超亿元的经济强村，外贸出口收购额超过 4180 万元，连续三年成为"江苏省十大创汇单位"。1990 年，境内欧桥、西旸、立新 3 村工业产值 16545 万元，其中欧桥村工业产值 14464 万元，西旸村工业产值 1346 万元。是年，境内改革开放进入新的发展阶级，羊毛衫个体加工业迅速发展，为私营企业发展奠定了基础。1992 年，境内有家庭个体工业 547 户，年加工羊毛衫 330 万件。其中欧桥村有 239 户 1300 人，约占全村总户数的 42%、总人口的 60%。1994 年，欧桥村第一家私营企业——瑞群服饰有限公司建办。至 1998 年，妙桥镇共有私营企业 27 家，而境内就有 11 家，其中欧桥 7 家。是年始，境内欧桥汽修厂、西旸针织缩绒厂、立新印刷厂等村办企业先后转制。至 2003 年，境内有私营企业 22 家，资产总额 2.53 亿元。2004 年，西旸、立新 2 村并入欧桥村后，私营企业增至 99 家，其中规模较大的工业企业 22 家。企业产业门类众多，而纺织业是支柱产业。2006 年欧桥村开辟西旸工业小区，11 家企业进区落户。2015 年，欧桥村有各类工业企业 69 家，其中欧桥精纺、瑞群服饰和盛而达纺织为张家港市大中型企业。是年，主要工业企业销售总收入 4.32 亿元。

五

欧桥的村组建设伴随着村级经济的发展而发展。

早在 1978 年，欧桥大队就制订比较完整的总体规划，在全村的中心点划出 0.21 平方千米，建成经济、文化和商业服务中心，四周为农业区。居民住宅区按照相对集中和适当分散的原则划出 16 个住宅区。从 80 年代初一排排的"兵营式"楼房到 80 年代后期逐步向别墅化发展。小区之间铺筑的水泥混凝土路达到 2800 米，建有日供水 1200 吨的自来水塔 4 座，户户用上自来水。建造全县第一个村级农民文化宫、书厅和灯光球场。移地建办占地 2200 余平方米、楼房建筑面积 640 平方米的欧桥小学。兴建欧桥饭店、欧桥商业大楼和苏南地区最早的村级宾馆，先后接待全国 20 个省、市、自治区领导和外宾 3000 余人次。1985 年，建办村级邮电所，设有 240 余门电话的总机，并开通程控电话。1988 年，欧桥村 540 户居民全部住上楼房。与此同时，境内立新、西旸 2 村居民亦掀起建楼造房的热潮，至 1998 年，2 村入住楼房户分别占其总户数的 92％和 96％。是年，境内立新、欧桥、西旸 3 村共铺筑沥青混凝土道路 12800 米，有配电间 5 座 2510 千伏安，发电机组 7 台，基本满足各村用电需求。境内各村耗资引用常熟东山水源，自来水普及率和改厕率平均为 55％和 44％。2002 年，境内饮用塘桥自来水厂的供水（长江水），自来水普及率 100％。是年，立新、欧桥、西旸等 3 村都建成江苏省卫生村。2004 年，立新、西旸并入欧桥村后，大力加强村组道路建设。2005 年，张杨公路东延和妙丰公路辟筑途经该村。该村先后建造西旸菜场小区、场角小区和欧桥小区，建筑面积 5.32 万平方米，并进一步加强小区道路和绿化园地建设。至 2015 年，全村总长 50 余千米的村组道路已基本建成水泥混凝土路面。

六

改革开放后，境内各村大力发展村级工业企业，由单一的农业经济向以工业经济为主、多种经济并存转变。1980 年，欧桥大队成为省第一个千万元大队。1988 年，欧桥村成为张家港市乃至苏州市第一个亿元村，成为苏南地区治穷致富的典型。1992 年，境内立新、欧桥、西旸等 3 村工农业总产值 2.71 亿元，村民人均纯收入 2413 元。其中欧桥村工农业总产值 2.11 亿元，村民人均纯收入 2799 元。2002 年，境内立新、欧桥、西旸等 3 村工农业总产值 2.63 亿元，村民生活步入小康，人均纯收入 6873 元。2004 年，境内 3 村合并成立新的欧桥村后，先后荣获江苏省生态村、苏州市文明村、苏州市农业现代化建设示范村、苏州市先锋村等称号。2010 年，欧桥村经济总收入 6.99 亿元，村民人均纯收入 1.64 万元。2015 年，村民人均纯收入 3.16 万元，人均住房面积 65 平方米，有线电视入户率 100％，互联网宽带上网用户 1000 余户，全村 60 岁以上老人中 34.85％享受城镇保险退休待遇。近年来，欧桥村党委在传承欧桥创业精神，锐意发展村级经济，切实增加村民收入的同时，进一步完善农村公共事业体系，促进农村人居、卫生、文化等各方面的协调发展。回首过去，欧桥人民在一心一意为集体兴旺发展、富有改革开拓精神的历届党组织坚强带领下，成就辉煌：迅猛持续发展的纺织工业，以工建农的现代化农业，农村一流的文化娱乐休闲设施和农民蒸蒸日上的物质条件和精神生活。

　　放眼未来，在描绘城乡一体化新农村和谐蓝图过程中，必将迎来新的课题。欧桥人民在中国共产党领导下，将用自己勤劳的双手，于实践中不断克服困难，继续开拓未来，欧桥的明天更加美好。

大 事 记

汉

高祖十二年（前 195）

吴王刘濞开凿盐铁塘，全长 150 千米，流经境内长约 2.3 千米。

永建四年（129）

设有南沙乡，西旸（阳）、欧桥等地均属该乡管辖。

晋

咸康七年（341）

以南沙乡之地设立南沙县，县治境域之东铜官山。

南北朝

梁大同六年（540）

南沙县更名为常熟县，县治仍在境域之东铜官山。

唐

武德七年（624）

常熟县县治迁至海虞城（即今虞山镇）。境内隶属常熟县太平乡。

宋

建炎初（1127）

黄泗浦设巡检司，置九座烽堠，其中有西洋墩和陈浦墩，职掌巡盐和捕盗。

嘉熙年间（1237～1240），进士、温州教授陈元大在西阳（旸）倡道，建别业（即西阳山居），并繁衍西阳派陈氏一族。

宝祐二年（1254），常熟县归并成九乡五十都，西旸及周边之地属南沙乡十四都伍相里。

宋朝开始，境内农民利用长江滩涂围垦农田，至清朝末，围垦总面积约300亩。

元

至正十二年（1352）

春，境内霪雨连绵80余日。

至正十五年（1355）

张士诚拥兵南渡，由福山登陆，驻扎殿山，西旸、立新、欧桥等地一度由其管辖。

明

嘉靖三十一年（1552）

西阳山居毁于倭乱。

明朝中期，在境内西旸港建人行石桥，初名兴龙桥，后称欧家桥。

清

康熙十二年（1673）

浚西洋（旸）港，长3100丈。

康熙十三年（1674）

西阳陈氏十四世孙陈道与族人在西阳山居旧址兴建辟尘道院。

康熙年间（1662～1722）

元大十四世孙陈道编辑《西阳陈氏家乘》，元大十五世孙陈安世和陈桂恩同编《西阳陈氏世系》。

康熙五十三年（1714）

西旸陈桂恩中举，乾隆丙辰明通进士。

乾隆二十一年（1756）

西旸陈士林中举，翌年会试登进士。

乾隆二十四年（1759）

西旸陈桂森中举，三十一年（1766）会试登进士。

嘉庆二十三年（1818）

西旸大巷（蔡家宕）蔡义斋（字大海）中武举人。

道光八年（1828）

西旸大巷（蔡家宕）蔡文山（字登玉）中举。

咸丰六年（1856）

夏，大旱，境内大小河道底朝天，酿成严重灾害。

光绪十八年（1893）

辟尘道院迁至西旸神阳堂老宅仙人台基上，该道院从此又称金童庙。

宣统二年（1910）

常熟县实行地方自治，建立慈妙乡，西旸、立新、欧桥等地隶属该乡管辖。

清朝中期，崇明张氏"九思堂"中分出数家迁居西旸，繁衍后代，形成张家巷。

清末至民国初年，西洋泾（西旸港）口开设鱼行、茶馆和杂货店，出现早市，形成西旸街。

中华民国

1926 年

7 月，气候酷热，31 日最高气温达 39 摄氏度，疫病流行。

1928 年

7 月 16 日，大批蝗虫从西北澄江方面飞至鹿苑、欧桥（西旸）、福山等地，所歇之处，稻黍之属，均遭殃及。

8 月，西旸之北孟家宕农民孟云生在王庄经宋水竹、赵宋诚介绍加入中国共产党。

1929 年

春，西旸港渔业达到鼎盛时期，洽和渔行在西旸集镇开设。

8 月，常熟县实行区乡制，西旸、立新、欧桥等地属福山区慈妙乡管辖。

1930 年

11 月 5 日始，西洋（旸）镇接连发生绑劫人案，在西旸张家巷行医的名医章成器被掳。

1931 年

春，吴永嘉在西旸街旗杆下创办西旸小学。

6 月 21 日，在西旸等地横行一时的巨匪郑玉山、万锦康、花吉甫、于启闭、刘小三等 5 人被正法。

7 月，连降大雨，江潮倒灌，西旸及周边地区田禾被淹。

1932 年

冬，境内遭灾荒，境内南部穷苦灾民到周家院富户和立新钱玉山家"吃大户"，时称为发"饥粮"。

1934 年

4 月，常熟县 15 个区改划 8 个区，辖 260 个小乡镇，境域分属梅李区西旸乡、太平乡管辖。

夏，大旱，境内中小河道干涸。

是年，西旸小学首任校长吴永嘉提议将"西阳"这地名更名"西旸"（旸，日出之意）。

1935 年

10 月，稻禾螟虫危害严重，遍野死稻，西旸地区秋粮严重减产。

1936 年

3 月，福利垦殖公司在境域北部长江江滩围垦丙子东圩，得田 200 亩。

春，西旸街成立自卫队。翌年 11 月，日军入侵境内时自动解散。

1937 年

11 月 15 日（农历十月十三日），日军从福山登陆，沿海塍西进，境内沦陷。

1939 年

3 月，汪伪江苏省维新政府废除区制，境域属慈妙乡。翌年 7 月，又变更区划，境域分属西旸、太平、周院 3 个小乡管辖。

是年，境内一批地方武装纷纷组建"忠救军情报组"、"琴东突击队"。

1941 年

7 月，日军在海塍一线，筑起篱笆，在西旸桥西侧设检问所。

9 月，境内农民缪法法因到海塍北种地钻篱笆，被日军毒打并推至河中，因病而死。

9 月，境内农民蔡才才因钻篱笆，被日军打了 3 枪。

1942 年

8 月 11～13 日，暴雨两昼夜，西旸一带江水倒灌，农田被淹，庄稼被毁。

是年，福利垦殖公司在境内北部江滩围垦东壬午圩（俗称团子圩），得田 104 亩。

1944 年

是年，福利垦殖公司在境内北部江滩围垦甲申圩，得田 205 亩。

1945 年

9 月，小股日军撤出境内西旸，去常熟城受降。百姓自发庆祝抗日战争胜利。

11 月，常熟县政府撤销伪建置区划，恢复抗战前设置的 8 个区，境内仍属梅李区管辖。

是年，福利垦殖公司在境内北部江滩围垦乙酉圩，得田 160 亩。

1946 年

5 月，常熟县对区以下乡镇实行扩并，境域隶属妙桥乡。

8 月，龚心湛在南杨巷创办私塾（后称欧桥初小），许顺兴在张家云头建办云头私塾（后称云头初小）。

10 月 27 日，狂风暴雨，潮水袭击，西旸之北沿江农舍、农田被淹，稻、棉和黄豆颗粒无收。

1947 年

2 月，市场粮价飞涨，境内西旸集市白米每石市价 14 万元。

夏，妙桥乡长殷纪良剋扣教育经费，境内西旸小学校长孙家穰发起向常熟县法院起诉。

是年，境内北部沿江一带驻有国民党江防部队。

1948 年

2 月，国民党在城乡疯狂抓丁，境内许多青年有家难归。颜大连等部分青年被抓入伍。

年末，常熟县长令各区武装征粮，境内农民开展抗粮、抗捐斗争。

1949 年

4 月 27 日，中共江南工会苏常昆太武装工作队进驻常熟，占领西旸（欧桥）、妙桥等地，宣告妙桥地区解放。

7 月 24 日（农历六月二十九日），6 号台风过境，伴长江洪水，境域北部圩岸全线冲塌，溺死农民多人。

中华人民共和国

1949 年

10 月 1 日，境内人民热烈欢庆中华人民共和国成立。

是月，境内各村开始秋征，每亩按平均产量 10％征收。

12 月，域内各村普遍创办冬学、民校。

1950 年

3 月，常熟县划区建乡，境内主要属福山区西旸乡管辖，乡长王三盈，农会主任徐小青，民兵中队长张生保，欧桥地方划为四、五、六3个村，四村村长卢坤坤（后为王小大），农会主任杨永法（后为王锡根），民兵分队王永兴（后为周良保）；五村村长高金生（后为徐志保、高培升），农会主任徐永林（后为高洪标），民兵分队长王阿福；六村村长张林生（后为陆连保），农会主任杨关林，民兵分队长陈林林。

是年，境内西旸乡一、二、三、四、五、六村和太平乡三、四、六、七等村农民在常熟县人民政府领导下参加长江复堤工程建设，修筑沙田沿江大堤。

1951 年

1月，西旸乡土地改革运动（简称土改）开始，至6月底结束，土改工作队有任瑞金、季天生等人。任瑞金任队长。

冬，境内抗美援朝运动开始，境内参军的四村有3人，五村有3人，六村有2人。邹保林、陆三保、严坤元等曾赴朝参战。

1952 年

2月，由福山区组织领导，疏浚西旸塘。其北段经过欧桥境内，出动民工200余人，共挑土方8000余立方米。

上半年，境内最早成立互助组的是西旸乡六村，组长陆连保，参加农户有16户，30余男女劳动力。

秋，中共常熟县委在东张乡举办党训班，境内徐小青、刘智保、高洪标等人参加，刘智保在培训学习期间入了党。

是年，境内各村全民普种牛痘，并开展鼠疫、霍乱、伤寒、疟疾等病的防治工作。

1953 年

上半年，中共西旸乡支部成立，首任支部书记为刘智保。

7月1日，全国第一次人口普查登记工作在境内各村进行。

11月，境内各村贯彻执行粮食统购统销政策。

1954 年

4月，境内棉田普遍改植岱字棉。

上半年，在西旸乡十三村（今沙田村）红旗社（全福山区第一个初级农业合作社）的带动下，欧桥地方六村首先成立了初级社，参加的农户有100余户，200余劳动力。

1955 年

春，境内各村贯彻中央粮食"三定"（定产、定购、定销）政策。至10月，"三定"政策全部落实到各组各户。

是年，境内各村都建立初级农业合作社。

1956 年

2月，常熟县并区并乡，境内属塘桥区西旸乡（中乡）管辖，乡长陈忠保，民兵中队长钱加保，党支部书记蒋三保。

上半年，欧桥地方成立了高级农业生产合作社，社长陆连保，会计张永来，入社农户 300 余户，劳动力 600 余人。

8 月 1 日，受强台风、江潮、暴雨袭击，境内房屋倒塌数十间。

1957 年

8 月，常熟县撤区并乡，妙桥地区 3 个乡（妙桥、金村、西旸）合并为妙桥乡，境内属妙桥乡管辖。

是月，境内红旗二社、红旗五社、红旗六社等高级农业生产合作社都建立了党支部，其中红旗五社支部书记为陆连保（后为朱元坤）。

9 月，妙桥乡各高级社均建立共青团支部，其中红旗五社团支部书记为刘仁根。

10 月，境内各农业社开始在低产田试种撒播麦。翌年夏熟作物大增产。

是年底，红旗五社有 19 个生产队，全社共 329 户 1268 人，其中男性 621 人，女性 647 人，正、辅劳动力 890 人。有耕地 2123 亩，其中集体耕地 2086 亩。全年粮食总产 756 吨，经济总收入 13.17 万元，社员人均分配 75 元。

1958 年

2 月，红旗二、五、六社组织劳力围垦跃进圩。

9 月，常熟县妙桥人民公社成立，境内有西旸中心大队、欧桥大队和太子大队，其中欧桥大队划分为 13 个生产队，支部书记朱元坤，副书记陆连保，大队长高培升，会计张永来。

秋，境内各大队大搞土地深翻，实行大兵团作战。其中欧桥大队成立了 1 个民兵营，3 个民兵团，营部设在刘家巷，书记朱元坤兼任营长，徐根兴、徐根根、刘仁根任连长。

秋，境内西旸、欧桥和太子等大队都办起公共食堂，其中欧桥大队 13 个生产队都办起了食堂，社员开始集体用膳，至 1959 年合并为 5 个食堂。

下半年，在"一平二调"中，境内各大队部分农户住房被拆。其中欧桥大队被拆房屋占 50%，共计 600 多间，有 4 个自然村全部被拆。

11 月，常熟县组织开挖望虞河，境内各大队抽调大批农民去水利工地挑泥。欧桥大队朱元坤、徐根兴、王小大等 300 余位民工，共挑土 3 万余立方米。民工徐坛保、周小香（女）被苏州地区评为望虞河首期工程"水利英雄"。

1959 年

夏，旱象持续 49 天，境内部分河塘干涸。

9 月，上级动员各地社员支援边疆建设，欧桥大队有陆保生、李祥华、徐良等 3 户全家去新疆落户。

1960 年

9 月，境内各大队贯彻落实中央《关于全党动手、大办农业，大办粮食的指示》，垦种"十边"，广种粗粮、杂粮。

是年，欧桥大队集体耕地面积 2241 亩，粮食总产 461.98 吨，人均口粮 180 千克，人均收入 76.2 元。

1961 年

6 月，阴雨连绵，夏熟登场，社员家晾晒潮麦。

7 月，境内各大队实行以生产队为基本核算单位的农村经济管理体制。

8 月，境内各大队补划社员自留地，其中欧桥大队平均每人 0.06 亩。

9 月，妙桥人民公社取消分配上的供给制，境内各生产队公共食堂先后停办。

是年，境内各大队的生产队粮食歉收，得浮肿病人数较多。

1962 年

1 月 1 日，沙洲县正式成立。境内欧桥、西旸、太子、瞿家隶属沙洲县妙桥公社。

是月，境内欧桥大队党支部书记何益生，西旸（中心）大队党支部书记孟祖连，太子大队党支部书记张仁年。

8 月 15 日，受龙卷风袭击，境内各大队损坏房间 100 余间，其中欧桥大队损坏房屋 40 余间。

9 月 6 日，14 号台风过境，风力 9～10 级，连降暴雨 36 小时，境内吹倒草屋 15 间，倒塌土墙 90 余座，吹翻烟囱 200 余个。

是年，口粮、柴草分给社员，境内各户自炊用膳。

是年，境内瞿家、太子、欧桥和西旸 4 个大队农业收入 45.48 万元。其中瞿家大队 6.07 万元，太子大队 9.1 万元，欧桥大队 14.29 万元，西旸大队 16.02 万元。

1963 年

3 月，境内各大队组织各生产队民工围垦六三圩。

是年，欧桥大队试种 6 亩双季稻，前季亩产 150 余千克，后季亩产 200 余千克。试验获得成功，翌年在全大队推广。

是年，境内欧桥大队农业收入 17.53 万元。

1964 年

1 月，根据公社党委安排，境内各大队开展社会主义教育运动。

春，境内北部跨西旸港兴建西旸港闸，同年 5 月完工。

4 月，常熟轮船公司在西旸设立轮船码头，每天开出一班，载客往返于西旸和常熟之间。

7 月 1 日，境内欧桥、西旸、太子和瞿家等大队开展全国性的第二次人口普查工作。

10月，境内各大队贫下中农协会建立，各生产队设组长1人。

11月，在西旸集镇东创办沙洲县西旸农业中学，始有1个班级，2名教师。

是年，欧桥大队建办手套厂，并从养殖场迁至西旸集镇南侧，厂长杨仕良，会计刘顺明。

是年，欧桥大队人均口粮：有11个生产队在250～300千克之间，还有6个生产队在225.5～250千克之间，平均256千克。

是年，境内各大队建办耕读小学（耕读班），每校1个班级，1名教师。

是年，西旸大队建办境内第一家粮饲加工厂，有职工6人。

是年，欧桥大队农业收入23.52万元。

1965 年

2月，贯彻中共中央二十三条《关于农村社会主义教育运动中目前提出的一些问题》，境内各大队开展以"清政治、清思想、清经济、清组织"为内容的面上社会主义教育运动。

下半年，欧桥大队组建文艺宣传队，张永来任宣传队队长，共有队员15人，演出的节目有锡剧《红灯记》《红色的种子》等。

是年，境内太子大队建办砖瓦厂，有职工17人。

是年，境内瞿家、太子、欧桥和西旸4个大队农业总收入73.9万元。其中瞿家大队10.6万元，太子大队13.67万元，欧桥大队23.99万元，西旸大队25.64万元。

1966 年

4月，境内各大队和49个生产队都建立学习毛泽东思想小组。

下半年，"文化大革命"初期，境内各大队组织突击队开展"破四旧，立四新"活动。社员家的铜器、床上的"登科发禄""五子登科"一类的花板等都在破除之列。

冬，欧桥大队一部分青年自发组织红卫兵，参加者20余人。

是年，欧桥大队农业收入28.12万元。

1967 年

1月，在"文化大革命"冲击下，境内西旸、欧桥和太子等大队党组织处于瘫痪状态。

4月，外地一"造反派"组织到欧桥大队串联，挑动本地红卫兵对大队支部书记高培升进行批判。

是年，境内太子大队更名为立新大队。

是年，欧桥大队群众组织开批斗会，对曾任欧桥大队支部书记的何益生（今顾家村人）进行了批斗。

是年，西旸大队建造大队大会堂，建筑面积 200 平方米。

是年，境内欧桥大队农业收入 24.87 万元。

1968 年

7 月，境内各大队开展"三忠于"（即忠于毛主席、忠于毛泽东思想、忠于毛主席的劳动革命路线）活动，建忠字堂，唱忠字歌。人人携带语录袋（本）。

8 月，境内西旸农业中学更名西旸初级中学，并易址西旸街北重建。

10 月，撤销瞿家大队，部分生产队并入立新大队。仇家大队油车、大巷、场角和马家弄等 4 个自然村并入西旸大队。

是月，境内各大队建立革命生产领导小组。

是年，境内稻飞虱盛发，单季稻亩产减产二成。

境内立新、欧桥和西旸 3 个大队农业总收入 77.17 万元。其中立新大队 18.4 万元，欧桥大队 25.56 万元，西旸大队 33.21 万元。

1969 年

3 月，撤销境内各大队革命生产领导小组，建立大队革命委员会。

下半年，境内各大队建立合作医疗管理小组，设有卫生室。欧桥大队"赤脚医生"有陆永林、杨振球等 2 人。

9 月，境内各小学下放大队办。欧桥初级小学从南杨家巷迁至刘家巷北侧，改名欧桥大队小学。

是年，欧桥大队农业收入 28.28 万元。

1970 年

1 月，欧桥大队革委会主任张永来带领全大队干部群众发展工业，走"以工富村"的道路，改变"吃粮靠返销，生活靠救济，生产靠贷款"的贫穷单一农业经济的旧面貌。

3 月 8 日，境内飞雪打雷，夏熟作物冻害严重。

10 月，张永来任欧桥大队党支部书记，孟祖连任西旸大队党支部书记，支妙生任立新大队党支部书记。

12 月 18 日，境内立新大队太子庙发生凶杀案，大队民兵陆金才、复员军人陆小华被杀害。

是年，境内立新、欧桥、西旸等 3 个大队队办工业总产值为 17.73 万元，利润 8800 元。其中欧桥大队队办工业总产值 14.44 万元，利润 5600 元。

是年，妙桥粮食管理所在西旸集镇设购销站，并增设仓库。

是年，境内立新、欧桥和西旸 3 个大队农业总收入 83 万元。其中欧桥大队农业总收入 27.74 万元，立新大队农业总收入 19 余万元，西旸大队农业总收入 36 万元。

1971 年

1月，欧桥大队创办农机修配厂，建厂初期，主要是维修农业机械，后发展成生产针织横机、手套机等产品。厂长陆关保。

7月，欧桥大队架起高压线，9个生产队通上高压电。

是年，欧桥大队手套厂更名为针织厂，生产纱衣、纱裤以及尼龙针织品，该厂占地面积1500平方米，建筑面积800平方米，厂长杨品忠。

是年，境内北部西旸港口淤涨，该港（塘）由出口江河变成内河。是年5月，境内西旸港挡潮闸改建成船闸。

是年，西旸大队建办尼龙腈纶衫厂。

是年，欧桥大队农业总收入30.08万元。

1972 年

2月，境内各大队建立民兵营，张永来兼任欧桥大队民兵营营长。

冬，妙桥公路动工修筑，各大队出动民工挑土筑路。其中欧桥大队出动民工200人，共挑土方6000立方米，筑路长500米。

是年，欧桥大队农业总收入28.66万元。

1973 年

春，妙桥公社全面推行火葬。是年欧桥大队死亡11人全部实行火葬。

3月，公社第二次妇代会召开，欧桥大队马林华等3人参加了会议，马林华被选为公社第二届妇女联合会副主任。

是年，境内各大队办起"双代"店（即代购代销），由大队经营、妙桥供销社直接管理。

是年，欧桥大队农业总收入35.66万元。

1974 年

春，妙桥公社在欧桥大队搞棉花尼龙育苗移栽试点工作，40多亩棉田试点工作取得了成功，当年获得了丰收，亩产皮棉92斤。第二年把欧桥大队试点所取得的经验向全社进行推广。

8月19日，13号强台风和天文高潮影响境内，风力10级。

10月19日，妙桥公路正式举行通车典礼，第一辆汽车开往西旸途经欧桥大队。妙桥公路的通车，为境内各大队发展工业提供了便利的交通条件。

是年，西旸大队建办农机厂。

是年，欧桥大队农业总收入42.96万元。

是年，西旸遗址出土石锛、石刀，存苏州博物馆。

1975 年

上半年，境内各大队架起了高压线路，各大队及其生产队开始用上高压电，为境内发展队办工厂提供了电力。

是年，欧桥大队粮食平均亩产为 739 千克，而人均集体分配收入只有 105 元，社员向大队集体借款（透支）累计达 1.58 万元，75％的人家仍住茅草房。

是年，境内立新、欧桥和西旸 3 个大队农业总收入 85 万元。欧桥大队农业总收入 30 万元，立新大队农业总收入 19 万元，西旸大队农业总收入 36 万元。

1976 年

2 月，欧桥大队投资 15 万元，创办了电子仪器厂，有职工 80 人，其中技术员 5 人，生产"敦煌"牌收音机。年生产能力为 2000 台，产值 16 万元，利润 2.5 万元，厂长陶根福。后因销售不畅而停办。

8 月，欧桥大队小学办"戴帽子"初中，招收初一新生 38 人。

8 月中旬，沙洲县和妙桥公社相继发出地震紧急预报，境内各大队社员普遍搭建简易防震棚，移居室外，延续时间约 1 个月。

9 月 9 日，中共中央主席、中央军委主席，全国政协名誉主席毛泽东逝世，境内各大队设灵堂，敬献花圈，社员们深切悼念。

11 月，妙桥公社召开千人大会，欧桥大队代表在会上愤怒声讨"江青反革命罪行"。

冬，欧桥大队党支部实行田、河、路、渠、村综合治理，先后投资 20 余万元，全大队干群挑高岗，垫低田，截长块，接短垄，填老沟、开新河、挖渠道，筑新路，至 1978 年末，共填平老河 13 条，平整土地 250 亩，共挑土 60 万立方米，建成规格化的高产良田 1650 亩，占全大队耕地面积的 76％。修筑了地下渠道 7500 米，机耕路 6500 米。开辟果园 8 亩。

是年，陆永环任立新大队党支部书记。

是年，欧桥大队农业总收入 46.17 万元。

1977 年

3 月，妙桥公社内衣厂在西旸闸东侧建办。

5 月，境内各大队三麦遭赤霉病严重危害，夏熟小麦比上年减产 18％。

8 月，欧桥大队党支部书记张永来出席江苏省农业生产先进集体、先进个人代表会议。

是月，西旸大队小学办"戴帽子"初中，招收初一新生 40 人。

10 月，欧桥大队投资 10 万元，兴建加捻厂，占地面积 800 平方米，建筑面积 1150 平方米，全厂职工有 38 人，加捻尼龙丝。年产值 10 万元，利润 2 万元。

是年，欧桥大队工业总产值近百万元。

1978 年

7 月，境内各大队小学废除"文化大革命"中采取的推荐升初中的做法，恢复升学考试制度。

8月，欧桥大队小学和西旸大队小学的"戴帽子"初中班学生撤并至西旸初中。

是年，恢复高校（中考）招生考试制度，境内有3人被录取。

是年始，大队有计划，有步骤地建造农民住宅，这是第二代新型楼房（兵营式），农户筹资金大队补贴，由大队统一规划，分期分批建造。翌年，全大队共建造楼房2.64万平方米，迁至楼房的农户占大队总农户数的67%。

是年，立新大队建办针织厂，欧桥大队建办涤纶制品厂。

是年，欧桥大队农业总收入61.09万元。

1979 年

1月，欧桥大队党支部书记张永来出席中共沙洲县第三次代表大会，被选为县委候补委员。

是月，欧桥大队针织厂设计新型绣花图案，被上海针织站看中，使其尼龙衫摆脱了滞销状况。

是月，沙洲县钢窗厂在西旸集镇建办。

9月，经上级主管部门批准，境内各大队小学更名为县完全小学。

12月，欧桥大队投资20万元，建办纬编厂（为村福利工厂），全厂占地面积1800平方米，建筑面积1200平方米，有职工32人。年生产能力为80吨，生产的产品为纬编布。翌年，产值达342万元，利润69.2万元。厂长杨仁兴。

是月，中共沙洲县委在欧桥大队召开了"学欧桥、争富裕"现场会，党支部书记张永来作了题为"理直气壮抓大钱，聚精会神想大富"的发言。

是年，欧桥大队党支部在全大队社员大会上宣布：到1985年，要实现"人均分配超600元，人人住上新楼房"的奋斗目标，并响亮地提出了"创社会主义业，冒社会主义尖"、"咬住粮棉不放，抓住钞票不松"等口号。经过干部、群众的努力，提前两年完成奋斗目标。

是年，西旸大队建办塑料厂，有职工15人。

是年，欧桥大队农业总收入60.38万元。

1980 年

4月，欧桥大队农机服务站建立，站内有联合收割机6台，中型拖拉机2台，斩麦子机、压麦机等20台，植保机8台，抽水机20台（只），全站有职工20余人。

是月，周建刚任立新大队党支部书记。

8月8日，妙桥公社第三次妇女代表大会召开，大会选举产生了妙桥公社第三届妇女联合会，欧桥大队马林华当选为副主任。

9月，境内西旸初级中学恢复三年制学制。

是年，境内各大队农田开始使用化学除草剂绿麦隆。

是年，欧桥大队投资30万元建造农民文化宫。翌年元旦举行了落成典礼。会上张永来讲话并剪彩。文化宫内包括 1042 个座位的影剧院、图书室、游艺室、乒乓室、广播室等娱乐场所。

是年，欧桥大队投资 6 万元，建造了占地面积 400 平方米、建筑面积 200 平方米书厅，1981 年竣工开业。

是年，境内欧桥小学增设幼儿班 2 个，幼儿 50 人。

是年，欧桥大队农副工三业总产值达 1145 万元，成为全省第一个千万元大队。

是年，欧桥大队农业总收入 53.2 万元，立新大队农业总收入 22 万元，西旸大队农业总收入 39 万元。

是年，境内各大队恢复管理委员会，行使行政管理职能。

1981 年

1 月 31 日，经苏州地区行政公署教育局批准，欧桥大队农民文化宫建立影剧院。

3 月，欧桥大队接待站成立，负责人杨品刚。全站有 4 名工作人员，先后接待前来视察的中央、省、市、自治区和外宾，外地前来参观、访问的干部群众，据统计年达 4 万人次。

4 月，欧桥招待所动工兴建，占地 400 平方米，共建房 20 间，78 张床位。

7 月 15 日，中共沙洲县委在县革委招待所再次召开学欧桥、争富裕经验交流会。

是月，欧桥大队建办服装厂，共投资 8 万元，占地面积 900 平方米，建筑面积 500 平方米。

9 月 22 日，路透社里查德等 15 位外国驻京记者访问欧桥大队，了解该大队试行联产承包责任制的情况。

11 月 17 日，孟加拉国农业考察团一行 6 人，到欧桥大队参观访问。

是月，张才保任西旸大队党支部书记。

是年，社队两级支持村民打井，境内各大队共打井 700 余口，其中欧桥大队农户共打井 300 余口。

是年，境内欧桥、西旸和立新等 3 个大队先后建立文明领导小组。

1982 年

1 月，欧桥大队投资 10 万元兴建商业百货店，至 8 月 22 日建成营业，占地面积 2800 平方米，建筑面积 1200 平方米，内设食副、百货、油漆、理发、照相等门市部，共有营业员 20 人，徐兰保任经理。日营业额 2000 元左右，是年净利润为 9 万元。

2 月 8 日，中共中央委员、中共河北省委书记吕玉兰到欧桥大队考察。

4 月 17 日，中共黑龙江省委副书记江操黎一行 5 人，到欧桥大队考察，主要了解欧桥工业发展情况。

5月，欧桥物资供应站（物资公司）成立，主要以采购、供应建筑材料为主。全站有职工32人，由杨品杰负责。

7月1日，全国第三次人口普查开展。经普查，境内3村共有1426户5110人。其中欧桥大队542户1924人（男性911人，女性1013人），初中以上文化有470人。

7月14日，泰国农村发展考察组到欧桥大队了解农村的变化情况。

7月16日，朝鲜驻华大使金明珠一行4人到欧桥大队参观，了解欧桥发展情况。

7月，欧桥大队以"输出技术，增设网点"的做法，帮助黑龙江双鸭山市四方台区办羊毛衫厂。大队派出技术骨干，双鸭山市则以数家百货商店增销欧桥的产品作为补偿。仅半年时间，就销了8000余件针织品，营业额20余万元。

8月，欧桥大队先后在上海、北京、天津、哈尔滨、牡丹江、双鸭山、长春、沈阳、武汉、郑州等大中城市设立20余个产品销售点，扩大产品销路，搞活了工厂生产。

9月21日，新中国成立前曾在沙洲从事革命活动的地下党老干部一行10人到欧桥大队视察，了解该大队近年来的发展情况。

10月8日，44个国家的大使及其夫人在外交部副部长韩念龙和夫人的陪同下到欧桥大队参观农民住房、学校、农民文化宫、书厅等，并了解该大队的发展情况。

10月12日，32个国家的驻华大使和夫人在外交部副部长何英和夫人的陪同下到欧桥大队参观访问，重点参观了小学、工厂、农民文化宫、书厅等。

10月24日，中联部副部长钱利仁到欧桥大队考察。

10月30日，浙江省电影制片厂一行6人到欧桥大队参观考察。

10月31日，新华社驻联合国分社社长彭迪和夫人到欧桥大队视察。

是月，江苏省省长顾秀莲到欧桥大队考察，对欧桥的变化发展给予了高度的评价。

是月，欧桥大队以"建立信息联系、开拓销路"的方式，以优质、价廉等条件，同上海凤翔时装店、上海妇女用品商店、上海红蕾针织服饰商店等单位建立了较密切的信息联系，搞活了大队的生产和产品销售。

11月10日，国务委员陈慕华一行25人到欧桥大队考察。

12月28日，外交部副部长章文晋和夫人到欧桥大队考察。

12月，欧桥大队以"货物铺底，建立专柜"的形式，在北京王府井百货大楼存放5万元的铺底货物（主要是针织产品）建立销售专柜。是月销售额为2.5万元，翌年，销售针织品共5万余件（套）。

12 月，欧桥大队作出决策，"以资金扶持，开设门市部"的方式，先后在天津、北京等地，投资 30 万元，扶持待业青年开设 5 个门市部。

冬，境内各大队全面实行家庭联产承包责任制。欧桥大队生产经营单位由 20 家生产队扩大为 400 余家农户。

年底，欧桥灯光球场动工兴建，翌年 5 月建成。球场周围设有观看台，划分成 8 个区，共设 1770 个座位，为全县第一个灯光球场。先后举办了全国甲级篮球邀请赛，全国青年篮球邀请赛武警部队（消防）篮球决赛、"欧桥杯"篮球赛。

1983 年

1 月 29 日，中央农牧渔业部副部长张修竹一行 8 人到欧桥大队考察。

3 月 2 日，《人民日报》《红旗》杂志副总编辑及国务院办公厅等一行 15 人到欧桥大队考察。

3 月 29 日，中国农业银行行长等一行 16 人到欧桥大队考察。

4 月 6 日，捷克、美国、英国等国驻上海市领事馆馆员一行 16 人由上海市外办、江苏省、苏州市、沙洲县外办的领导同志陪同下到欧桥大队参观访问。

4 月 28 日，江苏省十大城市团委书记一行 50 人在苏州市、沙洲县团委书记陪同下到欧桥大队考察文化建设情况。

是月，欧桥大队党支部书记张永来被选为第六届全国人民代表大会代表。

5 月 19 日 12 时左右，妙桥公社遭受一场持续 10 分钟罕见的冰雹灾害。冰雹小的像汤圆，一般的似鸡蛋，大的似拳头。对夏熟作物造成重大损失。境内各大队夏熟作物亦遭受严重损失，总产减少约 30 万千克。

5 月 21 日，中共江苏省委第一书记韩培信带领秘书在沙洲县委书记陈璧显陪同下到欧桥大队考察。

5 月 22 日，中国社会科学院院长费孝通到欧桥大队考察。

6 月 30 日，江苏省省长顾秀莲再次到欧桥大队考察。

7 月，境内各村召开村民代表大会，选举产生村民委员会主任、委员和正副社长。朱金元任欧桥村村委会主任，杨品刚任社长；张正清任西旸村委会主任，陈林元任社长；陆大保任立新村委会主任，陆关金任社长。

8 月 3 日，江苏、浙江两省电影制片厂的摄制人员到欧桥村拍摄纪录片《欧桥的一天》在国内外放映。

8 月 14 日，亚太地区 14 个国家共 50 人到欧桥村参观访问。

是月，陆永环任立新村党支部书记，王炳忠任西旸村党支部书记。

9 月 16 日，共青团妙桥乡第六次代表大会召开，经选举产生了共青团妙桥乡第六届委员会，欧桥村钱魁中同志任乡团委书记。

10 月 24 日，法国共产党总书记乔治·马歇率领的法共中央代表团一行 10 人及随团法国记者 9 人访问欧桥村。

是月，欧桥汽车出租公司成立，李仁华任负责人。公司除负责本村各企业的运输任务外，还为各镇办企业及各村担负一定的运输工作。

11 月 20 日，参加南方 16 个省文化工作会议的 250 名与会者到欧桥村参观。

11 月 28 日，全国政协副主席费孝通一行 45 人到欧桥村考察。

12 月 23 日，参加全国计划生育工作会议的 250 名代表到欧桥村参观。

12 月 24 日，欧桥村治安联防队成立，杨梅忠任联防队队长。全队有队员 8 人，具体负责该村的治安等工作。

是年底，欧桥宾馆破土动工。翌年 10 月 1 日建成开业。为苏南地区最早的村级宾馆。共投资 25 万元，宾馆占地面积 1600 平方米，建筑面积 560 平方米（共建 20 间）内有 28 个床位。开业后两年中，共接待各省（市、自治区）的领导及外宾 3000 余人次。

是年，欧桥村党支部书记张永来出席第六届全国人民代表大会。

是年，欧桥村被评为沙洲县文明单位。

是年，欧桥村投资 8 万元，移址兴建欧桥小学新校舍。

是年，欧桥村党支部在抓物质文明的同时，注意抓精神文明的建设，要求党员做到五带头：一带头爱国家、爱集体、勤劳致富；二带头讲文明礼貌、尊老爱小，创建和睦家庭；三带头破旧立新、移风易俗、反对封建迷信；四带头晚婚和计划生育；五带头学政治、学文化、学技术。是年底，全村评出五好家庭 120 户。

是年，欧桥村被中共苏州市委、市政府评为双文明村。

是年，欧桥村帮助经济比较薄弱的蒋家、仇家等村发展村办工业，由欧桥村出资金、技术、厂房。对方出劳动力，利润均分。

是年，欧桥村委会作出从幼儿园幼儿到高中学生免费入学的决定。

是年，境内立新、欧桥和西旸 3 村农业总产值 147 万元。

1984 年

1 月，欧桥村投资 610 万元，筹建精纺厂。翌年 4 月建成投产，全厂有职工 430 名，占全村工业劳动力的 23%；有固定资产 500 万元。厂区占地面积 4.4 万平方米，建筑面积为 2.9 万平方米。

2 月 26 日，浙江省社队工业局局长孟选礼一行 8 人到欧桥村考察，了解欧桥工业的发展情况。

3 月 2 日，欧桥村干部群众为常熟县福山乡红光村不幸失火的农民陆永祥捐款 931 元、布料 6 段、大米 48 千克。

3 月 11 日，中共西藏藏族自治区委员会书记英法唐一行 51 人到欧桥村参观。

4 月 20 日，南京军区作家穆于一行 5 人到欧桥村考察。

5月14日，中共中央委员、江西省委书记赵志强一行21人到欧桥村考察。

是月，苏州市农业研究会成立大会在欧桥村召开，全国政协副主席费孝通出席了大会。

6月19日，新华社总社原副社长李普一一行6人到欧桥村考察。

同日，中国科协副主席王顺桐一行12人到欧桥村考察。

6月23日，中央农牧渔业部部长何康一行30人在苏州市市长方明陪同下到欧桥村考察。

6月24日，上海市人大常委会主任胡立教一行30人到欧桥村考察。

7月8日，国家水电部部长、华东电力管理局局长钱正英一行9人到欧桥村考察。

7月24日，中共青海省委宣传部长吉狄马加带领地委宣传部部长共12人到欧桥村考察。

7月29日，全国唐诗学会大运河考察团一行4人到欧桥村考察。

9月3日，国家女排教练袁伟民到欧桥村考察。

9月4日，中共福建省委第一书记项南一行38人到欧桥村考察。

9月5日，中国农业银行总行行长一行8人欧桥村考察。

9月13日，国家民政部副部长一行11人到欧桥村考察。

9月15日，四川省少数民族参观团一行56人到欧桥村参观、访问。

9月15日，中国科学院许涤新一行8人到欧桥村考察。

9月16日，江苏省副省长杨永沂一行8人到欧桥村考察。

是月，欧桥村党支部书记张永来当选为中共苏州市七届候补委员。

10月6日，上海市副市长杨恺一行6人到欧桥村考察。

10月16日，湖南省少数民族参观团一行55人到欧桥村考察。

11月11日，国家体委副主任徐寅生一行5人到欧桥村考察。

11月19日，中共山西省委第一书记李立贡一行50人到欧桥村考察。

是年，欧桥村办企业全部实行了承包制，职工全部实行计件工资制。

是年，欧桥村党支部开展党员联系户的活动。全村党员共联系了52户，联系率达百分之百。

1985 年

1月1日至5日，江苏省体委在欧桥村举办全国部分省、市青年篮球邀请赛。

1月14日，经沙洲县人民政府签批同意，欧桥村成立"欧桥农工商联合总公司"，拥有固定资产3800万元。

1月17日，中共中央统战部副部长一行12人到欧桥村考察。

同日，中共江苏省委统战部副部长梁尚人到欧桥村考察。

1月18日，中国驻各国大使一行50人到欧桥村考察。

1月19日，江苏省"千万元村"党支部书记座谈会一行90人到欧桥村考察。

春节期间，国家男篮主力队员穆铁柱、孙凤武及其他主力队员15人，到欧桥村为广大篮球爱好者进行精彩表演。

2月9日，中共江苏省委副书记李哲中等9人到欧桥村考察。

2月18日，日本鹤久和子教授及社会经济考察团一行8人到欧桥村考察。

2月24日，八一电影制片厂一行8人到欧桥村考察。

是月，陆关金接任立新村委会主任。

是月，由沙洲县钢窗厂出资，在西旸集镇建办船用电表厂。

4月5日，国家计划委员会主任周百民等10人到欧桥村考察。

4月9日，国家物资储备局局长李开新一行18人到欧桥村考察。

是月，共青团欧桥村支部经上级批准，建立共青团欧桥村总支委员会，张亚飞任团总支书记。

5月21日，音乐家贺绿汀一行8人到欧桥村考察。

5月22日，国家化工部部长刘雪初一行5人到欧桥村考察。

6月24日，美国教授彼德曼夫人等7人到欧桥村参观、访问。

是月，欧桥村建办欧桥汽车修理厂。负责人侯金山、曹金元。

7月1日，经上级邮电部门批准，欧桥村邮电所正式开业，有职工5人，负责人刘保金。

7月16日，朝鲜驻中国大使及其夫人，到欧桥村参观、访问。主要了解该村工农业发展情况。

秋，妙桥镇农业适度规模经营在欧桥村进行试点工作。该村的耕地采用两种经营方式：一部分作为口粮田交给各家各户耕种；另一部分作为责任田由118户专业户承包。

10月11日，全国武警部队消防局举办的全国武警消防队篮球决赛在欧桥村举行，参赛球队有20余支，经过6天激烈的拼搏，北京武警队获得冠军，江苏省武警队获得亚军，辽宁武警队名列第三。

11月6日，中共中央政治局委员习仲勋一行30人，到欧桥村考察，着重了解了欧桥的发展情况和农民的生活情况。

11月8日，公安部部长赵苍璧一行20人到欧桥村考察。

11月14日，王坤保任欧桥村委会主任。

冬，欧桥村聘请同济大学建筑专家为村民设计了一批别墅式小洋房的图纸，动工兴建的10家就有6种样式。村委决定将过去的"建房补助费"改"家具补贴费"，每人补贴500元。

是年，欧桥村将灯光水泥球场改建成橡胶球场。

1986 年

春，印度、瑞典、津巴布韦等 16 个国家和国际劳工局、联合国粮农组织等 8 个国际组织的外国朋友来到欧桥村参观、访问。外国友人被漂亮的农家新居、农民文化宫、书厅、灯光球场、商场、宾馆等吸引，争相取景，把美好印象摄进镜头。

3 月 21 日，经江苏省人民政府批准，妙桥撤乡建镇，西旸、立新和欧桥 3 村隶属沙洲县妙桥镇。

是月，欧桥村护厂队成立，共有 12 人组成，杨梅忠兼任负责人。为张家港市第一支护厂队，主要负责厂区及其内部的安全保卫工作。

4 月 4 日，参加农村就业战略和政策国际讨论会 16 个国家的代表共 60 人到欧桥村参观、访问。

4 月 9 日，《解放日报》总编辑陈念云等 7 人到欧桥村考察。

4 月 28 日至 5 月 10 日，日本 NHK 放送协会一行 4 人到妙桥镇欧桥村等 7 个乡村拍摄影片《1986·中国亿元乡》。

是月，欧桥村投资 13 万元建成的工艺围巾厂投产，厂区占地面积 8000 平方米，建筑面积 5000 平方米。是年产值 120 万元，利润 4.8 万元，固定资产 51.94 万元，主要设备有"1515"织机 32 台。

是月，欧桥村投资 60 万元，动工兴建服装厂大楼，是年 11 月建成，占地面积 1000 余平方米，建筑面积 800 平方米。该厂有职工 200 余人，以生产呢毛料服装为主，产品销往北京、上海、南京、天津、西安、沈阳等大城市。

5 月 14 日，苏联、日本、印度、意大利等国留学于北京大学经济学院的学生一行 16 人到欧桥村参观。

5 月 17 日，美国夏威夷大学地理系教授章生道一行 8 人到欧桥村参观、访问。

5 月 19 日，联合国考察团一行 12 人由全国政协副主席费孝通等人陪同到欧桥村考察。

5 月 22 日，中共中央宣传部副部长率新闻工作条线的老干部一行 14 人到欧桥村考察。

5 月 23 日，全国硅酸盐协会一行 30 人到欧桥村考察。

5 月 30 日，美国物理学家任之恭一行 15 人在上海工业大学钱伟长陪同下到欧桥村参观。

是月，欧桥村专业消防队成立。杨梅忠同志兼任负责人。全队有队员 14 人，消防车一辆。

是月，江苏省男子篮球队正式冠名欧桥队，并与国外劲旅在无锡比赛。

初夏，日本摄影队到欧桥村拍摄长篇电视新闻《发展中的中国》（南拍城市——

广州，北拍农村——沙洲）。该村许多场景吸引了这个摄影队，他们一连拍了半个月，尽力把欧桥农村艺术地反映到画卷上，让日本人民更好地了解中国。

6月2日，中共广东省委第二书记一行9人到欧桥村考察。

6月15日，新疆维吾尔自治区考察团一行20人到欧桥村进行考察。

6月19日，全国政协副主席李雪峰夫妇一行10人到欧桥村考察。

6月20日，中共妙桥镇党委根据中共沙洲县委"沙组发（1986）17号文件"批复精神，同意建立中共欧桥村总支部。党总支委员会由张永来、杨品刚、王坤保、陆永成、马林华等5位同志组成，张永来同志任总支书记；杨品刚、王坤保、陆永成任副书记。

7月12日，全国特级围棋大师聂卫平、孔祥明一行10人到欧桥村参观。

9月12日，民主柬埔寨代表团部分成员一行14人到欧桥村参观、访问，受到了村领导的热情接待。代表团对欧桥村的巨大变化作了高度的评价。

是月，欧桥村办集体企业欧桥精纺厂开始走外销之路，生产的外贸产品腈纶针织绒远销中国香港、日本、美国。

10月14日，首届"欧桥杯"篮球赛在欧桥村举行，参加比赛的球队有辽宁、南京部队、北京、广东、江苏、山东、陕西、四川等8支甲级篮球劲旅。历时4天，江苏队获得冠军，南京部队获得亚军，辽宁队、北京队分别为第三、四名。

10月27日上午，中共中央总书记胡耀邦在中共江苏省委书记韩培信、省长顾秀莲等陪同下到欧桥村视察。欧桥村党总支书记张永来请胡总书记为"欧桥农民文化宫""青年之家"题词。

是月，欧桥精纺厂为提高职工素质及操作技术，举行了第一届操作运动会。

12月，境内各村各大企业单位挂牌一律改为"张家港市妙桥镇×××"单位，介绍信、信封、信笺及印章亦一律更名。

是年，欧桥精纺厂年产值2417.6万元，利税340万元，外贸收购额达387万元。

1987 年

春节，欧桥精纺厂的400余名干部、职工放弃假日，加班加点，奋战在各自工作岗位上。整个春节期间，干部、职工每天提前15分钟上班。

3月，陈金龙任立新村党支部书记。

6月4日，妙桥镇经济责任制检查现场会在欧桥村召开。到会人员参观欧桥精纺厂，并听取厂领导关于加强企业管理的经验介绍。

8月17日，欧桥村道德教育委员会成立，由9名老干部组成。负责对全村干部群众进行讲文明，讲道德，讲纪律，讲礼貌的"四讲"教育，增强干部职工的法制观念，推动文明村的建设。

8月25日至27日，欧桥精纺厂举行第二届职工操作运动会。运动会分前纺、细纱、并筒、拈筒、摇绞6个项目，参赛人员74名。由张家港市毛纺针织公司和张家港市毛纺厂派出裁判队伍进行裁决。比赛结果：张惠获细纱组优秀运动员，吴佩英、朱荷珍、陆美兰、钱丽琴、周明芬、陆玉芬分获前纺、细纱、并筒、拈线、槽筒、摇绞组一等奖。

是月，欧桥村投资500万元，建办张家港市第二麻纺织厂。翌年6月建成投产。全厂占地面积3.01万平方米，建筑面积1.35万平方米。有职工292人，其中女职工241人。是年总产值75.52万元，利润达12.80万元。

9月，欧桥村被苏州市确定为农业现代化试点村。

10月，经中共张家港市委组织部批准，张永来任妙桥镇党委副书记。

是月，张正兴任西旸村党支部书记。

11月，欧桥村粮油销售服务公司成立。该公司向全村脱农户供应粮食，平均每人每年300千克，粮价按国平价计算。该公司有4只仓库，能够贮藏40万千克粮食。

是年，欧桥精纺厂群策群力，注重发展外向型经济，为国家多出口创汇，全年实现总产值4490余万元，外贸收购额超过1300万元，成为"江苏省十大创汇单位"之一。

1988年

1月24日下午，共青团中央副书记李源潮在共青团江苏省委记黄树贤、共青团苏州市委书记陈建国、共青团张家港市委书记单玉珍等陪同下，考察欧桥村，听取党总支书记张永来汇报欧桥村1978年以来的改革发展和村青年之家建设的情况。

是月，欧桥村投资800万元建办张家港市保健用品二厂，5月建成投产。该厂占地面积4万平方米，建筑面积8500平方米。全厂有职工570人。

是月，中共欧桥村总支书记张永来当选江苏省政协常委。

2月5日，欧桥精纺厂副厂长张小飞应邀赴宁，参加江苏省电视台举办的"江苏十大创汇单位"大型文艺联欢会录像拍摄。

2月12日，欧桥村党总支、团总支联合举办欧桥农民运动会，全村近300名体育爱好者参加比赛。

4月，欧桥村党总支书记张永来被省人民政府命名为1987年度乡镇企业家。

5月4日，夏令时4点左右，境内各村遭遇罕见的暴风雨袭击，三麦、油菜倒伏，棉花尼龙育苗棚大多被狂风掀掉。

5月21日，国务委员兼国务院秘书长陈俊生一行视察欧桥村，参观欧桥精纺厂、农民文化活动中心，并走进一农户家，详细询问家庭人口、收入等情况。

5月26日，欧桥村办公楼落成，中国共产党欧桥村总支委员会、欧桥村农工商联合总公司、欧桥村村民委员会挂牌。

是月，在上海国际旅行社、江苏省外事部门的支持下，欧桥村筹建具有苏南农村特色又有园林风格的对外旅游服务中心。

6月14日，欧桥村村民陆根元意外收到来自台湾的二哥陆永元的书信。

是月，由对外经济贸易部、农业部和《国际商报》《中国乡镇企业报》《经济参考》联合举办的全国首届乡镇企业出口创汇评选活动揭晓。欧桥精纺厂荣获"飞龙奖"。

7月1日，原中共江苏省委书记、早期曾在沙洲参加革命活动的领导人之一的江渭清到欧桥村视察。

7月4日下午3时左右，中国人民解放军总后勤部部长赵南起带领各军区司令到欧桥村视察。在欧桥村宾馆接待室，党总支书记张永来汇报了村农工商的发展情况。

8月29日，经张家港市人民政府批准，成立张家港市欧桥村实业总公司。

9月4日下午，欧桥村实业总公司召开全体职工大会，宣布欧桥精纺厂、欧桥保健用品厂率先推行股份制的决定。

9月5日，中国白兰艺术团首次到欧桥村演出。

10月10日，欧桥村参加张家港市委、市政府召开的全市文明村建设经验交流会，并作了题为《积极进取、永不停步》的经验介绍。

10月17日至18日，中国记协组织的内部报纸记者采访团在苏州市委、张家港市委领导陪同下到欧桥村采访。参加这次采访活动的记者分别来自中国记协、江苏记协和《青海日报》《甘肃日报》《宁夏日报》、山西《雁北日报》、河南《洛阳日报》、湖南《株洲日报》、湖北《黄石日报》、内蒙古《赤峰日报》、江西《九江日报》。

10月27日，第二届"欧桥杯"男子篮球赛在欧桥灯光球场举行。参赛球队有：刚荣获"加美杯"冠军的北京队、辽宁队、江苏队、河北队。比赛采用单循环办法进行，经过2天激烈紧张的角逐，辽宁队以三战全胜捧走欧桥杯，江苏队二胜一负居第二，北京部队队，河北队分别名列第三、四名。

10月30日，欧桥村实业总公司根据中央治理经济环境、整顿经济秩序的指示精神，对干部和供销员的借款及宕款作一次全面的清理。

是月，欧桥村实业总公司制订《关于严格控制非生产性开支的若干规定》，共6条。

11月3日中午，日本爱知县农业协合组考察团一行10人参观欧桥村。

是月，欧桥保健用品厂动工兴建，全厂有职工164人，其中女职工154人，技术员4人，主要生产医用药棉棒。

下半年，欧桥村针织机械厂已拥有生产针织横机的整套流水线，年生产针织横机 4000 余台。

是年，欧桥村农副工三业总产值突破 1 亿元，其中工业总产值 10003 万元，比上年增长 41.9%。

是年，欧桥村党总支书记张永来被评为江苏省劳动模范。

1989 年

1 月 3 日，中共政策研究室主任杜润生一行 5 人到欧桥村考察。

1 月 24 日，共青团欧桥村总支部举办"89 新星"演唱赛，53 名歌手报名参赛，毛织一厂李绣华荣获特等奖，有 10 名歌手获一至三等奖。

1 月 26 日，江苏省计划经济委员会主任卜岳林一行 12 人考察欧桥村。

4 月 16 日，澳中友协访华代表团一行 10 人访问欧桥村。

上半年，欧桥村联防队在省防业务考核中，荣获张家港市第一名，苏州市第二名。

7 月 3 日晚，中国首席舞蹈表演艺术家陈爱莲和电视连续剧《济公》扮演者游本昌在欧桥灯光球场献艺，2000 余名观众观看表演。

8 月 13 日，10 级以上暴风雨袭击境内。

8 月 22 日下午，张家港市第四届针织绒操作运动会在欧桥精纺厂闭幕。欧桥精纺厂职工邓美芳以 93.03 分的成绩荣登榜首。

是月，中共欧桥村总支部作出清正廉洁的二项规定：招待一律便饭、各单位小车一律归总公司安排使用，并辞退租用小车。

9 月，欧桥村创办《欧桥简讯》，每月 1 期。

10 月 21 日，妙桥镇秋播现场会在欧桥村召开，与会 200 余人。

是年，欧桥村完成外贸收购额 4183 万元，名列苏州市各行政村外贸收购额之首。

是年，欧桥实业总公司被评为苏州市双文明单位。

是年，欧桥村党总支部被评为张家港市先进党总支部。

1990 年

1 月，欧桥村 4 家外贸生产企业生产稳定，6 家外贸企业产品质量可靠，远销美国、加拿大和中国香港等地区。

3 月 11 日，中央党校副校长韩树英在张家港市党校校长马嘉华陪同下考察欧桥村。

3 月 15 日，中国人民解放军国际关系学院政委聂德华等 4 人到欧桥村作为期 3 天的考察。

4 月 12 日，欧桥村党总支书记张永来获江苏省级企业家称号。

6月15日，国务院秘书长阎颖考察欧桥村。

是月，欧桥村大面积推广机插秧，其中插秧水稻栽培技术应用研究项目等获张家港市科技进步奖。

7月1日，全国第四次人口普查工作在全村开展。经普查，境内有1432户5524人。其中欧桥村总户数544户，总人口2122人（男性1016人，女性1106人）。

是月，欧桥精纺厂生产的双抗单面花呢和欧桥保健用品厂生产的PP药棉棒荣获张家港市科技进步奖。

9月，邵福保任立新村党支部书记。

是年，欧桥精纺厂厂长马品华被评为江苏省劳动模范。

是年，境内立新、欧桥和西旸3村农业总产值602万元。其中欧桥村农业产值146万元，立新村农业产值200万元，西旸村农业产值256万元。

1991 年

5月，欧桥村实业总公司与中国澳力振兴出入口公司、中国南光有限公司合资建办张家港欧振制衣有限公司，投资总额50万美元，年生产服装50万件（套）。

6月30日至7月3日，境内连降大暴雨，总雨量超过300毫米，内河水位高达5.06米。

7月8日，全国第一家大陆与台湾合资的威猛摇滚乐团到欧桥农民文化宫演出。

8月10日，欧桥村实业总公司一行17人前往华西村参观学习。

10月，根据妙桥镇党委、政府的统一部署，对境内各村个体针织户的依法管理工作有序开展。至12月7日，欧桥村批准可以领执照的有260户，占全村总户数的45％。

11月，欧桥精纺厂在全镇率先实行养老保险制度，一次性投保50余万元为全厂900余名职工缴纳养老金。

是年，欧桥村出口产品总额名列全国行政村第19名。

是年，境内立新、欧桥和西旸3村农业总产值634万元。其中欧桥村农业产值150万元，立新村农业产值212万元，西旸村农业产值272万元。

1992 年

1月2日，连续7个雾日，境内晨雾最小能见度不足50米，为该地气象史上少见的现象。

5月，张永来调任张家港市物资局副局长，免去中共欧桥村党总支书记。马品华接任中共欧桥村党总支书记。

6月，欧桥村对个体摊贩摊点进行整治，耗资7万元，统一建造摊点，村容村貌，大为改观。

7月，欧桥村切实加强对个体经济的管理，对镇村干部从事个体运营作出规定。

9月5日，妙桥镇创建文明卫生室现场会在欧桥村召开。欧桥村被评为苏州市首批文明卫生示范村。

是月，欧桥村被列为江苏省环境综合整治定点考核单位。

11月，欧桥村实业总公司与美国青云国际公司、上海市地区工业供销公司合资建办中外合资企业——张家港青云有色金属制品有限公司，投资总额110万美元，注册资金80万美元。

是月，境内西旸公路北段沥青路面改造工程结束。

12月，孟祖法任西旸村委会主任，谢仁仁任立新村委会主任。

是年，欧桥村缴纳人民教育基金3.8万元。

是年，境内立新、欧桥和西旸3村农业总产值2278万元。其中欧桥村农业产值856万元，立新村农业产值542万元，西旸村农业产值880万元。

1993年

3月，杨梅忠任欧桥村村民委员会主任。

8月12日，特大暴雨，雨量105毫米，境内北部棉田受淹。

9月，张正明任西旸村党支部书记。

是年，境内立新、欧桥和西旸3村农业总产值2655万元。其中欧桥村农业产值987万元，立新村农业产值712万元，西旸村农业产值956万元。

1994年

7月至8月，境域遭受汛期特大干旱，超35摄氏度持续高温的天气近30天，旱情持续时间之久，为40年罕见。

是年，绝大部分农户从事羊毛衫生产或加工业务，产品主要送至妙桥羊毛衫市场销售。

是年，境内立新、欧桥和西旸3村农业总产值2992万元。其中欧桥村农业产值1097万元，立新村农业产值808万元，西旸村农业产值1097万元。

1995年

2月4日，受北方冷空气影响，气温骤降，小麦、油菜受到冻害，全村受灾面积约1500亩。

是月，港欧针织服饰有限公司建办。

5月，徐正芳任欧桥村村民委员会主任。

6月，妙桥供销社动工兴建西旸供销站商业楼。

8月，境内张家港市西旸初级中学撤销，学生并入妙桥中学。

9月7日，气温高达37.4摄氏度，创本地区同期气象史上的最高纪录。

是月，周正刚任立新村党支部书记。

10月，境域北部建立西旸双千亩丰产方。

秋，境内各村大面积推广"895004"小麦新品，该品种植株高大，千粒重高，对赤霉病抗性强，欧桥村种植面积约 1280 亩。

11 月 10 日晚，境内西旸村发生一起凶杀案，案发当晚即破案。

是年，欧桥村开通 425 门程控电话，实现电话村。

是年，朱东彪任西旸村委会主任。

是年，境内立新、欧桥和西旸 3 村农业总产值 3010 万元。其中欧桥村农业产值 1105 万元，立新村农业产值 805 万元，西旸村农业产值 1100 万元。

1996 年

3 月 26 日，境内北部西旸双千亩丰产方被命名为江苏省农业领导工程张家港市妙桥镇示范区。

是月，原中共妙桥镇委员会副书记、中共欧桥村总支部书记张永来因病去世。

5 月 9 日，"欧桥杯"男子篮球赛在欧桥灯光球场举行，比赛结果：金村村队获金杯奖，欧桥村队获银杯奖，镇机关队获铜杯奖。

6 月 2 日，欧桥村民委员会换届选举，村委会由徐正芳、王保文、顾正花、徐建亭、杨妙龙等 5 人组成，徐正芳任村委会主任。

6 月 28 日，苏州市及六县水利局领导对西旸村新沙河上新建的灌排站进行验收、评比，该站获二等奖。

7 月 5 日，持续暴雨 5 小时，降雨量达 61.8 毫米，西旸塘内水位 4.7 米，超过正常水位 1.4 米。

8 月，飞鹿王针织服饰有限公司建办，注册资金 50 万元。

9 月，徐正华任欧桥村党总支书记。

12 月 12 日，出席江苏省委、省政府在张家港市召开的苏南及沿江地区农业现代化工作会议的 180 余人，考察西旸双千亩丰产方。

是年，欧桥村疏浚西中心河、东中心河、后泾河，全长 556 米，完成土方 5421 立方米。

是年，张才保任西旸村党支部书记。

是年，境内立新、欧桥和西旸 3 村农业总产值 3085 万元。其中欧桥村农业产值 1133 万元，立新村农业产值 825 万元，西旸村农业产值 1127 万元。

1997 年

2 月 23 日，欧桥汽车修理厂转为股份合作制企业，注册资金 4.8 万元，职工 10 人。

6 月，妙桥镇针织机械总厂附属企业苏纺针织实验厂转为私营企业并移址欧桥村，更名瑞群针织服饰有限公司。

9 月 18 日，张小飞任欧桥村经济合作社社长。

是年，瞿增元任西旸村党支部书记。

是年，欧桥村主要道路改造成水泥路面（即混凝土路）。

是年，境内立新、欧桥和西旸3村农业总产值1618万元。其中欧桥村农业产值592万元，立新村农业产值437万元，西旸村农业产值589万元。

1998 年

2月，张家港市盛佳机械制造有限公司建办，注册资金50万元。

6月，张家港市荣鑫电子有限公司建办，注册资金50万元。

是年，张家港市龙宇针织制衣有限公司建办，注册资金98万元，职工30人。

是年，改建欧桥村跃进桥为桁架拱桥，跨径16米，宽4米，荷载6吨。

是年，欧桥村拆除欧桥农民文化宫（危房）。

是年，欧桥村有私营（个体）企业9家，资产总额达1069万元，为全镇私营（个体）企业总资产的38%。

是年，境内立新、欧桥和西旸3村农业总产值1167万元。其中欧桥村农业产值445万元，立新村农业产值344万元，西旸村农业产值378万元。

1999 年

4月9日，"欧桥杯"篮球赛在欧桥灯光球场举行，共有欧桥队、盛美队、顾家队、教工队等4支队参加，欧桥队名列第一。

5月，张小飞任欧桥村党总支书记。

8月22日，张家港市政协副主席钱根祥带领市政协经济科技委员视察瑞群针织服饰有限公司。

是月，鑫汇针织服饰有限公司建办，注册资金98万元。

是年，重建欧桥3号桥，三孔桥梁，跨径28米，宽4.3米，荷载20吨。

是年，欧桥村党总支被评为张家港市先进党总支部。

是年，境内立新、欧桥和西旸3村的农业总产值1020万元，经济总收入17334万元。其中欧桥村农业产值389万元，经济总收入13989万元；立新村农业产值301万元，经济总收入1542万元；西旸村农业产值330万元，经济总收入1803万元。

2000 年

1月，境内建办张家港市盛而达纺织有限公司，注册资金500万元。

6月，天冠帽业有限公司建办，注册资金50万元。

7月，撤销周院村，其北部并入立新村。

是月，欧桥精纺厂转制为股份制企业，更名欧桥精纺有限公司。

是月，全国第五次人口普查在境内各村进行。

8月，欧桥小学撤销，学生入妙桥中心小学或西旸小学读书。

是年，重建欧桥，三孔桥梁，跨径 28 米，宽 4.1 米，荷载 20 吨。

是年，欧桥村列入苏州市村民自治模范村。

是年，钱正刚任西旸村党支部书记。

是年，境内立新、欧桥和西旸 3 村的农业总产值 1320 万元，经济总收入 19147 万元。其中欧桥村农业总产值 433 万元，经济总收入 15598 万元。

2001 年

3 月 26 日，据《新民晚报》消息，瑞群针织服饰有限公司生产的"瑞群"牌羊毛衫，成为 2000 年上海市场畅销品牌。

6 月 23 日至 24 日，受 2 号台风影响，境内普降暴雨 36 小时，降雨量 139.8 毫米，部分农田受淹。

11 月 20 日，西旸村花木专业户朱保清家一棵野生树经南京林学院专家检验，为国内罕见的械枫树。

是月，境内各村村委会进行换届选举，朱仲华任欧桥村村委会主任，周学江任立新村委会主任，张益新任西旸村委会主任。

是年，钱正华任西旸村党支部书记。

是年，境内立新、欧桥和西旸 3 村的农业总产值 1384 万元，经济总收入 27648 万元。其中欧桥村农业产值 454 万元，经济总收入 23420 万元；立新村农业产值 544 万元，经济总收入 2322 万元；西旸村农业产值 386 万元，经济总收入 1906 万元。

2002 年

2 月，江苏欧桥精纺有限公司生产的凤冠牌呢绒获苏州市名牌产品称号。

3 月 14 日，欧桥新新成条厂在妙桥镇工业新区内建立。

5 月 25 日至 6 月 4 日，境内降雨 185.7 毫米，麦田普遍积水，小麦发芽霉变。

8 月 21 日，张家港市保谊园绿化工程有限公司建办。

12 月 18 日，境内移址新建的西旸农贸市场交付使用。

是年，境内江苏欧桥精纺有限公司列入张家港市重点企业，在全国毛纺针织行业前 50 名排名中列第 32 名。

是年，境内欧桥、西旸、立新 3 村创建成省级卫生村。

是年，境内立新、欧桥和西旸 3 村的农业总产值 1432 万元，经济总收入 36323 万元。其中欧桥村农业产值 470 万元，经济总收入 31759 万元；立新村农业产值 562 万元，经济总收入 2602 万元；西旸村农业产值 400 万元，经济总收入 1962 万元。

2003 年

4 月，根据张家港市人民政府《关于进一步加强传染性非典型肺炎防治工作的通告》，境内各村成立非典防治专业工作班子，工作网络做到全方位、全覆盖。

5月，境内伟翔公司建办。

8月27日，经江苏省人民政府批准撤销妙桥镇，欧桥、立新、西旸3村隶属张家港市塘桥镇。

9月，境内新永公司建办。

12月，疏浚境内芦浦塘（西旸塘至立新村委）河段，长1.5千米，完成土方1.8万立方米。

是年，陈建新任西旸村委会主任。

是年，江苏欧桥精纺有限公司被授予1998～2002年度苏州市环境保护工作先进集体。

是年，境内立新、欧桥和西旸3村的农业总产值1593万元，经济总收入42360万元。其中欧桥村农业总产值486万元，经济总收入37302万元；立新村农业总产值617万元，经济总收入2830万元；西旸村农业产值490万元，经济总收入2228万元。

2004年

3月，西旸、立新2村并入欧桥村，建立中共欧桥村村委会，张小飞任党委书记。

4月，重建蔡家桥，跨径8米，宽4.6米。

5月18日凌晨，妙桥派出所在该村西旸民宅一举破获一个抢劫、盗窃犯罪集团。

6月2日，塘桥镇党委对行政村组成人员的任职和分工进行调整，周正刚任欧桥村村委负责人，周学江为副负责人；徐建亭任欧桥村经济合作社副社长。

6月中旬，侯家村民小组推广使用东洋PE455S型机插秧，每小时可插2.5～3亩，每亩插秧苗数近2万穴，与传统手插秧相比，每亩可节省成本70余元。

7月5日下午，张家港市委书记曹福龙率市领导顾栋才、高建刚、何坤明、周群信及部分部委办局一行10人到欧桥精纺有限公司和瑞群针织服饰有限公司调研。

9月26日，欧桥村体育代表队参加塘桥镇第一届全民运动会。

是年末，欧桥村耗资1000余万元在镇工业集中区兴建标准型厂房1.2万平方米。

是年，欧桥村荣获苏州市2002～2003年度文明村。

是年，欧桥村党委被评为苏州市先进基层党组织。

是年，欧桥村列入张家港市社会治安安全村。

是年，欧桥村农业总产值1914万元，经济总收入44986万元，粮食种植面积8313亩。

2005 年

春，动工兴建西旸菜场小区和西旸场角小区。至 2012 年末，西旸菜场小区建造住宅楼 28 幢，总建筑面积 10750 平方米，有居民 43 户、常住人口约 120 人。西旸场角小区建筑住宅楼 36 幢，总建筑面积 9000 平方米，有居民 36 户、常住人口约 100 人。

2 月，张杨公路东延途经欧桥村境，长 2 千米，拆迁居民 70 余户。

6 月，欧桥村组织党员干部、村民组长 46 人去韩山村参观农民集中居住区。

7 月，欧桥村召开欧桥片区党员、村民组长座谈会，就建设欧桥农宅集中居住区（欧桥小区）开展讨论。

8 月，撤销西旸小学，并入妙桥小学。

是月，重建欧桥 1 号桥，三跨平板桥，跨径 29×4.6 米，荷载 15 吨。

是月，组织召开欧桥片区村民代表会议，决定欧桥农宅集中居住区选址为南杨组：北起丰产方路，南至立新路，西至河花墩，东连东"漳泾河"。

9 月，在南杨组召开村民会议，就征用南杨土地的安置问题作出决定。

10 月 18 日，张家港由市政协副主席蒋祖德、朱全发带队，市医卫专家组包括骨科、眼科、心血管科、儿科、内科、内分泌科等在内的 10 余位专家到欧桥村开展送医下乡义诊活动。

11 月，欧桥村民委员会和南杨组村民签订土地征用协议。

是月，在欧桥茶馆召开全村党员大会，听取有关"三个代表"的辅导报告，开展保持共产党员先进性教育活动。

12 月 30 日，在欧桥茶馆召开党员、干部、村民代表会议，总结一年工作，明确新一年目标任务。

是年，动工兴建欧桥小区，占地面积 10.42 万平方米。

是年，欧桥村建立农村股份制合作社。

是年，欧桥村被评为张家港市文明村，欧桥村党委被评为张家港市先进基层党组织。

是年，欧桥村农业总产值 1915 万元，经济总收入 49779 万元，粮食种植面积 7332 亩。

2006 年

妙丰公路南延途经境内 1.5 千米，拆迁农户 40 余户。

6 月，村委会办公地由刘家巷移址欧家桥（丰收桥）东侧。

7 月 11 日，村花木种植园园主朱保清从安徽马鞍山采购的 7000 斤西瓜分别送给福沁园"五保"老人和村内困难户。

8 月 7 日，张家港市委书记黄钦到欧桥村调研，并走访江苏欧桥精纺有限公司和江苏瑞群针织服饰有限公司。

9月20日，欧桥村体育代表队参加塘桥镇第二届全民运动会。

是月，张家港市公安局交警大队在境内338省道设治安卡口。

12月，通过考核、验收，欧桥村列入苏州市新农村建设示范村。

是年，欧桥村被中共苏州市委、市政府授予苏州市先锋村、苏州市建设社会主义新农村示范村和先进单位等称号。

是年，江苏欧桥精纺有限公司被苏州市政府授予苏州市环境友好型先进企业荣誉称号。

是年，欧桥村被评为苏州市文明村和张家港市文明村，欧桥社区被评为张家港市文明社区。

是年，欧桥村投资2000万元在镇工业集中区兴建标准型厂房2万平方米。

是年，欧桥村开辟西旸工业区，占地面积5.3万平方米，至2012年已有13家工业企业入驻。

是年，欧桥村农业总产值2030万元，经济总收入56043万元，粮食种植面积7749亩。

2007年

3月，张家港市领导和塘桥镇领导一行到欧桥村视察新农村建设。

3月10日，欧桥村委会召开村民代表大会，表决通过欧桥片区土地流转、分配相关事宜。

4月，张家港市与塘桥镇相关领导到欧桥村检查实事工程（排涝站）。

7月31日，市人大常委会公布2005～2007年度人大代表优秀代表建议案，人大代表、欧桥村党委书记张小飞的《关于保护塘桥镇金村千年文化古村的建设》在列。

是月，欧桥村建成苏州市推进社会主义新农村建设示范村，受到苏州市委、市政府表彰。

9月25日，欧桥村进行第八届村民委员会、村民小组长换届选举，选出新一届村委会领导班子以及各村民小组长。

是月，全村各户进行开展有线电视向数字电视更换工作。

10月，选举产生市、镇两级人大代表。

11月18日，欧桥村党委、村委会审议通过村委会工作制度、村务公开制度，并明确各工作委员会和村民小组长的职责。

是年，欧桥村列入亿万农民健康促进行动苏州市先进村。

是年，欧桥村被评为张家港市文明村，欧桥社区被评为张家港市文明社区。

是年，欧桥村农业总产值1990万元，经济总收入59264万元，粮食种植面积8198亩。

2008 年

3 月 10 日，全村党员干部开展学习，贯彻十七大会议精神。

4 月 20 日，全村党员干部学习欧桥村党风廉政建设规定。

6 月，重建欧桥庄三泾桥，跨径 10 米，宽 9 米，荷载 20 吨。

7 月 28 日，立新片区 3 组一户遭雷电袭击，烧了房屋 2 间。

9 月 23 日，欧桥村党委进行各支部换届选举。

10 月 18 日，召开欧桥村党委换届选举大会，选举出新一届党委班子成员，张小飞任党委书记，徐正芳、周正刚任副书记。

是年，欧桥村农业总产值 2155 万元，经济总收入 71922 万元，粮食种植面积 8151 亩。

2009 年

6 月，重建王金川桥，跨径 10 米，宽 4.6 米，荷载 10 吨。

是年，盐铁塘东延工程动工建设，拆除境内 2 家工业企业。

是年，张小飞被苏州市委授予苏州市建设社会主义新农村带头人荣誉称号。

是年，欧桥村列入苏州市民主法治示范村。

是年，欧桥村被评为苏州市创建文明工作先进村。

是年，欧桥村农业总产值 2941 万元，经济总收入 71304 万元，粮食种植面积 8269 亩。

2010 年

7 月 29 日，张家港市广弘针织服饰有限公司建成开业。

10 月 1 日零时，为全国第六次人口普查标准时点。经普查，欧桥村常住人口 9231 人，其中户籍人口 5753 人，外来人口 4338 人中，常住外来人口 3847 人。

11 月，田建林任村民委员会主任。

是年，欧桥村被评为张家港市文明村，江苏瑞群服饰有限公司为张家港市文明单位。

是年，欧桥村评为张家港市创建平安张家港和法治建设先进集体。

是年，欧桥村农业收入 982 万元，经济总收入 84443 万元，粮食种植面积 8150 亩。

2011 年

1 月 14 日，张家港市宏和化纤有限公司建成开业。

4 月 12 日，张家港市盈盈针织服饰有限公司建成开业。

是年，第一、二社区卫生服务站评为苏州市示范社区卫生服务站。

是年，欧桥村被评为张家港市文明村，欧桥村基干民兵排被评为全市民兵工作先进集体。

是年，走马塘在境内河段建造西山大桥，并修建西山公路，长约 1.5 千米。

是年，欧桥村农业收入 1015 万元，经济总收入 86029 万元，粮食种植面积 8609 亩。

2012 年

2 月 16 日，张家港市国隆针织制衣厂建成开业。

3 月，辟尘道院出会活动至鹿苑马嘶桥。

7 月，苏州市道教协会会长张凤鳞，在市统战部和宗教局领导陪同下对辟尘道院进行调研。

10 月 18 日，妙桥百顺针织服饰厂建成开业。

12 月 8 日，西旸辟尘道院经苏州市民族宗教事务局批准恢复重建。

12 月，塘桥镇辟尘道院复建筹备领导小组成立。凌洁任组长，朱栋裕、徐惠芳、张小飞任副组长，组员有张维民、孙耀晖、何建良、徐正芳、陶全坤、杨建依、张云亭、钱建平、张仁明。

是年，338 省道上的欧桥治安卡口由市交巡大队 4 中队负责，有民警（含辅警）22 人。

是年，欧桥村农业收入 1215 万元，经济总收入 91126 万元，粮食种植面积 8565 亩。

2013 年

1 月，张家港市启园农业专业合作社建立，注册资金 50 万元。

2 月 27 日，张家港市大金帽业有限公司建成开业。

3 月 29 日，西旸辟尘道场列入张家港市非物质文化遗产名录。

4 月 27 日（农历三月十八日），辟尘道院举行隆重的庙会活动，辟尘俗家道士 10 余人打太平清醮。

是年，江苏瑞群服饰有限公司被评为张家港市先进私营企业。

是年，欧桥村集体经济总收入 1159 万元，资产总额 6171 万元，村可用财力 924 万元，粮食种植面积 7658 亩。

2014 年

3 月 10 日，欧桥（西旸）被张家港市人民政府命名为首批传统村落。

3 月 29 日，俗家道士张琪法师被张家港市人民政府确定为西旸辟尘道场代表性传承人。

4 月 18 日（农历三月十八日），辟尘道院举行隆重的奠基典礼。全国道教协会副会长、苏州市道教协会会长张凤鳞和苏州市各道院、道观法师 10 人，到该道院祝贺。

9 月 20 日，欧桥村委会办公地从欧家桥（丰收桥）移至庆家弄北侧。

10月17日，法国欧亚印象顾问有限公司为欧桥村制订《欧桥传统村落资源分析报告与保护发展规划建议书》。

是年，欧桥村被评为张家港市文明村。

是年，欧桥村集体经济总收入 1206 万元，资产总额 5740 万元，村可用财力 1046 万元，粮食种植面积 6527 亩。

2015 年

5月12日，对 70 周岁以下的党员建立积分与考核制度。

6月27日，村党委书记张小飞组织党员代表 60 余人集体学习新党章。

7月，欧桥村党委副书记徐正芳参加全市召开中国名镇志、张家港市名村志推进大会。《欧桥村志》编写工作正式启动。8月，《欧桥村志》组建编委会。主任张小飞，副主任田建林、徐正芳。由该村退休干部周正刚和陶全坤老师负责编写，陶全坤任主编。

9月26日，欧桥村党委决定把每周星期六作为远程教育固定学习日。

是年，增修立新中心路（南北走向）北段，全长 700 米，路面拓宽至 2 米。

是年，经张家港市人民政府批准，欧桥棒针羊毛衫编织技艺和欧桥糕点制作技艺列入张家港市非物质文化遗产名录。

是年，欧桥村集体经济总收入 1096 万元，资产总额 6086 万元，村可用财力 944 万元，粮食种植面积 7231 亩。

是年，欧桥村被评为张家港市文明村，三星级康居乡村。

第一卷　建置·环境

第一章　建置区划

第一节　沿革

欧桥古属吴地。汉永建四年（129）设南沙乡，境内立新、欧桥、西旸等地属该乡管辖。晋咸康七年（341），以南沙乡之地设立南沙县，县治为立新之东铜官山，境内隶属南沙县。梁大同六年（540），废南沙县置常熟县，境内之地属常熟县管辖。北宋，常熟县设9乡3镇，境内属常熟县南沙乡西阳里，清朝年间隶属常熟县南三场下十四都。1912年，归属常熟县慈妙乡管辖。1934年，境内东部地区属梅李区太平乡，西部地区属梅李区西旸乡。1946年5月，归属梅李区妙桥乡管辖。1950年3月，常熟县重新划区建乡，境域分别隶属福山区西旸乡和太平乡。1956年3月，农业合作化高潮时称红旗二社、红旗五社和红旗六社，隶属于塘桥区西旸乡。1957年9月，实行撤区并乡，境内隶属常熟县妙桥乡。1958年9月，常熟县妙桥公社成立，境内设有太子大队、欧桥大队和西旸（中心）大队。1962年1月，新建沙洲县后，隶属沙洲县妙桥公社。1983年7月，政社分设时更名立新村、欧桥村和西旸村，隶属于沙洲县妙桥乡。1986年3月，妙桥撤乡建镇，是年9月撤销沙洲县建立张家港市，境内3村隶属张家港市妙桥镇。2003年8月，塘桥、妙桥、鹿苑三镇合并后，隶属于张家港市塘桥镇。2004年3月，西旸、立新2村并入欧桥村。村委会驻地刘家巷，2006年移址丰收桥东侧，2014年移址庆家弄北侧。欧桥村辖区划分为欧桥、西旸、立新等3个片区，有西旸集镇和45个自然村。至2015年末，欧桥村仍隶属张家港市塘桥镇。

第二节　境界

梁代，于南沙置常熟县时，欧桥村地域范围面积不足 4 平方千米，海塍之北为长江海域。清宣统二年（1910），常熟县推行地方自治，划设 35 个市乡，本地域范围在慈妙乡北部，东邻福山乡，西近鹿苑乡，北临长江，面积仅为 5.5 平方千米。1949 年，常熟县改划为 6 个区，57 个乡镇时，本地域范围在梅李区妙桥乡东北部，置 3 个保，东邻福山镇，西近马嘶乡，北临长江滩，面积约为 6 平方千米。1950 年，常熟县人民政府调整区和乡镇设置，划分 14 个区，辖 218 个乡镇，本地域在福山区西旸乡东部和太平乡西部，为太平乡三、四、七等村和西旸乡一、二、三、四、五、六等村，东邻太平乡一、二、五村，西邻妙桥乡和西旸乡第十二村，南连周院乡、金村乡，北临长江滩，面积约为 6.5 平方千米。1958 年，常熟县以乡建社，本地域为常熟县妙桥公社立新（太子）大队、欧桥大队和西旸（中心）大队。其东邻福山公社红光大队、绿山大队，西连妙桥中心大队、仇家大队，南与周院大队、塘湾大队交界，北与跃进圩相连。1983 年，政社分设，本地域范围为沙洲县妙桥乡立新村，欧桥村和西旸村。立新村位于妙桥以东 2.5 千米，地处北纬 31°49′，东经 120°43′，东与常熟海虞镇红光、绿山两村交界，南与塘湾村相连，西邻横泾村，北与欧桥、西旸两村毗邻，面积 1.445 平方千米；欧桥村位于妙桥镇东北 2 千米，地处北纬 31°49′，东经 120°42′。东与立新村相连，西与妙桥、蒋家两村接壤，北与西旸村为邻，面积 2.08 平方千米；西旸村位于妙桥镇东北 3 千米，地处北纬 31°49′，东经 120°43′，东与常熟市海虞镇红光村接壤，南与欧桥村毗邻，西与蒋家村相连，北与跃进、沙田两村交界，面积 2.65 平方千米。2004 年，立新、欧桥、西旸等 3 村合并成塘桥镇欧桥村，其位于塘桥镇域东部，东邻常熟市海虞镇，南靠金村村，西接横泾村、妙桥社区、顾家村，北连蒋家村，距塘桥镇区 6.5 千米。2015 年末，辖区总面积为 7.01 平方千米。

第三节　行政区划

1949 年 4 月，妙桥地区解放，境内沿袭民国时的保甲制，共设有 3 个保 60 甲。1950 年 3 月，常熟县废除保甲制，设乡、村、组。境内设西旸乡一、二、三、四、五、六村、十二村（部分）和太平乡三、四、七村等部分，1956 年农业合作化高潮时有红旗二、五、六社。1958 年 9 月人民公社成立时，初为妙桥人民公社第十二、十三、十四等 3 个大队，后改为十五、十六、十七等 3 个大队。1961 年更名太子大队、欧桥（欧家桥）大队和西旸（中心）大队，共设 41 个生产小队，其中太子大队

有 18 个生产小队，欧桥大队有 14 个生产小队，西旸大队有 9 个生产小队。共有 45
个自然村。1962 年 1 月实行"三级所有，队为基础"的管理体制时，太子大队分设
为太子和瞿家 2 个大队。是年，太子大队设 11 个生产队，瞿家大队设 10 个生产队，
欧桥大队设 16 个生产队，西旸（中心）大队设 11 个生产队。1967 年，境内太子大
队更名立新大队。1968 年，瞿家大队部分生产队并入立新大队。是年，因仇家大队
撤销，其辖区内大巷、油车、场角和马家弄 4 个生产队并入西旸（中心）大队。
1978 年，立新大队设姚家宕、周黄家宕、三徐家村等 11 个生产队，欧桥大队设有
庆家、后香、朱家、前香、高家、南杨、欧桥、新建、新丰、新联、徐巷、妙（缪）
巷、侯家等 13 个生产队，西旸大队设大巷、朱家、前邹等 18 个生产队。1983 年政
社分设时，境内立新大队更名立新村，欧桥大队更名欧桥村，西旸大队更名西旸村，
共设 51 个村民小组，其中立新村 13 个，欧桥村 20 个，西旸村 18 个。2000 年 6 月，
周院村撤销，辖区内周家宕、瞿家宕、蔡家宕、韦家宕、张家云头和陈颜家宕等 6 个
自然村（村民小组）划归立新村管辖。2003 年 8 月，因妙桥镇撤销，境内立新、欧
桥、西旸 3 个行政村隶属塘桥镇。是年，立新村辖区面积 1.72 平方千米，辖 19 个自
然村，有 564 户 1684 人，耕地面积 1875 亩；欧桥村辖区面积 1.98 平方千米，辖 17 个
自然村，有 572 户 1808 人，耕地面积 1379 亩；西旸村辖区面积 2.65 平方千米，辖 9
个自然村和 1 个西旸街村，有 625 户 1816 人，耕地面积 1834 亩。2004 年 3 月，西旸、
立新 2 村并入欧桥村后，设有 57 个村民小组，其中西旸片区有 18 个村民小组，立新
片区有 19 个村民小组。是年末，全村共有居民 1757 户 5288 人，耕地面积 6582 亩。
2015 年末，全村仍设 57 个村民小组，共有居民 1779 户 5828 人。

1951～2015 年欧桥行政村（大队）发展演变情况表

表 1—1

2015 年行政村名	2003 年行政村名	1983 年政社分设行政村名	1968 年时大队名	1962 年时大队名	1957 年高级社名	1951 年土地改革时行政村名
欧桥	立新	立新	立新	太子	红旗五、六社部分	太平乡三、四、七村和六村部分；西旸乡四村部分
				瞿家部分		
		周院部分	红联部分	周院部分	红旗六、十六社部分	
	西旸	西旸	西旸	西旸（中心）	红旗二社及四社部分	西旸乡一、二、三村和十二村部分
				仇家部分		
	欧桥	欧桥	欧桥	欧桥	红旗五社和六社部分	西旸乡五、六村和四村部分，太平乡四村部分

第四节　自然村

境内的自然村落形成历史悠久，大多数为传统村落。在村庄建设中，这些村落还保留自然生态格局，草房改建成瓦房、楼房后仍能保留小桥流水、宅前小河水站、宅周树竹篱笆的自然风光。其中常阁（场角）、陈家大宅、蔡家厅（大巷）、邹家宕、张家巷、香堂里、庆家弄、王金川、马家弄、钱家宕、塘六泾等村落为重点保护的传统村落。2015 年，全村共有 45 个自然村，设 57 个村民小组。

刘家巷　又名刘巷，曾为欧桥村委会驻地。东隔西旸公路与欧桥精纺厂相望，西邻西旸塘。有刘、李、王、徐等姓氏，因该村居民以刘姓居多，故得名刘家巷。该巷为传统村落，早在清朝后期，其西临西旸港（塘）上就建有刘家小桥。1950年，隶属常熟县福山区西旸乡五村。1957 年，农业合作化时隶属常熟县妙桥乡红旗五社。1962 年 1 月，隶属沙洲县妙桥公社欧桥大队，有 22 户 70 人。1969 年有 23 户 91 人。1983 年，政社分设时隶属妙桥乡欧桥村，境内村民小组实行分户联产承包集体耕地。1986 年隶属张家港市妙桥镇欧桥村。2003 年 8 月，隶属张家港市塘桥镇欧桥村，有 30 户 90 人。村庄呈长方形，占地面积 8000 平方米。有楼房 10 幢，建筑面积 3220 平方米。2015 年有居民 32 户 113 人，其中入住村级小区 5 户，移居集镇 1 户，常住市区 2 户。属欧桥村第 10 村民小组和第 20 村民小组。80 年代，该地曾建有欧桥农民文化宫、欧桥百货商店、欧桥宾馆、欧桥招待所、欧桥书厅（茶馆）等公共建筑，村民入住欧桥新村。90 年代，拆除欧桥农民文化宫和欧桥百货商店，数户村民建造住宅楼房。欧桥社区卫生服务站就在西侧。

欧家桥　又名欧桥，位于欧桥村南部，跨西旸塘两侧。西连中杨家自然村，北邻原欧桥幼儿园。因境内曾有一座建于明代的古石桥——欧家桥，村随桥名，故得名欧家桥。该自然村为境内传统村落。1945 年抗日战争胜利后，隶属常熟县梅李区西旸乡。1946 年乡镇扩并后，隶属梅李区妙桥乡。1950 年，隶属常熟县福山区西旸乡五村。1956 年，隶属塘桥区西旸乡。1957 年农业合作化时，隶属常熟县妙桥乡红旗五社。1962 年 1 月，隶属沙洲县妙桥公社欧桥大队，有 31 户 110 人。1969 年有 36 户 144 人。1983 年政社分设时，隶属妙桥乡欧桥村，境内村民小组实行分户联产承包集体耕地。1986 年，隶属张家港市妙桥镇欧桥村。2003 年 8 月妙桥镇撤销后，隶属张家港市塘桥镇欧桥村，有 46 户 160 人。村庄呈长方形。村庄占地面积 1.24 万平方米。住宅均为楼房，建筑面积 9078 平方米。2015 年有居民 49 户 178 人，其中入住村级小区 5 户，移居集镇 1 户，常住市区 2 户。分属欧桥村第 7 和第 8 村民小组。有陶、徐、朱、马、陈、温等姓氏。江苏省劳动模范马品华出生于该巷。

庆家弄　位于欧桥村委会驻地东部。东与原立新村接壤，西邻欧桥精纺厂，北靠 338 省道。该自然村在 1945 年抗日战争胜利后，隶属常熟县梅李区西旸乡。1946 年，对乡镇扩并后隶属梅李区妙桥乡。1950 年，隶属常熟县福山区西旸乡四村。1955 年，隶属塘桥区西旸乡。1956 年，隶属常熟县妙桥乡红旗五社。1962 年 1 月，隶属沙洲县妙桥公社欧桥大队，有 16 户 51 人。1969 年全巷有 20 户 84 人，1983 年政社分设时，隶属妙桥乡欧桥村，境内村民小组实行分户联产承包集体耕地。1986 年，隶属张家港市妙桥镇欧桥村。2003 年 8 月妙桥镇撤销后，隶属张家港市塘桥镇欧桥村，有 35 户 119 人。呈长方形，住宅占地面积 9338 平方米，建筑面积 6030 平方米，家家住楼房。劳动人口 47 人，其中 41 人从事农业劳动。2015 年，全巷有 35 户 119 人，其中入住村级小区 5 户，移居集镇 3 户，常住市区 1 户，属欧桥村第 1、18 村民小组。原中国人民解放军东海舰队勘测船大队总工程师杨丁飞上校的出生之地。有缪、杨、王、辛、胡等姓氏，其中缪姓约占 50%，该巷历史悠久，得名无从考证。

前香堂　位于欧桥村东南部。西邻高家宕自然村，北连后香堂自然村。因旧时巷后方有一座太子堂（香堂），故得名前香堂。该自然村与后香堂合称香堂里。该村在 1945 年抗日战争胜利后，隶属常熟县梅李区西旸乡。1946 年，对乡镇扩并后隶属梅李区妙桥乡。1950 年，隶属常熟县福山区西旸乡四村。1956 年，隶属塘桥区西旸乡。1957 年，隶属常熟县妙桥乡红旗五社。1962 年 1 月，隶属沙洲县妙桥公社欧桥大队，有 22 户 72 人。1969 年有 22 户 89 人。1983 年政社分设时，隶属妙桥乡欧桥村，境内村民小组实行分户联产承包集体耕地。1986 年，隶属张家港市妙桥镇欧桥村。2003 年 8 月妙桥镇撤销后，隶属张家港市塘桥镇欧桥村，有 36 户 98 人。村庄呈长方形，占地面积 9505 平方米，住宅均为楼房，建筑面积 6110 平方米，2015 年，有居民 31 户 104 人，其中入住村级小区 4 户，移居集镇 2 户，常住市区 2 户。属欧桥村第 4 村民小组。有王、卢、徐、邹等姓氏，其中王姓户居多。

后香堂　位于欧桥村东部。北邻庆家弄自然村，西连朱家自然村。该村原居太子庙之后，前香堂之北，故得名后香堂。该自然村与前香堂合称香堂里。1945 年抗日战争胜利后，隶属常熟县梅李区西旸乡。1946 年，乡镇扩并后隶属梅李区妙桥乡。1950 年，隶属常熟县福山区西旸乡四村。1956 年，隶属塘桥区西旸乡。1957 年，隶属常熟县妙桥乡红旗五社。1962 年 1 月，隶属沙洲县妙桥公社欧桥大队，有 22 户 80 人。1983 年政社分设时，隶属妙桥乡欧桥村，境内村民小组实行分户联产承包集体耕地。1986 年，隶属张家港市妙桥镇欧桥村。2003 年 8 月妙桥镇撤销后，隶属张家港市塘桥镇欧桥村，有 33 户 108 人。村庄呈三角形，占地面积 9211 平方米。住宅均为楼房，建筑面积 6066 平方米。2015 年，有居民 31 户 99 人，其中入住村级小区 2 户，移居集镇 2 户，常住市区 1 户。属欧桥村第 2 村民小组。有王、朱、刘等姓氏。

朱家 又名朱家宕，位于欧桥村东南部。东邻后香堂自然村，西接欧家桥自然村。有朱、周、徐、成、缪、杨、吴、曹等姓氏，因该村居民以朱姓居多，故得名朱家。该自然村在1945年抗日战争胜利后，隶属常熟县梅李区西旸乡。1946年，对乡镇扩并后隶属梅李区妙桥乡。1950年，隶属常熟县福山区西旸乡四村。1956年，隶属塘桥区西旸乡。1957年，隶属常熟县妙桥乡红旗五社。1962年1月，隶属沙洲县妙桥公社欧桥大队，有21户69人。1969年有23户96人。1983年政社分设时，隶属妙桥乡欧桥村，境内村民小组实行分户联产承包集体耕地。1986年，隶属张家港市妙桥镇欧桥村。2003年8月妙桥镇撤销后，隶属张家港市塘桥镇欧桥村，有33户123人。村庄呈长方形，占地面积9465平方米。住宅均为楼房，建筑面积6220平方米。2015年，有居民34户112人，其中入住村级小区2户，移居集镇1户，常住市区1户。属欧桥村第3村民小组。

高家宕 又名高家巷，位于欧桥村东南部。北依芦浦塘，西邻欧家桥自然村。有高、徐、严、陈等姓农户，因该村高姓居民约占半数，故得名高家宕。1945年抗日战争胜利后，隶属常熟县梅李区西旸乡。1946年乡镇扩并后，隶属梅李区妙桥乡。1950年，隶属常熟县福山区西旸乡五村。1956年，隶属塘桥区西旸乡。1957年农业合作化时，隶属常熟县妙桥乡红旗五社。1962年1月，隶属沙洲县妙桥公社欧桥大队，有21户79人。1969年有20户82人。1983年政社分设时，隶属妙桥乡欧桥村，境内村民小组实行分户联产承包集体耕地。1986年，隶属张家港市妙桥镇欧桥村。2003年8月妙桥镇撤销后，隶属张家港市塘桥镇欧桥村，有38户102人。村庄呈长方形，占地面积1.01万平方米。住宅均为楼房，建筑面积6220平方米。2015年，有居民33户111人，其中入住村级小区1户，移居集镇1户，常住市区1户。属欧桥村第5村民小组。1959年，被苏州地区评为望虞河首期工程"水利英雄"的徐坛保为该巷人。

南杨 又名南杨家，位于欧桥村南部。西临西旸公路，南与横泾村三五叉自然村相接。因该村以杨姓居民为主，故得名南杨。该巷在1945年抗日战争胜利后，隶属常熟县梅李区太平乡。1946年乡镇扩并后，隶属梅李区妙桥乡。1950年3月，隶属常熟县福山区太平乡四村。1956年，隶属塘桥区西旸乡。1957年9月，隶属常熟县妙桥乡红旗六社。1962年1月，隶属沙洲县妙桥公社欧桥大队，有25户81人。1969年有23户89人。1983年政社分设时，隶属妙桥乡欧桥村，境内村民小组实行分户联产承包集体耕地。1986年，隶属张家港市妙桥镇欧桥村。2003年8月妙桥镇撤销后，隶属张家港市塘桥镇欧桥村，有31户117人。村庄呈"丁"字形，住宅占地面积8671平方米。住宅均为楼房，建筑面积5873平方米。2015年，有居民27户90人，其中入住村级小区8户，移居集镇1户，常住市区3户。属欧桥村第6村民小组。民国年间，境内设有初级小学。该巷杨姓居民居多，与恬庄杨氏同为一宗族，保存《杨氏世系表》1份。

中杨家 又名中杨，位于欧桥村西南部。西邻钱家宕自然村，东连欧家桥自然村。因该村地处南杨自然村北面，村内又以杨姓居民为主，故得名中杨家。另有李姓居民数户。该村在1945年抗日战争胜利后，隶属常熟县梅李区西旸乡。1946年乡镇扩并后，隶属梅李区妙桥乡。1950年，隶属常熟县福山区西旸乡五村。1956年，隶属塘桥区西旸乡。1957年农业合作化时，隶属常熟县妙桥乡红旗五社。1962年1月，隶属沙洲县妙桥公社欧桥大队，有19户79人。1969年有16户73人。1983年政社分设时，隶属妙桥乡欧桥村，境内村民小组实行分户联产承包集体耕地。1986年，隶属张家港市妙桥镇欧桥村。2003年8月妙桥镇撤销后，隶属张家港市塘桥镇欧桥村，有23户91人。村庄呈长方形，占地面积6670平方米。住宅均为楼房，建筑面积4087平方米。2015年有居民20户76人，其中入住村级小区2户，移居集镇1户，常住市区2户。属欧桥村第19村民小组。上海有机化学研究所博士杨建华出生于该巷。

北杨家 又名杨家宕，位于欧桥村中部。北与原西旸村接壤，西靠西旸公路，南邻欧桥精纺厂。村民中杨姓在半数以上，故得名北杨家。该村在1945年抗日战争胜利后，隶属常熟县梅李区西旸乡。1946年乡镇扩并后，隶属梅李区妙桥乡。1950年，隶属常熟县福山区西旸乡五村。1956年，隶属塘桥区西旸乡。1957年农业合作化时，隶属常熟县妙桥乡红旗五社。1962年1月，隶属沙洲县妙桥公社欧桥大队，有18户72人。1969年有18户79人。1983年政社分设时，隶属妙桥乡欧桥村，境内村民小组实行分户联产承包集体耕地。1986年，隶属张家港市妙桥镇欧桥村。2003年8月妙桥镇撤销后，隶属张家港市塘桥镇欧桥村，有26户109人。村庄呈长方形，占地面积6936平方米。住宅均为楼房，建筑面积4658平方米。2015年，有居民32户118人，其中入住村级小区2户，移居集镇1户，常住市区1户。属欧桥第20村民小组。该巷另有侯、刘等姓户。20世纪80年代初，建有"兵营"楼房一排。1990年地名普查定名欧桥三新村。现大部分农户重建楼房，并恢复巷名北杨家。

钱家 又名钱家宕，位于欧桥村西南部。东连中杨家，北接缪巷自然村，西邻原妙桥村。有钱、李、杨、陶等姓住户，因钱姓住户居多，故得名钱家宕。该村在1945年抗日战争胜利后，隶属常熟县梅李区西旸乡。1946年乡镇扩并后，隶属梅李区妙桥乡。1950年，隶属常熟县福山区西旸乡五村。1956年，隶属塘桥区西旸乡。1957年农业合作化时，隶属常熟县妙桥乡红旗五社。1962年1月，隶属沙洲县妙桥公社欧桥大队，有20户106人。1969年有19户91人。1983年政社分设时，隶属妙桥乡欧桥村，境内村民小组实行分户联产承包集体耕地。1986年，隶属张家港市妙桥镇欧桥村。2003年8月妙桥镇撤销后，隶属张家港市塘桥镇欧桥村，有23户

73 人。村庄呈长方形，占地面积 6483 平方米。住宅均为楼房，建筑面积 4093 平方米。2015 年有居民 22 户 70 人，其中入住村级小区 3 户，移居集镇 1 户，常住市区 2 户。属欧桥村第 9 村民小组。原苏州市天主教爱国协会负责人钱俊元出生于该巷。较多居民信仰天主教。

水渠里 位于欧桥村西北部。该村在 1945 年抗日战争胜利后，隶属常熟县梅李区西旸乡。1946 年乡镇扩并后，隶属梅李区妙桥乡。1950 年，隶属常熟县福山区西旸乡六村。1956 年，隶属塘桥区西旸乡。1957 年农业合作化时，隶属常熟县妙桥乡红旗五社。1962 年 1 月，隶属沙洲县妙桥公社欧桥大队，有 38 户 133 人。1969 年有 42 户 187 人。1983 年政社分设时，隶属妙桥乡欧桥村，境内村民小组实行分户联产承包集体耕地。1986 年，隶属张家港市妙桥镇欧桥村。2003 年 8 月妙桥镇撤销后，隶属张家港市塘桥镇欧桥村，有 46 户 150 人。村庄呈长方形，巷内住户已于 1980 年移居新村，宅地平整农田。村庄占地面积 13100 平方米。住宅均为楼房，建筑面积 8502 平方米。2015 年有居民 51 户 163 人，其中入住村级小区 1 户，移居集镇 2 户，常住市区 3 户。有张、徐、陆、王、李、殷、陈、杨、鲍等姓，分属欧桥村第 11、12 村民小组。该巷为原欧桥村党总支书记、全国第六届人大代表张永来的出生之地。

后巷 位于欧桥村西部。该巷在 1945 年抗日战争胜利后，隶属常熟县梅李区西旸乡。1946 年乡镇扩并后，隶属梅李区妙桥乡。1950 年，隶属常熟县福山区西旸乡六村。1956 年，隶属塘桥区西旸乡。1957 年农业合作化时，隶属常熟县妙桥乡红旗五社。1962 年 1 月，隶属沙洲县妙桥公社欧桥大队，有 18 户 69 人。1969 年有 16 户 79 人。1983 年政社分设时，隶属妙桥乡欧桥村，境内村民小组实行分户联产承包集体耕地。1986 年，隶属张家港市妙桥镇欧桥村。2003 年 8 月妙桥镇撤销后，隶属张家港市塘桥镇欧桥村，有 17 户 61 人。村庄占地面积 5103 平方米，住宅均为楼房，建筑面积 3156 平方米。2015 年有居民 17 户 58 人。有仇、李、沈、陆、蔡等姓，属欧桥村第 17 村民小组。2005 年，因辟筑妙丰公路，有 8 户居民动迁至欧桥小区。移居集镇 2 户，常住市区 2 户。

徐家巷 又名徐巷，位于欧桥村西部。西邻侯家自然村，北与蒋家村接壤。该村有徐、陆、王、杨等姓，徐姓居民约占七成，故得名徐家巷。该巷在 1945 年抗日战争胜利后，隶属常熟县梅李区西旸乡。1946 年乡镇扩并后，隶属梅李区妙桥乡。1950 年，隶属常熟县福山区西旸乡六村。1956 年，隶属塘桥区西旸乡。1957 年农业合作化时，隶属常熟县妙桥乡红旗五社。1962 年 1 月，隶属沙洲县妙桥公社欧桥大队，有 30 户 94 人。1969 年有 31 户 110 人。1983 年政社分设时，隶属妙桥乡欧桥村，境内村民小组实行分户联产承包集体耕地。1986 年，隶属张家港市妙桥镇欧桥村。2003 年 8 月妙桥镇撤销后，隶属张家港市塘桥镇欧桥村，有 39 户 141 人。

村庄呈多边形，占地面积 1.15 万平方米。住宅均为楼房，建筑面积 7863 平方米。2015 年，有居民 40 户 140 人，其中入住村级小区 1 户，移居集镇 2 户，常住市区 2 户。属欧桥村第 14 村民小组。

侯家 又名侯家宕，位于欧桥村西部。东邻徐家巷自然村，北与蒋家村接壤，该村有侯、蔡、李、陈、方、陆等姓。侯姓居多，故得名侯家。该村在 1945 年抗日战争胜利后，隶属常熟县梅李区西旸乡。1946 年乡镇扩并后，隶属梅李区妙桥乡。1950 年，隶属常熟县福山区西旸乡六村。1956 年，隶属塘桥区西旸乡。1957 年农业合作化时，隶属常熟县妙桥乡红旗五社。1962 年 1 月，隶属沙洲县妙桥公社欧桥大队，有 23 户 74 人。1969 年有 22 户 99 人。1983 年政社分设时，隶属妙桥乡欧桥村，境内村民小组实行分户联产承包集体耕地。1986 年，隶属张家港市妙桥镇欧桥村。2003 年 8 月妙桥镇撤销后，隶属张家港市塘桥镇欧桥村，有 36 户 136 人。村庄呈多边形，占地面积 1.01 万平方米。住宅均为楼房，建筑面积 6386 平方米。2015 年，有居民 39 户 116 人，其中入住村级小区 7 户，移居集镇 1 户，常住市区 1 户。属欧桥村第 15 村民小组。1959 年被苏州地区评为望虞河首期工程"水利英雄"的周小香（女）为该巷人。

缪巷 又名缪家，位于欧桥村西部。南与妙桥社区邵巷自然村交界。因该村有缪、陈、朱、李等姓，而以缪姓居多，故得名缪巷。该巷在 1945 年抗日战争胜利后，隶属常熟县梅李区西旸乡。1946 年乡镇扩并后，隶属梅李区妙桥乡。1950 年，隶属常熟县福山区西旸乡六村。1956 年，隶属塘桥区西旸乡。1957 年农业合作化时，隶属常熟县妙桥乡红旗五社。1962 年 1 月，隶属沙洲县妙桥公社欧桥大队，有 18 户 75 人。1969 年有 22 户 108 人。1983 年政社分设时，隶属妙桥乡欧桥村，境内村民小组实行分户联产承包集体耕地。1986 年，隶属张家港市妙桥镇欧桥村。2003 年 8 月妙桥镇撤销后，隶属张家港市塘桥镇欧桥村，有 36 户 136 人。村庄呈长方形，占地面积 1.04 万平方米。住宅均为楼房，建筑面积 7594 平方米。2015 年，有居民 35 户 139 人，其中入住村级小区 1 户，移居集镇 1 户，常住市区 1 户。属欧桥村第 16 村民小组。

葫麻荡 又名吴莫宕或蛙蟆宕，位于欧桥村偏北部。东依西旸塘，北近盛而达纺织公司。该巷在 1945 年抗日战争胜利后，隶属常熟县梅李区西旸乡。1946 年乡镇扩并后，隶属梅李区妙桥乡。1950 年，隶属常熟县福山区西旸乡六村。1956 年，隶属塘桥区西旸乡。1957 年农业合作化时，隶属常熟县妙桥乡红旗五社。1962 年 1 月，隶属沙洲县妙桥公社欧桥大队，有 18 户 69 人。1969 年有 15 户 78 人。1983 年政社分设时，隶属妙桥乡欧桥村，境内村民小组实行分户联产承包集体耕地。1986 年，隶属张家港市妙桥镇欧桥村。2003 年 8 月妙桥镇撤销后，隶属张家港市塘桥镇欧桥村，有 24 户 89 人。村庄呈长方形，占地面积 6650 平方米。住宅均为楼房，建

筑面积 4536 平方米。2015 年，有居民
24 户 80 人。有陆、仇、徐、田、蔡、
王、顾等姓氏。属欧桥村第 13 村民小
组。巷内大部分居民移居新村或小区，
少数居民仍住原宅。

宋家桥　位于欧桥村原立新村委驻
地南部。地处老芦浦塘西岸，南望金村
自然村湘泾桥。旧时境内有一石桥，宽
1.5 米，取名宋家桥，村名随桥名。该

2002 年欧桥村地名图

自然村在 1945 年抗日战争胜利后，隶属常熟县梅李区太平乡。1946 年，常熟县对
乡镇进行扩并后隶属常熟县梅李区妙桥乡。1950 年，隶属常熟县福山区太平乡。
1956 年，隶属塘桥区西旸乡。1957 年，隶属常熟县妙桥乡红旗六社。1962 年 1 月，
隶属沙洲县妙桥公社瞿家大队，有 27 户 114 人。1968 年隶属立新大队，1969 年有
17 户 88 人。1983 年，政社分设时隶属妙桥乡立新村，有 25 户 102 人，分户联产承
包集体耕地 111.9 亩。1986 年，隶属张家港市妙桥镇立新村。2003 年 8 月，隶属塘
桥镇立新村。2004 年 3 月隶属塘桥镇欧桥村，有 23 户 85 人。村庄呈丁字形，占地
面积 7200 平方米。有楼房 20 幢，建筑面积 4680 平方米。主要有褚、宋两姓。2015
年，有居民 21 户 102 人，其中移居集镇 8 户，属欧桥村第 21 村民小组，共有耕地
面积 95.8 亩。

大尹家　又名前尹家，位于欧桥村原立新村委驻地南部。东邻宋家桥自然村，
南望金村村时巷，该自然村与小尹家原是一个自然村落，故得名为大尹家。该村在
1945 年抗日战争胜利后，隶属常熟县梅李区太平乡。1946 年，常熟县对乡镇进行扩
并后隶属常熟县梅李区妙桥乡。1950 年，隶属常熟县福山区太平乡。1956 年，隶属
塘桥区西旸乡。1957 年，隶属常熟县妙桥乡红旗六社。1962 年 1 月，隶属沙洲县妙
桥公社太子大队，有 19 户 71 人。1967 年，隶属立新大队。1969 年有 13 户 63 人。
1983 年，政社分设时隶属妙桥乡立新村，有 18 户 65 人，分户联产承包集体耕地
53.6 亩。1986 年，隶属张家港市妙桥镇立新村。2003 年 8 月，隶属塘桥镇立新村。
2004 年 3 月隶属塘桥镇欧桥村，有 23 户 71 人。村庄呈三角形，占地面积 6300 平
方米。有楼房 13 幢，建筑面积 3600 平方米。该自然村并无尹姓户，仅有李、陆两
姓，2015 年，有居民 17 户 68 人，其中入住村级小区 1 户，移居集镇 1 户，常住市
区 1 户。属欧桥村第 33 村民小组，共有耕地面积 66 亩。

小尹家　又名后尹家，位于欧桥村原立新村委驻地西南部。南邻自然村小乔头，
西与横泾村交界。该自然村与大尹家原是一个自然村落，村名由来不详。该村在
1945 年抗日战争胜利后，隶属常熟县梅李区太平乡。1946 年，常熟县对乡镇进行扩

并后隶属常熟县梅李区妙桥乡。1950年，隶属常熟县福山区太平乡四村。1956年，隶属塘桥区西旸乡。1957年，隶属常熟县妙桥乡红旗六社。1962年1月，隶属沙洲县妙桥公社太子大队，有15户50人。1967年，隶属立新大队。1969年有9户39人。1983年，政社分设时隶属妙桥乡立新村，有17户83人，分户联产承包集体耕地81亩。1986年，隶属张家港市妙桥镇立新村。2003年8月，隶属塘桥镇立新村。2004年3月隶属塘桥镇欧桥村，有14户47人。村庄呈长方形，占地面积4200平方米。有楼房11幢，建筑面积2640平方米。该自然村以陆姓户为主，并无尹姓人家。2015年，有居民11户45人，其中入住村级小区1户，移居集镇2户，常住市区1户。属欧桥村第32村民小组，共有耕地面积70亩。

小乔头 又名小桥头。位于欧桥村原立新村委驻地西南部。南与金村交界，西为横泾自然村横泾岸，北邻大尹家自然村。旧时，村旁建有一小桥，故得名小乔头。1945年抗日战争胜利后，隶属常熟县梅李区太平乡。1946年，常熟县对乡镇进行扩并后隶属常熟县梅李区妙桥乡。1950年，隶属常熟县福山区太平乡四村。1956年，隶属塘桥区西旸乡。1957年，隶属常熟县妙桥乡红旗六社。1962年1月，隶属沙洲县妙桥公社太子大队，有23户69人。1967年，隶属立新大队。1969年有15户64人。1983年，政社分设时隶属妙桥乡立新村，有19户86人，分户联产承包集体耕地103.5亩。1986年，隶属张家港市妙桥镇立新村。2003年8月，隶属塘桥镇立新村。2004年3月隶属塘桥镇欧桥村，有14户48人。村庄呈长方形，占地面积5600平方米。有楼房15幢，平房1幢，建筑面积3740平方米。有陆、时、谢等姓氏。2015年，有居民18户70人，其中入住村级小区1户，移居集镇1户，常住市区1户。属欧桥村第22村民小组，共有耕地85亩。昔日，巷后有1座小桥，后拆桥建坝，而"小乔头"巷名沿用至今。1959年农历七月十四日，时值东南风，因失火烧毁民房22间，其中3户时姓居民损失惨重。

张钱家宕 该自然村原名张家宅基，位于欧桥村原立新村委驻地西南部。东临老芦浦塘，南邻后尹家自然村。因张、钱两姓在此定居，故得名张钱家宕。1945年抗日战争胜利后，隶属常熟县梅李区太平乡。1946年，常熟县对乡镇进行扩并后隶属常熟县梅李区妙桥乡。1950年，隶属常熟县福山区太平乡。1956年，隶属塘桥区西旸乡。1957年，隶属常熟县妙桥乡红旗六社。1962年1月，隶属沙洲县妙桥公社太子大队，有30户111人。1967年，隶属立新大队。1969年有33户123人。1983年，政社分设时隶属妙桥乡立新村，有39户132人，分户联产承包集体耕地182亩。1986年，隶属张家港市妙桥镇立新村。2003年8月，隶属塘桥镇立新村。2004年3月隶属塘桥镇欧桥村，有41户116人。村庄占地面积1.3万平方米。有楼房38幢，平房2幢，建筑面积7320平方米。2015年，有居民31户113人，其中移居集镇2户，常住市区1户。属欧桥村第23村民小组，共有耕地面积153亩。

1962年6月9日，该自然村一老太烧饭不慎失火，适逢久旱无雨，在20分钟时间里，15户50余间草房全部焚毁。烧伤2人，经济损失甚大。

周黄家宕   位于欧桥原立新村委驻地西部。东至村中心塘，南靠立新路，西邻祁家宕自然村，北接三徐家村自然村。因周、黄两姓合居一庄，故得名周黄家宕。1945年抗日战争胜利后，隶属常熟县梅李区太平乡。1946年，常熟县对乡镇进行扩并后隶属常熟县梅李区妙桥乡。1950年，隶属常熟县福山区太平乡四村。1956年，隶属塘桥区西旸乡。1957年，隶属常熟县妙桥乡红旗六社。1962年1月，隶属沙洲县妙桥公社太子大队，有25户105人。1967年，隶属立新大队。1969年有27户112人。1983年，政社分设时隶属妙桥乡立新村，有19户93人，分户联产承包集体耕地123亩。1986年，隶属张家港市妙桥镇立新村。2003年8月，隶属塘桥镇立新村。2004年3月隶属塘桥镇欧桥村，有31户108人。村庄呈长方形，占地面积1.03万平方米。2005年有楼房28幢，平房1幢，建筑面积6120平方米。2015年，有居民26户101人，其中入住村级小区5户，移居集镇1户，常住市区1户。属欧桥村第26村民小组，共有耕地面积111亩。

祁家宕   位于欧桥村原立新村委驻地西部。东邻周黄家宕自然村，南为横泾村。因该村居民以祁姓居多，故得名祁家宕。该自然村在1945年抗日战争胜利后，隶属常熟县梅李区太平乡。1946年，常熟县对乡镇进行扩并后隶属常熟县梅李区妙桥乡。1950年，隶属常熟县福山区太平乡四村。1956年，隶属塘桥区西旸乡。1957年，隶属常熟县妙桥乡红旗六社。1962年1月，隶属沙洲县妙桥公社太子大队，有15户58人。1967年，隶属立新大队。1969年有19户75人。1983年，政社分设时隶属妙桥乡立新村，有17户83人，分户联产承包集体耕地75亩。1986年，隶属张家港市妙桥镇立新村。2003年8月，隶属塘桥镇立新村。2004年3月隶属塘桥镇欧桥村，有27户81人。村庄呈方形，占地面积1.8万平方米，有楼房19幢，平房7幢，建筑面积4080平方米。2015年，有居民21户93人，全部入住村级小区。属欧桥村第25村民小组，共有耕地面积72亩。

三徐家村   位于欧桥村原立新村委驻地。南邻张钱宕自然村，北临芦浦塘。旧时，徐姓在此分三处居住，后世代相传，故得名三徐家村。该自然村在1945年抗日战争胜利后，隶属常熟县梅李区太平乡。1946年，常熟县对乡镇进行扩并后隶属常熟县梅李区妙桥乡。1950年，隶属常熟县福山区太平乡四村。1956年，隶属塘桥区西旸乡。1957年，隶属常熟县妙桥乡红旗六社。1962年1月，隶属沙洲县妙桥公社太子大队。1967年，隶属立新大队，有31户95人。1969年有31户112人。1983年，政社分设时隶属妙桥乡立新村，有34户114人，分户联产承包集体耕地148.5亩。1986年，隶属张家港市妙桥镇立新村。2003年8月，隶属塘桥镇立新村。2004年3月隶属塘桥镇欧桥村，有35户106人。村庄呈长方形，占地面积1.2万平方米。有楼房 31 幢，建筑面积 6840 平方米。2015 年，有居民 29 户 117 人，其中移居村级小区 1 户，移居集镇 2 户。属欧桥村第 27 村民小组，共有耕地面积 138 亩。该村境北芦浦塘上原有小桥，桥北曾建有太子庙，中华人民共和国成立后改为太子小学，"文化大革命"中拆除。

姚家宕　位于欧桥村原立新村委驻地东部。地处新芦浦塘东西两岸。因该自然村居民均为姚姓，故得名姚家宕。该村在 1945 年抗日战争胜利后，隶属常熟县梅李区太平乡。1946 年对乡镇扩并后，隶属常熟县梅李区妙桥乡。1950 年，隶属常熟县福山区太平乡六村。1956 年，隶属塘桥区西旸乡。1957 年，隶属塘桥区妙桥乡红旗六社。1962 年 1 月，隶属沙洲县妙桥公社太子大队，有 16 户 59 人。1967 年，隶属立新大队。1969 年有 16 户 58 人。1983 年政社分设时，隶属妙桥乡立新村，有 18 户 70 人，分户联产承包集体耕地 94.5 亩。1986 年，隶属张家港市妙桥镇立新村。2003 年 8 月，隶属塘桥镇立新村。2004 年 3 月，隶属张家港市塘桥镇欧桥村，有 20 户 76 人。村庄呈丁字形，占地面积 6600 平方米。有楼房 18 幢，平房 2 幢，建筑面积 4560 平方米。2015 年，有居民 19 户 78 人，其中移居集镇 2 户。属欧桥村第 24 村民小组，共有耕地面积 58 亩。

东巷　位于欧桥村原立新村委驻地北部。东临小河塘，南望原立新小学。因地处欧桥村香堂里以东，故得名东巷。该村在 1945 年抗日战争胜利后，隶属常熟县梅李区太平乡。1946 年对乡镇扩并后，隶属常熟县梅李区妙桥乡。1950 年，隶属常熟县福山区太平乡四村。1956 年，隶属塘桥区西旸乡。1957 年，隶属常熟县妙桥乡红旗五社。1962 年 1 月，隶属沙洲县妙桥公社太子大队，有 30 户 81 人。1967 年，隶属立新大队。1969 年有 27 户 85 人。1983 年政社分设时，隶属妙桥乡立新村，有 29 户 93 人，分户联产承包集体耕地 123 亩。1986 年，隶属张家港市妙桥镇立新村。2003 年 8 月，隶属塘桥镇立新村。2004 年 3 月，隶属张家港市塘桥镇欧桥村，有 24 户 66 人。村庄呈丁字形，占地面积 5100 平方米。有楼房 11 幢，平房 1 幢，建筑面积 2760 平方米。2015 年，有居民 15 户 69 人，其中移居集镇 2 户。属欧桥村第 28 村民小组。有邓、王、谢、曹等姓氏。

曹家宕　又名曹家巷。位于欧桥村原立新村委驻地北部。南望村冶炼厂，西临东巷小塘。因该自然村村民均为曹姓，故得名曹家宕。该村在 1945 年抗日战争胜利后，隶属常熟县梅李区太平乡。1946 年对乡镇扩并后，隶属常熟县梅李区妙桥乡。1950 年，隶属常熟县福山区太平乡七村。1956 年，隶属塘桥区西旸乡。1957 年，隶属常熟县妙桥乡红旗六社。1962 年 1 月，隶属沙洲县妙桥公社太子大队，有 13 户 38 人。1967 年，隶属立新大队。1969 年有 12 户 36 人。1983 年政社分设时，隶属妙桥乡立新村，有 13 户 38 人。1986 年，隶属张家港市妙桥镇立新村。2003 年 8 月，隶属塘桥镇立新村。2004 年 3 月，隶属张家港市塘桥镇欧桥村，有 9 户 31 人。

村庄呈长方形，占地面积 5500 平方米，有楼房 12 幢，平房 1 幢，建筑面积 3000 平方米。2015 年有居民 10 户 35 人，其中入住村级小区 1 户，移居集镇 1 户，常住市区 1 户。与东巷同属欧桥村第 28 村民小组，共有耕地面积 125 亩。

王金川　位于欧桥村原立新村委驻地西北部。东至小河塘，西连欧桥村庆家弄，北靠海塍路。此处四周原为河塘，川（平地）在其中，西有小桥进出，旧传属福地，故取名王金川。该自然村在 1945 年抗日战争胜利后，隶属常熟县梅李区西旸乡。1946 年，对乡镇扩并后隶属梅李区妙桥乡。1950 年，隶属常熟县福山区西旸乡四村。1956 年，隶属塘桥区西旸乡。1957 年，隶属常熟县妙桥乡红旗五社。1962 年 1 月，隶属沙洲县妙桥公社太子队，有 31 户 84 人。1967 年，隶属立新大队。1969 年有 31 户 87 人。1983 年政社分设时，隶属妙桥乡立新村，有 29 户 83 人，分户联产承包集体耕地 93.5 亩。1986 年，隶属张家港市妙桥镇立新村。2003 年 8 月，隶属塘桥镇立新村。2004 年 3 月，隶属塘桥镇欧桥村，有 26 户 81 人。村庄占地面积 8600 平方米。有楼房 23 幢，建筑面积 4920 平方米。2015 年，有居民 22 户 81 人，其中移居集镇 1 户，常住市区 1 户。属欧桥村第 29 村民小组，有支、管、陈、辛等姓氏，共有耕地面积 94 亩。

石家泾　位于欧桥村原立新村委驻地东北部。东与常熟市红光村、绿山村交界，南至芦浦塘，北依海塍路。境内有东西向一河流，村民居其南、北两岸。因河上有一小石桥，故得名石家泾。该村在 1945 年抗日战争胜利后，隶属常熟县梅李区太平乡。1946 年对乡镇扩并后，隶属常熟县梅李区妙桥乡。1950 年，隶属常熟县福山区太平乡七村。1956 年，隶属塘桥区西旸乡。1957 年，隶属常熟县妙桥乡红旗六社。1962 年 1 月，隶属沙洲县妙桥公社太子大队，有 51 户 154 人。1967 年，隶属立新大队。1969 年有 54 户 182 人。1983 年政社分设时，隶属妙桥乡立新村，有 55 户 194 人，分户联产承包集体耕地 229 亩。1986 年，隶属张家港市妙桥镇立新村。2003 年 8 月，隶属塘桥镇立新村。2004 年 3 月，隶属张家港市塘桥镇欧桥村，有 61 户 202 人。村庄呈方形，占地面积 1.9 万平方米。有楼房 52 幢，建筑面积 1.18 万平方米。2015 年，有居民 48 户 189 人，其中入住村级小区 6 户，移居集镇 2 户，常住市区 1 户。属欧桥村第 30、31 村民小组，有陆、陈等姓氏，共有耕地面积 201 亩。

周家巷　位于欧桥村原立新村委驻地东南部。东临老芦浦塘，南邻原塘湾村，北沿东西向立新路。因该村居民以周姓居多，故得名周家巷。该村在 1945 年抗日战争胜利后，隶属常熟县梅李区太平乡。1946 年对乡镇扩并后，隶属常熟县梅李区妙桥乡。1950 年，隶属常熟县福山区太平乡三村。1956 年，隶属常熟县西旸乡。1957 年，隶属塘桥区妙桥乡红旗六社。1962 年 1 月，隶属沙洲县妙桥公社瞿家大队，有 19 户 75 人。1968 年，并入红联大队。1969 年有 20 户 97 人。1983 年政社分设时，隶属妙桥乡周院村，有 26 户 129 人，分户联产承包集体耕地 89.4 亩。1986 年，隶属张家港市妙桥镇周院村。2000 年 6 月，撤销周院村后，并入立新村。2003 年 8 月，隶属塘桥镇立新村。2004 年 3 月，隶属张家港市塘桥镇欧桥村，有 33 户 112 人。村庄呈方形，占地面积 1.09 万平方米。有楼房 26 幢，建筑面积 6280 平方米。2015 年，有居民 28 户 110 人，其中移居集镇 1 户，常住市区 1 户。属欧桥村第 34 村民小组，共有耕地面积 70 亩。

陈颜家巷　位于欧桥村原立新村委驻地东南部。东邻瞿家宕自然村，南沿东西向立新路，西临老芦浦塘，北接姚家宕自然村。因该村有陈、颜两姓居住，故得名陈颜家宕。该村在 1945 年抗日战争胜利后，隶属常熟县梅李区太平乡。1946 年对乡镇扩并后，隶属常熟县梅李区妙桥乡。1950 年，隶属常熟县福山区太平乡三村。1956 年，隶属塘桥区西旸乡。1957 年，隶属常熟县妙桥乡红旗六社。1962 年 1 月，隶属沙洲县妙桥公社瞿家大队，有 29 户 138 人。1968 年，并入红联大队。1969 年有 30 户 149 人。1983 年政社分设时，隶属妙桥乡周院村，有 43 户 175 人，分户联产承包集体耕地 145.8 亩。1986 年，隶属张家港市妙桥镇周院村。2000 年 6 月，撤销周院村后，并入立新村。2003 年 8 月，隶属塘桥镇立新村。2004 年 3 月，隶属张家港市塘桥镇欧桥村，有 43 户 146 人。村庄呈长方形，占地面积 2 万平方米。有楼房 41 幢，平房 3 幢，建筑面积 1.02 万平方米。2015 年，有居民 45 户 153 人，其中入住村级小区 1 户，移居集镇 1 户，常住市区 3 户。属欧桥村第 35 村民小组，共有耕地面积 152 亩。

瞿家宕　又名瞿家巷。位于欧桥村原立新村委驻地东南部。东沿颜家路，南与金村村交界，西临新芦浦塘，北邻陈颜家巷自然村。因该村民以瞿姓居多，故得名瞿家宕。该村在 1945 年抗日战争胜利后，隶属常熟县梅李区太平乡。1946 年对乡镇扩并后，隶属常熟县梅李区妙桥乡。1950 年，隶属常熟县福山区太平乡三村。1956 年，隶属塘桥区西旸乡。1957 年，隶属常熟县妙桥乡红旗六社。1962 年 1 月，隶属沙洲县妙桥公社瞿家大队，有 34 户 123 人。1968 年，并入红联大队。1969 年有 31 户 118 人。1983 年政社分设时，隶属妙桥乡周院村，有 35 户 138 人，分户联产承包集体耕地 150.4 亩。1986 年，隶属张家港市妙桥镇周院村。2000 年 6 月，撤销周院村后，并入立新村。2003 年 8 月，隶属塘桥镇立新村。2004 年 3 月，隶属张家港市塘桥镇欧桥村，有 34 户 130 人。村庄呈长方形，占地面积 1.3 万平方米。有楼房 32 幢，建筑面积 7560 平方米。2015 年，有居民 35 户 150 人，其中移居集镇 1 户，常住市区 1 户。属欧桥村第 36 村民小组，共有耕地面积 151 亩。

蔡家宕　位于欧桥村原立新村委驻地东南部。东邻韦家宕自然村，西沿机耕路，北隔小塘，与张家云头自然村相望。因该村居民以蔡姓居多，故得名蔡家宕。该村在 1945 年抗日战争胜利后，隶属常熟县梅李区太平乡。1946 年对乡镇扩并后，隶属常熟县梅李区妙桥乡。1950年,隶属常熟县福山区太平乡三村。1956年,隶属塘桥区西旸乡。1957年,隶属常熟县妙桥乡红旗六社。1962年1月,隶属沙洲县妙桥公社瞿家大队,有17户60人。1968年,并入红联大队。1983年政社分设时,隶属妙桥乡周院村,有18户68人,分户联产承包集体耕地67.3亩。1986年,隶属张家港市妙桥镇周院村。2000年6月,撤销周院村后,并入立新村。2003年8月,隶属塘桥镇立新村。2004年3月,隶属张家港市塘桥镇欧桥村,有17户57人。村庄占地面积6000平方米。有楼房13幢,建筑面积2880平方米。2015年,有居民16户51人,其中移居集镇1户,常住市区1户。属欧桥村第37村民小组,共有耕地面积60亩。巷内除蔡姓户外,另有几户韦姓人家。

韦家宕　位于欧桥村原立新村委驻地东南部。东至西山,南与常熟市境内的小冯巷交界,西邻蔡家宕自然村,北与张家云头相望。因该村居民以韦姓为主,故得名韦家宕。该村在1945年抗日战争胜利后,隶属常熟县梅李区太平乡。1946年对乡镇扩并后,隶属常熟县梅李区妙桥乡。1950年,隶属常熟县福山区太平乡三村。1956年,隶属塘桥区西旸乡。1957年,隶属常熟县妙桥乡红旗六社。1962年1月,隶属沙洲县妙桥公社瞿家大队,有20户78人。1968年,并入红联大队。1969年有26户93人。1983年政社分设时,隶属妙桥乡周院村,有25户102人,分户联产承包集体耕地111.9亩。1986年,隶属张家港市妙桥镇周院村。2000年6月,撤销周院村后,并入立新村。2003年8月,隶属塘桥镇立新村。2004年3月,隶属张家港市塘桥镇欧桥村,有25户87人。村庄占地面积9100平方米。有楼房24幢,建筑面积5640平方米。2015年,有居民25户95人,其中入住村级小区1户,移居集镇1户,常住市区1户。属欧桥村第38村民小组,共有耕地面积66亩。

张家云头　位于欧桥村原立新村委驻地东部。东北与常熟市境内绿山村交界,南邻韦家宕自然村,西接姚家宕自然村。该巷原名张家云头上,该村在1945年抗日战争胜利后,隶属常熟县梅李区太平乡。1946年对乡镇扩并后,隶属常熟县梅李区妙桥乡。1950年,隶属常熟县福山区太平乡三村。1956年,隶属塘桥区西旸乡。1957年,隶属常熟县妙桥乡红旗六社。1962年1月,隶属沙洲县妙桥公社瞿家大队,有26户94人。1968年,并入红联大队。1969年

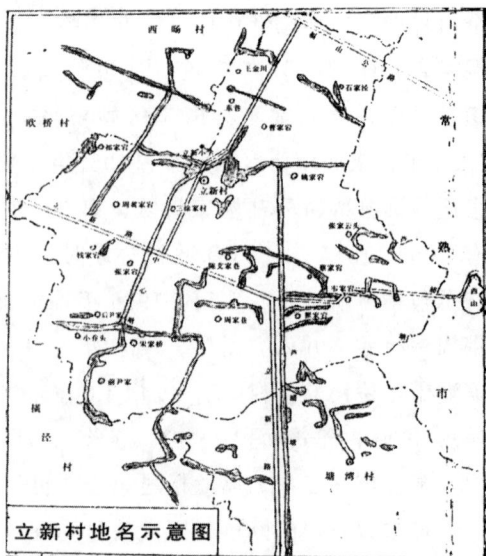

2002年立新村地名图

有 26 户 105 人。1983 年政社分设时，隶属妙桥乡周院村，有 34 户 126 人，分户联产承包集体耕地 93.5 亩。1986 年，隶属张家港市妙桥镇周院村。2000 年 6 月，撤销周院村后，并入立新村。2003 年 8 月，隶属塘桥镇立新村。2004 年 3 月，隶属张家港市塘桥镇欧桥村，有 29 户 98 人。村庄占地面积 1.3 万平方米。有楼房 28 幢，建筑面积 6480 平方米。2015 年，有居民 26 户 125 人，其中入住村级小区 2 户，移居集镇 2 户，常住市区 1 户。属欧桥村第 39 村民小组，共有耕地面积 92 亩。有张、黄、卢、唐等姓氏。巷名历史遗留，由来有待考证。民国年间，巷内曾设有私塾。中华人民共和国成立后更名云头初级小学。

场角马家 位于欧桥村西北部。西邻仇家宕自然村，北依沙漕交界河。原有陈家宕和马家弄两个自然宅基，随着村镇建设发展，已连成一片。该自然村在 1945 年抗日战争胜利后，隶属常熟县梅李区西旸乡。1946 年对乡镇扩并后，隶属梅李区妙桥乡。1950 年，隶属常熟县福山区西旸乡十一村。1956 年，隶属塘桥区西旸乡。1957 年，隶属常熟县妙桥乡红旗四社。1962 年 1 月，隶属沙洲县妙桥公社仇家大队，有 47 户 171 人。1968 年，划归西旸中心大队。1969 年有 55 户 223 人。1983 年政社分设时，隶属妙桥乡西旸村，有 65 户 240 人，分户联产承包集体耕地 257.5 亩。1986 年，隶属张家港市妙桥镇西旸村。2003 年 8 月，隶属塘桥镇西旸村。2004 年 3 月，隶属张家港市塘桥镇欧桥村，有 80 户 234 人。村庄占地面积 2.39 万平方米。有楼房 44 幢，建筑面积 2.09 万平方米。2015 年，有居民 74 户 269 人，其中入住村级小区 8 户，移居集镇 1 户，常住市区 2 户。分属欧桥村第 42、43 村民小组，有马、陈、邹、朱、戴等姓氏，共有耕地面积 306.5 亩。该自然村为传统村落，"场角"原名"常阁"，宋元年间，陈氏兄弟自浙江海宁至此围田耕种，繁衍后代，其太祖为朝廷阁老得名阁老村。现据《辟尘山碑记》记载，此里是古灵之后代世居之地，是陈元大的十四世孙陈道出生之地，时名瑞草村。出有进士、举子多人。

邹家宕 位于欧桥村最北部，西依西旸塘，北至交界河，设前邹、后邹 2 个小宅基。有邹、朱、徐、张、陆、陈、邱、王、杨、孟等多个姓氏。因邹姓户居多，故得名邹家宕。该自然村为境内传统村落。1945 年抗日战争胜利后，隶属常熟县梅李区西旸乡。1946 年 5 月乡镇扩并后，隶属梅李区妙桥乡。1950 年，隶属常熟县福山区西旸乡二村。1956 年 3 月，隶属塘桥区西旸乡。1957 年 9 月，隶属常熟县妙桥乡红旗二社。1962 年 1 月，隶属沙洲县妙桥公社西旸中心大队，有 41 户 161 人。1969 年有 48 户 190 人。1983 年政社分设时，隶属妙桥乡西旸村，有 56 户 199 人，分户联产承包集体耕地 192.2 亩。1986 年，隶属张家港市妙桥镇西旸村。2003 年 8 月妙桥镇撤销后，隶属塘桥镇西旸村。2004 年 3 月，隶属张家港市塘桥镇欧桥村，有 46 户 188 人。村庄呈直角三角形，占地面积 2 万平方米。有楼房 44 幢，建筑面积 1.11 万平方米。2015 年，有居民 52 户 209 人，其中入住村级小区 1 户，移居集镇1户，常住市区1户。分属欧桥村第50、51村民小组，共有耕地面积169亩。该巷在清末是一个大户的庄园，一座座崭新的瓦房，沿河是平直的石岸，宅前有数棵合抱粗的榉树。农业合作化时期，该村是红旗二社办公所在地。1958年创办妙桥农业中学。苏州市第一人民医院副院长、博士生导师杨建平出生于该村。

朱孟家　位于欧桥村北部，东邻钱家宕自然村，西过西旸港。原有王家宕、朱家宕、陈家宕和孟家弄4个自然村，随着村镇建设发展已连成一线。该自然村为境内传统村落。1945年抗日战争胜利后，隶属常熟县梅李区西旸乡。1946年5月乡镇扩并后，隶属梅李区妙桥乡。1950年，隶属常熟县福山区西旸乡二村。1956年3月，隶属塘桥区西旸乡。1957年9月，隶属常熟县妙桥乡红旗二社。1962年1月，隶属沙洲县妙桥公社西旸中心大队，有79户284人。1969年有86户326人。1983年政社分设时，隶属妙桥乡西旸村，有87户312人，分户联产承包集体耕地360.2亩。1986年，隶属张家港市妙桥镇西旸村。2003年8月妙桥镇撤销后，隶属塘桥镇西旸村。2004年3月，隶属张家港市塘桥镇欧桥村，有91户281人。村庄占地面积2.4万平方米。有楼房86幢，建筑面积2.09万平方米。2015年，有居民89户298人，其中入住村级小区5户，移居集镇2户，常住市区1户。分属欧桥村第49、52、53村民小组，共有耕地面积277.3亩。村内有朱、陈、孟、王、邹等姓氏。相传该村始于明朝，移民勤于耕种，生活节俭，发家较快，人丁兴旺，户户富有。

西旸钱家宕　又名钱家弄，位于欧桥村东北部。东邻塘六泾自然村。村内分为东钱和西钱两地，有钱、方、曹、沈、王等姓氏，因大部分住户姓钱，故得名钱家宕。该自然村为境内传统村落。1945年抗日战争胜利后，隶属常熟县梅李区西旸乡。1946年5月乡镇扩并后，隶属梅李区妙桥乡。1950年，隶属常熟县福山区西旸乡三村。1956年3月，隶属塘桥区西旸乡。1957年9月，隶属常熟县妙桥乡红旗二社。1962年1月，隶属沙洲县妙桥公社西旸中心大队，有48户164人。1969年有51户187人。1983年政社分设时，隶属妙桥乡西旸村，有55户195人，分户联产承包集体耕地248.6亩。1986年，隶属张家港市妙桥镇西旸村。2003年8月妙桥镇撤销后，隶属塘桥镇西旸村。2004年3月，隶属张家港市塘桥镇欧桥村，有49户155人。村庄占地面积1.22万平方米。有楼房48幢，建筑面积1.1万平方米。2015年，有居民46户166人，其中入住村级小区2户，移居集镇2户，常住市区2户。分属欧桥村第54、55村民小组，共有耕地面积178.2亩。民国初年，该自然村北临长江，大多数村民以出海（江）捕鱼为业，以海草、芦头为柴。南京军事研究所方仁元研究员（大校）出生于该村。

塘六泾　位于欧桥村东北部。是夹沟浦和西旸浦之间的"海角"。民国初年，塘六泾为出江河流，现该河已成村级内河，村随河名，故得名塘六泾。该自然村为境内传统村落。1945年抗日战争胜利后，隶属常熟县梅李区西旸乡。1946年5月乡镇扩并后，隶属梅李区妙桥乡。1950年，隶属常熟县福山区西旸乡三村。1956年3月，隶属塘桥区西旸乡。1957年9月，隶属常熟县妙桥乡红旗二社。1962年1月，隶属沙洲县妙桥公社西旸中心大队，有24户95人。1969年有30户117人。1983年政社分设时，隶属妙桥乡西旸村，有36户122人，分户联产承包集体耕地135亩。1986年，隶属张家港市妙桥镇西旸村。2003年8月妙桥镇撤销后，隶属塘桥镇西旸村。2004年3月，隶属张家港市塘桥镇欧桥村，有30户115人。村庄占地面积6700平方米。有楼房29幢，建筑面积6635平方米，2015年，有居民32户125人，其中入住村级小区1户，移居集镇3户，常住市区1户。属欧桥村第56村民小组，共有耕地面积83.4亩。该村有张、朱、时等姓氏，以张姓户居多。

小桥头 又名小乔头、东张家巷，位于欧桥村东北部。东接常熟市海虞镇红光村，南靠海塍路。东西走向的张家河将该村分为南北两部分，南部称张家巷、邓家宕，北部名陈家宕，中间有一座小桥相连，故得名小桥头。该自然村为境内传统村落。1945年抗日战争胜利后，隶属常熟县梅李区西旸乡。1946年5月乡镇扩并后，隶属梅李区妙桥乡。1950年，隶属常熟县福山区西旸乡三村。1956年3月，隶属塘桥区西旸乡。1957年9月，隶属常熟县妙桥乡红旗三社。1962年1月，隶属沙洲县妙桥公社西旸中心大队，有30户113人。1969年有32户122人。1983年政社分设时，隶属妙桥乡西旸村，有38户149人，分户联产承包集体耕地165.8亩。1986年，隶属张家港市妙桥镇西旸村。2003年8月妙桥镇撤销后，隶属塘桥镇西旸村。2004年3月，隶属张家港市塘桥镇欧桥村，有38户118人。村庄占地面积1.05万平方米。有楼房38幢，建筑面积9042平方米。2015年，有居民37户127人，其中移居集镇2户，常住市区2户。属欧桥村第57村民小组，有张、邹、邓、陈等姓氏，共有耕地面积158.4亩。

境内陈家宕明清年间为西旸陈氏港东支居住地，出有进士、举子数人。

张家巷 位于欧桥村中部，南邻西旸集镇和菜场小区。村民住在西旸南中心河（张家河）南北两侧，分东张、西张两地。清朝后期，有崇明张氏九世堂中分出几家移居此地，繁衍后代，且该村居民虽有张、徐、陈、孟、马、王等姓氏，但以张姓居多，故得名张家巷。该自然村为境内传统村落，原有台基上、孟家宕、陈家宕等小自然宅基。1945年抗日战争胜利后，隶属常熟县梅李区西旸乡。1946年5月乡镇扩并后，隶属梅李区妙桥乡。1950年，隶属常熟县福山区西旸乡三村。1956年3月，隶属塘桥区西旸乡。1957年9月，隶属常熟县妙桥乡红旗二社。1962年1月，隶属沙洲县妙桥公社西旸中心大队，有52户200人。1969年有64户159人。1983年政社分设时，隶属妙桥乡西旸村，有68户283人，分户联产承包集体耕地223亩。1986年，隶属张家港市妙桥镇西旸村。2003年8月妙桥镇撤销后，隶属塘桥镇西旸村。2004年3月，隶属张家港市塘桥镇欧桥村，有52户200人。村庄占地面积 1.8 万平方米，有楼房 79 幢，建筑面积 1.79 万平方米。2015 年，有居民 85 户 309 人，其中入住村级小区 3 户，移居集镇 2 户，常住市区 2 户。分属欧桥村第 47、48 村民小组，共有耕地面积 245.5 亩。村东有一地名曰："仙人台基"，昔日的辟尘道院就建于该地，中华人民共和国成立后，改为西旸小学。现辟尘道院正在该地恢复重建。民国年间被誉为常熟医界三鼎甲之一的章成器医师曾定居该巷行医、收徒。该巷张云亭和张云庆、张琪父子为西旸辟尘道场主要传承人。2015 年，俗家道士张琪法师获张家港市"非遗"代表性传承人。张云亭为西旸辟尘道院主要负责人。

大巷　又名蔡家宕（厅），位于欧桥村西北部，东临塘西村民小组。昔日该巷三面环水，唯西面有条小道进出，巷后建有 1 座小石桥，交通较为方便。该自然村在 1945 年抗日战争胜利后，隶属常熟县梅李区西旸乡。1946 年乡镇扩并后，隶属梅李区妙桥乡。1950 年，隶属常熟县福山区西旸乡十一村。1956 年，隶属塘桥区西旸乡。1957 年，隶属常熟县妙桥乡红旗四社。1962 年 1 月，隶属沙洲县妙桥公社仇家大队，有 25 户 92 人。1968 年，划归西旸中心大队。1969 年有 24 户 94 人。1983 年政社分设时，隶属妙桥乡西旸村，有 25 户 83 人，分户联产承包集体耕地 89.8 亩。1986 年，隶属张家港市妙桥镇西旸村。2003 年 8 月，隶属塘桥镇西旸村。2004 年 3 月，隶属张家港市塘桥镇欧桥村，有 26 户 66 人，有可耕地 87 亩。建有楼房 23 幢，平房 3 座，建筑面积 3300 平方米。有蔡、孟、仇、徐、叶等姓氏。因旧时以蔡氏聚族其境，得名蔡家宕。相传该巷是清嘉庆年间武举人蔡大海（廷照）和清道光年间文举人蔡登王（廷熙）兄弟俩之宅，建有练武厅、走马场、射箭场、大厅，故又得名大巷。其厅堂在 1985 年拆除，射箭场只留下遗址。2006 年，辟筑妙丰公路和张杨公路向东延伸时，该巷大部分居民动迁，现剩住户 6 家。属欧桥村第 49 村民小组。

油车　又名吴家油车，位于欧桥村西北部。民国年间，该村曾有榨油作坊，周边村民遂称"吴家油车"。村随作坊名，故得名油车。该自然村在 1945 年抗日战争胜利后，隶属常熟县梅李区西旸乡。1946 年对乡镇扩并后，隶属梅李区妙桥乡。1950 年，隶属常熟县福山区西旸乡十一村。1956 年，隶属塘桥区西旸乡。1957 年，隶属常熟县妙桥乡红旗四社。1962 年 1 月，隶属沙洲县妙桥公社仇家大队，有 27 户 67 人。1964 年有居民 36 户 86 人。1968 年，划归西旸中心大队。1983 年政社分设时，隶属妙桥乡西旸村，有 25 户

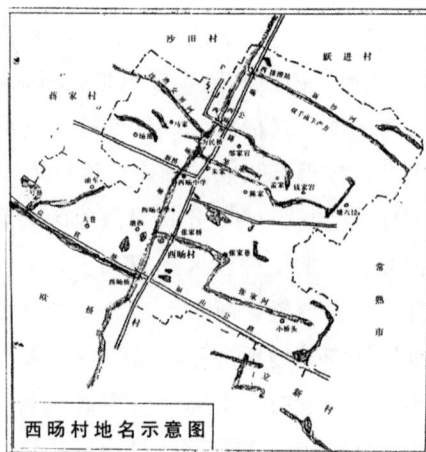

2002 年西旸村地名图

74 人，分户联产承包集体耕地 68.9 亩。1986 年，隶属张家港市妙桥镇。2003 年 8 月，隶属塘桥镇西旸村。2004 年 3 月，隶属张家港市塘桥镇欧桥村，有 25 户 67 人。村庄占地面积 6168 平方米。有楼房 23 幢，建筑面积 4850 平方米。2006 年辟筑妙丰公路时，该村居民全部动迁，其中入住村级小区 11 户、移居集镇 8 户、常住市区 2 户。自然村名消亡。2015 年，有居民 25 户 67 人，有吴、徐、尹、蔡等姓氏。属欧桥村第 41 村民小组。

第二章　自然环境

第一节　地貌

中华人民共和国成立初期，境内中部有还依稀可见的高岗，东西走向，是一条海岸线，俗称海塍。中南部地表散布着的泥塘、河浜反映老长江三角洲的平原特点。据苏州博物馆考古专家对西旸遗址考证，早在 6000 多年前的良渚文化时期，境内就有人类从事渔牧生产活动。而沙漕交界河以北，原为长江南岸滩涂，民国后期围垦成丙子圩、甲申圩和乙酉圩等 6 只圩塘，面积近 1000 亩，其土质为砂夹黄土。境内地势东南部高、北部低，按 1986 年国家高程基准，平均高程约为 4 米，其中西山脚 8.4 米、韦家宕 5.1 米、三徐家村 4.2 米、西旸张家宕 3.7 米、王金川 3.2 米、沙漕交界河北 1.7 米。东南部有一座小山，名西山（飞地）。70 年代后期大搞农田"格子方"建设，动用大量劳动力，平整土地，使河稍、河浜、河潭、高墩、荒坟变成平整的耕田。境内各大队平填土地完成土方 160 余万立方米，回收土地近 50 亩；至 1978 年，境内欧桥村将 1324 亩高低不平的旱田全部改造成平整的水旱田，实现"二千亩田格子方"。2015 年，全村 90％的农田为平整的水旱良田。

西山，本名范山，位于欧桥村东部（飞地），距妙桥集镇 3.7 千米，在欧桥村原立新村委会驻地之东约 1.5 千米。其北属海虞镇绿山村，南邻海虞镇东山村之蛤蟆山和塔山。山基面积 300 余亩，山高海拔 36.7 米。该山为欧桥村和常熟市海虞镇绿山村共有，其中西南山坡属欧桥村委会管辖，面积有 43 亩，约占山地总面积的八分之一，其中可耕地面积约有 30 亩，建有西山茶场。

西山

西山（2002 年）

第二节　水系

境域属长江流域太湖水系，境内河网交错。2015年末，欧桥村共有大小河道104条，总长33.3千米。其中市级以上河道3条，镇级河道2条。有村组河道98条，长度22.5千米，水面积31.57万平方米。

2015年末欧桥村村级以上河道一览表

表1-2

河道名称	起点	终点	境内全长（米）	河底高程（米）	河底宽程（米）	边坡系数
盐铁塘	二干河	西旸塘	1500	0.5	6-10	1：2.0
走马塘	京杭运河	七干河	600	-1.0	40	1：2.5
西旸塘	奚浦塘	七干河	3000	0.5	6-8	1：2.0
芦浦塘	河泾塘	西旸塘	3500	0.5	4-6	1：1.5
沙漕交界河	三干河	西旸塘	1000	1.0	4	1：20
张家河	小桥组	西旸塘	1200	1.3	4	1：20
徐家河	徐巷	盐铁塘	600	1.2	4	1：20
立新中心河	宋家宕	芦浦塘	1410	1.5	3	1：20
邹家河	塘六泾	西旸塘	1150	1.3	3	1：20
新沙河	塘六泾北	西旸塘	900	0	4	1：1.5

第三节　土壤

1982年1月至1983年4月，在沙洲县土壤普查办公室指导下，妙桥公社组织专业人员对境内立新、欧桥、西旸等大队土地进行普查，普查结果显示：境内的土壤类别及分布规律，由于成土时间的不同，主要分成两大块，即盐铁塘以南为古老冲积土块，盐铁塘以北为新冲积土块，中间为过渡地带。境内土地虽然比较平坦，东南部地势高，高程为5.7米左右；北部地势低，高程为1.3米左右，但起伏较大，土壤类型的分布较为复杂。主要有以下8个土种。

黄泥土，该土种一般分布在高程3.1米左右的地形部位，地下水位低，土块干湿交替明显，有良好的土壤构件，渗育层垂直节理明显，无障碍层次，耕层较为紧实，熟化程度一般，境内有面积1254亩，主要分布在立新、欧桥大队。

乌底黄泥土，该土种剖面同黄泥土相似，在70厘米上下有深灰色的埋藏层，一般在地势较低的外沿，高程在2.7米左右，耕性较差，土层较板结，供肥性能慢且迟发，后期较有劲，产量中等，境内有面积788亩，主要分布在欧桥大队、西旸大队。

小粉土，该土种耕层粉砂含量较高，地表有灰白色的粉砂板结层，为粉砂土壤，犁底层下无明显的白土层。土层泛浆板结现象比较严重，耕性一般，供肥能力较差，境内有面积490亩，主要分布在西旸大队。

乌珊土，该土种剖面同黄泥土，底层乌黑色，埋藏在70厘米上下，受长江冲积影响，渗育在40厘米以内，土壤中等偏高，但地下水位较高，在70厘米左右，耕性一般，水气少协调，供肥较慢，境内有面积119亩，主要分布在立新大队。

粉砂心黄泥土，该土种在黄泥剖面至60厘米处有粉砂质次，颜色较白，土层较深，铁锈较多，这类土壤耕性较好，供肥较快，也较早发，宜种性广，地下水位低，容量小，土层较松，境内有面积782亩，主要分布在欧桥大队、西旸大队。

粉砂底黄泥土，该种黄泥土剖面，60厘米以上有粉砂层次，颜色较白土层为深，铁锈色较多，似黄白色，这类土壤耕性高好，供肥较快，境内有面积978亩，主要分布在欧桥大队、立新大队。

砂夹黄土，该土种属长江新冲积土，在50厘米以上出现沉积层理，即砂粘间层，上粘下砂，地势较低，高程度在2米左右，供肥快，而易漏水漏肥，土壤有机质养分低，土壤颗粒少，肥料贮藏量小，易早衰，小苗早发，无犁底层，境内有面积728亩，主要分布在西旸大队。

堆叠土，该土种主要指开河塘两岸堆积和平整低洼地、老河的堆叠地，没有土壤层次，土层乱，无规律，各地堆积土都不同，质地理化性质均不同，一般说堆积的都是生泥，成分复杂，肥力低，使用肥料也较困难，一般是种植杂粮，境内有面积162亩，主要分布在欧桥大队、西旸大队。

第四节　气候

境内属亚热带、季风性、湿润性气候，四季分明，冬夏季长，春秋季短，夏季炎热多雨，冬季寒冷少雨，春秋季干湿交替，冷暖多变，气候温和，雨量适中，无霜期长。

1997～2015 年气象概况选年一览表

表 1—3

指标（单位值）		年份						
		1997	2000	2003	2006	2009	2012	2015
一、温度	年平均气温（摄氏度）	16.7	16.2	16.0	17.0	16.7	16.1	16.7
	极端最高气温（摄氏度）	36.6	36.2	37.4	37.9	37.9	37.8	38.4
	出现日期（月、日）	09—08	07—21	07—29	08—13	07—20	07—05	08—03
	极端最低气温（摄氏度）	−6.0	−5.9	−6.0	−5.0	−6.9	−6.0	−3.6
	出现日期（月、日）	01—25	01—26	01—05	01—08	01—24	02—03	01—02
二、降水	年降水量（毫米）	1147.0	1057.6	1041.5	1209.4	1178.8	1111.7	1894.3
	年降水日（天）	123	121	123	126	116	134	140
	一日最大降水量（毫米）	100.9	111.3	105.3	112.0	133.7	63.0	235.7
	出现日期（月、日）	06—29	08—19	07—05	07—22	06—30	08—08	06—27
三、日照：年日照时间（小时）		1896.3	1728.4	1783.6	1674.7	1674.7	1771.3	1683.6
四、年蒸发量（毫米）		1291.2	1386.6	1328.0	1614.2	1614.2	1421.0	—
五、年平均相对湿度（％）		81	79	80	74.0	74.0	73	74
六、年平均风速（米/秒）		3.4	3.5	3.1	3.1	3.1	2.2	2.0
七、年平均气压（百帕）		1013.1	1015	1015.4	1014.9	1017.9	1015.0	1015.5
八、年无霜期（天）		241	220	229	230	214	228	231

气温 1959～2015 年，年平均气温约为 16.2 摄氏度，其中，1959～1985 年年平均气温为 15.1 摄氏度。2006～2015 年年平均气温为 16.5 摄氏度，与 1986～2005 年年平均气温 16 摄氏度相比，上升了 0.5 摄氏度。最高年平均气温为 2007 年的 17.2 摄氏度，最低平均气温为 2011 年的 15.9 摄氏度，全年 7 月、8 月为最热，月平均气温为 28.84 摄氏度和 28.34 摄氏度。以 1 月份最冷，月平均为 3.28 摄氏度，最低为 2011 年的 0.1 摄氏度。平均每年出现大于 35 摄氏度的高温日数较少。最低气温出现小于 0 摄氏度的月份亦较少。

2005～2015 年分月平均温度一览表

表 1-4　　　　　　　　　　　　　　　　　　　　　　　　　　　　　　　　单位：摄氏度

月份\年份	2005	2006	2007	2008	2009	2010	2011	2012	2013	2014	2015
1	1.4	4.7	4.3	2.7	2.9	3.8	0.1	3.4	3.4	6.1	5.4
2	3.5	4.8	8.3	3	7.8	6.3	4.9	3.2	5.6	5.3	6.3
3	8.5	10.8	11.1	11	9.9	8.3	8.6	8.8	10.4	11.2	10.3
4	17.6	16.0	15.3	15.7	16.0	12.2	15.5	17.2	15.0	15.8	15.7
5	20.9	20.5	22.5	21.5	21.6	20.5	21.2	21.3	21.2	22.0	20.8
6	27.0	25.7	24.4	23.4	26.1	24.0	23.8	24.6	23.9	23.8	24.0
7	29.1	28.6	28.5	29.8	28.3	28.2	28.2	29.1	31.5	27.1	26.7
8	27.8	29.5	29.1	27.6	27.3	29.9	26.9	28.5	31.0	25.8	27.6
9	25.5	22.5	24.2	24.7	24.2	25.1	23.2	22.9	24.2	23.6	23.9
10	18.1	20.8	19.0	19.9	20.5	17.7	18.1	18.8	18.9	19.3	19.3
11	14.4	14.0	12.5	12.1	10.3	12.4	15.3	10.9	12.6	13.8	13.1
12	4.3	6.6	7.6	6.3	5.1	6.6	5.0	4.7	5.5	5.2	7.1

降水　据有关资料分析，境内年降雨量平均为 1073.2 毫米，年均降雨日数约为 125 天。其中 1986～2005 年年平均降水量为 1077.9 毫米，与前 27 年的平均降水量 1034.3 毫米相比增 43.6 毫米，与 2006～2015 年年平均降水量 1168.9 毫米相比，多 134.8 毫米。降雨量最多年为 1894.3 毫米（2015 年），最少年为 912.7 毫米（2013 年）。近 20 年中，月最大降雨量为 897 毫米，出现在 2015 年 6 月。日最大降雨量 235 毫米，出现在 2015 年 6 月 27 日。降水量按季节分布情况如下：

春夏季 3～8 月，降水量约占全年雨量的 65%，秋冬季 9～2 月，降水量约占全年雨量的 35%。

雪是入冬半年降水的一种形态。冬春二季均可能降雪。2005～2014 年 10 年中，年平均降雪日数 7.4 天，最多年降雪日 14 天，最少年降雪日仅为 1 天。

2005～2015 年分月降水量一览表

表 1-5　　　　　　　　　　　　　　　　　　　　　　　　　　　　　　　单位：毫米

月份＼年份	2005	2006	2007	2008	2009	2010	2011	2012	2013	2014	2015
1	52.3	128.4	35.5	117.2	46.3	27.4	10.3	24.4	3.3	18.0	43.3
2	92.6	62.2	41.6	26.4	108.1	91.3	20.4	70.3	103.9	153.3	50.1
3	35.6	19.4	65.8	28.0	41.3	112.9	37.3	107.7	42.1	45.3	104.9
4	84.8	111.0	56.9	55.7	50.1	124.0	29.6	45.4	61.4	154.0	120.7
5	86.7	77.1	68.9	148.4	61.1	56.3	75.2	60.8	117.2	74.0	102.8
6	72.8	79.1	76.4	238.9	206.6	23.2	325.3	54.8	157.1	152.6	897.0
7	104.4	382.6	415.2	128.2	201.9	266.8	220.2	225.3	52.1	278.3	108.0
8	178.9	47.7	147.5	114	192.9	119.0	533.3	226.9	80.9	380.4	156.7
9	118.5	158.9	175.3	65.5	90.5	126.8	15.4	63.3	80.6	84.7	139.0
10	55.9	14.8	75.0	36.7	21.6	39.5	21.6	16.7	167.9	19.5	25.2
11	43.1	121.9	20.9	63.4	94.4	3.5	36.1	104.0	16.9	63.1	96.8
12	12.3	6.3	42.4	21	64.4	32.6	26.8	91.6	19.5	9.2	49.8

日照　太阳光能是植物生长的能源，本地区年太阳辐射总量为 4651J/平方米，以 7 月份为最强，2 月份最弱。

2006～2015 年平均总日照时数 1736.3 小时，占可照时数的 39.58%，与 1959～1985 年平均日照时数的 2088 小时相比，减少 351.7 小时。与 1986～2005 年平均日照数 1887.2 小时相比，减少 150.9 小时，占可照时数的比例下降 3.42%。在全国属中等水平。年日照时间最多的年份为 2013 年的 2010.9 小时，最少为 2011 年的 1630.7 小时，高低年年差值 380.2 小时。以 7 月份平均 168.2 小时为全年最多月，以 2 月份平均 96.3 小时为全年最少月。春季 3～5 月约占全年日照时数的 25%；夏季 6～8 月占全年日照时数的 28%；秋季 9～11 月占全年日照时数的 26%；冬季12～2 月占全年日照时数的 21%。

2005～2015 年分月日照时间一览表

表 1-6　　　　　　　　　　　　　　　　　　　　　　　　　　　　　　　单位：小时

月份＼年份	2005	2006	2007	2008	2009	2010	2011	2012	2013	2014	2015
1	1105	84.3	106.4	72.2	132.3	145.4	134.3	99.0	122.6	171.2	110.1

续表1—6

年份 月份	2005	2006	2007	2008	2009	2010	2011	2012	2013	2014	2015
2	90.2	82.4	135.0	173.1	48.5	78.5	95.4	81.1	97.5	84.1	111.5
3	174.9	186.3	141.9	179.6	117.1	118.6	175.5	121.8	175.2	178.0	126.1
4	215.0	162.5	174.1	126.5	203.3	129.0	206.9	173.0	233.2	159.4	189.9
5	172.6	163.2	185.8	202.9	219.7	161.4	199.3	181.9	172.8	226.2	175.3
6	202.0	144.8	98.3	62.5	143.0	125.0	85.8	108.2	111.9	117.9	103.0
7	173.9	130.9	110.3	166.2	175.1	148.6	114.3	204.0	263.6	146.7	122.3
8	160.7	223.9	203.6	137.0	127.3	224.1	85.2	186.9	239.4	96.5	206.6
9	141.2	120.7	120.5	124.1	114.7	162.3	149.3	170.7	165.6	93.5	179.1
10	146.7	134.9	136.6	108.0	202.9	142.3	146.5	177.4	180.7	221.5	176.4
11	112.7	102.4	141.5	126.0	98.0	157.6	103.7	155.8	169.3	121.6	61.3
12	148.1	138.4	83.1	160.8	127.4	161.4	134.5	111.5	170.1	187.8	122.0

风　本地区季风更替明显，冬季受蒙古冷高压控制，西北风及东北风为主；春季是冬夏季节转换季节，盛行东南风；夏季东南风的频率占五分之二以上；秋季是夏季风与冬季风交替季风，盛行风向接近冬季，除刮东风外，亦刮北风或东北风。1986年以来，年平均风速为3.1米/秒，历年极端最大风速为每秒21米（十分钟平均），出现在1997年8月19日，第十一号台风影响，风向东北。瞬时风速25米/秒（7708号台风）。

第五节　自然资源

一、土地资源

全村地势平坦，土壤肥沃。1961年7月，境内太子、欧桥和西旸等3个大队共有耕地面积6488亩（水田、水旱田4123亩，旱田2365亩），其中欧桥大队有耕地面积2415亩（旱田面积1324亩，占耕地面积的51.82%）。1985年，境内立新、欧桥和西旸等3村耕地总面积5708亩。其中水旱田4692亩，旱田1016亩。在土地总面积中，村民自留地441亩。2001年末，境内立新、欧桥和西旸等3村土地总面积为9525亩，其中耕地面积6409亩，占总面积的67.28%。耕地中水田4513亩，旱地616亩。机电灌溉面积占有效灌面积的100%。全村有交通用地约330亩，水域面积约440亩，住宅、工厂用地约760亩，园、林地55亩，其他土地5亩。

2004年西旸、立新2村并入欧桥村。至2015年，全村土地总面积7.01平方千米，其中耕地面积 4285 亩。

1961 年境内各大队土地资源一览表

表 1—7　　　　　　　　　　　　　　　　　　　　　　　　　　　　　单位：亩

大队名称	辖区面积	耕地面积	其中自留地面积	水田面积	水旱田	旱田
欧桥	2940	2415	95	—	1091	1324
西旸	2628	1807	91	4	1320	483
太子	2730	2266	114	—	1714	552

二、水资源

域内水资源比较丰富，年均降水量近 1100 毫米。境内西旸套闸年引水量约 500 万立方米，另有澄锡虞地区的年来水量约 10 万立方米，地下水位埋深在 0.5～2 米左右，年均利用地下水量约 30 万立方米。

三、矿藏资源

1978 年，江苏省苏南煤钻深球对欧桥大队和周边几个大队进行地质普查，发现地下有煤层存在。1987 年，又在境域立新等地普查，在 6.5 平方千米工作面积内，其焦瘦煤储量有 1000 余万吨。

四、动植物

欧桥村境内土地肥沃，陆地绝大部分为植物覆盖，水域亦适宜水生生物生长、繁殖，动植物资源丰富，物产种类众多。

（一）动物

（1）驯养动物

家畜　猪、牛（黄牛、水牛、奶牛）、羊、家兔、猫、狗等。

家禽　鸡、鸭、鹅、鸽等。

水产　青鱼、皖鱼（草鱼）、鳙鱼（花鲢）、鲢鱼（白鲢）、鲤鱼、鳜鱼（桂鱼）、鲫鱼、非洲鲫鱼（现已停养）、暗色土布鱼（土婆鱼）、乌鳢（黑鱼）、鲈鱼、鲶鱼、黄颡鱼、昂刺鱼、水晶虾、白泥虾、草虾、基围虾、黄鳝、鳗鲡、鳖（甲鱼）、育珠河蚌、帆蚌等。

（2）野生动物

哺乳类　家鼠、田鼠、刺猬、蝙蝠、黄鼠狼、狐狸、野兔、水老鼠、水獭、鼬、猪獾、狗獾等。

鸟类　喜鹊、麻雀、布谷鸟、白头翁、燕子、乌鸦、猫头鹰、雉（野鸡）、黄鹂、子规鸟、八哥、鹦鹉、白鹭、苍鹭、麻格格、老鹰、三青（灰喜鹊）、翠鸟、野鸭、野鸽、鸬鹚（水老乌）、黄将、斑鸠、鹁鸪、雁、鹌鹑、叫天尊、叫天子、黄腾子、黄莺等。

爬行类　乌龟、鳖（甲鱼）、壁虎（守宫）、蜥蜴（四脚蛇）、水赤练游蛇、乌青梢蛇、蝮蛇（地扁虺）、虎斑游蛇（竹叶青）、翠青蛇（小青蛇）、黑眉锦蛇（秤星蛇）、火赤练、水蛇、树鳗蛇（罕见）等。

两栖动物　青蛙、虎纹蛙（田鸡）、蟾蜍（癞团）等。

昆虫类　蜜蜂、马蜂、黄蜂、土蜂、大腹园蛛、蜘蛛、蜈蚣、蚕、蝉、地鳖、螳螂、苍蝇、蟋蟀、蝼蛄、牛虻、蟑螂、毛虫、白蚁、蚂蚁、稻螟、萤火虫、金龟子、蛣蜣、蚊子、蚂蚱、黑翅红娘子、瓢虫、蚜虫、稻苞虫、蜻蜓、纺织娘、刺毛、唧蛉、稻苞虫、稻飞虫、麦象虫、甲壳虫、全屎虫、蝗虫、蟛蝉、地鳖虫、红铃虫、棉铃虫、蝴蝶、壁蟢、蝎子、鸽醉、跳板虫、西瓜虫（蒲鞋虫）、麦蛾、米虫、扁毒、蚯蚓（蛐蟮）、蚂蟥、蜓蚰等。

水生动物　除以上养殖外，河湖港汊中，还有银鱼（现已绝迹）、斑弓东方鲀（河豚，现已绝迹）、泥鳅、彩石鲋（鳑鲏）、圆尾斗鱼（火烧鳑鲏）、大鳍刺鳑鲏、窜条、郎果鱼、螺蛳、田螺、河蚌、帆蚌、蚬子、螃蜞、河蟹、水螅、蚯蚓等和一些浮游动物。

（二）植物

（1）粮食作物

水稻、麦类（小麦、大麦、元麦）、玉米、高粱。水稻根据耕作时间分为早、中、晚稻，根据品质可分为粳稻、籼稻与糯稻等。

（2）经济作物

棉花、油菜、薄荷、苎麻（1984～1985年大量种植）、蔬菜等。蔬菜主要有青菜、白菜、卷心菜、菠菜、苋菜、蕹菜（空心菜）、生菜、马兰头、荠菜、韭菜、苜蓿（金花菜、草头）、芥菜、雪里蕻、水芹、药芹、美洲芹、萝卜、胡萝卜、莴苣、西红柿（番茄）、茄子、黄瓜、大蒜、大葱、扁婆、青葱、紫角叶、马铃薯（土豆）、芋艿、甘薯（山芋）、南瓜、蓬蒿菜、大头菜、丝瓜、冬瓜、黄瓜、笋瓜、葫芦、赤豆、绿豆、豇豆、蚕豆、长豆、四季豆、茭白、慈菇等。

（3）树木

槭枫树（罕见）、福建柏、侧柏、刺柏、翠柏、樟树、苏铁、杨树、柳树、枫杨树、桂树、桔树、银杏、雪松、五针松、水杉、银杉、楝树、柿子树、梨树、石榴、枫树、梧桐、泡桐、香樟树、桑树、榉树、棕树、榆树、黄杨、冬青、女贞、枸杞、拓树、无花果、夹竹桃、刺槐、广玉兰、白玉兰等。

（4）花草

月季、蔷薇、海棠花、杜鹃、山茶、凤仙花、夜来香、含羞草、菊花、仙人球、仙人掌、紫荆花、鸡冠花、栀子花、茉莉、腊梅、野百合、向日葵、兰花、牵牛花（喇叭花）、芭蕉、美人蕉、万年青、芦荟、文竹、吊兰、君子兰、灯心草、龙须草（野灯心草）、鹅观草、麦兰、爬山虎（爬墙草）、紫云英、鸭舌草、雀麦草、麻秆草、画眉草（收子草）、牛蘩缕（鹅肠肠）、窃衣（臭婆娘）、野荠菜、野豌豆、铁苋菜（见血愁）、刺楸（鸟不宿）、地锦草、毒麦草、青蒿、艾蒿、皂荚、茅草、田菁、稗草、马鞭草、筋骨草、蒲公英、鱼腥草、车前草（蛤蟆草）、益母草、马攀茎草、狗尾巴草、龙柏、蟋蟀草、金钱草、马齿苋、酱拌草、葛人藤（苦草）、蛇莓、猪泱泱草、辣蓼头草以及许多不知名的野生植物等。

（5）水生植物

水生作物有茭白、慈菇、菱、藕、芡实（鸡头米）等。水生作物随着工业发展，河流水道污染，现种植甚少。另外还有野生水草如蓝藻、裸藻、甲藻、黄藻、矽藻、绿藻、水花生、水葫芦、浮萍、绿萍、芦苇等。

（6）蕨类植物

井栏边草、槐栏边草、槐叶草等。

（7）菌类植物

金针菇、平菇、鸡脚菇、蘑菇、香菇、木耳等。

第六节　自然灾害

境内的自然灾害主要有洪水、农作物病虫害及灾害性天气三类。据 1970 年之前 30 年灾情不完全统计，洪水灾害常与江潮、台风、暴雨合并发生。中华人民共和国成立前，因北部圩岸矮小，每年圩塘受灾。中华人民共和国成立后加强圩岸建设，特别是 1970 年后，境域远离长江，洪水暴发期间，农田仅有短时积水，能及时排涝。农作物的病虫害约 3 年 1 次，旱灾 5 年 1 次，暴雨 10 年 1 次，台风、龙卷风 4～5 年 1 次，冰雹几乎每年 1 次，低温冻害 7 年 1 次。

一、干旱、冰雹

1914 年夏，久未有大雨，境内亢旱燥烈、河浜枯涸。

1953 年 4 月中旬至 5 月中旬，30 余天未下雨，旱象严重，境内太平乡、周院乡用 12 道水车自三里外翻水灌溉，仍有干死稻禾田近百亩。

1958 年 5～6 月间，30 余天无雨，妙桥乡有 118 条河浜滴水全无，境内早稻普遍减产。

1959 年 6、7、8 三个月，晴热少雨，持续干旱 49 天，境内部分河塘干涸，土地裂缝，作物枯萎、棉苗欠长。致秋棉秆"一支香"，亩产籽棉 30 斤。

1971 年夏秋，连续高温干旱 89 天，35 摄氏度以上高温 20 天，境内稻田虽及时抗旱但仍有减产。

1977年5月至7月初无雨，6月末至7月上旬又连续高温，最高温度37.8摄氏度，故中暑者甚多，秋熟减产二成。

1981年5月1日晚，境内遭受冰雹袭击，大的有鸡蛋大，三麦麦穗被打击，油菜顶端被打烂。

1983年5月19日12时，妙桥乡遭受一场持续10分钟的冰雹袭击，大的约有拳头大，境内三麦普遍遭灾，平均每亩减产97.5千克。其中欧桥大队受害尤为严重。

二、寒冻、低温

1952年12月1日，寒潮突然袭击，气温由17摄氏度突然下降到零下5～7摄氏度，为数十年罕见的奇寒，使境内绿肥冻死50%，三麦冻死20%左右。

1961年4月6日，出现晚霜冻害，瓜、菜秧苗冻死过半。

1970年3月8日，飞雪打雷，雪深11厘米，境内夏熟作物冻害严重。

1972年10月3日，最低气温降至10摄氏度，欧桥大队后季稻普遍翘穗头，晚稻减产八成。

1977年1月31日，极端最低气温降到零下11摄氏度，前后积雪14天之久，麦苗、油菜等越冬作物严重受害。

1980年后季稻扬花期间，日平均温度低于20摄氏度，影响灌浆，致使境内后季稻大面积瘪谷翘穗，严重减产，有的颗粒无收。欧桥、西旸、立新等大队后季稻平均单产167.4千克，比上年减产221.35千克。

1994年2月4日，受北方冷空气影响，气温骤降，境内麦苗、油菜受到冻害，其中主茎冻死20%左右。

1998年3月19日至20日，普降春雪，降水量33.2毫米，积雪8厘米，气温降至零下1摄氏度，为历史罕见。境内小麦、油菜受冻害严重，致使夏熟作物减产。小麦亩产比上年减产172.4千克，油菜单产比上年减产97.8千克。

三、洪水、水涝、台风、暴雨

清雍正十年（1732）七月十六日，风潮为灾，境内北部缘海平地水自数尺至数丈，民居漂荡，石桥被水冲坏。耕牛溺死。

道光二十九年（1849），自四月二十七日雨至闰月五日，自闰月十六日雨至五月，低田成浸。

1931年7月，连降大雨，江潮大涨，倒灌浸溢，田禾被淹，致成大灾。

1949年7月24日晚，台风、暴雨、狂潮袭击一昼夜，境内西旸以北协农圩、壬午圩、乙酉圩等11个圩塘堤岸全部冲塌，淹死数十人，秋熟粮食颗粒无收。

1960年6月7日至10日，风雨连续不断，尤以9日晚至10日上午，风强雨大，阵风 8 级以上，雨量近百毫米，河水陡涨。境内各生产队即将到手的麦子和菜籽地因雨淋受损。

1962 年 9 月 6 日，14 号台风过境，风力 8～10 级，连降暴雨 36 小时，达 284.3 毫米，刮倒茅草屋 12 间，倒塌墙头 36 间，吹倒烟囱 100 余个。

1974 年 8 月 29 日，13 号台风从上海登陆后沿长江西下，影响境内，风力十级，加上暴雨、大潮，跃进圩江堤裂缝，欧桥大队基干民兵日夜守堵。

1978 年 7 月 10 日，龙卷风伴有大暴雨袭击境内和陶桥、雪家、吹鼓（红星）、塘湾（卫东）等大队，房屋倒塌十几间，5 人受伤。

1988 年 5 月 4 日北京夏令时零点左右，妙桥镇遭到罕见的暴雨袭击。据统计，全镇有 4 户正在施工的楼房倒塌，40 余间平房被吹坏，共有 8000 余亩三麦、油菜倒伏。其中欧桥、西旸等村的棉花尼龙育苗棚全部被狂风掀毁。

1991 年 6 月 14 日至 7 月 5 日，出现妙桥历史上罕见的特大洪涝灾害，连日暴雨，降水量达 888 毫米，其中最大一天降雨 378 毫米。境内各村水稻鱼池受淹，农用电动机受淹。部分民房进水，工厂被迫停产。

2000 年 11 月 10 日至 17 日，境内连续降雨 48.9 毫米，正值水稻成熟收割期，受灾使水稻减产近二成。

2002 年 5 月 25 日至 6 月 4 日，境内降雨 185.7 毫米。麦田普遍积水，影响小麦收割，造成大面积小麦发芽霉变。据统计，境内各村小麦平均亩产比上年减产 28.7 千克。

2003 年 8 月 20 日凌晨，一股罕见的强风袭击妙桥镇，直径 50 厘米以上的树木被吹倒 30 余棵，境内数户房屋受损。

2004 年 6 月 25 日，第七号强台风热带风暴蒲公英与北方冷空气结合给境内带来大暴雨和 9 级台风。

2015 年 6 月，境内出现 5 次灾害性天气，3 次大暴雨天气和 2 次暴雨天气。

第二卷 居 民

第一章 人 口

据苏州博物馆专家对西旸遗址考证，早在 6000 年前良渚文化时期，境内已有人类从事渔牧劳动、生息并繁衍。隋唐以后，战乱不断，外地人口多次入迁，西旸张氏从江北迁入，西旸陈氏从浙江温州迁入。

民国年间，因经济落后，农民生活水平低下，加之连年战乱和自然灾害等因素，人口增长较为缓慢。中华人民共和国成立后，经过土地改革和农业合作化，农民的生活水平得到提高，人口增长较快。60 年代后期，随着计划生育的推行和农民文化素质的提高，传统的生育观念有所改变，在一定程度上制约人口的发展。1990 年境内人口的自然增长率为 5.81‰，2000 年人口的自然增长率－4.42‰，2010 年人口的自然增长率－2.34‰，2012 年全村总人口 6054 人，人口期望寿命平均可达 81 岁。2015 年 8 月，全村总人口 6090 人，其中男性 2924 人，女性 3166 人。是年底，全村户籍人口 5828 人，暂住人口 4548 人。

第一节 人口总量和密度

中华人民共和国成立后，境域大部分隶属西旸乡。1953 年 7 月，常熟县开展人口普查，西旸乡辖区面积为 7.68 平方千米，总人口 5195 人，人口密度平均每平方千米 676 人。1962 年，境内太子、瞿家、欧桥、西旸等大队辖区面积约为 5.59 平方千米，总人口 4369 人，人口密度平均每平方千米 624 人。其中欧桥大队辖区面积 1.96 平方千米，有 364 户 1299 人，人口密度平均每平方千米 714 人。1972 年，境内人口增至 5333 人，人口密度平均每平方千米 762 人。其中欧桥大队人口为 1660 人。1980 年欧桥大队总户数 507 户，总人口为 1875 人，人口密度平均每平方千米 951 人。1990 年，境内立新、欧桥和西旸三村辖区总面积 6.17 平方千米，总人口

5255人，人口密度平均每平方千米852人。其中欧桥村区域面积2.075平方千米，总人口1961人，人口密度平均每平方千米为945人。2003年欧桥村有572户1816人，人口密度每平方千米875人。2004年，西旸、立新2村并入欧桥村，境内辖区面积6.35平方千米，5282人，人口密度每平方千米为832人。2012年全村辖区面积调整为7.01平方千米，人口6054人，人口密度每平方千米865人。2015年末全村人口5828人，人口密度每平方千米831人。

1959～2015年欧桥村（大队）户籍人口、劳动人口一览表

表2—1

年份	总户籍（户）	总人口（人）			劳动力（人）
		合计	男	女	
1959	330	1217	—	—	307
1960	361	1319	—	—	375
1961	383	1335	655	680	475
1962	364	1299	626	673	512
1963	363	1341	640	701	522
1964	354	1376	697	679	—
1965	360	1419	—	—	512
1966	364	1443	—	—	512
1967	314	1471	749	722	—
1968	355	1523	—	—	—
1969	375	1599	784	815	790
1970	404	1621	—	—	970
1971	415	1660·	819	841	792
1972	421	1695	—	—	792
1973	439	1710	—	—	941
1974	446	1732	916	816	900
1975	456	1753	—	—	931
1976	467	1781	—	—	1099
1977	484	1801	899	902	1128
1978	491	1821	—	—	1032
1979	496	1825	911	914	1121
1980	507	1875	—	—	1122
1981	520	1895	—	—	1058

续表2-1

年份	总户籍（户）	总人口（人）			劳动力（人）
		合计	男	女	
1982	540	1926	912	1014	1243
1983	545	1932	—	—	1280
1984	540	1929	—	—	1264
1985	526	1928	—	—	1264
1986	544	1944	—	—	1264
1987	560	1940	—	—	1264
1988	560	1946	—	—	1160
1989	556	1935	—	—	1164
1990	566	1961	939	1022	1078
1991	566	1970	—	—	1076
1992	580	2172	—	—	1166
1993	581	1941	—	—	1014
1994	577	1921	—	—	1014
1995	547	1903	—	—	1165
1996	547	1911	—	—	1128
1997	552	1878	—	—	1087
1998	565	1844	—	—	1052
1999	557	1816	—	—	938
2000	496	1816	861	955	968
2001	496	1818	—	—	967
2002	577	1811	—	—	959
2003	572	1816	—	—	956
2004	1757	5282	2504	2778	2842
2005	1670	5361	—	—	2787
2006	1631	5535	—	—	2930
2007	1670	5621	2660	2961	3012
2008	1630	5650	—	—	3267
2009	1629	5678	2679	2999	3240
2010	1630	5722	—	—	3267
2011	1792	6060	2897	3163	3295
2012	1779	6054	—	—	3329

续表2—1

年份	总户籍（户）	总人口（人）			劳动力（人）
		合计	男	女	
2013	1767	6066	2898	3168	3563
2014	1760	6085	—	—	3575
2015	1779	5828	2798	3030	3026

1961～2003年立新、西旸村（大队）选年户籍人口、劳动人口一览表

表2—2

年份	立新			西旸		
	总户籍（户）	总人口（人）	劳动力（人）	总户籍（户）	总人口（人）	劳动力（人）
1961	425	1472	597	330	1172	409
1962	433	1541	711	364	1329	429
1965	457	1639	827	381	1444	730
1970	310	1116	537	501	1922	993
1972	315	1127	672	507	1951	982
1973	316	1141	690	506	1959	997
1974	318	1153	705	510	1957	1139
1975	345	1154	687	526	1967	889
1977	319	1178	671	512	2011	888
1978	345	1181	687	526	2023	889
1979	336	1172	753	538	2031	1071
1980	332	1163	733	545	2033	1128
1981	330	1160	604	554	2030	1054
1982	326	1169	606	554	2037	1049
1983	326	1161	774	556	2031	1452
1984	299	1163	859	568	2028	1478
1985	306	1163	894	550	2045	1481
1986	305	1175	608	557	2036	2089
1987	305	1201	603	558	2037	1289
1988	311	1205	601	560	2039	1113
1989	319	1215	605	550	2023	968
1990	319	1241	645	550	2053	848
1991	319	1236	645	561	2061	956

续表2-2

年份	立新			西旸		
	总户籍（户）	总人口（人）	劳动力（人）	总户籍（户）	总人口（人）	劳动力（人）
1992	319	1241	663	567	1983	1045
1993	316	1230	625	578	2069	962
1994	313	1229	615	585	2033	940
1995	313	1216	612	585	2033	917
1996	315	1201	604	579	1944	886
1997	302	1188	643	581	1994	864
1998	286	1181	607	625	1962	838
1999	318	1165	653	625	1932	932
2000	564	1768	926	631	1916	919
2001	564	1768	921	630	1916	958
2002	564	1698	858	625	1836	988
2003	564	1684	855	625	1816	898

第二节 人口变动

一、自然变动

　　1981年，境内立新、欧桥、西旸和周院等4个大队平均人口出生率为12.01‰，平均自然增长率为6.06‰，分别比1970年减少17.87个千分点、17.9个千分点。其中欧桥大队人口出生率为14.76‰，自然增长率6.89‰，分别比1963年减少33.41个千分点、18.93个千分点，亦分别比1970年减少了15.56个千分点、15.47个千分点。随着计划生育工作"既要抓紧，又要抓好"的指导方针的贯彻落实，切实转变群众的婚育观念，并强化服务功能，从而促进境内各村计划生育工作整体水平不断提高，1994年，欧桥村人口出生率为10.36‰，自然增长率为－0.52‰，首次出现零增长。2003年，境内立新、欧桥和西旸等3村平均人口出生率为6.57‰，平均自然增长率为－1.25‰。其中欧桥村人口出生率为4.98‰，自然增长率－2.77‰；立新村人口出生率为7.67‰，自然增长率1.77‰；西旸村人口出生率为7.16‰，自然增长率－2.75‰。2004年西旸、立新2村并入该村，至2015年这12年中，共出生487人，死亡476人，年平均出生率7.12‰，年平均死亡率6.85‰，年平均自然增长率0.27‰。

1971～2015 年欧桥村（大队）人口增长一览表

表 2—3

年份	出生		死亡		自然增长	
	人数	出生率（‰）	人数	死亡率（‰）	人数	增长率（‰）
1971	47	28.66	10	6.10	37	22.56
1972	28	16.72	6	3.58	22	13.14
1973	28	16.50	9	5.25	19	11.05
1974	30	17.32	11	6.35	19	10.97
1975	26	14.92	10	5.74	16	9.18
1976	30	16.84	11	6.77	19	10.07
1977	28	15.63	12	6.70	16	8.93
1978	26	14.36	15	8.28	11	6.08
1979	27	14.81	11	6.03	16	8.78
1980	22	11.89	8	4.32	14	7.57
1981	28	14.76	16	6.86	13	6.89
1982	15	7.78	13	6.74	2	1.04
1983	—	—	—	—	—	—
1984	12	6.22	—	—	—	—
1985	17	8.82	12	5.23	5	2.59
1986	31	16.21	9	4.65	22	11.00
1987	30	15.45	15	7.72	15	6.18
1988	22	11.32	9	4.63	13	6.69
1989	39	19.16	19	9.34	20	9.82
1990	24	11.76	17	8.33	7	3.43
1991	33	16.79	18	9.15	15	7.63
1992	28	14.28	19	9.69	9	4.59
1993	23	11.82	12	6.17	2	5.65
1994	20	10.36	21	10.88	−1	−0.52
1995	17	8.93	14	7.36	3	1.57
1996	12	6.17	8	4.11	4	2.06
1997	17	8.88	14	7.31	3	1.57
1998	10	5.42	18	9.76	−8	−4.34
1999	8	9.36	12	9.91	−4	−0.35
2000	14	7.71	17	9.36	−3	−1.65

续表2－3

年份	出生		死亡		自然增长	
	人数	出生率（‰）	人数	死亡率（‰）	人数	增长率（‰）
2001	15	8.29	14	7.73	1	0.56
2002	10	5.54	12	6.65	－2	－1.11
2003	9	4.98	14	7.75	－5	－2.77
2004	42	7.89	35	6.57	7	1.32
2005	36	6.72	38	7.03	－2	－0.39
2006	34	4.81	51	6.85	－17	－2.04
2007	33	6.06	42	7.71	－9	－1.65
2008	33	6.02	23	4.20	10	1.82
2009	38	6.89	20	3.63	18	3.26
2010	33	5.94	46	8.27	－13	－2.34
2011	41	7.30	37	6.09	4	0.71
2012	47	8.43	48	8.78	－1	－0.35
2013	46	7.99	47	8.17	－1	－0.17
2014	56	9.68	33	5.71	26	3.98
2015	48	7.88	56	9.20	－8	－1.32

1979～2003年立新村（大队）人口增长选年一览表

表 2－4

年份	出生		死亡		自然增长	
	人数	出生率（‰）	人数	死亡率（‰）	人数	增长率（‰）
1979	17	14.52	9	7.68	8	6.84
1980	6	5.12	8	6.83	2	1.71
1981	9	7.75	5	4.31	4	3.44
1982	9	7.73	10	8.58	－1	－0.85
1984	9	7.74	—	—	—	—
1985	10	8.60	10	8.60	—	—
1986	25	21.39	11	9.41	14	11.98
1987	22	18.32	9	7.49	13	10.83
1988	22	18.29	15	12.47	7	5.82
1989	24	19.83	7	5.79	17	14.04
1990	22	17.49	11	8.75	11	8.74

续表2-4

年份	出生		死亡		自然增长	
	人数	出生率（‰）	人数	死亡率（‰）	人数	增长率（‰）
1991	13	10.49	14	11.30	-1	-0.81
1992	19	15.34	5	4.04	14	11.30
1993	14	11.34	12	9.72	2	1.62
1994	11	8.94	16	13.01	-5	-4.07
1995	8	6.58	9	7.40	-1	-0.82
1996	6	5.00	13	10.84	-7	-5.84
1998	15	12.66	6	5.06	9	7.60
1999	5	4.29	13	11.16	-8	-6.87
2000	2	1.73	13	12.26	-11	-10.53
2001	7	3.87	19	10.51	-12	-6.64
2002	7	4.12	18	10.60	-11	-6.48
2003	13	7.67	10	5.90	3	1.77

1979～2003 年西畅村（大队）人口增长选年一览表

表2-5

年份	出生		死亡		自然增长	
	人数	出生率（‰）	人数	死亡率（‰）	人数	增长率（‰）
1979	32	15.76	12	5.91	20	9.85
1980	25	12.33	6	2.96	19	9.37
1981	23	11.32	14	5.89	9	4.43
1982	25	12.29	25	12.29	—	0
1984	15	7.40	—	—	—	—
1986	28	13.79	15	7.39	13	6.40
1987	43	21.11	14	6.87	29	14.24
1988	28	13.74	10	4.91	18	8.83
1989	39	19.16	19	9.43	20	9.82
1990	31	14.88	20	9.60	11	5.28
1991	23	11.22	17	8.29	6	2.93
1992	28	13.57	10	4.84	18	8.73
1993	27	13.07	22	10.64	5	2.43
1994	16	7.80	18	8.78	-2	-0.98

续表2－5

年份	出生		死亡		自然增长	
	人数	出生率（‰）	人数	死亡率（‰）	人数	增长率（‰）
1995	24	11.86	12	5.93	12	5.93
1996	12	5.96	23	11.42	－11	－5.46
1998	12	6.09	13	6.60	－1	－0.51
1999	14	7.24	16	8.28	－2	－1.04
2000	14	7.31	16	8.36	－2	－1.05
2001	6	3.16	12	6.32	－6	－3.16
2002	15	8.17	16	8.71	－1	－0.54
2003	13	7.16	18	9.91	－5	－2.75

二、机械变动

1958年后，境内各大队因婚嫁、征兵、升学、援疆（1959年欧桥陆保生、李祥华、徐良3户去新疆落户）、动迁（1960年有数户去跃进圩落户）、插队（1968年数名城镇知识青年插队落户，后又回城）等，人口迁移较为频繁。1969年，境内各大队迁入14人，迁出10人。其中欧桥大队迁入9人，迁出3人。1972年，境内各大队迁入41人，迁出25人。其中欧桥大队迁入24人，迁出11人；西旸大队迁入12人，迁出7人。1976年～1983年欧桥大队队办工业飞速发展，农民生活水平显著提高，共迁入199人，迁出83人，7年中机械增长116人。2004年西旸、立新2村并入欧桥村后，因工作调动、婚嫁、投靠、投资、收养、军人退伍复员和大、中专院校毕业生进入境内大中型企业及村委工作，人口迁移更趋频繁，2010～2015年共迁入405人，迁出116人，机械增长289人。

三、人口流动

改革开放前，境内各大队"以粮为纲"、"大办农业"，劳动人口很少流动。1978年后，随着境内欧桥大队、西旸大队和立新大队队办工厂的发展，特别是1985年欧桥村精纺厂建成投产后，劳动用工需求量大（近千人），外来人员纷至沓来。据1992年第四次人口普查统计，境内各村外来职工3500余人，其中欧桥村外来职工约2000人。是年，妙桥羊毛衫市场建办后，境内羊毛衫生产形成"社会大工厂"，省内其他地区和河南、安徽、四川、湖北等地民工纷纷前来打工。1994年底达6000余人。1998年后，境内各村民营企业如雨后春笋，2003年境内欧桥、西旸和立新等3村有主要民营工业企业24家，招用外地职工3200余人。2004年，西旸、立新2村并入欧桥村后，开辟西旸工业小区。2006年，有民营企业40余家。2009年达60余家。该村耕地亦主要由外来人员承包，西旸集镇更有多家商业门店由外来人员经营。2010 年 10 月，全村外来人口 4338 人，其中外来常住人口 3840 人。2015 年，全村暂住人口登记总数 4548 人，其中省内 632 人，外省（市、区）3916 人。就业人口总数 3174 人，其中务工 2724 人，务农 92 人，经商 51 人，服务业 197 人，其他行业 110 人。

2004～2015 年欧桥村暂住人口登记情况表

表 2—6　　　　　　　　　　　　　　　　　　　　　　　　　　　　　单位：人

年份	登记总数	省内	外省（市、区）	年份	登记总数	省内	外省（市、区）
2004	4600	1250	3350	2010	5546	1466	4080
2005	4500	1200	3300	2011	5106	1100	4006
2006	4800	1180	3620	2012	4815	800	4015
2007	5100	1200	3900	2013	4459	700	3759
2008	5480	1350	4030	2014	4535	680	3855
2009	5500	1400	4100	2015	4548	632	3916

2010～2015 年欧桥村暂住人口分布情况表

表 2—7　　　　　　　　　　　　　　　　　　　　　　　　　　　　　单位：人

年份	暂住人口数				劳动人口就业分布					
	登记总数	16 周岁以上		16 周岁以下	就业总数	务工	务农	经商	服务业	其他行业
		男	女							
2010	5546	2102	2491	953	4255	3922	71	48	209	5
2011	5106	1989	2323	714	4044	3575	76	61	301	31
2012	4815	1999	2100	716	3873	3503	91	96	163	20
2013	4459	1842	1917	700	3748	3228	74	72	148	226
2014	4535	1861	1971	703	3218	2714	79	50	207	168
2015	4548	1815	1866	767	3174	2724	92	51	197	110

第三节　人口普查

1953～2015 年，境内共进行 6 次人口普查。

一、第一次人口普查

1953 年 7 月，常熟县开展普选工作，并结合普选工作进行人口调查。时境域主要隶属西旸乡，部分村落隶属太平乡。西旸乡共有 1275 户 5241 人，其中男性 2698 人、女性 2543 人；太平乡共有 1210 户 4653 人，其中男性 2423 人、女性 2230 人。

二、第二次人口普查

1964 年 7 月 1 日是全国第二次人口普查的标准时间。该次普查设户籍、人口、性别、年龄、文化程度和民族等 6 个项目。境内欧桥、西旸、立新和瞿家等 4 个大队共有 1152 户 4346 人，其中男性 2172 人，女性 2174 人，非农业人口 9 人。其中欧桥大队有 349 户 1376 人（男性 697 人，女性 679 人），非农业人口 5 人，是年上半年出生 21 人，死亡 6 人，迁入 7 人，迁出 2 人。

1964 年境内人口文化程度普查情况表

表 2—8　　　　　　　　　　　　　　　　　　　　　　　　　　　　　　单位：人

大队名	总人口	12 岁以下不在校儿童		不识字		初识字		初小	高小	初中	高中	大学
		小计	其中 7—12 岁	小计	其中 13—40 岁	小计	其中 13—40 岁					
太子	847	208	75	430	217	37	33	98	54	15	5	0
西旸	1391	350	114	496	204	62	36	256	149	63	15	0
欧桥	1376	349	120	568	261	59	45	274	105	18	3	1
瞿家	732	220	100	339	194	29	25	112	25	6	1	0

三、第三次人口普查

1982 年 7 月 1 日零时是全国第三次人口普查标准时间，该次普查设户籍、人口、性别、文化程度、民族、职业行业、婚姻状况等项目。据统计，境内欧桥、西旸、立新等 3 个大队总户数 1426 户，比 1964 年普查时增长 49.95%，年递增率约为 2.78%；总人口 5110 人，比 1964 年普查数增长 41.39%，年递增率为 2.3%；男性 2488 人，占总人口的 48.69%；女性为 2622 人，占总人口的 51.31%。其中欧桥大队总户数 542 户，总人口 1924 人，其中初中文化程度人口数为 342 人，高中文化程度人口数为 128 人，分别占全大队总人口的 17.78% 和 6.65%。

1982 年境内第三次人口普查情况表

表 2－9　　　　　　　　　　　　　　　　　　　　　　　　　　单位：人

大队名	总户数（户）	总人口数			性别比（女＝100）	各种文化程度人口数					
		合计	男	女		合计	大学	高中	初中	小学	附：12周岁以上识些字和不识字
立新	334	1163	582	581	100.2	652	0	53	204	395	425
西旸	550	2023	995	1028	96.8	1242	1	142	462	637	547
欧桥	542	1924	911	1013	89.9	1209	0	128	342	739	529

四、第四次人口普查

1990 年 7 月 1 日零时为全国第四次人口普查的标准时间，是年 11 月结束。据统计，境内欧桥、西旸、立新等 3 个行政村共有 1432 户 5524 人。其中欧桥村有 544 户 2122 人（其中男性 1016 人，女性 1106 人），平均每户 3.77 人；初中以上文化程度的人口数为 839 人，占全村总人口的 39.54％。

1990 年境内第四次人口普查情况表

表 2－10

行政村名	总户数（户）			总人口（人）			家庭户平均每户人数（人）	15 周岁以上不识字或识字很少人口占总人口％	各种文化程度人口					
	合计	家庭户	集体户	合计	家庭户	集体户			大学	中专	高中	初中	小学	合计
立新	338	338	0	1274	1274	0	3.77	—	1	6	64	326	355	752
西旸	550	549	1	2128	2113	15	3.85	—	4	5	158	630	755	1572
欧桥	544	543	1	2122	2045	77	3.77	—	8	5	175	651	672	1511

五、第五次人口普查

2000 年 7 月 1 日零时为全国第五次人口普查标准时间。从 1999 年 11 月开始，2000 年 10 月结束。据统计境内共有 1620 户 3828 人。其中欧桥村总户数 626 户、2427 人，其中男性 997 人，女性 1430 人。

2000 年境内第五次人口普查情况表

表 2—11

行政村名	家庭户			集体户			分年龄人口			
	户数	人口		户数	人口		0～5	6～14	15～64	65＋
		男	女		男	女				
立新	441	819	856	——	——	——	74	206	1206	189
西旸	538	1032	1076	15	30	15	111	251	1582	209
欧桥	512	945	955	114	52	475	94	228	1921	184

六、第六次人口普查

2010 年 10 月 1 日零时为全国第六次人口普查标准时间。欧桥村划分 31 个普查小区。据统计，全村总户数 3287 户，常住人口 9231 人，户籍人口 5753 人．外来人口 4338 人，其中外来常住人口 3847 人。平均家庭户规模 3.15 人。家庭户男女性别比 98.61，集体户男女性别比为 77.19。全村有少数民族人口共 12 人，65 岁以上的人口有 1032 人，占全村总人口的 17.93％。90 岁以上老人 25 人。2009 年 11 月 1 日至 2010 年 10 月 1 日，全村出生人数 85 人，死亡人数 56 人。

第四节 人口结构

一、性别

中华人民共和国成立初，境内人口男女性别比约为 106：100（女性 100）。1964 年 7 月全国第二次人口普查统计，境内太子、瞿家、西旸、欧桥等 4 个大队男性 2172 人，女性 2174 人，男女性别比为 99.91，男性和女性人数基本持平。其中欧桥大队男性 697 人，女性 679 人，男女性别比为 102.65；瞿家大队男性 370 人，女性 362 人，男女性别比为 102.21；太子大队男性 429 人，女性 418 人，男女性别比为 102.63；西旸大队男性 676 人，女性 715 人，男女性别比为 95.21。1982 年全国第三次人口普查，境内立新、西旸、欧桥等 3 个大队男性 2488 人，女性 2622 人，男女性别比为 94.89。其中欧桥大队男性 911 人，女性 1013 人，男女性别比为 89.9。1990 年第四次人口普查统计，境内立新、西旸、欧桥等 3 个村男性 2666 人，女性 2858 人，男女性别比为 93.28。其中欧桥村男性 1016 人，女性 1106 人，男女性别比为 91.89；立新村男性 619 人，女性 655 人，男女性别比为 94.5；西旸村男性 1031 人，女性 1097 人，男女性别比为 93.98。2000 年，境内人口普查户籍人口中男性 2879 人，女性 3377 人。其中欧桥村家庭户中男性 945 人，女性 955 人，男女性别比为 98.95，男性和女性基本持平。2004 年，西旸、立新两村并入欧桥村。是年，全村男性 2504 人，女性 2778 人，男女性别比 90.13。2010 年全国第六次人口普查统计，欧桥村男性 2709 人，女性 3034 人，男女性别比为 89.29。2015 年 8 月，全村在籍人口共 6090 人，其中男性 2924 人，女性 3166 人，男女性别比 92.36。是年末男女性别比为 92.34。

1961～2015 年欧桥村（大队）人口性别构成选年一览表

表 2－12

年度	总人口（人）			性别比
	合计	男	女	（女＝100％）
1961	1335	655	680	96.32
1962	1299	626	673	93.01
1963	1341	640	701	91.30
1964	1376	697	679	102.65
1967	1473	749	724	103.74
1969	1599	784	815	96.20
1971	1660	819	841	97.38
1974	1732	916	816	112.30
1977	1801	899	902	99.67
1979	1825	911	914	99.67
1982	1926	912	1014	89.94
1985	1928	—	—	—
1990	1961	939	1022	91.86
1992	2172	—	—	—
1996	1911	—	—	—
2000	1816	861	955	90.16
2004	5282	2504	2778	90.13
2007	5621	2660	2961	89.83
2009	5678	2679	2999	90.48
2011	6060	2897	3163	91.59
2013	6066	2898	3168	91.48
2015	5828	2798	3030	92.34

二、年龄

1964 年全国第二次人口普查，境内太子、瞿家、西旸和欧桥 4 个大队，1～14 周岁少儿人口 1521 人，占总人口的 35.3％；65 周岁以上的老年人口 239 人，占总人口的 5.44％。其中欧桥大队 1～14 周岁少儿人口 469 人，占全大队总人口的 34.08％。1982 年第三次人口普查，境内立新、西旸和欧桥等 3 个村的 1～14 周岁少儿人口 1313 人，占总人口的 25.7％；65 周岁以上的老年人口 337 人，占总人口的 6.6％。其中欧桥大队少儿人口 711 人。约占全大队总人口的 37％。2000 年第五次人口普查，境内立新、西旸和欧桥等 3 个村的 1～14 周岁少儿人口 964 人，占总人口的 15.41％；而 65 周岁以上的老年人口 582 人，占总人口的 9.31％。其中欧桥村 1～14 周岁户籍人口中少儿人口 322 人，占全大队的 16.95％；65 周岁以上户籍人口 184 人，占总人口的 10.45％。据 2015 年 8 月统计，全村户籍总人口 6090 人，其中 14 周岁以下少儿人口 640 人，占人口的 10.51％。14～64 岁的青年和劳动力人口共 4289 人，占总人口的 70.42％。65 岁以上的老年人口 1161 人，总人口 19.06％。其中 70 周岁以上的高龄老年人 752 人，占总人口的 12.35％。90 岁以上长寿老人 28 人，占总人口的 0.46％。

三、民族

境内是汉族聚居地。改革开放后，人口流动量增大，外省市少数民族前来打工或移居境内，据 1990 年人口普查，少数民族人数有 1 人。1996 年，有土家族 2 人。据 2000 年人口普查，有土家族、苗族等民族人数 14 人。2015 年 8 月统计，全村在籍人口中少数民族人数 12 人（土家族人口 9 人，苗族人口 3 人），约占全村总人口的 1.97‰。

四、文化程度

1964 年全国第二次人口普查，境内初中以上文化程度的农民有 127 人，占境内总人口的 2.92％。而 13～40 岁不识字的农民有 876 人（其中太子大队 217 人，瞿家大队 194 人，西旸大队 204 人，欧桥大队 261 人），占境内总人口的 20.16％。欧桥大队初中以上文化程度的农民有 22 人，占全大队总人口的 1.6％。而 13～40 岁不识字的农民有 568 人，占总人口的 41.3％。1990 年第四次人口普查，欧桥村大专以上文化程度的人口数为 8 人，高中（中专）180 人，初中 651 人，初中以上文化的占全村总人口的 39.54％。西旸村大专以上文化程度的人口数为 4 人，高中（中专）163 人，初中 630 人，初中以上文化的占全村总人口的 37.45％。立新村大专以上文化程度的人口数为 1 人，高中（中专）70 人，初中 326 人，初中以上文化的占全村总人口的 32.02％。2015 年 8 月，全村大专以上文化程度的有 297 人，占总人口的 4.88％，高中（中专）文化程度的有 1062 人，占总人口的 17.44％，初中文化程度的有 2062 人，占总人口的 33.86％。不识字的成年人大多数为老年农民，仅占全村总人口的 2.5%。

五、职业

1962 年，境内各大队 95% 的劳动力从事农业劳动。1970 年，境内各大队从事农业生产劳动人口为 2150 人，约占劳动力总数的 86%。1971 年始，各大队先后建办大队办工业企业，部分农民进社办工厂。1979 年，欧桥大队有 450 人在大队办工厂工作，约占劳动力人口的 41%；96 人在社办工业企业上班，约占劳动力人口的 8.6%；从事第三产业的有 50 多人，约占劳动力人口的 5%。1980 年，西旸大队在队办工厂工作的增至 341 人，约占全大队劳动力人口的 30%；立新大队在队办工厂上班的亦有 172 人，占全大队劳动力人口的 24%。1981 年，欧桥大队在队办工厂工作的有 500 余人，在社办企业工作的有 126 人。1990 年，境内立新、西旸和欧桥等 3 个村劳动力总数为 2571 人，其中从事农业生产的 437 人，占 16.99%；从事多种经营的 294 人，占 11.44%；而从事工业劳动的多达 1795 人，占 69.82%。其中欧桥村劳动力 1078 人，其中从事工业劳动的 873 人，从事多种经营的 95 人，从事农业劳动 110 人，仅占劳动力总数的 10.2%。立新村从事农业劳动的 127 人，从事多种经营的 146 人，从事工业劳动的 372 人；西旸村从事农业生产的 200 人，从事多种经营的 98 人，从事工业劳动的 550 人。2002 年，境内有男女劳动力 2805 人，90% 以上的劳动力从事工业劳动和第三产业。2004 年底，欧桥村劳动力总数为 2842 人。2008 年劳动年龄内总数为 3584 人（实有从业人员 3267 人），其中 2967 人从事第二产业，占全村劳动力总数的 82.78%；269 人从事第三产业，占全村劳动力总数的 7.51%；仅有 31 人从事第一产业，约占全村劳动力总数的 1%。2015 年，全村实有从业人口总数为 3607 人，其中 2943 人从事工业劳动，占全村劳动力总数的 81.59%，从事第三产业的有 625 人，占全村劳动力总数的 17.33%，而从事农业生产种植业的有 18 人，占全村劳动力总数的 0.5%。

第五节　人口控制

中华人民共和国成立前，生儿育女被视作个人家庭之事。由于生活条件差，医疗水平低，早婚早育，生育多，成活率低，人口自然增长缓慢。中华人民共和国成立后，由于社会环境安定，人民生活和医疗水平逐步提高，受"人多力量大"的世俗观念影响，导致 60 年代出现生育高峰。1961 年，境内各大队有 3872 人，人口密度平均每平方千米 645 人。其中欧桥大队有 1335 人，人口密度每平方千米为 681 人。而 1970 年，境内立新、西旸和欧桥等 3 个大队总人口 4729 人，人口密度平均每平方千米达 849 人，其中欧桥大队人口 1621 人，人口密度每平方千米 827 人。在上级主管部门和公社党委领导下，开展节制生育宣传工作，动员党团员和积极分子带头采取节育措施。至1979年，境内各大队上环总数959例。是年，欧桥大队上环158例。1980年，贯彻中共中央《致全体共产党员、共青团员的公开信》，提倡"一对夫妇只生育一个孩子"的要求。1981年，境内立新、西旸和欧桥等3个大队，有生育条件的妇女784人，采取节育措施702人。是年节育率92.72%，独生子女领证率66.66%。女性新婚60人中，57人在23岁以后结婚。其中欧桥大队有生育条件的妇女321人，采取节育措施297人，是年节育率97.31%，独生子女领证率55.67%。女性新婚24人中，23人在23岁以后结婚。1982年，沙洲县人民政府制定《计划生育实施细则》。1985年，妙桥乡制定《关于实行计划生育的规定》。1990年，境内各村计划生育率达100%，一胎率为95.83，独生子女领证率48.64%，晚婚率82.21%，人口自然增长率3.43‰。是年10月28日，江苏省第七届人民代表大会常务委员会第十七次会议通过《江苏省计划生育条例》。2002年10月江苏省第九届人民代表大会常务委员会第三十二次会议，通过《江苏省人口与计划生育条例》。2005年9月，苏州市人民政府第四十八次常务会议通过《苏州市人口与计划生育办法》。欧桥村计划生育领导小组利用黑板报、墙报、画廊及印发材料宣传晚婚节育政策及优生优育有关知识，受教育面达95%以上。自1993~2011年，全村计划生育率为100%。2012年计划生育率为97.92%，一胎率为52.58%，独生子女领证率19.17%，节育率为78.17%。2015年10月29日，中共十八届五中全会决定：促进人口均衡发展，坚持计划生育的基本国策，完善人口发展的基本战略，全面实行一对夫妇可生育两个孩子的政策，村计划生育领导小组认真学习，深刻领会其精神。是年，全村出生48人，死亡55人，自然增长率为－1.32‰，计划生育率为100%，晚婚率为86.36%。该村2004年被评为镇计划生育先进集体，2010年被评为张家港市计划生育工作先进集体。

1985~2015年欧桥村计划生育实绩一览表

表2—13 单位:%

年份	计划生育率	一胎率	独生子女领证率	晚婚率	节育率
1985	100.00	94.12	48.26	95.24	93.18
1986	100.00	77.42	46.39	66.67	89.27
1987	100.00	75.20	45.93	80.00	92.94
1988	100.00	98.10	48.00	82.35	93.05
1989	100.00	96.43	43.22	80.65	91.86
1990	100.00	95.83	48.64	82.65	95.28
1991	100.00	93.94	55.78	70.83	99.79

续表2—13

年份	计划生育率	一胎率	独生子女领证率	晚婚率	节育率
1992	100.00	96.43	53.29	76.00	100.00
1993	100.00	86.96	62.85	78.95	94.18
1994	100.00	77.27	76.49	75.00	100.00
1995	100.00	94.12	75.34	71.43	99.79
1996	100.00	91.67	62.96	16.67	100.00
1997	100.00	80.00	59.36	33.33	100.00
1998	100.00	80.00	59.36	23.08	99.49
1999	100.00	100.00	69.09	23.08	100.00
2000	100.00	100.00	49.58	50.00	100.00
2001	100.00	86.67	51.57	21.43	100.00
2002	100.00	95.00	32.00	50.00	100.00
2003	100.00	88.89	86.27	18.18	80.78
2004	100.00	93.33	36.42	37.04	82.89
2005	100.00	85.00	33.57	34.79	82.73
2006	100.00	86.11	30.38	57.14	83.88
2007	100.00	81.82	33.17	47.87	85.97
2008	100.00	66.67	29.68	43.48	94.77
2009	100.00	84.21	23.60	46.67	80.22
2010	100.00	75.76	20.14	50.00	78.40
2011	100.00	58.54	19.54	58.06	77.05
2012	97.92	52.58	19.17	64.10	78.17
2013	100.00	60.87	18.39	82.76	79.28
2014	100.00	64.29	16.83	69.23	80.85
2015	100.00	38.89	19.79	86.36	80.74

1981～2003年立新村计生措施落实情况选年一览表

表2—14　　　　　　　　　　　　　　　　　　　　　　　　　　单位：人

年份	已婚育龄妇女数	应落实措施数	节育措施分类			人工流产数	家庭只有一个孩子的妇女人数	有效领证人数	女性初婚情况	
			上环数	服药数	其他措施				总数	23周岁及以上
1981	175	161	97	52	11	—	52	48	12	11

续表2—14

年份	已婚育龄妇女数	应落实措施数	节育措施分类			人工流产数	家庭只有一个孩子的妇女人数	有效领证人数	女性初婚情况	
			上环数	服药数	其他措施				总数	23周岁及以上
1984	—	—	16	—	—	26	82	82	—	—
1987	250	246	185	25	20	21	117	114	20	16
1990	372	351	313	21	16	25	181	172	25	20
1993	318	295	405	27	37	5	245	199	18	14
1996	310	295	255	255	37	3	240	157	6	2
1999	284	249	188	8	53	4	226	139	2	0
2000	343	243	176	6	31	2	284	130	12	3
2001	426	375	281	14	80	3	360	170	5	1
2002	416	362	262	12	88	3	365	161	8	3
2003	412	357	244	10	30	2	355	145	14	2

1981～2003年西旸村计生措施落实情况选年一览表

表2—15　　　　　　　　　　　　　　　　　　　　　　单位：人

年份	已婚育龄妇女数	应落实措施数	节育措施分类			人工流产数	家庭只有一个孩子的妇女人数	有效领证人数	女性初婚情况	
			上环数	服药数	其他措施				总数	23周岁及以上
1981	288	262	200	47	12	—	80	44	24	23
1984	—	—	26	—	2	40	141	137	—	—
1987	380	230	270	48	19	20	206	200	33	30
1990	455	368	24	337	79	21	290	280	31	22
1993	499	478	428	24	26	5	361	322	25	21
1996	502	447	378	34	36	5	358	291	8	3
1999	488	399	317	27	55	4	387	243	12	6
2000	476	401	298	28	75	1	388	237	8	2
2001	426	372	267	24	90	3	360	170	13	3
2002	464	374	257	17	99	3	389	191	14	7
2003	464	374	245	16	113	4	391	196	18	6

第六节　人口寿命

中华人民共和国成立前，境内人民既受国民党反动统治的压榨，又受地主老财的剥削欺凌，加上抗日战争时期日军的蹂躏，人民生活在水深火热之中，平均寿命不满 40 岁。

中华人民共和国成立后，社会安定、人民的物质和文化生活水平不断提高，医疗条件得到逐步改善，人的寿命亦不断延长，1982 年人口普查计算，境内人口的平均期望寿命男性为 69.58 岁，女性为 75.74 岁。

1994 年，境内 70 岁以上老人 428 人，占总人口的 8.26%，90 岁以上老人有 10 人。其中欧桥村 70 岁以上老人 133 人，占全村总人口的 6.92% 人，90 岁以上长寿老人 3 人。1997 年境内 60 岁以上老年人数 651 人，70 岁以上高龄老人 419 人，分别占境内总人口的 12.75% 和 8.21%。其中欧桥村 60 岁以上老人 246 人，70 岁以上高龄老人 132 人，占全村总人口的 12.87% 和 6.91%。2002 年末，境内 90 岁以上长寿老人 18 人，其中欧桥村 7 人。2012 年，全村 70 岁以上高龄老人 598 人，90 岁以上长寿老人 23 人，分占全村总人口的 9.88‰ 和 0.38%，人均期望寿命 80.98 岁，其中男性 78.16 岁，女性 83.88 岁。2015 年末，全村 70 岁以上高龄老人 752 人，90 岁以上长寿老人 29 人（西旸社区 10 人，立新社区 9 人，欧桥社区 10 人），分别占全村总人口的 12.34% 和 0.47%，平均期望寿命可达 83 岁。

2015 年末欧桥村 90 周岁以上长寿老人一览表

表 2—16

序号	姓名	性别	出生日期	家庭住址
1	张翠云	女	1918 年 5 月 20 日	欧桥村立新 3 组
2	陆毛兴	男	1918 年 6 月 1 日	欧桥村立新 2 组
3	陈桂男	女	1918 年 9 月 27 日	欧桥村 16 组
4	仇大妹	女	1920 年 5 月 5 日	欧桥村 17 组
5	蔡小藕	女	1921 年 2 月 25 日	欧桥村立新 17 组
6	朱连保	女	1921 年 8 月 15 日	欧桥村 3 组
7	朱林英	女	1922 年 6 月 8 日	欧桥村东钱 55 组
8	黄金男	女	1922 年 6 月 21 日	欧桥村立新 19 组
9	朱法郎	女	1922 年 9 月 19 日	欧桥村 19 组
10	陈三男	女	1922 年 11 月 24 日	欧桥村前邹 50 组

续表2—16

序号	姓名	性别	出生日期	家庭住址
11	杨来保	女	1923 年 1 月 18 日	欧桥村塘西 44 组
12	蔡金男	女	1923 年 1 月 24 日	欧桥村立新 17 组
13	张小妹	女	1923 年 6 月 3 日	欧桥村立新 11 组
14	陆金元	男	1923 年 7 月 7 日	欧桥村 14 组
15	姚杏妹	女	1924 年 4 月 4 日	欧桥村立新 4 组
16	缪杏林	女	1924 年 4 月 8 日	欧桥村 1 组
17	褚金妹	女	1924 年 7 月 4 日	欧桥村立新 1 组
18	官二保	女	1924 年 8 月 5 日	欧桥村 9 组
19	时招云	女	1924 年 11 月 17 日	欧桥村塘六泾 56 组
20	陈大保	男	1925 年 3 月 12 日	欧桥村场角 42 组
21	马爱林	女	1925 年 3 月 12 日	欧桥村场角 42 组
22	张小妹	男	1925 年 4 月 19 日	欧桥村立新 3 组
23	钱和秀	女	1925 年 5 月 16 日	欧桥村 8 组
24	孟福林	男	1925 年 7 月 4 日	欧桥村东张 48 组
25	朱秀英	女	1925 年 7 月 12 日	欧桥村西钱 54 组
26	蔡翠保	女	1925 年 8 月 14 日	欧桥村 15 组
27	吴来保	女	1925 年 10 月 4 日	欧桥村油车 41 组
28	高洪标	男	1925 年 12 月 8 日	欧桥村 5 组
29	马珍妹	女	1925 年 12 月 26 日	欧桥村场角 42 组

第二章　姓氏宗族

第一节　姓氏

2015 年 8 月统计，境内户籍居民 1981 户，户主姓氏共有 82 个，其中张姓户有 199 个、陈姓户 175 个、徐姓户 111 个、陆姓户 103 个、王姓户 100 个，卓、赵、俞、叶、许等 15 个姓氏户仅为 1 户。是年末统计，境内在籍人口姓氏有 156 个，人数居前五位的是张姓 608 人、陈姓 562 人、徐姓 338 人、王姓 337 人、陆姓 336 人。柏、荆、卓等 36 个姓氏均为 1 人。

2015年8月欧桥村在籍户主姓氏一览表

表2-17

户口姓氏	户数	占总户数（%）	户口姓氏	户数	占总户数（%）
张	199	10.05	陈	175	8.83
徐	111	5.60	陆	103	5.20
王	100	5.05	朱	85	4.29
钱	81	4.09	杨	78	3.94
孟	56	2.83	周	56	2.83
马	54	2.73	蔡	42	2.12
刘	40	2.02	邹	40	2.02
瞿	32	1.62	韦	30	1.51
卢	27	1.36	缪	25	1.26
黄	21	1.06	侯	20	1.01
曹	19	0.96	吴	18	0.91
褚	17	0.86	高	17	0.86
姚	17	0.86	陶	16	0.81
祁	15	0.76	邓	13	0.66
时	12	0.61	辛	12	0.61
顾	11	0.56	管	10	0.50
颜	9	0.45	仇	8	0.40
温	8	0.40	谢	7	0.35
龚	6	0.30	唐	6	0.30
戴	5	0.25	方	5	0.25
宋	5	0.25	魏	5	0.25
胡	4	0.20	沈	4	0.20
奚	4	0.20	支	4	0.20
韩	3	0.15	季	3	0.15
倪	3	0.15	邱	3	0.15
邵	3	0.15	孙	3	0.15
尹	3	0.15	范	2	0.10
郭	2	0.10	蒋	2	0.10
潘	2	0.10	秦	2	0.10
苏	2	0.10	田	2	0.10

续表 2—17

户口姓氏	户数	占总户数（%）	户口姓氏	户数	占总户数（%）
严	2	0.10	殷	2	0.10
郁	2	0.10	袁	2	0.10
章	2	0.10	成	1	0.05
丁	1	0.05	董	1	0.05
戈	1	0.05	吉	1	0.05
吕	1	0.05	庞	1	0.05
浦	1	0.05	石	1	0.05
司马	1	0.05	许	1	0.05
叶	1	0.05	俞	1	0.05
赵	1	0.05	卓	1	0.05

2015 年末欧桥村在籍人口姓氏一览表

表 2—18

单位：人

姓氏	人数	姓氏	人数	姓氏	人数	姓氏	人数	姓氏	人数
张	608	陈	562	徐	338	王	337	陆	336
朱	286	钱	277	杨	257	李	196	周	181
孟	171	马	170	蔡	136	邹	132	刘	128
卢	118	翟	94	韦	92	吴	86	缪	83
黄	75	曹	64	陶	62	高	61	侯	61
褚	57	姚	52	祁	46	顾	44	邓	43
仇	41	时	40	唐	34	胡	29	谢	28
辛	26	邵	25	金	24	温	24	颜	24
管	23	方	22	季	22	龚	21	宋	20
魏	20	沈	19	赵	19	戴	18	吉	18
苏	18	田	15	孙	14	奚	14	邱	13
蒋	12	许	12	支	12	倪	11	殷	11
秦	10	汪	10	夏	10	尹	10	郭	9
隆	9	叶	9	丁	8	潘	8	严	8
袁	8	郑	8	成	7	薛	7	俞	7
章	7	卞	6	韩	6	谭	6	范	5
毛	5	庞	5	肖	5	崔	4	冯	4
何	4	施	4	董	3	付	3	戈	3

续表2—18

姓氏	人数	姓氏	人数	姓氏	人数	姓氏	人数	姓氏	人数
林	3	吕	3	浦	3	任	3	宣	3
余	3	窦	2	杜	2	郜	2	华	2
纪	2	焦	2	柯	2	廖	2	罗	2
欧	2	彭	2	屈	2	冉	2	申	2
盛	2	石	2	司马	2	汤	2	万	2
相	2	郁	2	宗	2	祖	2	左	2
柏	1	鲍	1	苍	1	查	1	谌	1
池	1	段	1	耿	1	巩	1	官	1
杭	1	环	1	惠	1	姜	1	荆	1
蓝	1	鲁	1	路	1	茅	1	平	1
乔	1	阮	1	沙	1	史	1	卫	1
翁	1	项	1	邢	1	熊	1	于	1
虞	1	仄	1	曾	1	掌	1	庄	1
卓	1	—	—	—	—	—	—	—	—

第二节　宗谱

　　明清年间，境内陈氏、蔡氏、张氏、杨氏均为大族，其宗族宗谱资料大部分失传，唯西阳陈氏尚存家谱在常熟博物馆。欧桥南杨近编录当代杨氏世系表。

　　河西陈氏家乘　南宋嘉定年间（1208～1224）始修。明正德十二年（1517）进士、元大九世孙陈逅辑。逅孙以诚，曾孙宿枢崇祯间（1628～1644）累修，玄孙煌图同煌猷重修八卷。六世孙祖范、宗颖，七世孙绍登续修。裔孙清乾隆三十八年（1773）进士陈桂森同仁景再修。原有 10 卷，现存 7 卷，木活字本。常熟博物馆保存，破损。

　　西阳陈氏家乘　据《海虞艺文目录》载，清康熙年间（1662～1722），元大十四世孙、陈氏西阳派港西支瑞草村陈道编辑。

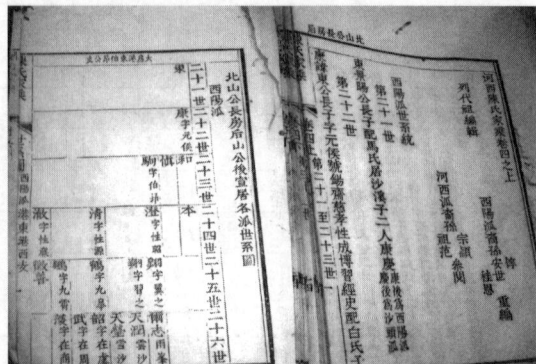

河西陈氏家乘（2008 年）

　　西阳陈氏世系　清康熙年间（1662～1722），元大十五世孙陈安世和元大十六世孙、康熙五十三年

（1714）举人陈桂恩同编，该宗谱入《河西陈氏家乘》卷四。

第三节 望族

西旸陈氏 虞始祖推宋朝北山先生陈元大（第十六世，进士）居浙江温州。元朝中北山公长房后裔东景旸（长子，第二十一世）配马氏，居太仓县沙溪。其长子康，字元侯，第二十二世，为西旸派。故东景旸公为西旸等五派之祖。西旸派陈氏可分港东、港西两支，分居西旸港东西两侧。清康熙年间，陈道（字我庵，元大十四世孙）编辑《西阳陈氏家乘》。乾隆年间，陈安世（诸生，元大十五世孙）与再从兄惇从子桂恩（进士，元大十六世孙）同编《西阳陈氏世系》。

清朝年间，主要人物：

陈桂恩 字亦济，元大十六世孙（西阳派第三十一世）。清康熙五十三年（1714）中举。乾隆元年（1736）登进士，授华亭教谕。

陈士林 字杏村，元大十六世孙（西阳派第三十一世），清乾隆二十一年（1756）中举，乾隆二十二年（1757）丁丑科第四十七名进士，先后任贵州瓮安、永安、施秉知县。

陈桂森 字和叔，号耕岩，元大十六世孙（西阳派第三十一世）。清乾隆二十四年（1759）中举，乾隆三十一年（1766）登进士，迁庶吉士，授编修，转史科给事中，擢光禄少卿，历太常少卿，迁大理寺少卿。其"一为正考官，三为同考官，两为学政，巡城，巡仓者一，巡漕者再"。

陈士懋 字素庸，西阳里人，古灵先生之后，幼孤，事母至孝。母病，倭寇大至，侍汤药不肯离左右，倭感其孝而去之。里人把其所居之堂曰：孝感堂。他以耕读为本，德冠乡间，列名上闻，有彰服之旌。

第三章 方言风俗

第一节 地方语言

境内民众广泛应用吴语方言、虞西语种。本章主要收录歇后语和谚语。至于口语方言、俗语方言和称谓方言内容繁多，而且人们在社会交往中经常广泛应用，这里不作收录。

一、歇后语

香火人赶脱和尚——喧宾夺主。

癞痢头儿子——自己的好。

江西人钉碗——自顾自。

三亩竹园出只笋芽芽——独子（枝）。

毛豆子烧豆腐——一块土上人。

四金刚腾云——悬空八只脚。

十五只吊桶打水——七上八下。

和尚讨老婆——无望。

黄鼠狼躲勒独木桥上——来去不得。

豁嘴拖鼻涕——顺路。

石头上掼乌龟——硬碰硬。

墙头上刷白水——白说（刷）白活（户）。

守门神看落雨——眼见水滴。

外甥携灯笼——照旧（舅）。

额骨上搁扁担——头挑（第一名）。

船头上跑马——走投无路。

泥菩萨过河——自身难保。

棉絮里尖刀——软凶。

隔年蚊子——老口。

贼跌屎坑里——瀸杀。

老鼠钻在风箱里——两头受气。

芦席上爬到地上——相差不多。

弥陀上贴膏药——服（佛）贴。

橄榄核垫台脚——活里活络。

牛吃稻柴鸭吃谷——各人修的福。

针尖对麦芒——针锋相对。

弄堂里拔木头——直来直去。

麻袋里野菱——朝外戳。

六十岁学吹打——气头短。

眼线头上戳芝麻——勿容易。

鼻头上挂鲞鱼——休（嗅）想（鲞）。

小癫子撑阳伞——无法（发）无天。

老和尚念经——句句真言。

小和尚念经——有口无心。

驼子跌倒——两头勿着实。

脚炉盖当眼镜——看穿。

年初一捉狗屎——独畅畅。

马兰头开花——老俏。

肉骨头敲鼓——昏（荤）咚咚。

大葱烧豆腐——一清二白。

蛇吃黄鳝——进煞。

黄鼠狼拜鸡——不怀好意。

牯牛身上拔根毛——不在乎。

蜻蜓吃尾巴——自吃自。

姜太公钓鱼——愿者上钩。

牙齿当家沿石——说话算数。

青竹头掏屎坑——越掏越臭。

狗捉老鼠——多管闲事。

秀才碰着兵——有理说不清。

两个哑巴睏在一头——无话商量。

芝麻里夹一粒黄豆——独大。

瞎子吃馄饨——肚里有数。

蟋蟀跳勒等盘里——自称。

老猪婆屙屎屙勒石槽里——自害自。

城外头开米行——外行。

石灰船上火着——无救。

风吹杨树头——两面三倒。

千里送鹅毛——礼轻情义重。

瞎子打秤——勿在心（星）上。

歪嘴吹喇叭——一团邪气。

老虎头上拍苍蝇——碰不得。

荒田里施大刀——杀野。

隔年瘤疽——老腔（疮）。

捏骨头算命——摸煞不清（动作慢）。

朱四官吃潮烟——连一连。

秃头做和尚——巧头。

老王卖西瓜——自卖自夸。

老鼠牙（咬）砚台——白撂累一张嘴。

蚂蟥叮住螺蛳骨——死不放松。

孔夫子搬家——一定是书（输）。

鳗鱼跌勒汤罐里——曲死。

顶只石臼做戏——吃力不讨好。

麻雀搜糠——空欢喜。

哑巴吃黄连——有苦说不出。

三婶婶嫁人——心不定。

飞机上挂热水瓶——高水平。

老太婆吃豆腐——有嚼无嚼。

关云长卖豆腐——人硬货不硬。

黄连树下弹琴——苦中作乐。

黄阿婆上门做媒人——三真七假。

竹篮子打水——一场空。

嘴上贴封皮——闷声。

脱裤子放屁——多此一举。

棺材里伸出小手——死要。

屁股里夹镰刀——作（割）死（屎）。

飞机上钓蟹——悬空八只脚。

壁洞里吹喇叭——响在外头。

鸡蛋里挑骨头——没事找事或寻事。

月半夜里暗星——老天作梗。

鹁乌戴帽子——出张嘴。

烟囱管里挂扎勾——吊火。

老鸡婆生疮——毛里有病。

老寿星唱曲子——老八老调。

张天师碰着鬼迷——有法没施处。

热水瓶里放盐——水平有限（盐）。

戴了凉帽亲嘴——还差一段。

笼糠搓绳——难起头。

反贴门神——勿照面。

宣兴钵头虽有大小——一套里货色。

念经断脱木鱼杆——歇搁。

蛐蟮翻跟斗——直勿起腰。

扛了空棺材出丧——目（木）中无人。

六月里着棉鞋——好日（热）脚。

小孩子吃泡泡糖——吞吞吐吐。

阎王老爷贴告示——鬼话连篇。

猪鼻孔里插大葱——装象。

严嵩庆寿——照单全收。

石灰店里买眼药——走错门道。

狗头上生角——装模作样（羊）。

门缝缝里看人——把人看扁。

屋檐下的水落管——受累（漏）。

二、谚　语

农事谚语

逢春落雨到清明。

种早不慌，起早不忙。

稻棉勿识爹和娘，功夫到家自会强。

头莳黄秧二莳豆，三莳里头种赤豆。

春雨贵如油，滴滴不白流。

三年不选种，产量要落空。

冬季浇河泥，肥田若盖被。

莳秧六棵，毛病最多。

六月不热，五谷勿结。

寸麦不怕尺水，尺麦倒怕寸水。

雨打黄梅头，小麦逐个推。

种麦敲镗锣，割麦倒杆稞。

麦怕清明日日雨，稻怕寒露一朝霜。

娘好囡好，秧好稻好。

只有懒人吭懒地，黄金出在泥土里。

四月初八一夜雨，小麦要变鬼。

六月风潮，稻像油浇，七月风潮，稻像
　　火烧。

生意人勿离店面，种田人勿离田头。

昏咚咚，六月初三浸稻种种（指太迟）。

三月清明秧如草，二月清明秧如宝。

（黄梅播种）一日早，十日追勿着。

秋前勿搁稻，秋后喊懊恼。

闰年不种十月麦。

稻耥三遍谷满仓，棉锄七遍白如霜。

干锄棉花桃铃多，湿锄芝麻结子好。

豆削三遍，秋后满仓。

种田三样宝，猪灰、河泥、红花草。

稻靠河泥麦靠粪，黄豆无灰收勿成。

无肥荒一年，有草荒三年。

谷雨前后，种瓜种豆。

寒露无青稻，霜降一齐倒。

麦要压根，稻要挖空，棉要壅土。

麦秀风来摆，稻秀雨来淋。

小雪大雪种麦歇歇。

人在房里热得跳，稻在田里热得笑。

种田三分种，七分管。

放债勿如养老稻。

姐在房里热得跳，稻在田里热得笑。

开店独行，种田合帮。

种田无取巧，只要功夫到。

高乡人怕迎黄梅，低乡人怕送三莳。

雨打秧田泥，秧苗出勿齐。

小暑莳秧大暑稻，三石一亩稳当当。

稻熟三朝，麦熟一时。

三月清明麦勿秀，二月清明麦秀齐。

下部结铃靠光照，上部结铃靠劲道。

一熟红花草，三年田脚好。

清明种玉米，小满种山芋。

养了三年蚀本猪，田里壮得勿得知。

三耕六耙九锄田，一熟收成抵一年。

过了惊蛰节，春耕不停歇。

麦熟一晌，龙口夺粮。

小熟要抢，大熟要养。

气象谚语

霜下南风一日晴。

春天不烂路，雨过就行程。

东忽忽西忽忽，地上干卜卜。

落得早不湿草，落得晚，一直落到天明
　　吃中饭。

春二三月冷落，秋季八月热落。

早雾晴，晚雾阴，迷路不散就是雨。

雨落黄梅脚，灌水车断黄牛脚。

小处一声雷，倒转大黄梅。

春雾日出夏雾雨，秋雾西风冬雾雪。

东天阵头一吓，落起雨来一尺。

云状无角雷雨落，云状有角无霜落。

发尽桃花水，心定旱黄梅。

西风腰里硬，西风隔夜静。

清明断雪，谷雨断霜。

小处生雷，谷扬三堆（稻谷欠收）。

燕子低飞有雨到，蜜蜂早出天气好。

莳里东南，雨落阵阵。

蛐蟮唱山歌，有雨不会多。

咸菜缸里翻泡泡，大雨落勿光。

东南阵，经过落三寸。

莳里寒，没竹竿。

初五夜头日月星，路上灰尘随风行。

莳里东北风，老鼠要上屋（多雨）。

伏里东风海底干，伏里西风海里满。

九月南风连夜雨，十月南风干到底。

东鲎（虹）轰隆西鲎（虹）雨。

鲎（虹）高日头低，早晚披蓑衣，鲎低
　日头高，明朝晒断腰（高温）。

六月初三做一阵，连做七十二个夜夜阵。

朝看东南，夜看西北。

卷云对东干洞洞，卷云对西披蓑衣。

十七、十八倒墙雨，二十、廿一分龙
　雨，廿二、廿三回龙雨。

蚂蚁作坝要落雨。

寒冬水枯，夏天水漕。

花开花谢满园香，桂花时节阴凉凉。

日出胭脂红，勿落雨，定起风。

中午太阳现一现，一定没有大好天。

久雨西风晴，久晴西风雨。

春阴如见冰，雪落才会晴。

九月南风吹火着，十月南风连夜雨。

十月无风讯，九月廿五得个病。

三朝迷露发西风，若无西风雨不空。

旱九水三春，水九旱三春。

冬至西南百日阴，半晴半雨到清明。

九里恶冷，伏里恶热。

头九暖，二九寒，三九冻得牵索钻。

朝看青山色，晚看日落霞。

冬至西北风，来年干一春。

桃花落勒泥浆里，掼麦掼在蓬尘里。

小满日头，晒开石头。

台风到，知了树上叫。

初五夜头湾月伴，大雨一直落到本月半。

梅里西风莳里雨。

东北风，雨祖宗。

五月南风水连天，六月南风海底干。

黄梅寒，井底干。

上看初二、三，下看十五、六。

日晕三更雨，月晕午时风。

朝霞不出门，晚霞行千里。

日出猫儿眼，雨落不到夜。

三时三送，低乡人家白弄（有水灾）。

银桂金桂同时开，菊花芙蓉遇旱灾。

雨过西风勿得晴，转过风来就要阴。

日枷风，夜枷雨。

廿九落雨初一晴，久旱无雨满天星。

白露身弗露，防寒不能松。

霜过暖，雪过寒。

乌头风，白头雨。

乌云接日头，半夜里头雨随随。

腊月暖，六月旱。

霜下南风一日晴，第二天必然雨淋淋。

松树新叶吐，隔日有雨淋。

干净冬至邋遢年，邋遢冬至干净年。

头九雪花飞，九九鹁鸪啼（春来早）。

日出猫儿眼，雨落不到晚。

未蛰先蛰，四十五天阴湿。

杨花落勒蓬尘里，掼麦掼在泥浆里。

芒种火烧天，夏至雨绵绵。

伏里西北风，腊里船不通（结冰）。

立冬无雨一冬干。

开门落一歇，关门落一夜。

春分秋分，昼夜平分。

白天最短冬至日。

大暑小暑不是暑，立秋处暑正当暑。

小暑南风十八朝，吹得南山竹也焦。

久雨现星光，明朝雨更旺。

白天最长夏至日。

重阳有雾一冬晴。

生活谚语

打蚀了手臂朝里弯。

公要馄饨婆要面。

芝麻娘舅舅，黄豆大外甥。

虾痴疯，蟹滚脓，蟛蜞吃了光同同。

青胖牛屎勿壮，堂娘娘说话不当。

三月廿八老架架，十八只白马跑快快。

门前系只高头马，勿是亲来也是亲。

拼死吃河豚，怕死吃芦根。

起早碰着隔夜人。

山歌好听口难开，白米饭好吃田难种，
　鲜鱼汤好尝网难张。

今年巴望明年好，明年仍是一件破棉袄。

开出门来七件事，手里无钱伤心事。

马屁拍勒马脚上。

敲锣卖糖，各值一行。

和尚道士夜来忙。

新箍马桶三日香。

船到河直，办事分清是非曲直。

雷声大，雨点小。

日里做搭脚，夜里追勿着。

黑铁黑塌，吃俚勿煞。

大勿当心小勿管。

野鸡毛当令箭，像煞有介事。

要么楼上楼，要么楼下搬砖头。

老大多只驶翻船。

鼻头上的肉，拉勿到嘴里。

小洞不补，大洞吃苦。

十句九丢落，一句勿着落。

丝瓜缠勒茄门里，拎勿清。

嘴里吐出莲花来，腰里拔出尖刀来。

草屋上装婆鸡搜头。

生就皮毛注就骨。

十网九网空，一网活龙动。

宁买不值，勿买吃脱。

白天勿做亏心事，半夜敲门心勿惊。

从小看看，到老一半。

门前系了破蓑衣，嫡亲娘舅也陌生。

吃遭苦，学趋乖。

经造连地方，汁水呒落放。

越吃越馋，越歇越懒。

千穿万穿，马屁勿穿。

猪头肉三勿精。

浑水勿落外浜里。

火到猪头烂，火功要到家。

说人话人，勿如别人。

快船过桥，直苗苗。

得着风，就扯篷。

眉毛胡子一把抓。

若要俏，冷得肮狗叫。

大勿算，小要钻。

横竖横，拆牛棚。

一只碗不响，二只碗叮当。

天要落雨，娘要嫁人。

心慌吃勿得热粥。

一出孟姜一出戏。

死马当做活马骑。

船头上相骂，船艄上搭话。

看不见遮一层，跑不动拖一根。

强盗发善心，真难得。

歪里十八条，条条站勿牢。

有钱一日办，呒钱日朝喊。

无债一身轻，干起活来也有劲。

油干灯草尽，枣子吃干净。

蛳螺壳里做道场。

赊三千，不如现八百。

丑戏多锣鼓，丑人多说话。

一年之计在于春，一日之计在于晨。

人老嚼舌根，鸡老搜壁根。

死猫活贼，不可不防。

牛头勿对马嘴。

家丑不可外扬。

丈母看女婿，越看越有趣。

到啥山，砟啥柴。

河水宽，井水满。

急急疯，碰着慢郎中。

有理无理，出勒众人口里。

勿怕勿识货，只怕货比货。

乡下小夫妻，一步不脱离。

乡邻好，胜金宝。

六十六烧火不发禄。

一张嘴两层皮，翻来翻去全是理。

救人救个落坑狗，回过头来咬一口。

落雪落雨狗欢喜，麻雀肚里一包气。

媳妇多则婆烧饭，倪子多则爷挑担。

身上着得软披披，家里呒有夜饭米。

肚皮吃得青筋起，不管爷娘死不死。

宁跟讨饭的娘，勿跟做官的爷。

送佛送到西天，摆渡摆到江边。

做贼偷葱起，赌钱叮叮起。

看人挑担勿吃力，自家挑担步步歇。

十月工，梳头吃饭当一工。

猪眠长肉，人眠拆屋。

槽栌大的水花，扇子大的尾巴，撩起一
　　只糠虾。

坐吃山塌，海要空。

油一路，水一路，勿搭尬。

只见有楼梯响，勿见人下来。

爹有娘有，不如自有。

死要面子活受罪。

债多不愁，虱多不痒。

狗搭坑缸罚誓，本性难改。

三角黄石，摆不平。

远水救不了近火。

破扫帚对额畚箕。

跟好道，学好样。

亲兄弟，明算账。

明枪好躲，暗箭难防。

吃食看来方，着衣看门面。

秀才碰着兵，有理说勿清。

牙齿稀伶仃，专想吃别人。

人老珠黄不值钱。

面黄昏，粥半夜，番瓜吃了饿一夜。

三个臭皮匠，顶个诸葛亮。

一日两顿粥，门面不可索（散）。

人要脸皮，树要树皮。

三百六十行，行行出状元。

番瓜老了甜，人老了要死。

千里送鹅毛，礼轻情义重。

平时勿烧香，急来抱佛脚。

讨饭三年，做官呒心相。

敲脱牙齿往自肚里咽，有苦说勿出。

狗咬吕洞宾，不识好人心。

筷子上出忤逆，棒头上出孝子。

天大官司勿关，手里无钱难办。

猢狲骑绵羊，像煞有介事。

瓜熟蒂脱，势在必行。

命里注定煨行灶，砌只烟囱勿出烟。

家有两行，必有一荒。

大寒总有几天冷，后生总有几年犟。

村中有个好嫂嫂，一巷姑娘全学好。

村中有个狐狸精，村前村后勿太平。

黄毛丫头十八变，临临上轿变三变。

善有善报，恶有恶报，为啥勿报，时
辰勿到。

雇工雇则三年半，仍旧一根潮烟管。

人情就是债，赖脱人情勿是人。

狗搭坑缸发咒，言而无信。

头鲜鲜，尾巴蔫。

一只手锅揿两个人，公平交易。

吃饭防噎，走路防跌。

家无主，扫帚顶倒竖。

钱是身外之物，生不带来，死不带去。

为官一任，造福一方。

水能行舟，又能覆舟。人能资政，又能翻天。

坐得正，立得直，勿怕和尚尼姑合板凳。

人多力量大，柴多火焰高。

少壮不努力，老大徒伤悲。

种田不着一熟，讨老婆不着一世。

只要功夫深，铁棒磨成针。

人情勿趋利，一礼还一礼。

油嘴郎中卖假药。

城头上出棺材，远兜远转。

我吃别人吃出汗来，别人吃我急出汗来。

眼泪簌落落，两头掉勿落。

戏法人人会变，巧妙各不相同。

心慌吃勿得热粥，骑马看勿得"三国"。

做官一阵子，做人一辈子。

金碑、银碑、不如民众口碑。

民以食为天，国以民为天。

第二节　民间习俗

一、传统节日

春节　春节历史悠久，它起源于殷商时期，年头、岁尾举行喜庆活动。辛亥革命后，才将农历正月初一定名春节，是日，子时始至清晨，家家户户都要放开门鞭炮或放礼花，祝新岁开门喜庆。早饭都要吃汤圆或团圆，象征全家和睦团圆，甜美幸福。接着阖家或派代表到附近庙宇去烧香，老年人进茶馆喝橄榄茶。当天男女老少穿戴一新，象征万象更新。是日全天不向外泼水，表示财水不外流。晚饭都要吃馄饨，俗称兜财馄饨，祈求发财致富。晚饭过后，关门时也要放鞭炮或放礼花，以示在新的一年里，天天吉庆祥和。新年里家家户户都要贴春联，走亲访友，表示人际和顺，促进友谊。

中华人民共和国成立后，政务院规定放假 3 天。80 年代改革开放后，国务院规定将两个双休日调休后，共放假 7 天。春节前，欧桥村要开展拥军优属等活动，并慰问贫困农户。

财神生日　农历正月初五为财神生日。财神，即赵公元帅，是民间崇拜发财致富的偶像。旧时，农历初四深夜，本地老板或个体户都要举行接财神的仪式，供桌上摆好三牲（鸡、鲤鱼、猪头），放鞭炮或放礼花，老板恭拜财神三次后，祈祷新的一年里能广开财路，发财致富。20世纪80年代，在经济大潮年代里，当地农历初五早晨，家家户户都要放鞭炮或放礼花接财神，祈求家里能交好运，财运亨通。

元宵节　农历正月十五为"上元"，上元之夜称"元夜"，又称"元宵"，这是从道教中借来的说法。相传元宵节的形式与汉文帝即位称帝有关，公元前179年大将周勃戡平"诸吕之乱"，拥立刘恒为帝，平乱之日刚好正月十五日，所以汉文帝下旨每逢正月十五日要张灯结彩与民同乐，举国同庆。元宵节风俗就此形成。这天夜饭家家户户要吃汤圆或馄饨（俗称兜财馄饨）。旧时，当地要烧田角，以祈求驱除田怪，来年丰收；还有举行扛门白娘娘、调花灯等活动。近年来，欧桥大多数人在家收看中央台电视节目"元宵晚会"，共享天伦之乐。

二月二　农历二月初二，天气渐暖，经过冬眠的动物开始出来活动。有农谚："二月二，蛇虫百脚全下地"。民间有旧俗，以白纸书写："二月二诸虫蚂蚁直下地"。贴在床脚、台脚、凳脚上，可防虫蚁爬上来咬人。此日，民间习俗吃"撑腰糕"，可健身体，强筋骨，腰不痛，腿不瘸。该日有的人家为小儿剃头，据说可不生疱疖，防止"疰夏"。

清明节　公历每年4月4日或4月5日为清明节。本地有"新清明"、"老清明"之分。"新清明"是指家里有新亡者（已满100日），要连续三年在清明节当天祭祀亡灵；"老清明"在清明节前后10天左右任选一天祭祀祖宗。民间素有清明节扫墓的习俗，向先人敬献鲜花，以示晚辈对先人的缅怀、表达悼念之情。

立夏日　公历每年5月5～6日是24节气中的立夏。立夏见"三鲜"：水中三鲜为鲥鱼、鲚鱼、白虾；树上三鲜为梅子、樱桃、枇杷；地上三鲜为蚕豆、竹笋、茅针。立夏日，民间有吃草头（苜蓿）摊面衣和吃咸鸭蛋的习俗；还有称人体重的习俗，据说这样做可以避免"疰夏"，确保身体健康。

端午节　农历每年五月五日是"五"逢双，故称"端午"，镇村还常举行包粽子比赛。家家户户都要裹粽子，有咸肉粽、鲜肉粽、赤豆粽子、火腿粽、白米粽等。这是相传为纪念楚国诗人屈原投江殉国而流传下来的民风习俗。是日，国务院规定放假1天。当地各家各户将大蒜头、蓬头草、菖蒲等扎在一起，悬于门上、床头，传说这样可以避邪驱鬼；还有用雄黄酒擦在小孩的额部、耳部、手心足心等部位，这样可以防毒虫叮咬。

六月廿四祀灶节　农历每年六月二十四是祀灶节。是日，民间有祭祀灶神，吃米团子的习俗。是月，有的人家在六月四日、十四日、二十四日三次祭祀灶神，以祈求灶神老爷对全家人的保佑和宽容，寄托人们对家庭和美，人际和顺，幸福安康的愿望。

七夕　农历每年七月七日为"七巧节"，又称"乞巧节"。相传是牛郎、织女在天河（银河）上鹊桥相会之日，民间有吃油氽巧果、女人染指甲、制作小泥人（女人求子希望怀孕）的习俗。同时"七夕"又是夫妻之间表达爱意的日子，希望养子成龙、养女成凤。并祈祷小孩聪明伶俐，学业进步，长大成人后成婚顺利，婚姻美满幸福。

中元节　农历每年七月十五日为中元节，俗称"鬼节"。据传阎王在七月十三夜"鬼放监"，至七月十七日假止。当地人家门上、墙上、窗户上都要挂桃树枝，以示压邪驱鬼，求太平安康。农历七月十四日，家里有新亡者（已满100日），要连续3年祭祀亡灵；一般人家在七月十五前后十天，选择任何一天祭祀祖宗，俗称"过七月半"，以示对祖宗的敬重和怀念。

中秋节　农历每年八月十五日，即人们常说的"八月半"，这天介于秋季之中，故名中秋节。明代《西湖游览志余》中说："八月十五谓中秋，民间以月饼相送，取团圆之意。"中国传统风俗中秋团圆节由此而来。是日，民间有吃月饼的习俗。传说，元末汉族人统一时间里"杀鞑子"。是日，民众有吃糖烧芋艿的习俗。中秋节晚上，家家户户在灶边，庭院中要供奉香火，点燃蜡烛，供奉月饼、菱藕、水果等供品，斋祭月宫中的嫦娥。

在中秋佳节之际，民间有以月饼馈赠亲友、长辈的习俗。近年来，欧桥村在中秋节向高龄老人赠送月饼。

重阳节　农历每年九月九日，为重阳节。相传汉初刘邦在宫中每年九月九日都要佩戴茱萸，食蓬饵，饮菊花酒，以求长寿。以后，刘邦的爱妃戚夫人被吕后残害后，她的近身宫女贾玲也被逐出宫廷。贾玲就将这一习俗传到了民间。每年重阳节，民间百姓都要佩戴茱萸，饮菊花酒，登高望远，这样可以避祸、驱邪。老年人可以延年益寿，解除凶秽，以招吉祥。民间有登高、吃重阳糕的习俗。

1988年起，国务院把重阳节定为"老年节"，以示对老人的尊敬。欧桥村民委员会每年此时向高龄老人慰问，赠送现金。

腊八节　农历每年十二月称腊月，十二月初八俗称腊八。相传是日为释迦牟尼成道之日。民间有用白米加上山芋、芋艿、豆类、百合、瓜子肉、枣等煮成粥的习俗，称"腊八粥"。

送灶日　农历每年十二月二十四日，本地有送灶神上天堂的习俗。传说灶神在人间执差一年，每年十二月二十四日夜要回天堂向玉帝述职。该日，民间家家户户都要准备好团子、饴糖、水果等祭品，这种风俗代代相传。是日黄昏，先在灶上供奉灶神，焚香点烛，放好水果、团子、酒、茶、纸马等贡品。祭祀完毕，放鞭炮，焚烧纸马，香烛等送灶神上天堂。本地家家户户都要吃米粉团子，以祈求来年交好运，全家人和睦团圆。

除夕　农历每年十二月三十日（小月二十九日）是一年中最后一天，俗称"大年夜"，又称"除夕"。除夕前一天，俗称"小年夜"，又称"小除夕"。年前各家各户办年货，蒸年糕，蒸馒头，以祈求来年高升大发。家家户户都要过年，祭祀祖宗；然后阖家团聚吃年夜饭。餐桌上除丰盛的荤菜外，必备一碗豆芽菜和长梗青菜，以祈求全家人来年头脑清醒（有青头）和长命百岁。年夜饭内都要放些黄豆（一切从头开始），剩余的饭盛在饭篮里，放在中堂里，插上冬青柏枝，以祈求年年有余；吃过年夜饭后，长辈持红包给儿孙们发压岁钱，以祈求晚辈身体健康，年年长进。家家户户都要炒花生、炒瓜子、炒发芽豆等，此谓之炒发禄，以祈求发大财。同时在大门口两侧都要竖甘蔗，以祈求来年节节高。当天晚上家家户户都要放关门鞭炮或放礼花，以示辞旧岁，迎新年。除夕守年岁是最重要的习俗，魏晋史书上就有记载：除夕夜，阖家老小熬年守岁，共享天伦之乐。改革开放以来，本地大多数人家围在电视机前看中央台春节联欢晚会。

二、新节日

元旦 1949年9月27日，中国人民政治协商会议第一届全体会议决议："中华人民共和国纪年采用公元纪年法"。公历纪年规定1月1日为元旦。1950年，政务院规定法定假日1天。是日，机关、学校、工厂均要放假。本地有探亲、访友、参加娱乐活动习俗。

"三八"国际劳动妇女节 公历每年3月8日为国际劳动妇女节。1909年3月8日，美国芝加哥女工和全国纺织、服装业工人，联合举行示威游行和罢工，要求增加工资，实行八小时工作制，妇女获得选举权等，得到美国和世界劳动妇女的支持和响应。1910年8月，在丹麦首都哥本哈根召开第二届国际社会主义妇女大会上，根据主持领导克拉拉的提议，决定每年3月8日为"国际劳动妇女节"。是日，由镇或村妇联组织各界劳动妇女代表集会，举办表彰、演讲、座谈会等，进行革命传统教育和计划生育、优生优育等宣传教育活动。

植树节 1979年2月，第五届全国人大常委会第六次会议决定，公历每年3月12日为植树节。是日，境内干部群众开展义务植树活动。

"五一"国际劳动节 公历每年5月1日为国际劳动节。1889年7月14日，由各国马克思主义者召集的社会主义者代表大会，在法国巴黎开幕。在这次会上，法国代表拉文提议：把1886年5月1日美国工人争取八小时工作制的斗争日，定为国际无产阶级的共同节日，与会代表一致同意通过，从此"五一"国际劳动节就诞生了。1950年，政务院法定假为1天。1999年9月，国务院出台法定休假制度。每年"五一"法定节日加上调休，放假7天。2008年开始，调整为3天。机关、学校、工厂均要放假。境内各单位均要挂灯结彩，悬挂国旗、贴标语，增加喜庆气氛。近年来，境内村民利用"五一"长假自发组织短途旅游。

"五四"青年节 公历每年5月4日为青年节。1919年北平学生发起"五四"爱国主义运动。1949年12月，政务院正式规定5月4日为中国青年节。是日，欧桥村团总支在镇团委指导下，均要举行纪念活动或组织团员青年开展社会公益活动。

"七一"中国共产党诞生纪念日　公历每年7月1日为中国共产党诞生纪念日。1921年7月22日各地共产主义小组派出代表到上海召开中国共产党第一次代表大会。后因被帝国主义密探发觉，会议立即转移到浙江嘉兴南湖的一只船上继续进行，会上选举产生了党的中央领导机构和通过了中国共产党的纲领等文件，中国共产党就此诞生。1949年中共中央决定：7月1日为中国共产党的生日。本地一般要召开党员大会，开展表彰先进或新党员宣誓等活动。

"八一"中国人民解放军建军节　公历每年8月1日是中国人民解放军建军节。1927年7月31～8月1日，周恩来、朱德、贺龙等人领导和发动了南昌起义，这标志着中国共产党独立领导武装革命的开始。1950年7月，中央人民政府规定8月1日为建军节。是日，凡是有驻军的地方都要举行军民联欢活动。欧桥村干部群众配合上级人武部门和民政办开展拥军优属活动或召开拥军优属座谈会。

"九月十日"教师节　1984年12月9日，北京师范大学校长王梓坤最早创意开展尊师重教月活动。是年12月15日，北师大钟敬文、王梓坤、陶大镛、启功、黄济、朱智贤、赵擎寰等七位教授联名写信给国务院，建议正式设立教师节。1985年1月21日，第六届全国人大常委会第九次会议作出决定，将每年9月10日定为教师节。是日，本地要开展尊师重教活动和尊师爱生活动。欧桥村10多位退休教师赴母校参加活动。

"十一"国庆节　公历每年10月1日为中华人民共和国国庆节。1949年9月27日，中国人民政治协商会议第一届第一次全体会议上决定把每年10月1日定为国庆节。1949年10月1日毛泽东在天安门城楼上庄严宣告中华人民共和国成立。这是中国人经过100多年英勇奋斗，特别是在中国共产党领导下，人民革命取得了伟大胜利，才迎来了新中国的诞生。1950年政务院规定放假2天，1999年国务院改为放假3天。是日，机关、学校、企业等单位都要举行升国旗仪式，悬挂彩旗、标语、横幅，举行各种形式的庆祝活动。部分村民利用假期外出旅游。

三、婚嫁喜庆

定亲　定亲又名"订婚"。双方择定吉日，男方要送"彩礼"，俗称"掸头"。这种习俗从旧时一直相延迄今。女方收受现金、首饰、布料等彩礼，并退回少部分礼品，俗称"回礼"。彩礼多少，各家视经济实力而商定，没有统一标准。

结婚　结婚，俗称"好日"。当地结婚办喜事，男女双方都要讲排场，特别是男方，要大摆酒席。迎接程序，一般是中午男方请媒人（介绍人）入席宴请；下午媒人领了一帮人到女方抬嫁妆；新郎从上首入宅迎亲，女方在家设宴招待新郎；傍晚新娘上花轿出嫁。新娘起轿时，新娘的母亲要把事前准备的一盆清水泼在轿后，表示"嫁出囡，泼出水"。花轿进入男方家宅时，要鸣炮奏乐。接新娘进房略事休息后，随即拜堂，再由伴娘领叫公婆、长辈并收受"见面礼"。然后在客堂中"待舅爷"和"待新娘"。酒席结束后，还要闹新房，直到半夜。

新中国成立后，男女双方结婚前要到民政部门办理结婚登记手续，领取结婚证，然后选定吉日，再举行婚礼。其中"坐花轿"、"拜堂仪式"和"泼出水"等习俗早已取消。增加了用汽车装嫁妆和用小汽车接新娘的排场。也有的婚事简办，采用旅游结婚、举行集体婚礼等新方式，在亲戚、朋友、同事、邻里间发喜糖和香烟就了事，此举本地少见。

回门　结婚第二天或第三天，新娘夫妇回家看望双亲，俗称"回门"。新女婿要随身带糕点礼物，女家设宴款待。当日晚饭后再带了糕点礼物等回男家，以示新亲之间热门欢，礼尚往来；也寄托新婚夫妇步步高升，亲情和美的愿望。

抬嫁妆（1982 年）

入赘　男子结婚落户女家，俗称"招女婿"。旧时，"上门女婿"地位低，入赘后，一般要改姓女方的姓氏，所生子女也姓女方的姓氏。新中国成立后，提倡男女平等，入赘一般不改姓，子女可随母姓，也可随父姓。这种社会风尚，在本地居民中，早已接受并传承下来了。大多数独生子女间结婚后实行"两头蹲（住）"。

催生、送汤　这是本地历来有的庆贺习俗。特别是头胎婴儿，格外重视。产妇在分娩前，娘家备办新生婴儿所需的衣服和产妇服用的益母草、红糖等送到男家，俗称"催生"。产妇分娩后，亲友要携带鸡、鱼、肉、蛋、首饰、玩具或红包等礼品前往慰问，俗称"送汤"。

满月酒、满纪团　新生儿（女）满月，要择取吉日为新生儿（女）理发，俗称"剃胎头"，向邻里送汤圆和长寿面条。并大办酒席、备好酒菜、蛋糕或红蛋等，宴请答谢"送汤"的亲友。孩子满一年，要做"满纪米团"，备办酒席，宴请亲友，并向邻里送长寿面条和满年米团。以此祈求儿（女）岁岁健康，长命百岁。

庆寿、过生日　本地老年人历来有庆寿的习俗，一般从 60 岁开始，每隔 10 年庆一次寿。庆寿前，先告知亲朋好友，亲友要备好寿烛、寿面、新衣、寿联或红包钱等礼品。中堂里高挂寿星轴或金色的大"寿"字、左右两边挂着寿联。桌上红烛高照并放着果品寿面。主人备好酒菜、宴请亲友、邻居。

改革开放以后，随着农村经济的发展和人民生活水平的提高，本地还有过生日的习俗，男女老少，每逢生日，全家人在一起吃蛋糕、喝酒、吃面条，阖家庆贺一番。

竖屋酒　本地建新房屋，主人家要选定吉日上正梁办竖屋酒。上正梁时要放鞭炮，工匠要说吉利话，并要抛馒头、糕点、糖果等，俗称"抛梁"，以此祈求起屋平安顺利，发财致富。工匠师傅将青布兜系在正梁上，里面兜有红蛋、发禄袋、万年青、糖果、香烟等物品，以此祈求袋袋（代代）青白，袋袋（代代）发禄（兴旺）。是日，主人家要备好酒菜宴请亲朋好友、泥水匠和木匠师傅等，亲友均要送红包，岳母家要备糕点、水果、鸡、鱼、肉、筷碗、炊具、饭山和摇钱树等，一般少则5～6担，多则10～12担。

80年代起，有的人家选择在楼房竣工后再办酒请客，凡赴宴均要送礼（红包）。近年来，不少居民在镇上买了商品房后，亦择日办酒请客，送红包，以示礼尚往来，友情不衰。

开业酒　本地店铺开业，新厂开业均要择吉日办开业酒。是日，放鞭炮，点红烛，供财神，以图生意兴隆，财源茂盛。前来祝贺的宾客都要备匾额、大花瓶、花篮、石狮子等礼品或红包，主人要设宴款待宾客，并向来宾赠送开业纪念品。

升学酒　70年代末，高考制度恢复以后，本地人家凡子女考取了高等院校或中专后，家长要备酒菜宴请学校教师和亲友。一般亲友要备礼品或红包赠送，以此表示祝贺主人家的子女学业有成，前程似锦。

四、丧葬习俗

挺尸　中国丧葬礼仪文化源远流长，挺尸是人死后第一个仪式，当地俗称："挺尸硬，家要长；挺尸软，家要衰。"先在死者口里放银物，俗称"含口"或"撬口银子"，以示死者来世不会成哑巴。将尸体擦干净换好随身衣服后，烧落地布衫裤，以示让死者干干净净上路。然后把尸体抬到中堂里，并在死者的床上放上"千金石"，以示压邪。蚊帐卷起扔到屋面上以示百无禁忌。尸体仰卧在中堂下首墙壁边的板门上，盖上被单或被子，脚上放一只笆斗；头边放一张骨排凳，点亮头边火，摆上祭品；凳旁边放一只钵头，供烧纸钱用。在挺尸全过程中，要放鞭炮，请吹鼓手吹喇叭，亲人大声哭泣等。

报丧　将噩耗的消息通知亲戚、朋友及乡邻，俗称"报丧"。由亡者家属派人到亲戚朋友家里口头通知死者噩耗的消息和开丧的日期。当地有的头面人物死后，也有派人送丧贴或发讣告等书面形式报丧，但此类人家极少。

超度亡灵　这是治丧活动的主要内容之一。先要入殓，为亡者整容或理发。穿新衣服，衣服件数要逢单，或3个领头，或5个领头，或7个领头为限，然后将尸体放入"卫生棺"。亡者家属要请道士、讲经先生上门，在亡者板门前彻夜念佛、诵经，以祈求亡者在西方路上平安顺利地超度。亡者近亲要穿孝服，举行祭奠仪式时要烧纸钱、锡箔等。"文化大革命"时期，流行戴黑布袖套和为亡者开追悼会的形式。现在，本地流行直系晚辈均要穿白鞋、戴白捆头；平辈只系白束腰（白布条），同时还增加了送火纸、蜡烛、花圈、挽幛等丧物。

吊唁 死者出殡之日，亲朋好友、邻居和有关单位都要到场吊唁，丧礼以送钱为主，本地俗称"折白纹""吃豆腐"或"吃素饭"。丧家要备好酒菜，以飨宾客，菜肴与筵席的好坏各不相同，但必备一碗红烧豆腐。本地丧事的排场有大有小，一般视政治地位和经济实力而定。

开丧 开丧即出殡之日，一般不必选定日期。要请道士吹吹打打，做一番上西天的超度仪式和念诵经卷，这叫做"念芝灵课"。再举行直系亲属和亲朋好友向遗体告别仪式，一般在亡者遗体前绕三圈；然后再由直系亲属、亲朋好友朝亡者遗体跪拜，以示晚辈和亲朋好友对亡者的尊敬。接着将卫生棺套在花轿里，开四杠，四人合杠一段路程后，将尸体送上灵车，送往火葬场火化。领了骨灰盒返回家中，再祭奠一番后，送往公墓安葬。

做七 又称"七期"、"终七"。其间每日要送饭，送洗脸水等，按时放在灵台上，让亡者享用。亡者的第一个七天为"头七"，第二个七天为"二七"，依次类推，直到"七七"四十九天为"终七"。"终七"的划分，本地也并不一致，有的人家到"七七"奠终，有的人家"五七"奠终，也有的人家"三七"奠终，还有的人家开丧过后，第二天就做"终七"。但做法大体相同，都要请道士6～12个不等，做道场，念经卷，诵祭文，给亡者超度。是日，还要"化库"（纸扎的房子模型），化纸钱，并烧好一桌祭菜供奉亡灵，以示活人对亡者的孝敬。"终七"后，直系亲属一般可以"脱孝"。

上新坟 丧家亲属脱去孝服、孝鞋后，逢时过节，对死者和老祖先要举行祭祀活动，连续三年的清明节、十月朝要上新坟（扫墓）。七月半、春节前要举行祭祀活动。三年期满后，就恢复正常的祭祀活动。

第三节 宗教信仰

欧桥村境内道教、佛教、天主教等宗教信仰由来已久。原有道院1个，庙宇2所，妙桥集镇有天主教堂。新中国成立后，三教活动逐渐淡化，"文化大革命"中道院、庙宇被拆除。十一届三中全会后，宗教信仰者的正常活动逐渐得到恢复和保护，道院恢复重建。

一、佛教

佛教历史悠久。相传南北朝时已经传入境内。新中国成立前，境内烧香拜佛活动频繁。僧尼除在寺庙庵堂念佛诵经外，亦常外出念经或化缘，并定期招引信佛徒众到寺庙搭做佛事，做法事。其中不乏带有浓厚的迷信色彩。新中国成立后，一些年久失修的寺庙日渐被废。庙宇也于1958年拆除，公开的佛教活动停止。中共十一届三中全会后，落实党的宗教政策，佛教活动又开始恢复起来。

欧桥村境内民众相信佛教颇盛，周边寺院僧侣除寺内念佛诵经外，还经常招引信佛徒众到寺内做佛会和法事；有些信佛群众，每年还去苏州、杭州、九华山、普陀山等地进香拜佛，以祈祷太平盛世，祈祷家庭和睦个人安康。

二、道教

道教由东汉张道陵创立，到南北朝时盛行起来。初创时，入道者须出五斗米，所以又叫"五斗米道"。道教徒尊张道陵为天师，因此，又叫"天师道"。道教以老聃（李耳）《道德经》为主要经典，尊奉老子为教祖，尊称老子为太上老君。南宋年间进士，温州教授、北山先生陈元大等人在西旸讲道并建别业为"西旸山居"。清康熙年间陈氏十四世孙陈道等人，在张家巷仙人台基上建造辟尘道院（金童庙），四方信徒蜂拥朝拜，道教在本地盛极一时。在宋、元、明、清、民国时期，本地佛、道并存，竞相发展。据统计，1950 年，境内有道教徒 9 人都是在乡间进行道教活动的俗家道士。新中国成立后，境内道教活动一度绝迹。20 世纪 80 年代开始，民间道教活动逐渐恢复，现有俗家道士 10 多人，法师张琪为西旸辟尘道场代表性传承人。

农民和业主造房后延请道士"谢红"，居民亡故后延请道士超度、做道场。

三、天主教

公元前 1 世纪，耶稣产生于亚细亚西部地区，人们信奉耶稣为救世主。4 世纪成为罗马帝国的国教。11 世纪分裂为天主教、东正教、新教三大派系。16 世纪经历宗教改革后，各流派教徒合称为新教。我国称新教为耶稣教，18 世纪 30 年代，天主教传入中国。清朝后期，天主教传入境内。光绪六年（1875），沈金标神父在妙桥镇东街建有天主堂 1 座，砖木结构平房 5 间，有租地 20 亩，供神甫、修女生活费用。据调查，1950 年前，本地天主教信徒主要分布在欧桥钱家宕、香堂里、庆家弄一带。中华人民共和国成立后，境内天主教停止活动。1980 年以后，欧桥境内天主教徒、教友又恢复礼拜活动。

第四章　人民生活

第一节　农民收入与消费

旧时，境内农民头上有三把刀，受到地租、苛捐杂税、高利贷的剥削和欺诈，生活十分贫困。约有 70%～80% 的农民很难维持温饱生活。境内沿江数巷就是远近闻名的"讨饭村"。

中华人民共和国成立后，废除封建土地私有制。经过土地改革、互助组合作运动，生产力得到发展，农民收入有所增长，生活逐步得到改善。1958 年，搞人民公社、大跃进，生产大呼隆，分配大锅饭，大刮平调之类的共产风，导致生产力迅速下降，粮食连年减产。1957年，境内水稻平均亩产356千克，三麦平均亩产108千克，油菜平均亩产42千克。1961年，境内水稻平均亩产236千克，三麦平均亩产93千克，油菜平均亩产17千克。1962年，境内有9个生产队平均口粮在150千克以下。是年，境内48个生产队，有20个生产队经济分配人均不满40元，其中欧桥大队16个生产队中，有7个生产队人均分配在20—40元之间，其中1个生产队人均分配只有28元。1978年前，农民年人均收入一直徘徊在100元左右，副食品凭票限量供应，猪肉消费年人均2.5～3千克。1978年，党的十一届三中全会后，改革开放春风使境内队办工业大发展。各大队经济实力大腾飞，农民生活逐年提高。1981年，境内农民人均收入346元，为全县农民人均收入的136.22%。其中欧桥大队农民人均收入603元，为全县农民人均收入的237.4%。是年，境内农民人均消费支出198元，其中自给性消费15.4元，商品性消费25.58元，生活消费134.27元。年末欧桥农民人均存款余额约8500元。1983年，实行家庭联产承包责任制后，粮食满足了农民生活食用的需求，人均口粮增加至290～300千克。同时，境内多种经营全面发展，农村剩余劳动力投入镇村企业和从事"三产"。农民人均经济收入直线上升。1985年，境内农民人均收入986.97元，为全县农民人均收入的137.61%。其中欧桥大队农民人均收入1094元，西旸大队农民人均收入923元，立新大队农民人均收入922元。1990年，境内农民人均纯收入1407元，是1980年的4.92倍。是年，农民自给性消费69.1元，商品性消费132.8元，生活消费319.5元，住房消费619元。1995年，境内欧桥村经济总收入14870万元，农民人均纯收入6037元，1999年欧桥村农民人均纯收入达7036元。2003年，境内农民人均纯收入7255元。其中基本收入5224元，家庭经营收入2031元，生活消费中食品消费、居住消费和文化用品消费为主要支出。2004年，境内西旸、立新2村并入欧桥村后，农副工经济飞速发展。是年，全村经济总收入4.5亿元，农民人均纯收入8456元，农民生活步入小康。2006年全村农民人均纯收入10360元。2010年全村农民人均纯收入16388元。为2005年人均纯收入的174.94%。2012年，全村经济总收入9.11亿元，农民人均纯收入23285元。翌年，农民人均纯收入达25571元。2015年，欧桥村农民人均纯收入31561元，比上年增10.14%。其中工资性收入17840元，经营净收入约为11050元。是年，农民生活消

欧桥大队农民年终分红（1979年）

费支出总额 16623 元，其中食品烟酒支出 4716 元，衣着支出 1049 元，居住支出 3520 元，教育文化娱乐支出 2077 元，医疗保健支出 1116 元。农民人均存款 1.5 万元。境内农民步入高水平小康生活。

1962 年境内各大队经济分配人均分组情况表

表 2—19

大队名	生产小队数	平均分配收入分组（队）情况						分配后超支情况	
		20—40元	41—60元	61—80元	81—100元	最高队（元）	最低队（元）	户数	金额（元）
瞿家	10	10	—	—	—	31.00	24.00	83	2150
太子	11	2	5	4	—	64.80	27.47	31	815
欧桥	16	7	9	—	—	60.00	28.00	214	2180
西旸	11	1	3	4	3	90.80	33.10	167	767.3

1962～2015 年境内各村（大队）农民人均纯收入（分配水平）一览表

表 2—20　　　　　　　　　　　　　　　　　　　　　　　　　　单位：元

年份	欧桥村	西旸村	立新村	年份	欧桥村	西旸村	立新村
1962	44	68	47	1991	2200	1308	1423
1965	77	99	67	1992	2799	1592	1918
1970	102	120	99	1993	2941	2069	2030
1975	105	111	87	1994	5436	3105	3614
1978	221	197	167	1995	6037	4060	4603
1980	478	215	169	1996	6206	4533	5149
1981	603	236	198	1997	6680	5076	5612
1982	603	309	268	1998	6680	5326	5612
1983	757	420	339	1999	7036	5730	5930
1984	1010	707	567	2000	6690	6079	6156
1985	1094	923	922	2001	6898	6529	6369
1986	1305	1108	1071	2002	6998	7233	6388
1987	1450	1202	1077	2003	7298	7575	6892
1988	1609	1232	1060	2004	8456	—	—
1989	1643	1065	1139	2005	9368	—	—
1990	1690	1211	1322	2006	10360		

续表 2—20

年份	欧桥村	西旸村	立新村	年份	欧桥村	西旸村	立新村
2007	11604	—	—	2012	23285	—	—
2008	13170	—	—	2013	25571	—	—
2009	14618	—	—	2014	28608	—	—
2010	16388	—	—	2015	31561	—	—
2011	19716	—	—	—	—	—	—

第二节　饮食

中华人民共和国成立前，境内绝大部分农民终年在田里辛勤耕作，除了缴纳租税以外，所存粮食无几。"夏吃麦栖，秋食糙米""忙时瓜菜饭，闲时吃稀饭"，只求饱肚。少数贫苦人家平时一日两餐，荒年乞讨度日。中华人民共和国成立后，农民生活有了好转，主粮以米为主，面粉为辅，南瓜、山芋、蔬菜、豆类为代食品。60年代初粮食供应不足，境内欧桥大队1962年有4个生产小队人均口粮不满300斤，最少的生产队人均口粮仅有255斤（主粮），只好以南瓜、黄萝卜等代粮，面粉糊糊充饥，过着半饥半饱的生活。中央十一届三中全会召开以后，人民生活水平日益提高。1983年家庭联产承包责任制后，家家有余粮，不但讲吃饱，而且求吃好。桌上常有鱼、肉、鸡等荤菜，逢年过节、喜庆都有冷盆、热炒、点心、大菜。还配有高档名酒、饮料、水果，农民生活水平真正进入了小康水平。进入21世纪，人们逐渐注重养生保健，膳食开始讲究营养全面，绿色健康，荤素搭配。主

农户四世同堂就餐场景（1982年）

食提倡大米中夹杂小米、麦片、玉米片、薏米等杂粮，注意少吃油、盐、荤菜，多食蔬菜、水果、奶制品。

1962 年境内各大队生产小队口粮分组一览表

表 2—21

大队名	生产小队数	全年口粮人均分组（队）						
		125－150千克	151－175千克	176－200千克	201－225千克	226－250千克	最高队数（千克）	最低队数（千克）
瞿家	10	3	—	5	2	—	205	136
太子	11	2	6	2	1	—	213	129
欧桥	16	4	3	8	1	—	225	127
西旸	11	—	4	3	3	1	230	158

第三节　服饰

　　旧时，境内农家穿的衣服都是自己织的土布，对款式、色彩不予讲究。夏天，有的孩子光着上身，束一块腰裙或夏布短裤。冬天人们上身穿一件棉袄，下身穿一件棉裤，贫苦人家下身穿一件单裤度寒冬。中华人民共和国成立后，随着生活条件的改善，穿着从旧式服装改为中式棉衣、中山装、西装等服装。改革开放后，衣着的式样也越来越多，人民除能穿上各种颜色、各种式样的羊毛衫、羊绒衫以外，还穿上皮夹克、皮装等。冬天披上风衣、羽绒服装，妇女们穿起各种款式的短装、滑雪衫和各式裙子。服装从单调、低档走向多样化、高档，且其色彩、质地、款式、品牌均不断追求新颖时髦、舒适大方。

　　旧时，境内大部分农家的穿鞋都是白底布鞋、圆口鞋，松紧扣鞋等。雨天大多穿钉鞋，夏天穿自制拖鞋，冬天穿棉鞋或芦花蒲鞋。境内少数贫苦人家终年穿自打（做）草鞋、蒲鞋。中华人民共和国成立后，随着时代的发展，鞋的式样亦越来越多，有海绵鞋、塑料鞋、凉鞋、运动鞋，皮鞋等替代布鞋，橡胶鞋替代钉鞋。近年来，一些老年人喜穿防滑的健身鞋。一些人常年着皮鞋，冬穿棉皮鞋，春穿单皮鞋。

第四节　出行

　　50 年代，境内农村的道路全是弯弯曲曲的小道。雨天路面泥泞，雨后天晴，路都是高低不平的鸡冠头泥土。农民出行极为不便。60 年代中期，西旸街设轮船码头。农民往来常熟较为便利。1974 年，妙桥公路建成，在西旸街设汽车站，开设至沙洲（杨舍）、常熟的公交班车，大大方便农民出行。后随着镇村级道路的辟筑及村民自购自行车、摩托车、家用汽车，出行便捷。80 年代人们往来以骑自行车为主，

90 年代以骑摩托车为主，进入 21 世纪人们出行以骑电瓶车或驾驶汽车为主。2006 年，随着张杨公路东延和妙丰公路的竣工，市公交公司开设的 220、311、323、344 等 4 条公交线路途经该村，村民（特别老年村民）出行甚是方便。境内家用汽车日渐增多。上世纪末仅有 10 余辆，2004 年增至近百辆。2015 年每百户居民家用汽车拥有量超过 60 辆，全村各类汽车总量已超过 1200 辆。自行车（电瓶自行车、三轮车）户均拥有 2.3 辆。

2005 年和 2015 年农民生活质量状况调查统计表

表 2—22

类别		年份		类别		年份	
		2005 年	2015 年			2005 年	2015 年
电话、手机（部/百人）		200	250	家用轿车（辆/百户）		17	60
电瓶车（辆/百户）		83	200	家用电脑（台/百户）		21	40
家用电器	彩电（台/百户）	127	300	厨房设备	煤气灶（台/百户）	98	100
	洗衣机（台/百户）	99	100		电饭锅（煲）（台/百户）	100	150
	电冰箱、柜（台/百户）	116	150		微波炉（台/百户）	28	50
	空调（台/百户）	259	350		抽烟机（台/百户）	81	95
	中高档乐器（架/百户）	5	20	卫生设备	抽水马桶（只/百户）	150	300
	照相机、摄影机（台/百户）	4	10		热水器（台/百户）	60	105
	吸尘器（台/百户）	17	40		浴缸、淋浴房（个/百户）	100	200

第三卷　基础建设

第一章　农村建设

第一节　西旸集镇

西旸镇又名西旸街或西洋，位于境内中部，西旸塘东侧。2015 年，集镇总面积 0.3 平方千米，人口 2000 余人（含暂住人口）。

据《常昭合志》记载，宋元年间该地为西洋泾口（即西洋浦），驻军在此筑西洋墩，设弓兵执行巡盐捕盗。相传清代康熙年间，镇台吴氏带兵于福山扎营，防守江口倭寇，清兵放马常至该地作客饮酒，直至夕阳西下才返回驻地，西阳之名遂得。又据金童庙仅存的《辟尘山碑记》记载："西阳去邑（常熟）四十里余，北滨大江（长江），东南与釜峰七山相联，属地居山之西，故以西阳名其里。" 1934 年为梅李区西旸乡驻地。是年，西旸小学首任校长吴永嘉视 "西阳" 一词作街名欠佳，有 "日落西山" 之意，特地更名西旸（旸，日出之意）。日伪时期，该集镇设过西旸乡公所，并有伪警察驻扎，日本侵略军在西旸桥设过检问所，修筑过碉堡。新中国建立初期，该镇是福山区西旸乡人民政府驻地。1983~2003 年，为西旸村村民委员会驻地。2004 年设有欧桥村西旸农贸市场管理办公室。

该集镇形成不足 300 年，地处西洋泾口，初为渔港，后形成小街。清末至民国初年，有 1 条长 80 米，宽 2 米的块石街道，两侧店铺多为茅草屋，有鱼行、盐铺、酒肆、茶馆、米行等 10 余家。新中国建立初期，增设了供销合作站、粮食代销站和联合诊所，镇区面积为 0.02 平方千米，人口约 200 人。1962 年，镇区面积 0.03 平方千米，人口约 280 人，有公共建筑面积 1258 平方米。1969 年，西旸桥南移百米建成二车道水泥桥。1974 年，西旸公路从镇中心通过，西旸街道向北延伸过张家桥，向南延伸至刘家巷，全长 500 米，街道拓宽至 14 米，为碎石路面。街道两侧建造了供销大厦、粮站楼、药店楼、饭店楼、银行楼、医院楼和大小商店近百家。

西旸集镇面貌（2014 年）

1986 年 10 月，西旸街道铺设沥青路面。2002 年，集镇区面积增至 0.2 平方千米，原位于镇北的农贸市场移址镇东重建，并每月定期开展物资交流活动，流动人口增多，市场活跃。是年，市场零售总额约为 2000 万元。人口 987 人，其中有西旸村塘西、桥东、桥西 3 个村民小组有张、朱、孟、曹、陆、钱、浦多个姓氏，共 99 户 329 人。2004 年，西旸村并入欧桥村后，分别为第 44、45、46 村民小组。2015 年，有居民 101 户 365 人，共有耕地面积 216.6 亩。

80 年代，镇上有社办厂 2 家，村办厂 4 家。1985 年工业总产值 944.42 万元。2002 年末，有进兴铸造、港艳纱线、永友电脑、鑫联线业、西飞铝门窗等 12 家民营企业。是年，工业总产值达 2200 万元。该镇西旸塘纵贯镇西，盐铁塘横亘南侧，西旸公路穿越镇中，海塍路东连福山、常熟等地，水陆交通甚是便捷。2005 年，338 省道（张杨公路）东延途经该集镇南部，部分店面房被拆。跨西旸塘新建大桥一座。西旸公路与张杨公路交汇处建造立交地涵。

第二节　欧桥（西旸）传统村落

欧桥村境内村落大多数为传统村落，以辟尘道院为中心坐落在西旸塘两岸。场角、大巷、陈家、蔡家厅、邹家等都是宋元时形成的村落。颜巷、魏家、蔡家、云头、周巷、前香堂、后香堂、小桥、勤家弄、黄金川、东巷、刘家巷、张家巷为在明清时期形成的村落。这些村落历经岁月洗涤仍能完整地保存下来，依旧保持江南水乡特色，小桥流水人家，宅前水站，宅后树竹篱笆的田园风光。

场角位于欧桥村西北部，民国初年是长江南岸边的小村。现与马家弄已连成一片，设两个村民小组，有陈、马、周、朱、韩等姓氏，其中陈姓约占 30% 以上。场角原名为"常阁"，俗称阁老村，清时称瑞草村。为宋朝进士陈元大西旸港西支系繁衍之地。其十四世孙、诸生陈道主修《西阳陈氏家乘》，并重构"辟尘道院"。该村落也是清代进士陈桂恩、陈桂森等的出生之地。

大巷又名蔡家宕、旗杆里，位于欧桥村偏西北，盐铁塘北侧。该宅为蔡氏聚族而居的明清间村落，清朝年间文举人蔡廷颐和武举人蔡廷熙之乡，其入仕后建有三进大厅，设有走马场、射箭场并竖旗杆。在盐铁塘设码头，乘官船进出，名震乡里。

张家巷位于古盐铁塘北侧，南邻西旸集镇，为元明间村落。现有 80 余户 290

人，分居张家河南北两侧。有张、陈等姓氏，其中张姓户占90％。明末清初崇明张氏九世堂中一支移居该地。村东有一地名曰"仙人台基"，有李纯阳传说故事，辟尘道院就建于其上。民国年间被誉为常熟医界三鼎甲之一的章成器医师在该巷行医、授徒，上海《申报》曾多次报道其被海盗劫持之事。

欧桥传统村落的最大特点是体现人与自然的和谐统一，表现在村落的选址、规划和布局中，这种江南水乡小桥、流水、人家的意境追求，成为现代城市市民向往传统村落生活的精神动力。西旸塘两岸分布坐落10余个村落是重点保护区域，面积1.65平方公里，重点保护区严格保护构成传统村落的各要素，包括民居、水系、道路、树林、古井等，严禁乱拆乱建乱改，以求如实反映历史遗存；对与主要景观面的传统风貌格格不入的现代建筑予以拆除或改建，对于临时搭建和严重影响景观和环境的建筑应予以拆除，对重点保护区域内除恢复必要的历史建筑外，不再新建其他建筑，对于确需重建，修建或改建的建筑，对其建筑形式、高度、体积、材料、色彩以及尺度，比例等进行严格控制管理。

2014年，请法国欧亚印象顾问有限公司（上海代表处）实地调查研究，写出《欧桥传统村落资源分析报告与保护发展规划建议书》。之后，该村投放资金对传统文化村落进行保护，民宅翻建、树木采伐、水井移位和宅前宅后的水站都按原有的布局保存。对庙宇、古树、碑刻等保持现状不移位。鼓励和支持村民养成在宅后种植树竹、庭院种花木的习俗。2014年，先期投入50万元拓浚境内3000米长的盐铁塘。2015年，投资疏浚全长2800米的西旸塘，利用西旸闸功能，北引长江水，南接走马塘，使内河水畅流，恢复水清、鱼欢、村美、水美之景。在上级文物部门主导下，投入资金，对境内西旸古遗址进一步考证，在该处立碑并着手建造休闲公园。境内辟尘道院为张家港市唯一的道教活动场所，该院复建总体设计方案已定，总预算资金3000万元。2014年，举行奠基典礼，并多方筹措民间资金着手进行首期工程建设，正在修建1000米长的辟尘大道，直通338省道。境内道教文化博大精深，道教信徒和民众正在积极参与抢救，2013年西旸辟尘道场列入张家港市非物质文化遗产名录。2015年，经张家港市人民政府批准，《欧桥糕点制作技艺》《欧桥羊毛衫手工棒针编织技艺》等项目列入张家港市非物质文化遗产名录。2014年3月，张家港市人民政府命名欧桥（西旸）传统村落为张家港市首批传统村落。

欧桥传统村落资源分析报告与保护发展规划建议书

法国欧亚印象顾问有限公司（上海代表处）—上海依萨奈斯
2014-10-17

第三节　农民住房

中华人民共和国成立前，境内农民住房以草屋为主，而且大多数农家草屋都用泥土筑墙，屋檐低矮，室内阴暗。据不完全统计，1949 年境内 808 户农民，共有住房 2606 间，其中瓦房 251 间，人均住房面积不足 12.5 平方米。50 年代境内农民居住条件没有多大变化。在 1958 年"大跃进"中，部分农民住房被拆除建造公共食堂，人均住房不足 10 平方米。60 年代境内农民翻建草屋的日趋增多，随着立新大队和周边几个大队办起砖瓦厂，部分农民造房用砖头，屋顶用小瓦。70 年代初境内农户建房的多为三开间，七路头。1978 年，境内共有瓦房

废弃的茅草屋（2002 年）

1096 间，占房屋总数的 26.7％。人均住房面积 23 平方米。是年起，欧桥大队在大力发展工农生产的基础上，统一规划，分期分批建造兵营式楼房。至 1980 年，共建造楼房面积达 2.64 万平方米，67％的农户入迁新居。1982 年，境内有楼房 1259间，占住房总间数的 31.7％，草房 1614 间，占房屋总间数的 28.7％。翌年，欧桥大队第三代居民住宅的建造，为双叠七路二层楼（均为组合式）。到 1985 年上半年，欧桥村又有 150 余户农户迁入 1.23 万平方米的新居。到 1985 年冬，欧桥村又开始建造新型居民住宅，聘请同济大学建筑学的专家为之设计了一批别墅小洋房的图纸，动工兴建 10 家，就有六种样式。1988 年底，欧桥全村户籍居民全部住上楼房，人均居住面积 44 平方米、户均宅基地为 132 平方米。与此同时，境内西旸、立新 2 村的农民亦掀起建楼房热潮。1985 年，立新村新建楼房 147 间，西旸村新建楼房 320间。1998 年，立新村楼房住户 311 户，占全村总户数的 94.5％；西旸村楼房住户490 户，占全村总户数的 94％。是年始，因欧桥兵营式楼房漏雨，部分住户申请出宅翻建。西旸、立新 2 村尚有近 50 户平房需翻建楼房。各村均以镇域规划为基础、根据实际情况对村庄建设进行统筹安排。2002 年出宅农户翻建工作基本结束，一批新颖别致的农家住房落成。2012 年，部分村民申请预拆迁，至 2015 年底，共有 39户居民申请得以批准，其中欧桥片区 17 户，西旸片区 16 户，立新片区 6 户，其住房均安排塘桥镇区。境内绝大多数楼房内设施齐全，人均住房面积达 60 平方米。大多数农户还有辅房。近年来，欧桥村境内绝大部分自然村为传统保护村落。有要求翻建新楼房的农户可予申请。自 2014～2015 年，已有 23 农户经批准翻建，其中欧

桥片区 3 户，西旸片区 9 户，立新片区 11 户。每户规定建筑占地面积 120 平方米，建筑面积 240 平方米，辅房用房平均每户 60 平方米。户均工程投资约为 30 万元。

欧桥大队俯瞰图（1983 年）

1982 年境内各村农户实有房屋情况表

表 3—1

| 村名 | 户数 | 人口 | 宅基地面积（平方米） | 住房 | | 辅房 | | 结构 | | |
				间数（间）	面积（平方米）	间数（间）	面积（平方米）	楼房（间）	瓦平房（间）	草房（间）
立新	326	1169	64490	736	17387	359	7144	8	711	376
欧桥	540	1926	74434	1765	33192	512	8966	1118	654	505
西旸	554	2037	129673	1474	36414	767	14642	133	1375	733

第四节　集中居住区

1978 年，欧桥大队在大力发展工农生产的基础上，有计划、有步骤地建造农民集中居住区，先后建成欧桥新村、欧桥二新村、欧桥三新村和欧桥四新村，均兵营式楼房，建筑面积 2.64 万平方米，全大队约三分之二的农户入住。90 年代后期，因该楼房经日晒雨淋，近属危房，大多入住村民申请出宅重建，新村地名取消。

2005 年，张杨公路东延和妙丰公路辟

欧桥农户造房场景（1984 年）

筑，途经该村，涉及动迁户较多，经上级批准，先后建造欧桥小区、西旸菜场小区和西旸场角小区。至 2015 年底，村境内小区占地面积 31.31 万平方米，建筑面积 5.32 万平方米，入住居民 158 户，常住人口 700 余人。

村民居住小区一角（2010 年）

欧桥小区 位于欧桥村南部，西临妙丰公路，南临立新路，北依丰产方路，初规划占地面积 10.42 万平方米。2005 年动工建设，是年末，建有居民住宅楼 48 幢，建筑面积 1.38 万平方米，入住居民 48 户、146 人。至 2015 年末，小区占地面积 21.87 万平方米，境内已建居民住宅楼 85 幢，总建筑面积 4.31 万平方米，入住居民 72 户，常住人口 500 余人。

西旸菜场小区 位于西旸集镇东部，东临张家小河，南靠张杨公路，北与西旸张家巷相连，占地面积 3.33 万平方米。2005 年动工建设，是年末建有居民住宅楼 23 幢，建筑面积 6700 平方米，入住居民 23 户 98 人。至 2012 年末，该小区居民住宅楼增至 28 幢，总建筑面积 1.08 万平方米。2015 年，有居民 43 户，常住人口约 120 人。

西旸场角小区 位于欧桥村西北部，西临妙丰公路，北邻自然村场角马家，南隔河与雅农生态园相望，占地面积 6.11 万平方米。2005 年动工建设，是年末建有居民住宅楼 23 幢，建筑面积 6700 平方米，入住居民 23 户 98 人。至 2012 年末，该小区居民住宅楼增至 36 幢，总建筑面积约 9000 平方米。2015 年，有居民 43 户，常住人口近 100 人。

欧桥新村 位于欧桥村欧桥西侧。1978 年由欧桥大队统一规划，建造"兵营式"楼房，将刘家巷、缪巷、蔡家宕、后巷和葫麻荡等自然村村民搬迁至此，建筑面积 1.2 万平方米，形成新村。时有 6 个村民小组（生产队），150 户 650 人。后因该楼房长年日晒雨淋，近属危房，90 年代后申请出宅户较多，至 1998 年翻建户达 90%。保留原有自然村名及村民小组，欧桥新村村名取消。

欧桥二新村 位于欧桥村南部，南沿芦浦塘，妙桥公路纵穿越其西侧，1979 年由欧桥大队统一规划，将刘家巷、后香堂、朱家和欧家桥等自然村搬迁至此，统一建造东西向"一"字形楼房，建筑面积 6400 平方米。1990 年地名普查时定名为欧桥二新村，内有 4 个村民小组，80 户 350 人。90 年代后期，该村住户大多对原楼房翻新或出宅易地新建，恢复原自然村村名。欧桥二新村村名取消。

欧桥三新村 位于西旸集镇南侧，南邻欧桥精纺厂，西临西旸公路。1982 年开

始，由欧桥大队规划，将原北杨农
户统一建造楼房一排。建筑面积约
640平方米。1990年地名普查定名
为欧桥三新村，设一个村民小组，
共8户32人。90年代后期大多农户
重建新楼房，并恢复原自然村地名
"北杨家"。欧桥三新村村名取消。

欧桥四新村　位于欧桥村西部，
北临盐铁塘，东邻市第二织布厂
（现盛而达纺织有限公司）。1980年
开始，由欧桥大队统一规划，将原

欧桥大队为农民统一规划建造的楼房（1979年）

侯家、徐家巷、陆家宕、后巷等自然村村民搬迁至此，建造"兵营式"楼房，建筑
面积7360平方米，形成新村。1990年地名普查时定名为欧桥四新村，设5个村民
小组共350人。90年代后期大多数村民翻建楼房，并恢复原侯家、徐家宕、后巷等
自然村名，欧桥四新村村名取消。

欧桥大队农民住宅区中的九曲桥（1979年）

第二章　交通

第一节　交通线路

一、道路

（一）镇级以上道路

张杨公路　2005 年 3 月，张杨公路东延工程开工建设。西自 204 国道，东至张家港市与常熟市交界，全长 10.88 千米，途经欧桥村中部海岸路和海塍路，长约 2.5 千米。全线按一级公路双向车道标准建设，路基宽 46 米，路基顶宽 39 米，路面宽 24 米，其中中央绿化分隔带宽 5 米，两侧设有宽 5 米的非机动车道和宽约 33 米的绿化带。全线采用沥青混凝土路面。跨西旸塘按公路—1 级建造了西旸大桥。在西旸集镇与西旸公路交汇处建立交地涵一座，宽 8 米，设一个简易隧道。该工程于 2006 年 12 月建成通车，东起太仓浏河镇苏沪交界，经太仓、常熟、张家港、常州，至镇江市南全长 223 千米，全线畅通。是年，张家港市公安局交警大队在欧桥村庆家弄北侧路段设置治安卡口。

妙丰公路　2005 年，妙丰公路中段工程开工建设，该路段为沿江开发高级公路的东接线，北起港丰公路，向南沿六干河与张杨公路东延段相交，全长 6.76 千米，途经欧桥境内大巷、油车等自然村，长约 1.5 千米。该路段按一级公路建设双向六车道建设，路基顶 36 米，其中中央绿化带宽 5 米，采用沥青混凝土路，于 2006 年 12 月建成通车。随后，妙丰公路向南延伸至妙桥商城，途经欧桥境内葫麻荡、欧桥、南杨等自然村长约 750 米，采用双向四车道标准建设，沥青混凝土面。2011 年 2 月，妙丰公路从妙桥商城向南延伸，穿过金村集镇东侧，与羊福路相接，亦途经该村南部。至此，妙丰公路在该村境长约 3.2 千米，跨盐铁塘建造盐铁塘桥，跨西旸塘建造南北走向的西旸塘大桥，均按公路—级标准建造。

西旸公路　纵穿欧桥村中部，南自妙桥新风桥，向北途经西旸集镇、西旸套闸至七干河桥，全长 4 千米，途经欧桥村境 3.5 千米，路面宽 8 米，沥青混凝土路面。该路原为妙桥公社于 1972 年辟筑、1974 年 10 月通车的妙桥支线公路北段。始筑时，北至西旸集镇，碎石路面，路宽 7 米。在西旸镇设有公共汽车站（代办站），有班车开往杨舍和常熟。1984 年修通西旸至七干河路段的公路，长 2.16 千米。1986 年至 1992 年，该公路先后改造成沥青混凝土路面，路面拓宽成 8 米。1995 年 6 月整治西旸公路指挥部先后拓宽路基，拆除站线旧房 2565 平方米，清除沿线粪坑柴堆和杂草。该公路与立新路、沙田路、跃进路相连接，并与海塍路相通，日车流量较多。2003 年，妙桥并入塘桥镇后，又对路面进行改造。沿线途经该村团结桥、西旸北桥、为民桥和排灌站桥。2005
年，张杨公路东延，与之交汇处改
建一座宽 8 米的立交地涵。

立新路 　位于欧桥村南部，西
自妙桥镇商城街北口，东至塘湾冯
巷，长 2 千米，宽 6 米，沥青混凝
土路。1983 年，在泥土路的基础上
铺成砂石路，属镇级机耕路，因当
时主要路段在立新村境内，故取村

妙桥乡村公路西旸段面貌（1984 年）

名为立新路。1997 年，该路经拓宽浇筑水泥混凝土路，对改善原立新村和原周院村
的交通状况起重要作用。2015 年，镇村再次对该路进行改造，拓宽成 6 米的沥青混
凝土路面。

海塍路 　又名福山路，位于欧桥村中部，西起西旸镇，东至常熟海虞镇福山，
全长 5.5 千米，因路基为原海塍上，故取名海塍路，而以讫点取名，又称福山路，
为常熟支福妙公路的一部分，其中途经欧桥村境长 1.3 千米。该路原为古盐铁塘北
岸，旧称冈身路，俗称海塍，宽 3 米，泥路，是沿线村民与外界联系的主要陆道。
其东通许浦、白茆、太仓，西往鹿苑、杨舍。1983 年，拓宽成 5 米，改建成碎石
路。2001 年，再次改建成宽 8 米的沥青混凝土面。2005 年，省道张杨公路东延途经
该路，扩建成省道路面。海塍路路名取消。

海岸路 　位于欧桥村中部、盐铁塘北岸。东起西旸桥，西至蒋家村祥户巷。
1994 年，铺筑碎石路，宽 4 米，取名海岸路。2002 年，改建成沥青混凝土路面，全
长 4 千米，途经该村 1.2 千米。2005 年，张杨公路东延途经该路道。海岸路路名
取消。

（二）村组道路

中华人民共和国成立以前，境内农村大部分道路弯曲狭窄，宽不过 1 米。唯中
部东西向海塍路（冈身路），宽约 3 米，西自鹿苑，东过福山，境内长 2.5 千米。北
部沿海圩岸沙质土壤，路面较为平坦。中华人民共和国成立后，农村道路略有改善。
自 70 年代，妙桥乡村公路通车后，境内欧桥、西旸、立新等大队先后筑起了机耕
路。始为泥道，后铺设煤渣、碎砖、石子。1983 年，有村级机械路侯家路、高家
路、塘六泾路、马家弄路、立新路等 10 余条，总长约 10 千米。欧桥村建成兵营式
楼房后，先后建造水泥混凝土路村道。至 1990 年底，境内欧桥、西旸、立新 3 村共
筑机耕路 18 千米，通往 30 余个自然村。1994 年后，境内 3 村大力加强基础设施建
设，村级主干道全部硬化。2003 年末，境内 49 条村级道路中，31 条道路为水泥混
凝土路或沥青路，全长 20.63 千米，前后投入资金 500 万元；18 条道路为砂石路，

全长16.54千米。2004年，西旸、立新并入欧桥村后，继续加快境内村组道路建设。据统计，至2013年，全村村组道路总长49.49千米，已完成硬化31.88千米。2015年，境内绝大部分村组道路均已硬化。

2010年欧桥村村组道路一览表

表3—2

片区	路名	长度（米）	宽度（米）	路面结构	桥涵	备注
欧桥片区	庆家弄路	770	4	混凝土	涵2	—
	香堂路（1）	320	4	混凝土	涵1	—
	前香路（2）	1020	4	混凝土	桥1	—
	东中心路	700	4.5	混凝土	涵1	—
	朱家路	1300	3	混凝土	—	—
	高家路	690	3	混凝土	—	2012年建成宽2.5米的混凝土路
	丰产方路	530	4	混凝土	—	—
	南杨路	450	3	混凝土	—	—
	小学路	440	3	混凝土	涵1	—
	欧家桥路	520	3	混凝土	桥1	—
	西中心路	1100	4	混凝土	桥1	—
	中心河路	1200	2.5	混凝土	涵3	—
	联队路	810	4.5	混凝土	涵1	2012年建成宽2.5米的混凝土路
	布厂路	340	5.5	混凝土	桥1	—
	徐巷路	1760	4	混凝土	涵1	—
	侯家路	1630	4	混凝土	涵2	—
	新建路	3200	3	混凝土	—	—
	书厅路	490	4	混凝土	—	—
	后香路	350	3	混凝土	涵1	—
西旸片区	塘西路（1）	720	2.5	石子	桥1	2014年建成宽3.0米的混凝土路
	塘西路（2）	190	2.5	水泥混凝土	—	—
	大巷路（1）	130	2.5	石子		2014年建成宽3.0米的混凝土路
	大巷路（2）	220	2.5	水泥混凝土	涵1	—

续表3-2

片区	路名	长度（米）	宽度（米）	路面结构	桥涵	备注
	油车路	180	2.5	石子	—	2015 年建成宽 3.0 米的混凝土路
	场角路（1）	950	2.5	水泥混凝土	—	—
	场角路（2）	220	3.5	水泥混凝土	—	—
	马家路（1）	510	3	水泥混凝土	涵1	—
	马家路（2）	1030	2	水泥混凝土	—	—
	桥西路	80	2.5	石子	—	2013 年建成宽 3.0 米的混凝土路
	桥东路	180	2.5	石子	—	—
	东西张南路	750	2.2	水泥混凝土	桥1	—
	东西张北路	650	2.2	水泥混凝土	涵1	—
	朱家路（1）	252	2.5	水泥混凝土	桥1	—
	朱家路（2）	144.5	3	水泥混凝土	—	—
	朱家路（3）	540	2.5	石子	—	—
	前邹路	375	3	水泥混凝土	桥1	—
	后邹路	460	2.5	石子	—	2012 年建成宽 2.5 米的混凝土路
	孟家、陈家路	372	3	水泥混凝土	桥1	—
	陈家路（1）	230	2.5	石子	—	—
	陈家路（2）	120	2.5	水泥混凝土	—	—
	孟家路	420	2.5	石子	涵1	2012 年建成宽 2.5 米的混凝土路
	东西钱路（1）	173	3	水泥混凝土	桥1	—
	东西钱路（2）	920	2.5	石子	—	2013 年建成宽 3.0 米的混凝土路
	塘六泾路	980	2.5	水泥混凝土	—	—
	小桥路（1）	150	2.5	水泥混凝土	—	—
	小桥路（2）	1280	2.5	石子	涵1	2014 年建成宽 3.0 米的混凝土路
	菜场小区路（1）	1220	3.6	水泥混凝土	—	—
	菜场小区路（2）	220	4.5	水泥混凝土	—	—

续表3－2

片区	路名	长度（米）	宽度（米）	路面结构	桥涵	备注
	金童庙路	510	3.5	石子	—	2013年建成宽3.0米的混凝土路
	保谊园路	1000	3.5	石子	—	—
	福民路	480	8	水泥混凝土	—	—
	1组—12组路	350	2	水泥混凝土	桥1	—
	1组—12组路	700	2.5	石子	涵1	—
	12组路	500	2.5	石子	—	—
	2组—13组路	750	2.5	石子	桥1 涵1	—
	3组路	700	2.5	石子	桥2 涵2	—
	4组路	1250	2.5	水泥混凝土	—	—
	4组—云头路	400	2.5	石子	—	—
	6组路	350	3	水泥混凝土	—	—
	7组路	1197	2.5	石子	桥1	2011年建成宽2.5米的混凝土路
	8组路	613	2.5	石子	桥1 涵1	2011年建成宽2.5米的混凝土路
	9组路	400	2.5	石子	涵1	2011年建成宽2.5米的混凝土路
	10组路	800	2.5	石子	涵2	—
立新片区	11组路	300	3	水泥混凝土	桥1 涵1	—
	11组路	1690	2.5	石子	涵1	2012年建成宽2.5米的混凝土路
	14组路	710	3	水泥混凝土	涵1	—
	15组路	750	2.5	水泥混凝土	涵2	2015年建成宽2.5米的混凝土路
	15组路	270	2.5	石子	—	2015年建成宽3.0米的混凝土路
	16组路	1200	2.5	石子	涵1	2013年建成宽3.0米的混凝土路

续表3-2

片区	路名	长度（米）	宽度（米）	路面结构	桥涵	备注
	17组路	750	2.5	石子	涵1 桥1	—
	18组路	100	2.5	水泥混凝土	—	—
	19组路	950	2.5	水泥混凝土	涵2	—
	立新路—张杨路	1000	2	水泥混凝土	涵1	—
	西山头路	230	2.5	石子	涵1	此路已废
	云头组路	250	3	水泥混凝土	涵2	—

二、航道

（一）镇级以上航道

西旸塘　亦称西旸港，北自七干河，纵穿该村中部，过妙桥向南与奚浦交会。新中国建立初期，因河道弯弯曲曲，虽为出江航道，只能通行10吨以下船只，后经多次疏浚、截弯取直，全长10.75千米，底宽6～8米，底高0.5米，边坡分数1：2，最高水位4.5米，最低水位2.8米，过水断面33平方米，常年可通航20～30吨级船舶。2002年，恬庄河段断航，养护里程仅为4.95千米，其中村境河段约3千米。北口建有西旸港套闸。该河在六七十年代为境内各大队及其生产小队农船进出必经之水道。现为张家港市级航道，永联钢厂大型货航进出频繁。

芦浦塘　位于欧桥村东部，北经其支流与西旸塘相接，南至常熟福山许庄，全长8千米，欧桥村境内养护里程约3千米，河面宽18～22米，河底宽4～6米，平均水位3.3米，枯水期水深0.5米，六七十年代可通行5～15吨级农船，为立新、周院等大队及各生产小队农用船过往的镇级航道。2002年后，该河道已无船只过往。

（二）村组水道

中华人民共和国成立前，境内运输货物主要靠人力扛挑。中华人民共和国成立后，境内农业生产合作化，特别是1958年人民公社建立后购化肥、运氨水、卖公粮、买建筑材料等运输量增大。为减轻劳动强度，开拓中心河将境内邹家河、张家河、徐家河和芦浦塘支流等河道与市镇级航道疏通，并购买小木船，水泥船，挂机船。60年代后期，村组小河成为境内各生产队的主要水上运输通道。

第二节　交通设施

一、车站

西旸汽车站　位于境内西旸集镇北部，北临张家河。1975 年沙洲汽车营业处在此设置代办站。占地面积 1000 平方米，建筑面积 84 平方米，有平房 3 间，东面两间为候车室，西面 1 间为售票室。该站为西旸至常熟和西旸至沙洲的公交汽车首末站。有职工 1 人，负责售票和上下车服务工作。1994 年，因民营方便车辆的增多，该站撤销，房屋被拆。2010 年，张家港市公交公司开通西旸至凤凰高庄公交班车，首尾站为西旸汽车站所在地。

二、码头

西旸轮船码头　位于境内西旸集镇西旸塘东岸。1964 年 4 月，常熟轮船公司在此设立客运码头。每天往返西旸至常熟客轮一班，极大方便境内和南丰东部村民出行。1975 年，妙桥公路建成并通车，陆上公交班车便捷，轮班取消，码头湮没。

欧桥轮船码头　位于欧桥大队西旸塘东侧。该码头于 1981 年设置，开通欧桥至无锡的航行业务，以货运为主，兼乘旅客，以满足当地工厂企业货运需要。后工厂企业不断发展，厂家自置汽车增多，陆上货运快捷。1988 年停航，码头撤除。

三、桥梁

旧时，境内河道较多而桥梁稀少。至 1957 年，境内仅有县办桥梁欧家桥、西旸桥、西旸新桥、姚家桥和颜家小桥等 5 座，除欧家桥为古石桥外，其余均为小木桥。70 年代初，结合农田水利建设建造一批砖混双曲拱桥和砼平板桥。1974 年，妙桥乡村公路建成通车后，在西旸公路跨芦浦塘建造团结桥，跨张家河建造西旸桥，跨邹家河建造为民桥。1980 年，境内有社办桥梁 8 座，大队办桥梁 25 座，其中西旸大队境内有黄浦塘桥、陈家桥、新沙河桥 9 座，欧桥大队境内有跃进桥、欧桥、大庆桥等 8 座，立新大队境内有宋家桥、立新 1 号桥、立新 2 号桥等 8 座。随着陆上交通的发展，大中型拖拉机和汽车的增多，一些简易桥梁逐渐改造成砼板梁桥。1980 ～1999 年共整治危桥 5 座。2000 年，境内共有桥梁 35 座，其中立新村 13 座，西旸村 16 座。跨市级河道西旸塘的桥梁有 6 座，跨镇级河道芦浦塘的桥梁有 8 座。是年起，镇分期分批对境内危桥进行整治。至 2005 年，共整治境内危桥竣工 15 座，工程投入资金 150 余万元。

2006 年，338 省道东延时跨西旸塘建造西旸大桥。同年妙丰公路建造时亦建沿盐铁塘桥和西旸塘大桥（南北走向），桥梁标准均为公路—1 级。2010 年，区域性河道走马塘开凿途经境域东部，亦建造一座走马塘大桥（亦称西山大桥）。

2015年底，境域实有桥梁40座，其中跨镇级以上公路桥梁7座。

2000～2005年境内危桥整治竣工桥梁一览表

表3—3

桥名	整治年月	结构形式	跨径（米）* 宽度（米）	荷载标准 （吨）	工程造价 （万元）
欧桥	2000—10	三跨板梁桥	（8—12—8）* 5	汽—20 挂—100	28.20
丰收桥	2000—05	三跨梁板桥	29 * 4.5	汽—10	5.83
孟家桥	2000—11	单跨梁板桥	5 * 4.5	汽—10	5.80
江家桥	2000—11	单跨梁板桥	5 * 3.5	汽—10	5.09
前邹桥	2001—09	单跨梁板桥	5 * 4.5	汽—10	5.14
钱家桥	2002—06	单跨梁板桥	6 * 4.5	汽—10	6.65
张家桥	2002—12	单跨梁板桥	6 * 4.5	汽—10	6.46
龚家桥	2003—10	单跨梁板桥	5 * 4.5	汽—10	1.86
芦浦塘5号桥	2004—03	三跨板梁桥	5.1 *（5—8—5）	汽—15	18.20
西旸新桥	2004—03	三跨板梁桥	4.6 *（8—13—8）	汽—15	30.57
芦浦塘6号桥	2004—06	三跨板梁桥	3.6 *（5—8—5）	汽—15	13.16
蔡家桥	2004—06	单跨梁板桥	6 * 5.1	汽—10	7.75
任家桥	2005—06	单跨梁板桥	12 * 4.6	汽—10	11.52
宋家桥	2005—08	单跨梁板桥	12 * 4.6	汽—10	6.98
欧桥1号桥	2005—08	三跨板梁桥	29 * 4.6	汽—15	26.62

2015年欧桥村主要桥梁一览表

表3—4

桥名	所在 位置	跨越 河流	桥型 结构	跨径 （米）	宽度 （米）	梁底标 高（米）	荷载 （吨）	走向	修建 年份
西旸闸桥	西旸港套闸	西旸塘	单孔板梁	6	3	7.0	10	东西	1964
西旸新桥	西旸朱家组	西旸塘	三跨板梁	29	4.6	7.0	15	东西	2004
西旸桥	西旸集镇	西旸塘	三孔板梁	22	4.5	7.0	20	东西	1999
西旸大桥	西旸集镇	西旸塘	板梁	28	22	7.0	20	东西	2006
欧桥3号桥	欧桥汽修厂	西旸塘	三孔桥梁	28	4.3	6.8	20	东西	1999
欧桥	刘家巷	西旸塘	三跨板梁	28	5	6.8	20	东西	2000

续表3-4

桥名	所在位置	跨越河流	桥型结构	跨径（米）	宽度（米）	梁底标高（米）	荷载（吨）	走向	修建年份
丰收桥	欧桥7组	西旸塘	三跨平板	29	4.6	9.0	15	东西	2000
西旸塘大桥	欧桥中杨桥	西旸塘	板梁	28	22	9.0	20	南北	2006
走马塘大桥	立新韦家宕	走马塘	板梁	28	8	9.0	20	东西	2011
芦浦塘5号桥	立新16组	芦浦塘	三跨板梁	18	5.1	7.2	15	东西	2004
芦浦塘6号桥	立新4组	芦浦塘	三跨板梁	18	3.6	—	15	东西	2004
颜家桥	立新15组	芦浦塘	板梁	16	4	7.2	10	东西	1981
瞿家桥	立新16组	芦浦塘	砼拱	15	2	7.2	3	东西	1981
团结桥	欧桥7组	芦浦塘	板梁	6	7.5	6.5	—	南北	2009
跃进桥	欧桥4组	芦浦塘	—	16	4	5.5	6	东西	1998
盐铁塘桥	西旸大巷组	盐铁塘	板梁	20	20	7.0	20	南北	2006
马家弄桥	西旸马家组	沙漕交界河	桁架拱	12	4	5.5	6	南北	1995
新沙河桥（排灌站桥）	西旸沙田排灌站	新沙河	桁架拱	6	6	6.0	10	南北	1995
为民桥	西旸朱家组	邹家河	砼拱	15	4.5	—	10	南北	1979
前邹桥	西旸前邹组	邹家河	单跨板梁	5	4.5	—	10	南北	2001
西旸北桥	西旸张家巷	张家河	砼拱	15	7.5	—	10	南北	2015
张家桥	西旸东张组	张家河	单跨板梁	6	4.5	—	10	东西	2002
宋家桥	立新12组	村组河道	单跨平板	12	4.6	—	10	南北	2005
尹家桥	立新尹家宕	村组河道	板梁	13	3	—	6	东西	2008
蔡家桥	立新17组	村中心河	单跨板梁	6	5.1	—	10	南北	2004
龚家桥	立新7组	村中心河	单跨板梁	5	4.5	—	10	东北	2003
立新桥	立新7、8组	芦浦塘	三跨板梁	22	4.5	7.2	10	南北	2009
孟家桥	西旸孟家组	村组河道	单跨板梁	5	4.5	—	10	南北	2000
钱家桥	西旸大巷组	村组河道	单跨板梁	6	4.5	—	10	南北	2002
江家桥	西旸大巷组	村组河道	单跨板梁	5	3.5	—	10	东西	2000
张家桥	立新3组	村中心河	单跨板梁	5	4	—	10	东西	2002

四、船闸

西旸港套闸 亦名西旸港船闸，位于欧桥村西旸北部，地处西旸港口高低田交界处，南距西旸集镇 600 米，始建时北离长江约 1000 米。1964 年 5 月建造成单孔挡潮闸。1971 年，增设闸首成为船闸，系节制水位和船运两用闸。上（北）闸首为原闸，按挡潮闸标准设计，孔宽 6 米，地板高程 0.8 米，闸身长 10 米，岸墩顶高 7 米，上设公路桥 1 座，净宽 3 米，通航高程 7 米。闸门为平面直长钢门，采用电动、手摇两用启闭机启闭。由沙洲县水利局设计并组织施工，完成石方 1621 立方米、混凝土 657 立方米，耗用木材 32 立方米、水泥 162 吨，钢材 23.67 吨，总投资 16.5 万元。引进江水，可供鹿苑公社和妙桥公社约 2000 公顷高平田灌溉。后因西旸港口外淤涨围田，农田排灌另辟七干河新口，该闸和永南河口的永南闸一样，失去挡潮功能，1971 年增添南闸首，与原闸组成套闸。下（南）闸首孔宽 6 米，底板为整体式钢筋混凝土结构，高程 0.8 米，岸墩为扶垛北拱砌石结构，顶高 5 米。闸门为平面直升钢门，油压启闭。闸室为下部斜坡式，衬砌灌浆块石护坡，上部浆砌直立式挡上墙，闸室长 85 米，闸室水面宽 26 米。该闸节制水位 3.2～3.4 米，排水流量每秒 30 立方米，可过往 300 吨以下船舶。2015 年，该闸办公用地面积 1334 平方米，建筑面积 300 平方米，有管理人员 5 人。

第三节　交通运输

一、水路运输

民国年间，境内水上交通主要依靠几只手摇航船。中华人民共和国成立后，人民政府多次疏浚境内西旸塘、芦浦塘和邹家河、张家河、徐家河，水道逐渐通畅。1962 年，境内瞿家、太子、西旸和欧桥 4 个大队有农用船 21 艘，专业运输船 5 艘，其中欧桥大队农用船 5 艘，专业运输船 3 艘。1965 年，常熟县轮船运输公司增设西旸至常熟客运航线，在西旸街设轮船码头，每天往返一次，极大方便境内和周边农民出行，全年客运总量 3.5 万人次。是年始，境内各生产小队为方便积肥、购买化肥、氯水和卖粮、卖棉，相继购买农用小木船和水泥船。1967 年境内各大队拥有农用船增至 46 艘，其中欧桥大队铁木制农用船 12 艘，水泥船 2 艘。1972 年，境内有农用木船 36 艘，总吨位 87 吨；水泥船 53 艘，总吨位 260 吨。其中欧桥大队有农用木船 16 艘，水泥船 17 艘。随着农业机械化的发展，水泥船逐步取代农用木船，并在船上装上了挂桨机，以提高运输速度和减轻船工劳动强度。1974

境内运货的水泥船（1980 年）

年，境内有农用木船 26 艘，水泥船 65 艘，另有挂桨机动船 2 艘，总吨位 21 吨。1978 年，境内机动运输船增至 12 艘。1980 年，欧桥大队已有运输轮船 1 艘。是年，在欧桥大队西旸塘东设置码头，开设欧桥至无锡的航运业务，以货运为主，兼乘旅客，以满足当地工业企业货运需求，后因工业企业增置农用载重汽车，该航线于 1988 年取消。境内各村亦已无农用木船，水泥船亦逐年减少。至 1991 年，只有机动运输船 3 艘。1995 年后，大批小窑关闭，金村砖窑停业，加之陆上公路运输的飞速发展，机动运输船失去运输市场。2004 年末，欧桥村已无专业运输船只登记。

二、陆上运输

旧时，一般人出门均为步行，运输货物主要靠人力扛挑，仅有少数人将独轮车作为陆上运输工具。五六十年代陆上运输未有大的改变。因道路狭小，高低不平，仅有少数人家使用自行车。1974 年，妙桥公社建成全省第一条民办公助支线公路，西接十苏王干线，西旸、妙桥、金村三镇公路相连，在西旸设汽车站，开设至沙洲、常熟的公交班车，大大方便村民出行。境内农户家的自行车、板车和摩托车拥有量亦快速增加。随着镇村机耕路的修建，农用运输拖拉机和载重汽车相继出现。1975 年境内有农用拖拉机（20 匹以上）挂车 1 辆，运输用手扶拖拉机 5 辆，胶轮手推车 18 辆。1977 年，境内欧桥大队农用载重汽车 1 辆/60 马力，农用运输拖拉机 2 辆。1980 年，境内有农用汽车 3 辆，其中欧桥大队有农用汽车 2 辆/150 马力。1988 年，随着队办企业的发展，境内有农用载重汽车 16 辆。其中欧桥村成立运输公司，有汽车 11 辆/945 马力。90 年代后，随着村级道路建设的加快，大路通到家门口，农户家用摩托车逐渐普及，并购买起面包车、家用小汽车。2001 年后，家用电瓶车逐渐取代家用自行车。2004 年，境内家用自行车、电瓶车平均每户 2 辆多，家用汽车每百户超过 5 辆。2006 年，途经村境内的张杨公路东延工程和妙丰公路辟筑竣工，途经村境（设公交站）的公共线路有 4 条，居民特别老年居民出行相当便捷。随着村民收入大幅提高，家用汽车快速增多。2010 年全村小汽车每百户拥有量 30 辆，2013 年为 40 辆。2015 年，全村拥有各类汽车共近 2000 辆，其中运输车 20 余辆。

第三章　邮电

第一节　邮政

1950 年冬，境内西旸集镇设有邮政代办所，由西旸供销商业站负责出售邮票、收发信件。1958 年，妙桥公社（乡）自办邮电所后，有邮路 4 条，其中北段由一名邮递员步行投送立新、欧桥和西旸境内。后随着经济的发展，邮递员改由自行车、摩托车投递。1985 年 7 月，欧桥村单独成立邮电所（代办所）后，负责该村各个村民小组、各厂的邮政服务。境内西旸、立新等2村的邮政服务主要由妙桥邮电所承接。1997年，欧桥邮电所停业，邮政业务仍由妙桥邮政分局接受。

第二节 电信

1930年，西旸集镇就开始安装手摇电话机。抗日战争中，境内电话通讯中断。1954年，西旸乡政府装有电话一门，由塘桥区设一台总机中转。1958年，妙桥公社自办邮电所，购装20门磁石式交换机一台，其时欧桥、西旸、立新等大队和西旸供销站均通上电话。1980年，欧桥大队安装总机一台60门。90年代，随着乡村经济的发展，境内农户先后装上电话机，有线电视。1995年，境内欧桥村开通425户程控电话，实现电话村。1996年，西旸、立新2村均列入电

欧桥村邮电所话务员（1985年）

话村。1998年，境内共装有固定电话近千门，有线电视入户率75%，移动电话用户亦不断增多，2000年电话普及率为48部/百人。2003年电话普及率为89部/百人。除境内各村委办公使用宽带外，少数村民购置电脑，增设宽带。2005年全村固定电话入户率100%，移动电话近2000余部，有线电视入户率68%。2010年，全村有移动电话4500余部，有线电视入户率100%，互联网宽带用户450余户。2015年，互联网宽带用户增至770余户。

1958年，妙桥邮电所成立后，境内才开始有拍发和接受电报的业务。1985年，欧桥邮电所建办，全所有职工8人，不仅方便了该村干部群众的邮电业务，而且为该村各企业提供了大量信息，还方便邻各村和福山、南丰等乡镇的邮电业务。90年代后期，随着固定电话机的普及、移动电话的增多，业务量减少，于1997年5月停业。

第四章 公用事业

第一节 供电

1964年，境内西旸中心大队建办粮饲加工厂，利用柴油机发电，主要供厂内使

用。这是境内最早使用自发电。1971 年，欧桥大队针织厂亦利用柴油机发电，供车间使用。是年 7 月，妙桥公社安装第一条 10 千伏高压线路（太平桥至妙桥集镇）。是年 8 月，第一台装置容量 100 千伏安的变压器正式通电。欧桥大队队办工厂和 9 个生产队首先使用高压电。至 1975 年，相继安装妙桥至西旸、立新高压线，境内全面通上高压电。与此同时，境内各大队安装发电机组，用柴油机发电，应对其时高压电供电不足。1985 年，境内各村高压线"二改三"工程完成，为农、副、工业的发展提供充足的电力资源。1990 年，境内有变压所 5 座，2510 千伏安，发电机组 7 台。其中欧桥村有变电所 2 座 2100 千伏安，发电机组 5 台，基本满足全村用电的需求。欧桥村兵营式楼房不少住户的动迁，对新安排的住宅小区做到电力配套设施齐全。2005 年起，随着张杨公路东延和妙丰公路辟筑，动迁居民移居，新建的西旸菜场小区、场角小区和欧桥小区，电力配套设施及时铺筑，增变电所 4 座。2008 年，全村用电总量 4425 万千瓦时，其中农业用电 208 万千瓦时。2015 年，全村共有供电线路 5.55 万米，综合变容量 16045 千伏安，综合变台数 58 台。全村用电总量约为 3450 万千瓦时，其中农业用电量约为 56 万千瓦时。居民照明用电 766 余万千瓦时。

第二节　供水

中华人民共和国成立初，境内农家饮用池塘水、河水，部分家庭用明矾过滤一下，仅有少数大宅农家使用井水。1970 年，妙桥公社募集红砖和水泥，号召农户打井，工厂企业打深井。至 1980 年，境内共有浅水井 800 余眼，85％以上农户实现井水饮用。1982 年，欧桥大队开始打深井，建造自来水塔 4 座，装置自来水管，其中 2 个供民用，水管长度 8000 米，可供 200 余户使用。至 1987 年底，全村 67.8％的农户用上自来水。随着村办工业的发展，深井水主要供工业用水。1995 年立新、西旸和欧桥等村先后引用常熟市福山东山自来水厂深井水。其中立新铺设供水管道 2300 米，主管 6 寸，次管 3 寸，自来水普及率达 45％。1997 年，西旸村自来水普及率达 50％。是年，妙桥镇投入资金增设自来水管道 14.2 万米。1998 年铺设自来水管道 37 万米，是年境内各村自来水普及率 70％。2000 年 1 月，市东区区域供水工程竣工，首先向妙桥、塘桥等镇供水。是年，境内 3 村饮用长江水源，自来水普及率为 95％。2002 年，自来水普及率为 98％。2005 年，自来水普及率 100％，农户家浅水井仅作生活辅助用水。2015 年，全村工业用水约为 75 万立方米，居民用水为 73 万余立方米。是年末，境内欧桥精纺、瑞群服饰、盛而达纺织深井全部封填，开发浅水井作为生活辅助用水。

第三节 供气

1986年前，境内立新、欧桥和西旸等3村农民煮饭烧水用柴草或煤球。1986年始逐步改用液化气。1990年西旸集镇设立液化气供应点。1995年，境内用气户约600户。随着提倡稻麦秸秆还田和农业适度规模经营，液化气用户增多。2000年，境内生活用燃气普及率为85%，2002年为100%，有燃气调换站点4家。瓶装液化石油气气源主要来自鹿苑和凤凰等地储存供应站（点）。2015年欧桥村在籍居民燃气用户5800余家。

第四卷　围垦·水利

第一章　围垦

沧海桑田是自然界的规律。原境域地处长江下游，江面宽阔，水流缓慢，泥沙易于沉积。再加上"北泓"水深，"南泓"较浅，并有沙头阻隔，故明显出现"北坍南长"的局面。至清代后期，在境内西旸沿江一带逐渐形成滩涂，长满了丝草和各种杂草，草枯腐烂成肥，土地肥沃。

西旸沿江一带的围垦始于1936年，西近与鹿苑镇交界的大陈浦，东至常熟市海虞镇红光村的夹沟浦，1949年前共围垦6个圩塘，面积960余亩。主要由福利垦殖公司围垦。中华人民共和国成立后，人民政府组织围垦跃进圩、六三圩和六六圩，境内各大队民工参与围垦，成田之后，各大队部分农户入迁其内，隶属跃进大队。1962年后，西旸大队部分生产队也自发围垦几只无名小圩，面积约20亩。圩塘的名称，一般以围垦年份（农历或公历）命名，如壬午圩、甲申圩；少数以圩的形状命名，如薄刀圩、团子圩；也有以围垦中有关事件命名，如白粉圩。亦有个别小圩以围垦工具命名，如大锹圩。

第一节　围垦工程

欧桥村北部主要圩塘为中华人民共和国成立前福利垦殖公司围垦，其围垦工程主要为勘测、箍埂、大堤和圩内水利与道路建设。

勘测　当西旸高田地区北部长江滩涂发育到一定程度，福利垦殖公司即组织专业人员进行勘测，决定围垦与否，围垦多少面积及长宽丈尺。其时并无专门仪器测算，仅由当地经验比较丰富的农民进行目测估算。滩地适宜围垦的高度一般为3～4米，低滩嫩难围，高滩阻塞水道，造成内滞。而中华人民共和国成立前，围垦公司争抢围垦，往往滩地高程2米左右就围垦造田。

箍堤 围垦工程的首道工序先筑箍埂，即临时性小堤岸。该堤筑在大堤外侧，以挡潮水进入围垦圩塘境内而影响大堤施工。箍堤标准不一，中华人民共和国成立前，一般堤顶高2米，宽0.6米。围垦工程结束后箍堤废弃。

大堤 大堤即主堤，分正北大堤和东西抢岸，是围圩的主体工程。中华人民共和国成立前，欧桥村境内各大堤都是先挑土垒成堤岸，然在外坡将泥块垒细，用水一层层进行搅拌，民工称"摇钎"，再铺上草皮以挡潮水冲击。垦殖公司为降低围垦成本，大堤高度仅3~4米，底宽仅10~12米，面宽2~2.5米，往往不力大潮冲击而坍塌。中华人民共和国成立后，境内外围江堤修筑，堤高5米，面宽4米，底宽22米，堤外坡铺设石方或草皮。

圩内水利与道路 中华人民共和国成立前，福利垦殖公司在境内外围圩塘的内部河道均是筑岸取土后开成小河，俗称挂脚沟，一般面宽8~10米，下挖深度1~2米，圩田引水、排涝、设置木涵洞。圩塘面积大的，每隔三四百米开挖一条小河，俗称三角沟，一般底宽1米左右，面宽2米，下挖深度1米。圩内道路简易，堤岸即主干道、圩内筑简易人行道，宽1米左右。河道上建有简易木板桥。新中国成立后，欧桥村境内圩塘的主河流重新开挖，各圩主干道放宽，为抗拒旱涝灾害，重建大型木涵洞和设置排涝站。

第二节　主要圩塘

丙子小圩 又名西丙子圩，位于原沙田村境南。东邻西旸港套闸，南至沙漕交界河，西与庚辰大圩毗邻，北与壬午圩相连。呈东西向长方形，占地仅93亩。1936年由福利垦殖公司围垦，以围垦农历年份得名丙子小圩。因西旸港东有同年围垦的丙子圩，故又名西丙子小圩。这是妙桥地方围垦的第一个圩塘。其正北大堤长400米，东抢岸长140米，岸高3米，内坡1：1.5，外坡1：2。在大堤脚下开挖排灌河1条，长360米，河底宽6米，河深1.5米。1951年在东抢岸建木涵洞1个，规格22×0.4×0.8（米）。1957年为红旗一社（原西旸乡13村）耕种。1958年人民公社化时该圩耕地划归仇家大队马家弄生产队。1970年以后，圩内堤岸逐步平整，正北圩堤脚上住有原沙田村1组18户农户。

丙子圩 又名东丙子圩，位于原西旸村境内北部。西临西旸塘，东至塘六泾，南沿交界河，北连壬午圩和辛巳圩。呈东西向长方形，占地200亩。1936年由福利垦殖公司主围，陈俊卿为总经理，工程负责人孟关寿（原蒋家村人）。以围垦农历年份得名丙子圩。围堤长1400米，其中正北门岸1000米，始围时堤岸底宽仅10米，岸高2.5米。翌年农历六月十三日堤岸坍塌，淹死数人。以后连坍三年。后在距北门岸20米处开挖拗子河（又名挂脚沟），并拓浚抢河。1951年建22×0.8×0.4

（米）涵洞 1 座。该圩属老滩复涨，昔日曾为耕地，后坍失江中，继而再由潮水夹带泥沙沉积而成陆地。围垦伊始，本地人李恒庆（陈庄人）和黄舟鼎（塘桥镇黄桥人）出面与福利垦殖公司协商合作围垦，东半只圩由李、黄两人围垦，由当地农户购买耕种，共 8 户，每户 10 余亩。西半只为由福利垦殖公司围成后以顿田、搁田和分收田 3 种形式出让。1958 年人民公社后，该圩耕地由西旸大队邹家、孟家和塘六泾等生产队耕种。1996 年妙桥镇人民政府对该圩和辛巳圩、甲申圩、乙酉圩、壬午圩进行平整，建立双千亩丰产方。该圩原貌已不复存在，原住该圩数家农户早已迁出。据记载，西旸村金童庙原坐落在该圩西部（原丰产牌处），初名"西旸山居"，旧为"陈氏别业"。毁于明朝嘉靖间倭乱。光绪十八年（1893），因海岸（江堤）渐坍，危及庙宇，邑人将其迁至神阳堂老宅仙人台基上（即今西旸村张家巷东北）。

辛巳圩　位于原西旸村境北部，南连丙子圩，西接壬午圩，东至海虞镇红光村夹沟浦，北与甲申圩和乙酉圩毗连。1941 年，由福利垦殖公司围垦，占地 200 亩，其中 28 亩属红光村。以围垦农历得名辛巳圩。又因圩形似薄刀（菜刀），刀柄在西旸村境，刀身在东面红光村境，村民称薄刀圩。堤长 2400 米，因其岸身矮小，底宽仅 10 米，高 2.5 米，外坡过陡（1∶1.75），曾坍塌数次。圩内有一条长 1800 米的拗子河，为便于排放、引水，设置木涵洞 1 座，规格 12×0.8×0.4（米）。1958 年人民公社后，耕地由西旸大队后邹等生产队耕种。1996 年，该圩土地经平整，建成丰产方，圩形不复存在。

东壬午圩　位于原西旸村境北部。坐落于西旸港东、丙子圩北、辛巳圩西。1942 年由福利垦殖公司老板钱宇门（鹿苑人）主围。以围垦农历年份得名东壬午圩。因圩塘面积仅 104 亩，且似团子状，又名团子圩。围堤全长 880 米，其中正北门堤 600 米，圩内开挖拗子河 1 条。1952 年在西抢岸设置木涵洞 1 座。因堤岸矮小，不经海潮冲击，堤岸裂缝而坍塌 1 次。1958 年人民公社化后，该圩为西旸大队朱家、前邹家等生产队耕种。1996 年，建双千亩丰产方时，堤岸、小河全部填平，原圩形不复存在。

甲申圩　位于原西旸村境最北部，坐落于辛巳圩和壬午圩北侧，西起西旸港口，东至塘六泾直北。1940 年，大丰垦殖公司老板朱振华凭借侵华日军势力，乘福利垦殖公司不景气时，先行在此滩涂围圩 2900 亩，后不力秋潮，围堤全线冲垮而未围成。1944 年由福利垦殖公司重围，占地 205 亩，其中耕地 130 亩。以重围旧历年份得名甲申圩。围堤长 1560 米，其中东抢岸 280 米，西抢岸 260 米。圩堤设置木涵洞 1 座，并开挖长 1000 米，宽 16 米的拗子河（新沙河）。中华人民共和国成立前该圩曾坍过 2 次。1976 年拓疏新沙河，并耗资 1.5 万元建排涝闸，在闸旁建人行便桥 1 座，后改建单孔板梁结构的公路桥。1997 年再次对新沙河疏浚，重建功率 67 千瓦的排涝站。圩内土地由原西旸村多组村民耕种。2005 年，该圩西部开挖水产养殖池塘数十亩。正北圩堤（原西旸村江边"王岸"）平整后铺设碎石路，路南住有原跃进村农户6家。

乙酉圩　位于原西旸村境东北部，西连甲申圩，东至红光村夹沟浦。1945年由福利垦殖公司围垦。占地面积160亩，实有耕地103亩，其中红光村境内42亩，西旸村境内60亩。以其围垦农历年份得名乙酉圩。又因围垦该圩的负责人和所有工程员均吸白粉（海洛因），时人称之白粉圩。该圩围堤长1100米，其中门岸800米，东抢岸300米。因堤脚松软，1946年6月大潮汛期，堤岸决口，当年庄稼颗粒无收。1949年7月24日，狂风、暴雨、长江大潮，使堤岸全线坍塌。1950年，圩内江堤全线修复加固，并在决口处铺上石方，这工程直到1953年才全部完工。该圩北堤岸上住有原西旸村塘六泾组1户村民，在宅旁率先办起绿化工程有限公司，即保谊园。

第二章　水利

第一节　江堤建设

1949年前，境内北部先后围垦的6个圩塘均为单位自建堤岸，总长约8千米。由于岸身狭小，断面土方不足15平方米，难敌洪潮。1949年7月24日（农历六月二十九日）夜，风雨海潮突然袭击，堤岸全线崩溃，淹死多人，农田当年颗粒无收。1950年，常熟县人民政府领导进行复堤工程，取消以圩单位自建堤防的旧习，境内建西旸江边"王岸"，历年加宽加高，抗御了1954年和1957年的台风、暴风和长江洪水并袭。1970年后七干河开拓和七干河闸建造，境内市级河道西旸港（塘）由出江河变成内河，江堤岸线外移2.65千米，西旸江边"王岸"遂成闸内圩堤。

西旸江边"王岸"　位于境内原西旸村最北部。南起西旸套闸，东至常熟市海虞镇红光村的夹沟浦，全长2680米，呈"┌"形。它西临西旸塘（西旸港口），由丙子圩、壬午圩和甲申圩等3圩的西抢岸连缀而成，长860米；它北临长江沙滩，为甲申圩和白粉圩2圩的门岸组成，长1820米。因上述圩塘在民国年间围垦，堤岸狭小，底宽10～15米，面宽2.5～3米，高2.5～3米，内坡1∶1.5，故不敌江潮风浪，1949年该堤全线被冲坍。1950年常熟县人民政府领导当地村民重新修筑，加固堤岸。1953年在外坡铺种草皮，并在险要地段铺上石方。加固后的江堤高达4米，面宽4米，底宽22米，当地老百姓称之为"王岸"（意即由国家出钱围成的坚固江堤）。1964年始，妙桥镇（公社）成立江堤专业队，在岸两侧种草、种树，绿化护堤。后随着外围圩塘的增多，该堤远离长江，逐渐失去抗洪防潮作用。1974 年后，就对堤岸进行平整，成为乡村公路和村组主干道路段。

第二节 河道整治

境内河道纵横交错，有区域河道盐缺塘、走马塘 2 条，市镇级河道 2 条，村组河道 98 条，全长 22.5 千米，水面积 31.57 万平方米。新中国成立前，这些河道年久失修，河床高涨，河道淤塞，洪涝时有发生。中华人民共和国成立后，人民政府组织民工进行河道整治，修浚严重淤浅的骨干河道，对弯曲不畅的截弯取直，并在西旸港口建造挡潮闸，控制水位。据统计：1956～2015 年，境内完成村级水利工程土方 168 万立方米，在对域内河道疏浚的同时，还组织大批民工援外水利工程建设，共计完成援外水利工程土方 20 余万立方米。

盐铁塘 区域性河道，东西流向，西起蒋桥二干河，东至西旸塘，全长 12.58千米。该河流经境内 3.25 千米。据《妙桥志》记载：盐铁塘自汉代开凿以来，直至明清，历朝疏浚，民国时期年久失修，河床淤积，河道成沟。1969 年 12 月，妙桥公社组织各大队出动 300 民工，对欧桥西段 1 千米长盐铁塘河段进行疏浚，疏浚标准河底高程 0.5 米，底宽 6 米，边坡 1：2，挖土方 4 万立方米，境内东段由于河床高涨，水运灌溉功能丧失，未作疏浚，至今为农田排灌渠道。1988 年冬继续疏浚。2000 年 11 月，再次疏浚盐铁塘，疏浚长度 13.10 千米，完成土方 72.24 万立方米。

西旸塘 市级河道，是妙桥地区主河道，于 1952 年、1956 年、1964 年、1971年和 1994 年进行 5 次疏浚。其中在 1964 年疏浚西旸塘出口处时，为控制水位，建西旸闸、用来防汛缓解内河道淤塞。河道面宽 33 米，底宽 8 米，河底高程 0.5 米，年平均水位 3.3～3.8 米，过水断面 33 平方米。1971 年，为提高西旸塘运输能力，改西旸闸为套闸。1988 年疏浚盐铁塘时，对西旸塘与盐铁塘长 1.8 千米的接口处又进行了疏浚，1994 年用泥浆泵对该塘进行疏浚，全长 3.1 千米，底高 0.5 米，底宽 6 米，完成土方 5.86 万立方米。2008 年再次疏浚，北起西旸套闸，南至华妙塘，全长 3.8 千米，疏浚土方 2.1 万立方米，疏浚标准为底高 0.5 米，底宽 10～14 米，边坡 1：2。

芦浦塘 位于境内东南部，为塘桥镇与常熟市海虞镇的交界河。北自西旸塘，南达金村妙景塘，全长 7.9 千米，流经欧桥村境，长约 3.5 千米，河面宽 18 米，河底宽 6 米，河底高程 1 米，此塘民国期间失修，不通水运。新中国成立后围滩造田，该河由出江河道变为蓄水河道。1953 年、1969 年、1977 年和 1996 年进行过 4 次疏浚，完成土方 36.18 万立方米，解决沿塘两岸 200 公顷粮田排灌。1998 年再次疏浚，河底高程 0.5 米，底宽 4 米，坡比 1：1.5。排涝能力为每秒 4.8 立方米，2008

年再一次疏浚，水面积 89.2 万平方米，排涝能力为每秒钟 5 立方米，疏浚土方 17.2 万立方米。

立新中心河 村级河道，1975 年拓浚。该塘北起芦浦塘，南至宋家浜，全长 1410 米，河面宽 18 米，河底宽 3 米，坡比 1∶1.5，为灌溉河道，完成土方 1.72 万立方米，1998 年全线疏浚。疏浚标准：底宽 4 米，底高 0.5 米，边坡 1∶2。完成土方 2 万立方米。2011 年再次全线疏浚，完成土方 1.8 万立方米。

徐家河 村级河道，1974 年拓浚，北起盐铁塘，南至徐巷，全长 600 米，河面宽 18 米，底宽 3.6 米，河底高程 0.5 米，平均水位 3.2 米。完成土方 3.2 万立方米，1995 年疏浚，底宽为 4 米，底高 1 米，完成土方 3.5 万立方米。2012 年再次疏浚，完成土方 3.8 万立方米。

张家河 村级河道，西起西旸塘、东至小桥组，全长 1250 米，河面宽 15 米，河底宽 4 米，底高 1.5 米，1969 年拓浚，完成土方 1.6 万立方米，为村灌溉河道。1995 年全线修浚，疏浚标准：河面宽 16 米，底宽 4 米，底高 1 米，疏浚土方 1.6 万立方米。2011 年再次疏浚，采用泥浆泵取泥，疏浚土方 1.12 万立方米。

新沙河 村级河道，西起西旸塘，东至塘六泾，全长 900 米，1977 年拓浚。河面宽 16 米，河底宽 4 米，底高 1 米，完成土方 1.2 万立方米，为村灌溉河道。1995 年全线疏浚，河面宽 24 米，河底宽 4 米，底高 1 米，坡度 1∶2，完成土方 1.65 万立方米。2008 年用泥浆泵冲挖，其中 100 余米人工取土为塘，疏浚土方 0.8 万立方米。

邹家河 西起西旸塘，东至塘六泾。全长 1150 米。1970 年拓浚，河面宽 16 米，河底宽 3 米，底高 1.3 米，完成土方 0.6 万立方米，2001 年全线疏浚，河面宽 18 米，河底宽 4 米，底高 1 米，坡度 1∶2，完成土方 1 万立方米。

1958～1981 年境内各大队支援外地水利工程建设情况表

表 4—1

年份	地点（河道）	出动民工人数（人）			完成土方（万立方米）
		欧桥	西旸	立新	
1958	望虞河	135	98	140	1.86
1959	新泾塘	120	100	130	2.12
1963	永南河	100	80	100	1.68
1965	妙金塘	120	95	110	0.66
1974	金钱塘	106	108	100	1.88

续表 4—1

年份	地点 （河道）	出动民工人数（人）			完成土方 （万立方米）
		欧桥	西旸	立新	
1978	太浦塘	135	140	130	1.81
1980	华妙塘	90	90	80	1.3
1981	锡澄运河	68	62	60	1.12

第三节 排灌设施

中华人民共和国成立前，境内农田没有固定的排灌沟系，田间进出水靠田块间过水。一旦遇旱或涝，严重影响作物生长。中华人民共和国成立后，政府号召农户挖沟排水，在田块内挖深沟，在田块外挖渠道，形成小沟通渠道，渠道通河道，涝能排，旱能灌。60年代，立新大队为实现机械灌溉，组织民众修筑水渠，从北面向南，经过芦浦塘至宋家河，全长3200米，开挖土方2.6万立方米。水渠底宽1米，高1米，坡度1∶1，支渠底宽0.5米，高0.6米，坡度1∶1，解决沿线6个生产队农田排灌。70年代，欧桥大队先后建造机电排灌马门，修筑机耕路为节省土地，在路基中间铺设水泥管道，称暗渠，路边建水渠，称明渠，1977～1979年先后建主干渠道2500米，支干渠道1600米，沟渠3200米，开挖土方5万多立方米。90年代，西旸丰产方修建永久性渠道，沟渠用砖砌成，再用水泥粉制，构筑永久性排水渠道550米，排灌两用渠道2500米。1995年，境内欧桥村投入32万元对排灌渠道全面改建成永久性渠道。

1967～1972年欧桥大队机电灌站分布情况一览表

表 4—2

码门所处地点	建造年月	灌水沟渠长度（米）	灌溉面积（亩）
庆家弄河	1970年5月 2005年改建	78	82
王金圩	1968年3月	120	38
卢浦塘西段	1970年4月	500	250
朱家河	1968年5月	168	168
卢浦塘东段	1968年3月	225	76
卢浦塘西段	1972年4月	680	210

续表4-2

码门所处地点	建造年月	灌水沟渠长度（米）	灌溉面积（亩）
徐家浜	1967 年 5 月	212	72
西旸塘	1970 年 5 月	1827	231
盐铁塘东段	1972 年 5 月	2160	120
盐铁塘西段	1970 年 4 月	521	128
徐家塘	1971 年 3 月	327	78
侯家浜	1970 年 4 月	217	65

1965～1995 欧桥、西旸、立新 3 村（大队）构筑田间渠道情况表

表 4-3

行政村名	年份	渠道数量与长度					
		干渠		支渠		永久性渠道	
		条	长（米）	条	长（米）	条	长（米）
欧桥	1975	9	3200	19	5180	—	—
	1995	—	—	—	—	11	5200
西旸	1968	3	1700	12	2900	—	—
	1975	6	2900	10	2000	—	—
	1995	—	—	—	—	3	1250
立新	1965	5	3200	17	3900	—	—
	1975	2	1000	12	3100	—	—

第四节　农田示范区

中华人民共和国成立前，境内土地高低不平，农田碎块化，河道淤浅，洪涝频发。中华人民共和国成立后，政府组织群众兴修水利，平整土地，逐步改善农业条件。1975 年，在农业学大寨运动中，开展平整土地，大搞吨粮田建设，欧桥提出建设 2000 亩田格子方的目标。到 1978 年，全村建成格子方田 1650 亩，配套建设排灌站、暗渠、明渠、机耕路等。挑土方 41 万立方米，回收土地 42 亩，西旸填河 1.5 万平方米，完成土方 50 万立方米，回收土地面积 20 亩，立新农田建设突击队挑土方 36 万立方米，平整面积 1 万平方米，回收土地面积 8 亩。

1975～1977 年欧桥大队填河造田、平整土地情况一览表

表 4—4

年份	地点	填河造田		平整高低田	
		面积（亩）	完成土方（万立方米）	面积（亩）	完成土方（万立方米）
1975	徐巷（朱家浜）	3.2	1.3	37	1.2
1975	新建	1.8	0.7	24	1.3
1975	后巷 宅河	3.8	1.4	12	0.7
1975	油车浜	3.5	1.2	26	2.5
1976	天生浜	3.2	1.5	19	1.4
1976	北塘泾	4.8	2.3	8	0.5
1975	卢家河	4.2	2.1	32	3.1
1976	弯甲泾	2.7	1.1	28	2.8
1976	老塘泾	2.5	0.9	32	3.4
1977	龚家河	4.1	1.7	11	1.1
1977	梭子河	2.2	1.2	17	1.2
1977	陈泾河	2.3	1.2	14	1.1
1976	徐家浜	1.7	0.6	21	1.5
1977	杨家浜	1.9	0.8	20	1.4

社员平整土地开挖排水渠场景（1976 年）

1978 年欧桥大队吨粮田分布一览表

表 4-5

所在生产队名	吨粮田地处位置	田块数量（块）	长度（米）	宽度（米）	总面积（亩）	田块走向
欧家桥	欧家桥南	22	80	16	42	南北
	欧家桥西	7	70	15	11	南北
	欧家桥东	11	80	16	21	东西
钱家宕	钱家西	5	70	12	6	东西
	钱家南	42	80	16	81	南北
	钱家东	20	80	16	38	南北
缪巷	缪巷南	26	80	16	50	南北
	缪巷西	12	80	16	23	南北
	缪巷北	16	80	16	31	南北
联队	三楼南	5	80	16	10	东西
	三楼北	70	80	16	134	南北
	李永兴宅前	30	80	16	58	南北
	李永兴宅后	70	80	16	134	南北
徐巷	徐巷前	36	80	16	69	南北
	徐巷后	36	80	16	69	南北
	鱼池头	—	—	—	—	—
侯家宕	侯家前	6	80	16	12	东西
	侯家西	40	80	16	77	南北
	侯家后	—	—	—	—	—
庆家弄	庆家弄北面	17	67	15	26	—
	庆家弄南面	13	70	15	21	—
	庆家弄宅南	8	75	15	14	—
后香堂	后香堂北面	18	80	16	36	南北
	雪龙宅后	9	40	8	9	南北
	雪龙宅前	23	80	16	46	南北
	朱家后头	12	80	16	24	南北
北杨	北杨东面	12	60	15	16	—
	北杨南面	15	80	16	30	南北

续表4—5

所在生产队名	吨粮田地处位置	田块数量（块）	长度（米）	宽度（米）	总面积（亩）	田块走向
刘巷	刘巷东面	12	80	16	24	南北
	刘巷西面	15	80	16	30	南北
	三楼北面	10	80	16	20	南北
高家	高家东南	28	80	16	56	南北
	高家南面	7	80	16	14	东西
	高家西南	6	70	15	10	—
前香堂	前香堂东	5	80	16	10	东西
	前香堂南	36	80	16	72	南北
	前香堂西南	6	80	16	12	东西
南杨	南杨南面	24	80	16	48	南北
	南杨北面	9	80	16	18	南北
	南杨西面	8	80	16	16	南北

西旸双千亩丰产方 西旸双千亩丰产方位于境内西旸集镇北面的围垦圩塘内，该处原是丙子、辛巳、壬午、甲申、乙酉5个鱼鳞小圩的汇集之地。1975年，在农业学大寨运动中，西旸大队组织200余劳动力奋战一个冬春，把这些鱼鳞小圩围合起来，建成东西长1032米，南北宽856米的千亩吨粮田。工程按照当初吨粮田标准实施，先在圩内中间开挖了一条长1100米，宽24米，底宽4米，底高1米，边坡1∶1.5的新沙河，然后以新沙河为中心，南面建成6横5纵，北面建成6横4纵格子方田块，构成田块成方、沟渠成网、绿化成行的吨粮田格局。是年，修筑机耕路4000余米，加固圩岸2000余米，填平河潭1.8万立方米，平整低洼地120亩，建排灌站1座，共投入资金16万元。1978年，该处吨粮田水稻亩产532千克，比一般农田增产18%，三麦亩产482千克，比一般农田增产15%。年粮食亩产超过1吨粮。

1995年10月，妙桥镇为创建省级农业标准化示范区和无公害农产品基地，利用西旸千亩丰产方的良好条件，建设双千亩丰产方。规划标准化农田2132亩，总投资450万元。该丰产方实行沟、渠、田、林、路、站、场一体化建设，工程动用6台推土机对丙子圩、壬午圩、甲申圩、辛巳圩和乙酉圩再次进行平整，完成了1200亩农田格子方工程，总计土方5.88万立方米。构筑渠道总长度1万米以上，其中排灌两用渠2500米。疏浚新沙河1100米，历时1个月，共完成土方2.1万立方米。整个丰产方筑路总长度3550米，其中硬化道路总长500米。路旁种植黄杨球350

棵、蜀桧柏 440 棵、水杉 5000 棵、矮美人蕉 2000 穴。在新沙河西口新建高标准灌排站。翌年 3 月，该丰产方被命名为江苏省农业领导工程张家港妙桥镇示范区，省委副书记许仲林任总指挥，省政府副秘书长姜道元、张家港市委书记秦振华、苏州市副市长王振明任副总指挥，省农林厅副厅长冯惟珠、苏州市水利局长范家麒、苏州市农业局长张觉良、苏州市土管局长张宗民、高级农艺师顾元良任技术顾问，市、镇、村三级有关领导秦景安、高建刚、肖玉成、张正明等 10 人为指挥成员。该丰产方高标准吨粮田 95 亩，由镇农业公司、农技人员管理，作为农技推广、农业良种繁育和农技培训的基地；绝大部分标准化农田仍由西旸村农民种植，镇农技人员进行技术指导。1999 年成功地进行稻麦双植套种，并向全镇农户推广。2000 年推广优质水稻无公害标准化生产技术近万亩，被命名为张家港市农产品无公害生产基地。2003 年高标准吨粮田和部分农户的农田共计 280 亩租赁给张家港庆泽果蔬有限公司经营。2011 年，欧桥村引进江苏金夏建设集团有限公司基地基础分公司，创建启园农业专业合作社，开辟农业土地规模化、集约化经营新途经。

第五卷 农 业

第一章 农村经济体制变革

第一节 封建土地所有制

历史上土地制度一直沿袭封建土地私有制，农民耕种的土地分为自田、租田两种。自田，凭祖传有田契的土地，只需交纳国家田赋；租田：向地主租种的土地，租户每年要交纳地租金，每亩夏粮三斗（每斗7.5千克），秋米六斗；余下的粮食归租户所有。如遇当年无粮可收而欠交，田主将这一年的地租粮转为租米，把田收回去，迫使佃户欠租，沦为雇农。

中华人民共和国成立前，境内地主、富农占有大量土地，农民自田很少，无田户靠租地耕种。据西旸乡土地改革（简称土改）时统计：境内欧桥的四、五、六村土改时有农户387家，总人口1235人，耕地面积2077亩。占总人口60%的贫农占耕地总面积的40%，占总人口6.5%的雇农人均耕地仅0.38亩；西旸乡一、二、三村，总户数330户，人口1172人，耕地1738亩，占总户数52%的贫农仅占耕地总面积的30%；太平乡五、六、七村，总户数407户，人口1465人，耕地2132亩，占总人口2.1%的雇农耕地占总面积的0.48%，占总人口5%地主、富农占有的耕地占总面积的32.6%。

土改前境内欧桥各阶层土地占有情况表

表5—1

成分	户数	人数	土地面积（亩）	人均耕地（亩）	备注
地主	2	—	326.67	—	系外乡地主在本乡占有土地
富农	2	11	58.52	5.32	—
小土地出租	—	—	—	—	—

续表5－1

成分	户数	人数	土地面积（亩）	人均耕地（亩）	备注
富裕中农	32	126	372.96	2.96	非耕地面积未统计在内
中农	88	341	668.36	1.96	部分租田在内
贫农	256	742	645.54	0.87	—
雇农	7	15	5.72	0.38	—

土改前境内西旸各阶层土地占有情况表

表5－2

成分	户数	人数	土地面积（亩）	人均耕地（亩）	备注
地主	3	19	338.2	17.8	—
富农	7	32	168.96	5.28	—
小土地出租	—	—	—	—	—
富裕中农	21	96	264.1	2.75	非耕地面积未统计在内
中农	123	489	591.69	1.21	非耕地面积未统计在内
贫农	171	582	374.8	0.71	—
雇农	5	8	2.48	0.31	—

第二节　土地改革

　　1950年1月，境内土地改革开始，至1951年6月结束，历时半年。时由常熟县福山区委派任瑞金、季天生等3名干部进驻西旸乡，到各村组建农民协会，向农民宣讲中央人民政府颁发的《中华人民共和国土地改革法》。组织群众自报耕地面积，对农户自田、租田进行分类登记，清查租田面积，核准地主、富农财产。根据政务院《关于划分农村阶级成分的决定》精神，评定阶级成分，出榜公布，然后确定分田标准。按先得户1.5亩，后得户1.3亩，分田到户。（先得户，指既有自田，又有租田的农户，将租田变自田，按1.5亩户住人数计算，多余的租田交出统一分配。后得户指自田很少或没有自田的农户、把租田转为自田，按1.3亩户住人数分配土地，不足补缺。）在土改运动中，土改工作队认真贯彻依靠贫农、雇农，团结中农，保护富裕中农，打击地主阶级的政策，废除封建土地所有制，没收地主的土地和多余的财产、房屋、家具及大中型农具，征收富农多余土地，分给无地、少地、缺衣少食的贫苦农民。通过土地改革，境内11个村，有1021户3722人，其中雇农23户82人；贫农621户2008人；中农321户1484人。土改后人均分得土地1.5亩，没收地主、富农的房屋及家具、农具分给贫农和雇农。西旸乡二村邹家一地主被没收正屋 5 间，厢房 7 间，分给 9 户贫苦农民。其中贫农徐仲生全家 5 口人，分得厢房 3 间；王二司全家 4 人，分得厢房 2 间；陈金生全家 4 人分得正屋 2 间；孟福寿 1 人，分得厢房 1 间；孟丞相 1 人分得厢房 1 间；还有 1 户 6 口之家，分得正屋 3 间。常熟县政府颁发了土地证，以法律形式保障农民的土地、房产所有权。

1951 年西旸乡第四村雇农和贫农拥有土地、宅基地一览表

表 5—3

户主姓名	成分	家庭人口	耕地面积（亩）	非耕地面积（亩）	宅基面积（亩）	土地证号数
杨永法	贫农	4	5.460	0.52	0.206	1263
缪祥保	贫农	4	5.761	—	0.340	1264
杨永昌	贫农	4	5.590	—	0.232	1265
缪祖来	贫农	2	2.789	—	0.175	1266
杨大保	贫农	2	3.838	—	0.232	1267
杨永环	贫农	2	7.81	—	—	1272
胡保兴	贫农	4	5.562	—	0.258	1273
杨纯恩	贫农	5	6.243	0.52	0.361	1275
缪海郎	贫农	5	6.058	—	0.258	1276
缪四四	贫农	3	4.430	0.52	0.258	1277
杨关兴	贫农	5	8.147	0.31	0.381	1281
缪乾保	贫农	4	4.875	—	0.515	1283
陈叙兴	贫农	5	5.749	2.06	0.258	1284
陈发发	贫农	1	2.319	2.06	0.258	1285
辛洪兴	贫农	4	6.233	—	0.515	1288
辛云生	贫农	4	5.275	—	0.309	1290
陈叙宝	贫农	4	6.109	2.06	0.258	1294
辛永生	贫农	4	5.224	—	0.309	1295
辛二保	贫农	3	3.546	—	0.309	1296
杨生保	雇农	4	5.794	—	0.155	1268
陈永康	雇农	3	3.729	—	0.618	1270
管寅寅	雇农	5	5.492	2.06	0.258	1293
邹余生	雇农	3	3.781	—	0.309	1197
卢小二	贫农	3	5.480	—	0.258	1188
卢洪坤	贫农	3	5.203	1.03	0.258	1189

续表5—3

户主 姓名	成分	家庭人口	耕地面积 （亩）	非耕地面积 （亩）	宅基面积 （亩）	土地证号数
王小大	贫农	3	5.409	—	0.309	1190
卢凤保	贫农	1	1.951	—	0.206	1191
卢进法	贫农	2	2.989	—	0.155	1192
王叙兴	贫农	6	7.623	—	0.464	1193
邹金生	贫农	3	3.781	—	0.309	1197
王祖保	贫农	5	8.343	—	0.309	1199
王寿男	贫农	4	6.861	—	0.413	1200
王祖生	贫农	2	3.348	—	0.206	1201
邹林保	贫农	4	4.122	—	0.258	1202
王小六	贫农	1	2.215	—	0.413	1204
徐根保	贫农	3	4.688	2.17	0.402	1205
王太寿	贫农	1	2.731	—	—	1207
王锡根	雇农	4	3.753	1.02	0.618	1208
王寅生	贫农	2	5.460	0.52	0.464	1209
邓二保	贫农	5	5.460	1.03	0.515	1210
曹世男	贫农	4	6.323	—	0.206	1212
王三保	贫农	4	4.915	—	0.309	1213
邓祖洪	贫农	3	4.816	—	0.618	1215
王石保	贫农	2	4.565	1.03	0.515	1216
王连保	贫农	3	4.797	0.52	0.103	1218
王元生	贫农	2	2.730	—	0.52	1221
王何生	贫农	1	1.494	—	0.62	1222
王银福	贫农	4	5.709	1.03	0.309	1226
王安法	贫农	6	6.883	—	0.155	1227
王妹妹	贫农	1	1.083	—	0.31	1228
王根元	贫农	4	4.893	—	0.206	1229
王仁男	贫农	1	1.648	—	0.31	1230
王云元	贫农	4	4.893	1.13	0.52	1232
王万昌	贫农	1	1.442	—	0.21	1233
王振汉	贫农	4	4.378	—	0.155	1236
王六妹	贫农	1	2.307	—	0.31	1237

续表5—3

户主姓名	成分	家庭人口	耕地面积（亩）	非耕地面积（亩）	宅基面积（亩）	土地证号数
王洪元	贫农	4	3.914	1.13	0.52	1239
王永兴	贫农	3	3.179	—	0.103	1240
王叙阄	贫农	5	6.852	1.03	0.206	1248
朱友来	贫农	2	3.400	1.03	0.206	1249
朱三弟	贫农	4	4.326	1.49	0.72	1250
朱良保	贫农	1	2.472	0.600	0.72	1251
朱青保	贫农	5	6.387	0.31	0.206	1252
朱叙法	贫农	3	4.997	1.55	0.258	1253
朱永生	贫农	4	4.637	0.567	0.258	1254
朱兴兴	贫农	2	4.482	1.03	0.206	1255
朱叙福	贫农	4	4.472	0.52	0.258	1256
朱二保	贫农	2	5.305	2.89	0.103	1259
朱锦岳	贫农	4	3.092	—	0.618	1260
杨蒙恩	贫农	5	3.842	—	—	1261
杨良保	贫农	2	3.317	2.06	0.206	1262

第三节　农业合作化

一、互助组

土地改革后，各户分得了土地，生产积极性普遍高涨。但多数农户缺乏大型农具和耕牛，农忙收种难以完成，还有少数缺劳户、患病户把刚分得的土地就变卖出去。党和政府为防止两极分化号召农民组织起来，走互助合作化道路。1952年5月，六村村长陆连连，民兵分队长陈大保，积极响应党的号召，在李家、后巷、徐巷建立全乡第一个互助组。入组户本着自愿互利的原则，把亲友邻户组织起来建立临时性或季节性互助组，进行伴工互助。互助组土地、农具以及收获的粮食仍归各户所有，使用的耕牛、农具等价交换，农活用工实行记工，年终结算。六村的季节性互助组带动四村和五村农户也相继建立互助组。西旸三村有4个自然村庄，建立了5个临时互助组，1个常年互助组。常年互助组配1个记工员，年终按亩均收益计酬用工，结算到户，现金找补。其后孟家、朱家也建办常年互助组。境内太平乡五村李小弟在尹家建立2个临时互助组，由于当年分配中对劳力，耕牛、农具等议价欠合理，引发农户退组。1953 年 5 月改建常年互助组，农户又纷纷入组，互助组得到巩固。至 1953 年 10 月，境内各村都走上互助合作道路，互助组总数有 51 个，其中常年互助组 38 个。

<h3 style="text-align:center">1953 年境内各自然村互助组一览表</h3>

表 5—4

自然村名称	互助组总数（个）	其中			
		常年互助组（个）	户数（户）	组长	副组长
前香堂	2	1	20	王小大	卢保文
后香堂	1	1	17	王福男	朱永庆
庆家弄	1	1	26	缪海郎	吴保兴
黄金川	2	1	17	管元生	支妙生
东巷	1	1	18	王钖根	邓祖安
高家	2	1	17	高洪标	高金生
欧家桥	2	1	20	马小才	温小大
钱家中杨	2	1	34	杨叙元	陈米米
刘家巷北杨	2	1	35	刘小保	侯金生
缪巷	2	1	19	陈三保	陈大保
徐巷	2	1	25	陈金元	徐桂生
陆家巷	1	1	21	陆连保	徐根兴
圩堤上	2	1	17	蔡元生	陶根福
侯家巷	2	1	21	方永生	侯仕一
李家巷	1	1	21	李同保	李关元
桥东桥西	2	1	36	张祖林	钱惠祖
张家巷	1	1	23	张仲元	张林元
东张西张	2	2	35	张金保	张宗成
孟家	1	1	21	孟毛毛	孟祖良
朱家	1	1	22	王桂生	孟祥郎
邹家	1	1	25	陈根生	陈金南
陈家	1	1	20	陈锦元	陈仁仁
钱家	1	1	23	钱小山	钱永康
塘六泾	1	1	24	张叙元	张永泉
小桥头	1	1	25	张桂南	张生生
塘西	1	1	21	钱仲仲	孟保兴

续表5—4

自然村名称	互助组总数（个）	其中			
		常年互助组（个）	户数（户）	组长	副组长
宋家桥	1	1	24	时永来	谢冠来
尹家宕	2	1	27	李小弟	王培培
张家宕	1	1	26	张友泉	张世福
周黄家宕	1	1	23	周桂兴	黄大兴
姚家宕	1	1	22	唐仲仲	姚增增
三徐家村	1	1	25	龚金男	陈金男
祁家巷	1	1	19	祁保叙	祁大男
南杨	1	1	22	杨永清	杨亭元
前石家泾	1	1	23	陈清清	陈大保
后石家泾	1	1	24	陆祖兴	卢仲
东巷	1	1	24	王雪根	支永来

二、初级农业生产合作社

1954年2月，境内西旸乡六村在互助组的基础上建办初级农业合作社（简称初级社）：农户入社自愿、退社自由，土地分级入股，民主评定股数，按股数土地分红，由合作社统一经营。劳动力按体力强弱、技术高低评工记分，年终参加分配。大型农具（农船、水车）、耕牛私有公用，合作社付租金，分配按全年总收入扣除种子、肥料，大型农具租金、牛饲料及公积金、公益金后，各户按"田四、劳六"进行分配，年终结算到户。由于初级社能合理使用土地、劳力和资金，种植作物因地制宜，农业生产力得到进一步发展，粮棉油亩均产量比互助组增产10％～20％。1955年5月，境内欧桥、立新（太子）地区相继建办初级农业合作社。是年底，西旸地区亦相继建立初级社。

1955年5月境内欧桥、立新等地初级社一览表

表5—5

初级社名称	社长	会计	成立时间	所辖自然村
西旸乡四村11社	缪海师	支妙生	1955年春	庆家弄、黄金川
西旸乡五村9社	高金生	徐关寿	1955年2月	高家
西旸乡四村10社	王小大	徐耀兴	1955年春	前香堂
西旸乡四村7社	王福男	朱永福	1955年3月	后香堂

续表5—5

初级社名称	社长	会计	成立时间	所辖自然村
西旸乡五村8社	朱永庆	朱小永	1955年4月	朱家
西旸乡五村5社	杨叙生	徐正华	1955年4月	欧家桥
西旸乡五村4社	刘小保	刘仁明	1955年4月	刘巷北杨
西旸乡六村2社	陈大保	陈香保	1955年5月	缪巷
西旸乡六村3社	陆金元	徐保亭	1954年4月	徐巷
西旸乡六村1社	陆连保	张永来	1954年2月	陆家巷
西旸乡六村6社	蔡元生	陶根福	1954年3月	圩堤上
西旸乡六村12社	方永生	侯仕一	1955年5月	侯家巷
西旸乡六村13社	李桐桐	李关元	1955年5月	李家宕
太平乡四村4社	时永来	谢冠来	1955年春	宋家桥
太平乡四村5社	李小弟	王培培	1955年2月	尹家宕
太平乡四村6社	张友泉	张世福	1955年春	张家宕
太平乡五村7社	周桂兴	黄大兴	1955年3月	周黄家宕
太平乡五村8社	龚金男	陈金男	1955年4月	三徐
太平乡五村9社	唐仲仲	姚增增	1955年4月	姚家
太平乡七村10社	陈清清	陈大保	1955年4月	前宅
太平乡七村11社	陆祖兴	卢仲	1955年5月	后宅
太平乡六村12社	祁保叙	祁大男	1955年5月	祁家巷
太平乡六村13社	杨永清	杨亭元	1955年5月	南杨家

三、高级农业生产合作社

1956年3月,农业合作化运动向高级农业生产合作社(简称"高级社")发展。以原有初级社为基础,带动周围互助组单干户,联合组建高级社。欧桥地区13个农业初级社合并组建高级农业合作社,名为红旗五社,下设14个生产队,有385户1327人。西旸地区为红旗二社,下设9个生产队,有330户1172人;太子地区为红旗六社,下设18个生产队,有407户1465人。高级社后,农民入社的土地,除保留少量自留地外、均为集体所有,耕牛和大型农具作价入社,逐年偿还,社员集体劳动,实行"各尽所能,按劳分配"原则,劳动按劳记工分,年终结算分配兑现。至1958年春,境内红旗二、五、六3个高级社有1052户3972人,分别占境内总农户和总人口的99.94%和99.79%。

第四节 人民公社化

1958 年 9 月，常熟县妙桥人民公社成立，原高级社改称生产大队，下设生产小队。境内红旗二、五、六 3 个高级社更名为 3 个大队，下设 39 个生产队。大队、生产队归公社统一领导，经济由公社统一核算，生产资料归公社一级所有，物资、资金、粮食由公社调配。人民公社劳动军事化，生产统一指挥，大队建立营、连、排编制，组织大兵团作战；生活集体化，各生产小队办公共食堂，吃饭不要钱。

1959 年，境内 3 个大队为欧桥大队、西旸大队、太子大队，实行公社、大队两级管理，分级核算。大队对生产队实行"三定"（定产、定工、定赔）奖赔责任制，加强了经营管理。

1961 年 7 月，公社实行"三级核算，队为基础"。以生产队为核算单位，执行按劳分配，多劳多得原则，提高了社员生产积极性。1962 年，贯彻中共中央关于《农村人民公社工作条例（草案）》，补划社员自留地，停办集体食堂，调动了社员的生产积极性。1966 年开展"文化大革命"，强调政治挂帅，推行"大寨式评工"记分，社员自报，公众评议，按政治表现打分，严重挫伤了社员集体生产的积极性，使集体经济受到严重影响，群众生活水平下降。1971 年，各大队扩大种植双季稻面积，提高粮食总量。同时启动农业机电化，建立机电管理站。逐步实现农业耕作机械化，灌溉机电化，为队办工业发展提供劳动力资源。1975 年，欧桥大队走农、副、工、商、运综合发展道路。农业劳动力逐步向副、工、商、运转移。农业不再是农民收入的主要来源。1978 年，欧桥大队实行大队统一核算，统一分配，各生产队不再配会计，只设报账员，生产队收支由大队统一支付，出售的水稻、棉花、三麦、油菜籽等收入上交大队，由大队分队记账，年终统一分配。1978 年起，境内取消大寨式评工记分，实行分组劳动和包工记分，实行多劳多得的分配原则。

第五节 家庭联产承包责任制

1982 年 10 月，境内全面实行家庭联产承包责任制，3 个大队 1420 户联产承包耕地 5807 亩。其中欧桥大队由于实施社会主义新农村建设，部分农田变成了农民集中居住区，加上工业、公益事业及文化、体育等事业建设用地，耕地总面积锐减。把存量土地按户住人数人均划分承包到户；西旸、立新 2 个大队以生产队为单位将土地承包到户。各队把集体耕地分为口粮田和劳力田，口粮田人均 0.45 亩，剩下的划为劳力田，按劳力平均分田承包到户。对水旱地、远近地按年收益发包农户。立新大队第 6 生产队集体耕地总面积 112 亩，总人口 112 人，有男女劳动力 72 人，先分口粮田每人 0.45 亩，总面积 50.4 亩，剩下的 61.6 亩按劳动力承包，每个男女劳动力承包 0.85 亩。家庭联产承包责任制后，承包农户在国家粮棉油种植计划指导下，由各生产队安排布局茬口、连片种植，生产管理由农户自主，土地翻耕、排灌、收割由大队农机服务站提供服务，形成农户承包经营，集体配套服务的双层经营机制。农户收获的粮食完成国家征购任务后，余下的自主支配；棉花全部出售国家；油菜籽卖给国家扣除征购任务后，返还食油和菜饼。经济收入除交纳农业税、公积金、公益金外，悉归农户所有。

第六节　土地规模经营

境内土地规模经营从 1985 年开始。是年，欧桥村 327 户务工人员的 1038 亩承包地一并流转给 118 个务农人员承包经营。务农人员承包流转地后，村农机服务站提供耕地、收割等服务；肥药站供应化肥、农药；务农人员只需按种植计划布局作物，科学管理，收获的粮食完成国家征购任务后卖给村粮站，村按国家粮食收购价结算后再补贴每亩 30 元。粮站收购的粮食加工后按平价供应务工户吃粮。收获的油菜籽和棉花全部卖给国家，国家返还的菜油由站统一供应务工户。

1988 年，承包户扩大承包面积。每户承包亩数由原来的 6～10 亩扩大到 15～28 亩，承包户比 1985 年减少了 98 户，农业劳动力减少 75%。

1988 年欧桥村农户转包耕地面积一览表

表 5—6

姓名	面积（亩）	合同期	姓名	面积（亩）	合同期
唐永兴	28	5	高相大	15	5
缪祖兰	17	5	徐小弟	15	5
杨龙	15	2	高小英	17	5
缪永永	18	5	徐仁忠	16	2
缪乾郎	15	5	陈金生	15	3
王元咲	15	5	陈金祥	15	3
王月华	15	3	杨普年	18	5
王二咲	17	3	杨学金	15	5
王根生	16	2	杨学银	15	5
王丁华	15	1	温亭亭	20	3
徐正环	18	3	温保忠	15	5

续表 5—6

姓名	面积（亩）	合同期	姓名	面积（亩）	合同期
卢龙龙	17	5	朱建良	17	5
王祥元	15	2	陈友生	15	3
卢刚刚	16	3	钱玉亭	15	3
王根元	15	3	陈四郎	15	5
钱玉成	19	5	钱小二	15	5
陶耀丰	17	5	钱永康	15	5
陶耀明	15	5	徐世法	17	5
吴才保	15	5	陈保元	16	5
陶金保	16	3	陈永法	15	5

　　1992 年，土地承包规模进一步扩大，原有的承包户受家庭工业比较效益影响，放弃承包地转营家庭工业。欧桥村审时度势招收境外种田能手承包土地，把全村务工人员的耕地承包给 9 个大户经营，其中本村有 2 户，外来的 7 户。承包面积最多的 181 亩，最少的 58 亩。

　　2005 年，江苏省全面免征农业税，并对农户实行良种、肥药补贴，承包大户种田收益跳跃式提高，流出户要求分享改革红利，有偿使用土地。2006 年 10 月，境内实行土地有偿使用，对承包大户收取土地使用费。是年，市、镇两级对土地流出户实行财政补贴，加上大户交土地使用费，土地流出户得到收益。2007 年欧桥土地流出户亩均年收益 652 元，其中收取土地使用费每亩 352 元，市财政补贴每亩 210 元，镇财政补贴每亩 90 元。2010 年，土地流出户亩均年收益 750 元，其中土地使用费亩均提高至 450 元，市、镇两级财政补贴 300 元。2015 年，土地流出户的亩均收益提高到 800 元。

2015 年欧桥村种田大户规模经营一览表

表 5—7

姓名	面积（亩）	姓名	面积（亩）
杨梅忠	409.01	刘龙	89.23
朱二奇	271.22	卢国新	508.40
田兆柱	227.37	李守建	18.00
朱林男	61.87	陈文宾	35.84

续表 5—7

姓名	面积（亩）	姓名	面积（亩）
王雪芬	50.26	澹敬章	34.05
林汉明	40.31	陆建琴	74.46
沐昌寿	67.41	侯晓东	63.00
谢付信	60.12	于建军	20.00
徐于伍	153.58	陈立新	7.50
伍茂发	34.72	蔡建东	8.36
王正龙	101.56	周进刚	27.91
徐六钧	39.55	邹建新 许文亮	125.95
左士弟	66.75	王景朋	45.34
陈小保	128.66	周国平	65.11
孙善勇	150.89	葛行政	154.46
陶功富	186.44	杜庆林	136.67
谢美花	126.73	周美西	19.91
杨来好	133.73	钱宝林	19.43
周信保	85.78	—	—

启园农庄专业合作社　启园农庄专业合作社地处西旸闸东侧甲申圩内，2015 年建办，该地原是 2003 年 8 月并镇前妙桥镇双千亩丰产方基地，隶属塘西、马家弄、前邹、后邹、朱家、塘六泾村民的集体耕地，占地面积 800 余亩。公司经营采用公司＋农户的土地股份制模式。2015 年，公司投入 2800 余万元建设基础设施。建成 300 亩蜜梨园基地，80 亩水蜜桃基地，50 亩枇杷基地、50 亩果园采摘基地，116 亩粮食种植基地，150 亩水产放养基地和 20 亩家禽家畜养殖基地。启园农庄有建筑面积 6200 余平方米，其中 3000 余平方米产品展示展销馆，2000 平方米冰冻保鲜库，1200 平方米的儿童乐园。现已建成启园生态农庄，形成农业休闲、观光旅游等为一体的现代综合性高效农业示范区。

第七节　确权登记

1998 年，坚持"大稳定，小调整"的原则，实行土地二轮承包，延长农户土地承包经营权期限 30 年不变。境内欧桥村有 20 个村民小组，565 农户，在册人口

1867 人，耕地总面积 1223.46 亩，通过小调整，发证书 565 户，具有经营权面积 1008.18 亩，转让经营权面积 221.5 亩；西旸村有 18 个村民小组，625 农户，在册人口 1962 人，耕地总面积 1906.78 亩，通过小调整，发证书 625 户，具有经营权面积 1906.77 亩；立新村有 13 个村民小组，360 农户，在册人口 1192 人，耕地总面积 1269.58 亩，通过小调整，发证书 360 户，具有经营权面积 1269.58 亩，转让经营权面积 61.6 亩。翌年，张家港市委农工部对农户发放《农村集体土地承包经营权证书》。2014 年，贯彻落实中共江苏省农村工作领导小组《关于推进全省农村土地承包经营权登记颁证试点工作的通知》，对农户家庭承包土地的田块，面积，空间位置等信息进行确权登记发证，进一步明确农民对承包土地的各项权益，强化对土地经营权的物权保护，保持现有土地承包关系稳定并长久不变。对 1998 年土地续包过程中存在的错确权、漏确权，特别是出现证地不符等问题，在这次确权登记颁证工作中，要依照法规、政策，结合实际，妥善予以纠正。确权登记以村民组为单位登记造册。2016 年 3 月，全村土地承包经营确权、登记结束。境内 54 个村民小组确权登记总户数 1561 户，人口 5856 人。确权总面积 3864.06 亩。2016 年 12 月，由国家农业部统一颁发土地承包经营权证书。全村共发土地承包经营权证书 1561 本，发证数占应发证总数 100％。

第二章　种植业

第一节　粮食作物

一、水稻

品种　中华人民共和国成立初，水稻以早熟中粳品种为主，有长秆晚稻、大头罗汉黄、青阳稻、老来青等品种。60 年代，有金南凤、世界稻、麻经糯、香粳糯等品种。1967 年大面积种植双季稻后，前季早稻有矮南早 1 号，矮南早 39，二幅早，幅早 2 号，原丰早等品种，后季稻有双丰 1 号，双丰 4 号，桂花黄，东方红 1 号，沪选 19 号，苏粳 7 号，东亭 3 号，农桂早等品种。1985 年恢复单季稻后，引进品种先后有东亭 3 号，武复粳，花培 18，盐粳 2 号，"816933"、"88122" 等品种。2000 年，有早单八 88122、太湖粳 2 号为当家品种，糯稻有紫金糯，太湖糯等品种。2015 年，南粳 5055、武运粳 30 号、常农粳 8 号等成为水稻主栽品种。

欧桥大队在晒稻（1976 年）

面积和产量　水稻是境内种植的主要作物，1962年，欧桥种植水稻932亩，占种植总面积52%；西旸种植水稻852亩，占种植总面积55%；立新种植水稻807亩，占种植总面积60%。1988年棉改稻，水稻种植面积约占总面积的78%。

1967年，境内种植双季水稻。是年，欧桥大队双季稻种植面积521亩，占水稻总面积的58%；西旸大队双季稻种植面积462亩，立新大队双季稻种植面积581亩，分别占水稻总面积的60%、62%。1977年推广种植杂交水稻。1982年实行家庭联产承包制后，农户改种单季稻，并减少棉花面积，扩种单季稻。1985年，欧桥村水稻种植面积1039亩，西旸村水稻种植面积895亩，立新村水稻种植面积920亩。1990年，境内欧桥村种植水稻950亩，亩产540千克，总产513吨；西旸村种植水稻1025亩，亩产484千克，总产496吨；立新村种植水稻938亩，亩产448千克，总产420吨。2000年，境内欧桥村种植水稻1170亩，亩产595千克，总产696吨；西旸村种植水稻1030亩，亩产513千克，总产528吨；立新村种植水稻1438亩，亩产635千克，总产913吨。2010年，欧桥村种植水稻4442亩，亩产485千克，总产2154.6吨。2015年，欧桥种植水稻3652亩，亩产536千克，总产1958吨。

栽培方法一般分为育秧、莳秧、施肥、田间管理四环节：

育秧　传统育秧，选择临河、低田作秧田。秧田与稻田比例为1∶15，先翻地、施肥（人畜类），后把田做成块状，每块宽度4尺，待暴晒一星期后灌水，使泥土融细，后用木板压平进行落谷，落谷要稀匀。70年代使用除草剂后，落谷前对秧板喷洒"除草剂"或撒上"除草醚"，落谷后秧田水浆管理，追施肥料、防病治虫等配套措施有专人负责。90年代推行撒播，麦收割后，直接把稻种撒播在未耕的麦田里，然后灌水、施肥除草。2000年推广机播秧后，用薄膜块育秧，待秧苗长到一定时搬放到插秧机机插。

莳秧　手工插秧。秧距宽度6株3尺。为了便于耥稻，用拉绳插秧，株距为5.5寸×4寸，亩均2.4万株。70年代种植双季稻后，曾采取拉线定株，两边田岸上各一人将线拉直，定株，莳秧人在田中按绳上标记莳秧，听哨为号，莳好一横后退一步再莳，使田间秧距尺寸均匀。2000年，机插秧替代人工莳秧。亦有少数农户把麦子收割后，直接把稻种撒播麦田里，薄水灌溉待出苗后间苗。2015年农民不再手插秧。

水稻靠水生长，育秧靠水调节促控秧苗生长，培育带蘖壮秧，出苗前保持苗床湿润，出苗后，晴天满沟水，阴天半沟水。莳秧前大田灌水第一次要灌深灌透，莳秧时放水，莳好秧后再灌深水。

施肥　育秧2～3叶期，追施断奶肥，移栽前5天，追施起身肥。一般大田莳秧前施足基肥，用河泥掺水拌草沤制的草塘泥作稻田基肥。再追施化肥碳酸氢铵亩均

30~40千克。莳秧后7~10天，施分蘖肥，亩施尿素10千克，中期施长粗肥，亩施氮磷钾化肥20~25千克，中后期施孕穗拔节肥，亩施尿素25千克，后期施少量粒肥争粒重。施肥时间由村农技员根据稻苗生产规律、定时、定期分阶段进行。

田间管理 秧苗移栽后，昔日一般在18天内人工用大耥工具耥稻，除去杂草，中耕松土，结合追肥，促使稻苗发棵，稻苗生长中期要拔稗草。80年代推广化学除草后，用除草醚代替人工除草，效果较好，但对稗草作用不大，至今尚须人工拔稗。水稻病害主要有稻瘟病、纹枯病、恶苗病、稻曲病、白叶枯病等。防治方法：主要用敌百虫、敌敌畏、混合药粉等喷洒。发病后用杀虫咪、敌枯霜进行喷洒。水稻虫害有三化螟、二化螟、纵卷叶虫、稻飞虱、稻叶蝉等。防治方法：50~60年代用六六六粉、敌百虫、"223"。70年代用杀虫咪、苏北"203"、"1605"、"223"，80年代用甲胺磷、杀虫咪、杀虫霜，90年代用甲胺磷、杀虫菊脂、锐劲特等，2000年始用多菌

西旸大队夏忙劳动场景（1975年）

灵拌种或用恶线灵浸种等方法减轻水稻病虫害的发生。2010年起主要用低毒高效的毒死蜱、吡虫啉、井冈霉素、吡蚜酮等农药防治。

二、三麦

品种 本地种植小麦、元麦、大麦3品种。新中国成立前，元麦以四柱头为主，小麦以尖柱头为主。中华人民共和国成立后，以小麦为主，元麦、大麦为辅。小麦品种有华东6号、吉利、矮粒多、矮秆红等。1970年后大麦、元麦种植很少。主要种植小麦，品种有扬麦671、武麦1号、宁麦701、扬麦2号、扬麦3号、扬麦4号、苏麦1号、宁麦3号等。2000—2015年，扬麦16号成为主栽品种。

种植方法 中华人民共和国成立初，农民种麦简单粗糙，犁好地播麦子，土块大，塝形狭，1米宽，田块两头有横塝，播种后普施人粪或畜粪肥，三麦亩产90千克左右。1958年，推行人工深翻，深度1.5~1.8尺，播种子每亩15千克，以灰泥杂泥盖籽，立春后追施人畜粪作返青肥，三麦亩产120千克左右。1970年，三麦学塘桥，种麦工艺化，碎土薄片深翻，泥块像鸡蛋大，塝框1丈2尺，每塝一条沟，田块沟系成田字形，撒播密植，施肥普施基肥，亩施河泥30担，猪羊窝灰20担，改春肥施腊肥。冬管采取重敲轻拍保墒，控上促下，培育足苗，壮苗，确保全苗过冬。1971年，欧桥大队种植小麦1107亩，平均亩产272.5千克。1990年后大面积种套播麦，俗称免耕麦。方法有两种，一是板田麦，稻收后，在板田先亩施复合肥

50千克，翌日亩播12～15千克麦种，再用挖沟机撒出的沟泥碎土盖籽。二是套播麦，收稻前7～10天把麦种撒在稻田里，待稻收割后补施肥料和化学除草剂，亩施复合肥50千克，再用开沟机开沟的碎土盖苗，施肥采取基肥足、冬前促、返青控、抽穗后争穗粒重，这二种播种方法省工省本，高产高效，亩产400～450千克。1995年欧桥村免耕种植小麦880亩，平均亩产365千克；2000年欧桥种植小麦892亩，平均亩产372千克。2010年，欧桥种植小麦3452.8亩，平均亩产356千克。2015年种植小麦2955.17亩，平均亩产376.5千克，总产1113吨。部分大户一直沿用板田麦和套播麦方法播种小麦。

病虫害防治　三麦病害有赤霉病、白粉病、纹枯病、黑穗病等，虫害有麦芽虫、麦粘虫等。防治主要以农药为主，60～70年代使用农药223、甲胺磷、甲基1605、故百虫粉防治，90年代起使用高效低毒的菊酯类农药替代高毒有机灵农药，如敌杀死、速灭丁等。

1963～2015年欧桥村（大队）三麦、水稻种植面积、产量选年一览表

表5—8

年份	三麦			水稻		
	面积（亩）	亩产（千克）	总产（吨）	面积（亩）	亩产（千克）	总产（吨）
1963	1077	80.00	86.25	1118	338.00	377.88
1964	1085	88.00	95.55	1120	345.50	387.06
1965	1066	189.50	202.00	1122	431.50	483.58
1966	1065	186.00	198.01	1120	440.50	493.30
1967	1067	156.50	166.90	1120	446.50	500.00
1968	1067	205.50	219.20	1136	387.91	440.66
1969	967	182.60	176.57	956	432.50	413.47
1970	974	188.00	183.21	1107	478.00	529.14
1971	1107	272.50	301.60	835	536.00	447.56
1972	1086	290.70	315.60	866	518.00	449.19
1973	1052	251.30	264.30	898	560.90	503.63
1974	1012	311.60	315.70	1054	552.30	582.12
1975	1038	311.80	323.60	1027	565.50	596.23
1976	1012	337.50	342.10	1054	515.50	534.05
1977	1017	282.00	286.79	1038	514.50	534.05
1980	912	444.30	405.40	886	552.00	489.07
1981	871	426.10	371.10	870	558.00	485.46

续表5—8

年份	三麦			水稻		
	面积（亩）	亩产（千克）	总产（吨）	面积（亩）	亩产（千克）	总产（吨）
1985	805	419.50	337.20	925	467.50	432.44
1987	880	420.00	369.60	928	516.10	478.94
1988	960	416.00	399.36	996	507.00	504.97
1989	880	340.90	299.89	970	490.50	475.78
1990	880	385.00	338.80	950	540.00	513.00
1992	833	378.50	315.29	928	532.00	493.69
1998	954	348.00	331.90	1111	532.00	591.05
2001	988	250.50	247.49	1159	565.50	656.57
2002	985	278.00	275.00	1148	519.00	595.81
2003	1098	301.00	330.40	1152	540.50	620.50
2004	4106	310.00	1272.90	4150	602.00	2499.10
2005	3600	318.00	1165.80	3660	500.50	1832.20
2006	3665	316.00	1158.14	3650	520.50	1898.00
2007	2560	322.50	1148.10	3560	575.82	2340.25
2008	3545	326.00	1155.67	3445	555.50	1913.69
2009	3460	353.50	1221.38	3510	559.50	1209.38
2010	3453	356.00	1229.19	3452	485.00	1674.60
2015	2955	376.50	1112.82	2955	536.00	1583.88

1965～2003年西旸村（大队）三麦、水稻种植面积、产量选年一览表

表5—9

年份	三麦			水稻		
	面积（亩）	亩产（千克）	总产（吨）	面积（亩）	亩产（千克）	总产（吨）
1965	864	192.50	166.35	750	422.50	316.87
1966	860	191.00	164.26	756	424.50	319.20
1967	862	207.50	178.90	756	419.00	300.84
1968	1056	256.00	270.33	754	399.00	330.60
1969	1062	237.50	252.25	1018	406.00	413.30
1970	1064	243.00	258.56	1058	492.00	520.53
1971	1064	301.00	320.30	1087	551.00	598.93
1972	1061	290.00	308.67	1087	569.10	618.50

续表5—9

年份	三麦			水稻		
	面积（亩）	亩产（千克）	总产（吨）	面积（亩）	亩产（千克）	总产（吨）
1973	1062	243.00	258.10	1085	523.50	566.58
1974	1060	317.50	335.95	1085	581.60	631.03
1975	1060	325.00	345.80	1065	532.80	567.43
1976	1058	335.30	354.80	1065	545.30	580.74
1978	1058	313.50	331.15	1064	566.00	602.22
1979	1057	286.50	302.83	1065	585.20	623.40
1980	1043	396.20	413.40	1052	407.80	429.00
1981	1045	321.00	334.90	1047	409.50	430.80
1983	1047	351.00	367.49	1048	416.00	435.96
1984	1060	360.00	381.70	1054	408.50	430.55
1985	1058	282.00	394.80	895	529.80	474.17
1987	1035	209.00	216.31	1015	426.00	432.39
1989	1038	295.20	306.41	1025	472.00	483.80
1990	1016	285.00	289.50	1025	484.00	496.10
1995	1002	275.00	275.55	1032	452.00	466.46
2000	978	252.00	246.45	1030	513.00	528.39
2003	978	307.00	300.24	1030	513.00	528.90

1965～2003 年立新村（大队）三麦、水稻种植面积、产量选年一览表

表 5—10

年份	三麦			水稻		
	面积（亩）	亩产（千克）	总产（吨）	面积（亩）	亩产（千克）	总产（吨）
1965	542	156.00	83.75	859	369.30	329.22
1966	550	187.50	103.12	862	381.00	333.41
1967	552	182.00	102.31	868	403.50	350.23
1968	585	221.00	129.28	907	306.50	292.21
1970	600	200.50	120.30	922	420.50	420.90
1972	618	289.00	178.60	1001	483.00	483.48
1974	618	330.60	203.94	915	512.80	469.21
1976	618	383.20	237.07	918	504.00	462.67
1979	615	450.70	277.48	944	611.30	516.78

续表5—10

年份	三麦			水稻		
	面积（亩）	亩产（千克）	总产（吨）	面积（亩）	亩产（千克）	总产（吨）
1980	618	459.20	282.68	952	394.90	395.82
1981	620	338.20	208.19	917	401.00	367.71
1982	620	382.70	236.84	936	472.50	442.26
1983	627	391.50	238.47	944	442.50	417.72
1984	782	415.50	324.92	895	543.50	486.21
1985	822	305.00	205.71	920	380.43	350.21
1988	820	319.20	261.14	925	540.50	500.26
1990	820	328.00	269.00	938	448.00	420.22
1995	820	367.00	300.94	920	465.00	427.80
2000	1668	352.00	587.13	1438	635.00	913.13
2003	1349	328.00	442.47	1436	520.19	747.10

第二节 经济作物

一、棉花

种植方法及品种 中华人民共和国成立前，农户利用旱地种植小棉（亚洲棉）品种。收麦后，将棉籽入土，每亩播籽4～5千克，基肥施菜饼或猪羊灰，齐苗后追施稀薄人粪提苗，间苗、除草、松土2～3次，产量较低，亩产皮棉30～40千克。新中国成立后，推广种植岱字棉15号（洋棉花）沪棉204等品种，并由撒播改为等行距条播，一般为棉套麦，播种期提前到4月底结束，亩产皮棉40～50千克。70年代，境内推广棉花育苗移栽，用塑料薄膜小拱棚育苗。育苗前先制营养钵，播上棉种，覆盖细泥，再搭棚盖上薄膜，保温保湿早出苗。育苗期一般在3月28日或3月30日开始，移栽期（条播麦）在5月5～20日移栽。晚茬散播麦在5月25日～6月10日结束。品种改用徐州142，碧杭1～2号，苏棉1号，后来又改种"86－1"抗病棉为当家品种，苏棉3号、8号、12号等为试验品种，这些新品种出苗齐，孕蕾、开花、结铃、吐絮均比直播棉早，品质好、产量可增1～2成。80年代推行假植蹲苗移栽，播种期提前到3月底，营

欧桥大队售棉队伍（1975年）

养钵内径内由原来 6 厘米改为 7 厘米，生育进程比直播棉提早 10～15 天，实行早、中晚三茬假植，晚茬棉苗 2 次假植，假植一般在移栽前 20 天进行，目的控上促下，壮苗移栽，栽后醒棵快，发苗早。六月孕蕾，七、八月结桃，九月吐絮，亩产皮棉 52～56 千克。苗床肥料，一般每亩施猪羊灰 15～20 担，饼肥 40～50 千克，人畜粪 40～50 担，碳酸氢铵 30～40 千克，过磷酸钙 30～40 千克，氯化钾 25～30 千克，尿素 15～20 千克。移栽后亩施饼肥 20～30 千克，氮磷钾复合肥 40～50 千克，醒棵肥炭酸氢铵 15～20 千克，中期以有机肥料为主，亩施饼肥 30～40 千克，后期施尿素 20～25 千克。

田间管理　直播棉苗期采取麦垄"五早"（播种、间苗、补苗、松土、治虫），麦收割后，"五抢"（定苗、追肥、治虫、松土、除草），中后期松土、施肥、剥老叶、剪雄枝、灭顶心、防病虫等。对旺长棉使用生长调节剂（矮壮素）控制棉株疯长，对杂草使用除草剂（乙草胺）。棉花病害常见有立枯病、枯萎病、角斑病、黄叶茎枯病、黄萎病等。虫害有棉铃虫、棉蚜虫、红蜘蛛、地老虎、蜗牛、盲蝽蟓等。病虫害防治：农药防治使用二二三，1605、1059、苏化 203、敌敌畏、甲胺磷、杀虫醚、呋喃丹、波尔多液、快杀灵 2 号、辛绵宝、灭铃星、灭蜗灵等喷洒。

二、油菜

境内油菜种植主要用来打油食用，种植面积较少。50 年代品种有白菜型黄油菜，60 年代有甘蓝型宁波油菜、胜利油菜等品种，70 年代有宁油 7 号等品种，80 年代有串棋 1 号等品种，90 年代有苏油 2－26 等品种，2000 年后尚以苏油 2－26 等品种种植。2015 年，油菜品种有沪油 16、镇油 5 号等。

中华人民共和国成立初，油菜育苗移栽：9 月下旬育苗，11 月中旬收稻后移栽。移栽前，用人力对大田岔田做好坢面。移栽时用铁尖打宕移栽菜苗。移栽后用灰肥或泥杂肥盖根。过冬后追施肥料，松土除草，清沟壅根，耕作粗放，产量很低，平均亩产 50 千克左右。

1964 年，引进抗病良种新华 1 号、新华 2 号、宁油 7 号品种种植，育苗施足基肥，三叶期追施苗肥，移栽前施起身肥及喷农药。移栽时边栽边施猪粪灰，一亩地种植 7000～8000 棵。大田肥料采取前期促，亩施氮、磷、钾复合肥 30～40 千克，冬前早施苗肥，人畜粪 20～30 担，促进冬壮春发，后期重施抽苔肥，亩施尿素 30～40 千克，亩产可增 1～2 成。是年境内欧桥大队油菜种植面积 276 亩，平均亩产 95 千克。1982 年，实行家庭联产承包责任制后，推广免耕板田移栽，稻收割后，直接移栽油菜苗，菜苗早活早发，成活率高。大田施足基肥，冬前早施苗肥，促菜苗冬壮春发。1984 年，境内欧桥种植油菜 228 亩，亩产 150 千克。2002 年承包大户土地规模种植后，油菜面积逐年减少。2006 年，境内种植油菜 335 亩，亩均收获油菜籽 128 千克。2015 年，境内西旸承包大户用三角地种植油菜 120 亩，亩均油籽 124 千克。

油菜病害有菌核病、龙头病等，虫害有菜蚜虫、潜叶蛾、小菜蛾等。防治主要在初花期和盛花期用多菌灵喷洒。对虫害在苗期用菊酯类农药进行喷洒。

1963～2015年欧桥村（大队）棉花、油菜面积、产量选年一览表

表5—11

年份	棉花			油菜		
	面积（亩）	亩产皮棉（千克）	总产（吨）	面积（亩）	亩产（千克）	总产（吨）
1963	800	48.20	19.20	282	88.00	24.80
1964	796	37.00	29.60	276	95.00	24.90
1965	794	55.26	43.82	328	102.00	33.45
1966	794	59.50	47.24	250	105.20	27.87
1967	794	58.50	46.44	265	112.50	29.81
1968	794	68.50	54.38	262	95.30	25.25
1969	796	62.20	49.51	260	117.40	30.52
1970	790	52.85	41.75	268	115.20	30.87
1971	800	47.80	38.24	271	132.60	35.93
1972	800	54.60	43.68	270	128.20	34.61
1973	800	60.10	33.60	265	120.60	31.95
1974	780	50.30	39.23	287	124.20	35.64
1975	758	53.10	40.24	252	126.10	31.80
1976	790	55.30	23.00	207	110.60	23.00
1977	792	56.54	44.74	210	133.50	28.03
1980	710	51.20	36.35	307	139.00	42.67
1981	721	56.50	40.73	319	152.50	42.70
1985	625	55.80	34.87	271	145.50	39.30
1987	612	52.30	32.00	162	98.30	16.21
1988	—	—	—	135	102.00	13.80
1989	—	—	—	210	79.00	16.59
1990	—	—	—	370	139.00	52.00
1992	—	—	—	336	146.00	49.10
1996	—	—	—	451	130.00	58.60
1998	—	—	—	67	135.00	9.00
2001	—	—	—	184	120.00	24.00
2003	—	—	—	200	119.00	24.00

续表5—11

年份	棉花			油菜		
	面积（亩）	亩产皮棉（千克）	总产（吨）	面积（亩）	亩产（千克）	总产（吨）
2004	—	—	—	975	120.00	117.00
2005	—	—	—	1200	125.00	157.00
2006	—	—	—	335	128.00	43.00
2007	—	—	—	303	132.00	40.00
2008	—	—	—	539	152.00	82.00
2009	—	—	—	452	126.00	57.00
2010	—	—	—	96	145.00	14.00
2011	—	—	—	128	117.00	15.00
2012	—	—	—	156	102.00	16.00
2013	—	—	—	134	119.00	16.00
2014	—	—	—	133	120.00	16.00
2015	—	—	—	120	124.00	15.00

1965～2003年西旸村（大队）棉花、油菜面积、产量选年一览表

表5—12

年份	棉花			油菜		
	面积（亩）	亩产皮棉（千克）	总产（吨）	面积（亩）	亩产（千克）	总产（吨）
1965	800	52.60	42.10	212	102.00	21.62
1966	802	54.00	43.30	205	119.50	24.90
1967	802	53.50	42.90	207	113.50	23.20
1968	888	49.30	43.78	208	101.10	19.30
1969	890	51.00	45.39	204	134.00	30.60
1970	890	64.60	57.50	228	151.00	36.60
1971	889	52.20	46.40	228	175.10	40.10
1972	891	57.40	51.14	229	167.80	38.40
1973	885	58.30	51.59	227	156.00	35.70
1974	885	61.30	54.30	221	149.40	34.20
1975	885	56.10	49.50	221	136.50	30.16
1976	883	54.80	48.50	229	161.90	37.10
1978	883	48.00	38.50	229	154.50	35.40
1979	883	51.80	40.50	217	156.60	32.89

续表5—12

年份	棉花			油菜		
	面积（亩）	亩产皮棉（千克）	总产（吨）	面积（亩）	亩产（千克）	总产（吨）
1980	881	43.10	38.10	245	150.20	33.19
1981	882	42.70	37.60	221	172.40	39.50
1983	882	41.80	36.80	242	164.50	33.90
1984	882	41.50	36.60	243	161.50	39.24
1985	883	50.00	44.20	250	164.50	40.20
1987	86	37.40	3.22	252	166.00	40.40
1988	—	—	—	420	149.80	67.42
1989	—	—	—	248	150.00	37.20
1990	—	—	—	241	112.00	27.00
1992	—	—	—	256	156.00	40.00
1998	—	—	—	275	127.00	35.00
2000	—	—	—	281	135.00	38.00
2003	—	—	—	271	129.00	35.00

1965～2003年立新村（大队）棉花、油菜面积、产量选年一览表

表5—13

年份	棉花			油菜		
	面积（亩）	亩产皮棉（千克）	总产（吨）	面积（亩）	亩产（千克）	总产（吨）
1965	153	57.60	8.80	119	100.50	12.00
1966	150	59.50	9.10	121	106.00	12.80
1967	156	62.50	9.40	125	108.50	13.60
1968	168	65.60	14.00	128	76.50	9.80
1969	320	67.50	21.60	130	112.50	14.40
1970	345	56.75	19.57	135	116.00	15.10
1971	343	38.16	13.16	137	122.50	15.90
1972	342	45.60	15.59	136	126.00	17.00
1973	341	56.50	19.30	137	132.00	17.80
1974	332	49.00	16.70	132	103.50	14.20
1975	319	48.50	16.10	131	136.00	18.50
1976	217	50.00	14.50	130	106.00	15.20
1978	215	44.00	6.70	124	119.00	16.30

续表5—13

年份	棉花			油菜		
	面积（亩）	亩产皮棉（千克）	总产（吨）	面积（亩）	亩产（千克）	总产（吨）
1979	332	57.00	19.50	124	139.40	19.10
1980	215	37.50	12.80	145	136.20	18.70
1981	227	39.00	13.30	136	120.10	16.40
1983	238	41.00	14.00	137	140.50	19.20
1984	212	42.00	13.90	115	172.30	19.50
1985	210	41.00	13.40	245	104.10	25.50
1987	24	45.00	2.00	172	165.00	21.00
1989	—	—	—	282	153.80	43.30
1990	—	—	—	217	91.07	21.50
1995	—	—	—	248	105.60	26.19
2001	—	—	—	240	115.83	27.80
2003	—	—	—	249	112.24	27.95

三、茶叶

　　1979年，境内原周院村在西山南坡种植12亩茶树，建办西山茶场。1980年，种植28亩茶树，茶场总面积40亩。1983年，新茶开采，亩产干茶20千克，总产0.8吨。1984年，亩产干茶50千克，总产2吨，销售收入7.6万元。1985年，亩产干茶65千克，总产2.6吨，销售收入10余万元。1990年，亩产干茶70千克，总产2.8吨，销售收入22万元。2008年，茶场从浙江引进白茶种子，改种白茶品种3.2亩。2012年又种白茶13亩。2015年，年产干茶2吨，其中白茶0.25吨，销售收入12万元。茶树栽培方法：先在山坡上人工翻耕，劈沟，沟距（行距）2米左右，然后施基肥，亩施饼肥50千克，复合肥50千克，撒播种子2.5～3千克。覆土一层细泥。茶树出苗后，需除草、防病虫、整枝灭顶，治病用药以甲胺灵为主，2000年改低毒杀虫剂喷洒。

四、蔬菜

　　品种　境内农户素有种蔬菜习惯，利用工余时间一年四季在房前屋后，自留地种植蔬菜。品种有瓜果类、叶菜类、根茎类、豆类和葱蒜类，约有50种。

欧桥茶园

种植方法 50～70年代为露地栽培。80年代初，少量越冬蔬菜及早春蔬菜采用小拱棚塑料薄膜和地膜覆盖育苗，3月中下旬至4月上旬移栽定植。黄瓜、冬瓜之类以覆盖栽培为主，保温争早苗，提早收获上市。90年代后期，用钢管搭建大拱棚塑料薄膜种植蔬菜，这种大棚一般宽6米，长60～100米，高2.5～3米，空间大，易控温湿，利于蔬菜生长。施肥、防病治虫，全部采用机械设备操作，肥料一般有机肥和化肥结合使用。蔬菜种植从育苗到上市，叶类菜30天左右，茄果类60天左右。1997年，境内种植蔬菜120亩，有10户承包户经营。其中有1户种植大棚蔬菜12亩，亩产3000千克，亩均销售收入7000余元。2001年有大棚蔬菜18亩，亩产3200千克，亩均销售收入8000元。2010年有大棚蔬菜40亩，亩产3600千克，亩均销售收入9000元。2015年有大棚蔬菜42亩，年产各类蔬菜160吨。主要销往集贸市场、宾馆和饭店。

五、麻

麻是再生木本植物，一年一熟。本地农户有种麻的传统，利用边角旱地种植少量黄麻，收后制作农业生产用绳。如担绳、畚箕绳等，用麻搓制的绳耐用。1984年，妙桥乡人民政府号召农户调整种植结构，改棉花田种苎麻。其栽培方法为育苗移栽，苗床跟大田面积1：36，先翻耕捣细土壤，撒播种子后盖撒一层薄泥，为防雨水打击，用薄膜拱棚覆盖，育苗播种期在3月底，5月25日～6月5日移栽。行距5尺，株距7～8寸，每亩密度以4500棵为标准，育苗亩施底肥尿素3～5千克，复合肥40～50千克，大田亩施复合肥40千克，碳酸氢铵40千克。出苗后除草、检苗、防治病虫；苗移栽后施肥、防治病虫、除草等。用药以乐果为主。麻是再生作物，一次育苗移栽，年收获两次。来年只需除草、施肥、收割。1985年，境内有28个生产队种植苎麻720亩。是年，亩产干麻126千克。年收入108.86万元。1986年种植苎麻831亩，亩产干麻141千克，总产11.8吨。年苎麻收入191.7万元。1987年，国际市场麻制产品滞销，农户遂将麻田改种水稻。

第三章　养殖业和家庭手工业

第一节　畜禽饲养

境内畜禽养殖种类有牛、猪、羊、兔、鸡、鸭等。

牛 中华人民共和国成立前，耕牛是农家传统饲养的家畜，以养殖水牛为主，主要为农业生产服务，是耕田、戽水的主要动力。境内有耕牛26头。1957年，耕牛由高级社集体饲养，耕牛增至60余头。1967年农田用拖拉机耕地后，耕牛逐渐减少。至 1970 年集体不再饲养耕牛。1995 年，政府号召农户养奶牛，境内有蔡建东等 2 户农户在政府扶持下饲养奶牛，从内蒙古引进种牛 25 头。2005 年发展至 55 头。2015 年，共饲养奶牛 300 头，年产鲜奶 900 吨，获得良好的经济效益。

猪　中华人民共和国成立前，农户养猪的很少。中华人民共和国成立后，经过土地改革，农户养猪多起来。人民公社成立后，发展集体养猪，各大队建办集体养猪场，不久由于粮食紧缺于 1960 年停办。1963 年，政府号召发展养猪事业，集体、农户一起养猪，各大队建办百头猪场，生产队办集体猪场。农户家庭饲养二人一猪，户户养猪。1972 年，境内欧桥大队社员出售生猪 1200 头，年末生猪存栏量 765 头；西旸大队出售生猪 1121 头，年末生猪存栏量 527 头；立新大队出售生猪 810 头，年末生猪存栏量 498 头。进入 80 年代，实行家庭联产承包制后，集体、农户养猪逐年减少，大户养猪发展起来。1990 年，养猪专业户境内有 12 户，年出售生猪 910 头，年末存栏量在 500 头左右，猪舍总面积 2000 余平方米。2000 年后，由于用地困难，环境污染，部分养猪场逐渐关停。2015 年，养猪专业户仅存一户，生猪圈存量 100 头。年出栏 200 头。

羊　本地养羊历来以山羊为主，农户大多饲养一、二只，苗羊由母羊繁殖，春夏季室外放养，冬季喂干草，豆萁。社队工业兴起后，农户养羊逐年减少，至 1992 年，境内西旸、立新 2 个村山羊圈存数仅 82 头，2010 年仅有养羊户 3 户，户均饲养 38 头，最多的一户 62 头，最少的一户 21 头。品种有山羊、绵羊等。2015 年，该村羊出栏 45 头，其中仅存养羊专业户 1 户，年出栏 12 头。

兔　1962 年，境内立新大队 6 生产队集体办起养兔场，由供销社扶持，引进长毛兔 127 只，专人养殖。1963 年，兔场圈存数 382 只，年产兔毛 25 千克。1964 年，该队集体办养猪场，遂把兔场改猪场，种兔分给社员户养。1980 年，欧桥大队集体建办养兔场，引进西德纯种毛兔 10 只，杂交毛兔 200 只，由专业人员养殖。1981 年兔场存栏 650 只，兔毛由供销社收购。1982 年兔场存栏 1026 只，年产兔毛 98 千克。1983 年，兔毛收购价下跌而停办。

家禽　家禽是农家主要养殖。鸡鸭遍及家家户户，一般农户养几只，多为放养，禽蛋自用，少量上市。鸡的品种由原来的草鸡发展为三黄鸡、白洛克、鹿苑鸡等，鸭的品种有绵鸭、绍兴鸭等。1981 年，境内各大队建副业队，由专业人员从事禽类规模养殖，境内欧桥大队建养殖棚 12 间，年销售鸡鸭 58 百羽；西旸大队建办养殖棚 6 间，年销售鸡鸭 38 百羽；立新大队建办养鸡棚 4 间，年销售鸡鸭 27 百羽。禽产品主要销给村办企业食堂。1990 年，境内集体养殖场停办，养禽专业户崛起。1993 年，境内有养禽专业户 12 户，年饲养鸡鸭 500 百羽，年收入户均 10000 元左右。2000 年有养禽专业户 15 户，家禽年出栏 800 百羽。2010 年家禽出栏 224 百羽。2015 年，家禽出栏 110 百羽。

2000～2015 年欧桥村畜禽水产生产一览表

表 5-14

年份	奶牛饲养数（头）	生猪出栏数（头）	羊出栏数（只）	家禽出栏（百羽）	水产品总产（吨）
2000	25	788	430	80	40
2001	30	796	450	90	44
2002	35	705	595	97	51
2003	40	464	142	140	28
2004	50	1394	344	433	93
2005	55	894	324	447	103
2006	60	937	65	224	108
2007	70	943	75	229	133
2008	100	964	29	324	153
2009	120	976	25	329	158
2010	150	970	15	224	183
2011	200	754	22	221	198
2012	230	757	18	113	203
2013	260	761	51	123	213
2014	280	750	50	120	210
2015	300	700	45	110	215

第二节　淡水养殖

境内河塘纵横，淡水资源丰富，具有内河养殖优势，有水面面积 526 亩，其中可放养的 368 亩。中华人民共和国成立前，内河养殖私有，鱼苗放养有自然村居住户合养，鱼种以花鲢为主，年底捕鱼后按户分鱼，水面亩均捕获 100～120 千克。新中国成立后河塘属于集体所有，由各生产队集体放养，养鱼不喂饲料，任其自然生长，年底起捕按人口分鱼。鱼种以花鲢、白鲢为主。水面亩均捕获 150 千克左右。80 年代，境内各村建立副业队，欧桥村开挖精养鱼池 120 亩。品种有花鲢、白鲢、草鱼、青鱼、鳊鱼、鲫鱼等。年亩均捕获 400 千克左右。西旸、立新 2 村河塘尚归生产队放养。90 年代，鱼塘承包农户放养，集体收取租金，年租金水面亩均 100～

欧桥大队渔业丰收（1979 年）

150 元。2000 年以后，西旸村在甲申圩开挖鱼池 200 亩，外地水产专业户进入境内承包鱼塘，喂养虾、蟹、青鱼、鲈鱼等品种。采取精细管理、科学喂养等措施，定时定量投放饵料以大麦、玉米、菜饼为主，并给青鱼、鲤鱼投放螺蛳等精饲。水面亩均收益 5000 元。到 2015 年，全村尚有 232 亩鱼塘由 3 家专业户承包经营。其余各组河塘由所在村民组的农户承包经营。2015 年，水产品总量 215 吨。

第三节　家庭手工业

境内农民素有从事副业生产的传统，他们利用农闲时间，妇女纺纱织布，针线缝绣，男的编制草鞋、络绳或制作竹木器具等生产生活用品。上集市赶庙会摆摊销售，以此来增加家庭收入。

农业合作化和人民公社成立后，农村劳动力纳入集体管理，农业劳动时间长，有时还要挑灯夜战，农民空余时间极少，家庭副业逐年减少。

80 年代，农村实行家庭联产承包责任制后，社队工业快速发展。各针织厂生产的腈纶衫的缝绣成了当地农村妇女的主要副业。90 年代，家庭工业兴起，包缝机、绣花机等在羊毛衫生产广泛使用，可袖口、领圈的缝合机器无法完成。手工缝合延续至今。

一、花边刺绣

花边刺绣始于民国时期。初在福山、塘桥有花边刺绣发放店，把花边发放给农村妇女刺绣。

60 年代，妙桥集镇开办花边发放站，本地年轻妇女利用工余时间刺绣花边，增加家庭收入。80 年代，随着社队办工业的发展，花边刺绣被羊毛衫缝绣替代。

二、土纺土织

中华人民共和国成立初，本地农家都有土纺土织工具，如弹花木弦、摇车、辖板、经车、竹木制手摇纺车和木制脚踏布机等，

欧桥大队女青年绣花情景（1979 年）

妇女大多以纺纱织布为家庭副业，以自种的棉花加工成絮棉后，自纺、自织、自用，贫困户纺织的土布，少量自用，多数上市卖给纱庄、布庄。

1954年，国家对棉花、棉纱、棉布实行统购统销，农户仅用少量自留棉纺织土布自用，老年妇女为纱庄或手套厂纺黄纱，一天可纺纱0.25～0.5千克。70年代起，市场畅销化纤布，土纺土织逐渐淘汰。

欧桥老人织土布（1983年）

三、竹木器制作

昔日，农民生产生活离不开竹器，农村竹匠很多。境内仅立新、周院一带就有9户长年从事竹器生产，民间俗称竹匠。竹匠生产的竹器产品：农用品有簸箕、栈条、晒栈、杠箩、筛子、槌枷、扁担；生活用品有篮、篾席、竹椅、梢珠、竹碗厨等。同时以木、树为料制作的匠人谓木匠，分大作和小作，制作大型家具的称大作，产品有长轴，脚踏车水用的圆轴，牛戽水用的风车水车等。制作小型家具的称小作，产品有木椅、八仙台、橱柜、床头柜等。

1965年，妙桥供销社建立生产资料部，组织能工巧匠合作生产，境内一些竹匠、木匠到供销社合作生产。制作的产品除满足本地需要外，销往外地。80年代后，供销社竹器生产工场停业，民间生活用竹器品请个体竹匠制作。

四、手工缝合

针织品手工缝合是境内农民家庭的主要副业收入。60年代，欧桥大队办手套厂，一些妇女开始为手套厂手工缝合手套，70年代大队办尼龙衫厂，妇女转向缝合尼龙衫。尔后，针织厂生产的毛衫用料不断翻新，80年代生产腈纶衫，90年代生产羊毛衫，进入新世纪后生产羊绒衫，境内农村妇女的手工缝合技艺也跟着针织品的创新创优不断提高，靠手工针线把衣片缝合成羊毛衫。据统计，2015年，境内居民家庭副业户均收入8500元，其中85％的收入来自妇女手工缝合收入。

第四章 农机具

第一节 传统农具

旧社会，农村生产力低下，生产工具简陋，境内大型农具畜力水车仅27部，耕牛39头，人力水车45部，农业生产主要靠人力。中华人民共和国成立初，农民使用的农具是沿袭祖辈传承下来的作业工具。这些传统农具：翻耕土地有犁、锄头；

田间管理有横耥、竖耥、开沟锹、菜花锹；灌溉有人力脚踏轴水车、畜力车等；积肥施肥用罱泥夹、河泥船（木船）、簸箕、粪桶、粪勺，笆斗等；收割脱粒用镰刀、稻麦床、风车、扬谷大篮、小篮、耥耙等；运输有木船、扁担、络绳、担绳、独轮车等；贮藏有箩、栈条、缸甏等；粮食加工有石臼、石磨等；播种用打宕鎒柱等。人民公社成立后，对一些旧式农具进行了改良，以铁木结构的脚踏脱粒机（俗称轧稻机）替代了人工甩打脱粒的稻床；耕田用的木犁改为铁犁；镰刀刃口由线条形改为锯齿形；化肥深施用铁制三尖替代竹尖；水泥船替代木制河泥船；棉花育苗移栽用铁制移苗器替代劈沟、打宕播种。

第二节　农业机械

1965年，境内各大队先后建立座机灌溉站。戽水灌溉兼营粮饲加工。1968年种植双季稻后，各生产队建灌溉码门，以12马力柴油机带动6吋水泵戽水灌溉。1975年，境内通电，各大队相继建立机电两用灌溉站。1975年，欧桥大队装置农用变压器3台、动力450千瓦。

1967年9月，欧桥大队购进第一台手扶拖拉机。1968年购进5台手扶拖拉机，随后西旸、立新大队购进各2台手扶拖拉机。1977年欧桥大队购进第一台35型中型拖拉机。1978年，西旸、立新各购进一台35型中型拖拉机。1981年欧桥大队购进2台50型中型拖拉机，并从湖州引进8台配套手扶的小型收割机，1985年，西旸大队购进2台50型中型拖拉机，1985年，立新大队购进1台50型中型拖拉机。是年欧桥大队又购进2台50型中型拖拉机，并配套中型联合收割机。1985年，境内有中型拖拉机11台，东风－12手扶拖拉机28台，湖州联合收割机12台，三麦旋耕机16台，碎土盖麦籽机9台，开沟机8台，排灌柴油机57台，植保机36台，运输车15辆，机动运输船（挂桨机）18艘，农副产品加工机械4台200千瓦。1991年，欧桥村依靠工业资金支持，农业机械总动力8553.8千瓦，名列妙桥镇乃至张家港市之首。其中柴油机总动力3488千瓦，汽油机总动力945千瓦，电动机总动力4120千瓦。有排灌柴油机10台，排灌电动机19台，中型拖拉机4台，东风－12型拖拉机9台，联合收割机4台，农用载重汽车11辆，工农36植保机8台，机动插秧机2台，农副产品加工机械1台。1996年以后，随着水稻栽培技术的推广，插秧机和水直播机有一定发

欧桥村机械化收割场景（1989年）

展。从 2003 年起，市、镇财政对购买手扶插秧机给予经济补贴。至 2010 年，全村手扶插秧机 23 台，中型拖拉机 9 台，联合收割机 9 台，日本久保田收割机 2 台。2015 年，有手扶插秧机 5 台，乘坐式高速插秧机 8 台，中型拖拉机 8 台，日本久保田联合收割机 3 台，福田收割机 2 台，手扶拖拉机 12 台，农用运输机 5 台，电动机 57 台，水泵 57 台。

1995 年欧桥、西旸、立新 3 村拥有农机数量一览表

表 5—15

类别	农机名称	单位	村别			
			合计	欧桥	西旸	立新
中型拖拉机及配套机具	中型拖拉机	台	13	6	4	3
	旋耕机	台	13	6	4	3
	盖耕机	台	4	2	1	1
	水田耙	台	8	3	4	1
	开沟机	台	5	2	2	1
	秸秆还田机	台	5	2	2	1
	联合收割机	台	11	4	4	3
12 型手扶拖拉机及配套机具	手扶拖拉机	台	23	6	7	10
	盖麦子机	台	12	5	4	3
	压麦机	台	6	2	2	2
	拖车	台	9	2	5	2
	手扶收割机	台	6	6	—	—
农用排灌机械	6 吋以下水泵	台	22	16	3	3
	6 至 8 吋水泵	台	75	7	29	39
	10 吋以上水泵	台	3	—	3	—
	电动机	台	89	15	35	39
	潜水泵	台	6	—	3	3
其他农业机具	柴油机	台	5	3	1	1
	汽油机	台	3	3	—	—
	脱粒机	台	74	6	28	40
	扬谷机	台	56	—	24	32
	弥雾机东方红 18、12	台	6	2	2	2
	插秧机	台	2	1	—	—
农业机械总动力		千瓦	9571	5357	2168	2052

第三节　农机管理与服务

一、农机维修管理

70 年代，境内各大队农机维修由农机服务队自主维修管理，一般服务队有 1 名农机维修员负责对农机维修管理。每年农忙前 1 个月，维修员组织 1～2 名机耕员一起检修，对农机须更换配件的及时更换，须大修的拆开设备进行大修，需要更换离合器、摩擦片的即更换，对一些易损件及时添置。农忙开始后，维修员带着修理箱随机田头作业。发现机器出现故障，现场抢修。农忙结束后，维修员和机耕手突击对机器进行冲洗，擦干，上油，对主件逐项检查整理，分类入库堆放。确保秋忙顺利开展。

二、农机产权改革

1997 年，境内各村实行农机产权制度改革，将集体农机设备转卖给机耕员私人经营。转制前，先对集体农业机械进行登记，弄清集体农机现有存量，机器购进日期，价格及使用年限，由镇农经办人员，协同村干部现场清点逐台登记价格评估。然后召开党员干部、村民代表座谈会，讲清产权制度改革的意义，围绕价格，转给对象等，倾听意见，统一认识，确定投标方法，最后通过投标转给本村机耕员经营。境内欧桥村把 4 台中拖和 3 台桂林联合收割机转给村农机服务队 3 个机耕员经营；西旸村将 3 台中拖和 3 台桂林联合收割机转给 1 个机耕员经营；立新村 2 台中拖和 2 台桂林联合收割机转给社会人员经营。

农机产权制度改革后，机耕员自主经营，农忙务农，为农户提供耕田、收割等服务；农闲为建房造屋户装运货物，物尽其用。

三、农机服务

1965 年，境内各大队设机耕队由 3～4 个机耕手组成，分管农业的副书记或副大队长兼负责人，利用集体机具（手扶拖拉机）为各队夏秋两季翻耕土地，脱粒和灌溉。1980 年，欧桥村建立农机服务队，由 6～7 名机耕员组成，负责对各队田块的翻耕、播种、灌溉、收割等。1982 年，实行家庭联产承包责任制后，农业服务队对农户耕、种、收割提供一条龙服务。1997 年，境内对集体农机产权进行改革，把集体农机价格评估后转卖给机耕员经营，由机耕员直接为农户提供翻耕、播种、收割、开沟、整地等服务。

60 年代，农机设备由大队集体购进，对各生产队提供无偿服务。70 年代使用中拖后，境内西旸、立新对各生产队田块翻耕、收割等收取服务费，欧桥大队各生产队由大队统一安排收割、翻耕、播种，无偿提供服务。1982 年实行家庭联产承包制后，农机服务费由各农户支付。1997 年农机转制后，农机服务费由农户直接付给机耕员。2000 年后种田大户承包土地，由机耕员与大户直接结算。

第六卷　工　业

在中央"调整、巩固、充实、提高"八字方针指引下，1964年欧桥大队在大办农业的同时，利用几间闲置房办起手套厂。是年，生产手套8000打，年销售收入3.5万元，从此，开辟一条以工养农、农副工全面发展之路。1971年办起农机修配厂，1975年工业产值43.5万元，占全大队工农业总产值的55.41%。1977年，欧桥大队采取"母鸡生蛋"方法，先后建办尼龙加捻厂、针织厂。1979年，该大队工业产值236.5万元，净利润72万元。是年12月，沙洲县委在欧桥大队召开"学欧桥、争富裕"现场经验交流大会后，该大队"理直气壮抓钱"，办起涤纶制品厂、纬编厂。1980年工业总产值达1000万元，成为全县乃至全省工业产值最高的大队。

1981年始，境内各大队工业快速发展，西旸大队办起服装厂、针织厂、面粉厂、铸件厂，立新大队办起服装厂、针织厂、毛织厂。欧桥大队工业由"船小好调头"的小企业向"船大抗风浪"的大企业发展，建办精纺、麻纺、服装、保健品等工厂。1989年工业总产值1.02亿元，居张家港市村办工业产值之首。以针织绒、围巾为主要产品的外贸出口收购额达4180万元，名列苏州市第一。境内工业初步形成以纺织工业为主体，机电、冶金、化工等工业为辅的格局。

1992年，境内欧桥、西旸、立新等3村工业总产值2.65亿元，其中欧桥村2.02亿元，西旸村3377万元。是年，境内个体针织户迅猛发展，有针织横机1800余台，从业3000余人。家庭个体工业的发展为私营工业企业的发展奠定了基础。1994年瑞群服饰成为境内首家私营企业。1997年，境内各村集体办企业开始转制、出租。2000年欧桥精纺厂转制，境内企业100%完成产权制改革，私营工业蓬勃发展。2003年，境内共有工业企业22家，年销售收入3.02亿元，另有个体家庭针织户128家，年销售收入约0.25亿元。

2005年，欧桥村工业企业增至50余家，其中主要企业16家，固定资产原值2.23亿元，职工3719人，年销售收入4.48亿元，利税3808万元。2015年，有各类企业69家和个体针织工商户86家。其中主要企业16家，固定资产原值4.76亿元，年销售收入4.33亿元。欧桥精纺、瑞群服饰和盛而达纺织等3家纺织工业企业多年名列张家港市大中型工业企业。

1970～2003 年欧桥村（大队）工业经济主要指标一览表

表 6—1

年份	工业产值（万元）	销售收入（万元）	利税总额（万元）	年末固定资产原值（万元）	职工人数（人）
1970	14.11	15.81	1.20	1.20	40
1971	16.31	16.50	1.61	3.80	45
1972	29.92	27.20	3.90	5.60	62
1973	19.84	18.30	2.30	8.20	67
1974	29.76	30.10	3.98	9.20	69
1975	43.50	42.30	4.25	12.80	278
1976	67.88	65.22	11.80	27.78	290
1977	98.98	93.60	19.02	35.57	295
1978	187.00	191.00	70.50	80.20	267
1979	236.20	182.50	137.70	82.50	525
1980	1000.08	836.87	152.38	100.20	635
1981	1000.20	755.00	175.20	195.00	686
1982	920.80	671.06	345.80	320.00	718
1983	1011.20	959.83	350.39	410.00	865
1984	1457.67	1010.68	297.12	421.00	970
1985	2721.96	2175.86	349.58	430.00	1336
1986	4516.60	2165.37	423.39	847.20	1460
1987	6779.71	4690.66	269.20	1135.68	1553
1988	10003.00	7322.25	333.53	2957.40	2265
1989	10179.00	7415.57	321.18	3326.32	1883
1990	14464.00	10909.43	249.51	2268.57	1275
1991	15193.00	10440.89	204.44	1751.37	1785
1992	20189.00	14099.99	378.48	1725.36	1646
1993	22791.00	20681.20	795.32	3218.17	1557
1994	22681.00	21349.10	745.18	2812.18	1361
1995	10400.00	8298.00	898.00	1628.16	1573
1996	7889.00	7015.00	960.00	1726.15	1592
1997	8899.00	8352.00	631.68	2017.21	1614
1998	8342.00	7622.69	600.00	2742.18	1642
1999	10057.00	9967.52	862.70	3289.12	2132

续表6—1

年份	工业产值 （万元）	销售收入 （万元）	利税总额 （万元）	年末固定资产原值 （万元）	职工人数 （人）
2000	10904.00	9381.53	952.50	5431.18	2762
2001	20078.10	19367.22	1628.00	5672.81	3019
2002	31759.00	23981.47	1543.00	9961.72	3128
2003	34075.00	30195.00	2956.00	27776.32	2507

2004～2015年欧桥村主要工业企业实绩一览表

表6—2

年份	主要工业企业数 （家）	销售收入 （万元）	利税总额 （万元）	年末固定资产总值 （万元）	职工人数 （人）
2004	15	43701	4590	21842	3465
2005	16	44845	3808	22326	3719
2006	17	50021	4536	19431	3913
2007	19	60194	6042	17068	3625
2008	24	70241	6976	19805	3653
2009	24	54050	4479	23393	3717
2010	25	65887	6335	24434	3650
2011	29	75099	6949	24378	3476
2012	29	67357	6330	22868	3118
2013	29	66913	6058	22083	2829
2014	30	58896	5011	49984	2672
2015	16	43274	3987	47652	2598

1970～2003年西旸村（大队）工业经济主要指标选年情况表

表6—3

年份	工业产值 （万元）	销售收入 （万元）	利税总额 （万元）	年末固定资产原值 （万元）	职工人数 （人）
1970	2.03	2.02	0.22	0.32	12
1971	2.17	2.18	0.18	0.71	15
1975	19.60	19.00	3.52	4.70	37
1978	77.42	76.85	24.52	8.32	225

续表6-3

年份	工业产值（万元）	销售收入（万元）	利税总额（万元）	年末固定资产原值（万元）	职工人数（人）
1979	123.00	121.87	38.90	11.80	242
1980	135.97	135.10	18.83	12.04	261
1981	198.70	195.30	52.72	26.81	342
1982	196.80	195.20	50.24	34.10	351
1983	212.60	210.80	59.40	35.15	347
1984	252.30	249.50	54.60	40.76	352
1985	279.50	263.89	21.07	44.86	357
1986	567.27	565.32	28.76	252.71	343
1987	629.12	630.10	25.26	326.86	346
1988	757.62	757.50	26.24	327.45	347
1989	863.00	862.40	29.12	269.10	372
1990	1346.00	1350.10	15.00	261.98	287
1991	1721.00	1700.30	32.12	260.12	282
1994	3215.00	3215.00	192.00	195.30	173
1995	148.00	148.00	36.30	271.10	82
1998	348.00	348.00	67.50	326.28	159
2000	658.00	658.00	61.50	406.72	156
2001	626.00	626.00	61.78	643.57	158
2002	790.00	790.00	77.90	726.73	162
2003	972.00	972.00	104.70	1243.72	163

1970～2003年立新村（大队）工业经济主要指标选年情况表

表6-4

年份	工业产值（万元）	销售收入（万元）	利税总额（万元）	年末固定资产原值（万元）	职工人数（人）
1970	1.26	1.24	0.18	0.10	28
1971	3.60	3.48	0.68	0.27	32
1975	7.62	7.32	1.96	1.82	48
1978	13.40	13.00	1.32	2.22	59
1979	12.00	11.68	1.91	3.52	65
1980	69.10	67.20	10.21	3.52	134

续表6—4

年份	工业产值 （万元）	销售收入 （万元）	利税总额 （万元）	年末固定资产原值 （万元）	职工人数 （人）
1981	48.20	45.30	3.58	6.38	82
1982	57.50	54.20	5.80	6.56	98
1983	69.90	67.50	7.92	6.22	99
1984	77.80	72.60	10.21	6.25	132
1985	296.23	179.65	13.34	20.31	185
1986	241.17	218.20	15.22	21.27	182
1987	326.18	252.60	17.68	22.55	183
1988	449.00	438.70	13.84	27.12	175
1989	552.00	718.40	29.56	32.65	162
1990	735.00	732.30	38.92	36.00	158
1991	788.00	769.50	40.12	56.00	164
1994	685.00	598.40	20.32	80.52	138
1995	183.00	179.20	21.11	92.11	31
1998	165.00	162.50	4.41	98.32	62
2000	201.00	200.40	9.21	120.18	85
2001	480.00	478.10	11.72	124.97	89
2002	427.00	430.20	10.82	120.19	96
2003	543.00	536.00	56.00	165.32	134

第一章 所有制结构

　　1985年前，境内工业企业均为集体企业。1985年始，工业企业由集体、私营个体两种经济成分组成。以村级集体经济为支撑，私营经济为补充。是年境内3村个体联户工业产值37.7万元，仅占工业总产值的1.26%。1988年，境内个体联户工业产值达146.5万元，工业所有制结构改变逐步加快。1990年，家庭个体工业400余户，有港台商投资企业2家。1995年，有中外合资、中国港台商投资企业3家。1997年起，境内加快以企业产权制度改革为核心的改制工作。至1999年，境内有3家村集体工业企业改制，有私营个体工业12家。其中欧桥村有8家私营个体工业。仅存欧桥精纺厂1家村集体企业，亦于2000年7月转为股份合作制企业。2003年，境内有主要私营工业企业22家，家庭个体针织户128户，港台商投资企业2家。

2015年，欧桥村有主要私营工业企业15家，台商投资企业1家，家庭个体针织户86家。

第一节　私营个体工业

一、个体（家庭）工业

境内个体（家庭）工业户是在80年代后期出现和发展起来的。初始生产规模很小，经营羊毛衫户仅有一两台手摇横机，生产服装的也仅有一两台脚踏缝纫机。家庭工业户以家屋为工场，靠自有劳动力生产经营羊毛衫或服装。

1988年，欧桥村有经营服装的3户，经营羊毛衫加工12户，经营钮扣生产的1户；西旸有生产羊毛衫11户，经营服装2户；立新有生产羊毛衫5户。

1989年，欧桥村有家庭个体针织户52户，其中有证的27户，主要以从事针织羊毛衫为主。主要设备有针织横机126台，包缝机21台，缝纫机28台，倒纱机46台。从业人员136人，营业收入102万元，上缴税金6万多元；西旸村有47户，有证的21户，有针织横机118台，包缝机29台；立新村有12户，有针织横机46台，包缝机12台。

1992年7月，妙桥开办羊毛衫市场，境内大批村民进场经商，除少数尚坚持在村办企业上班的职工外，占半数的农户投入羊毛衫生产。是年，欧桥村有239户家庭个体针织户，从业人员1300余人。主要设备有针织横机845台，圆机12台，包缝机68台，倒纱机206台，电脑绣花机16台。年生产羊毛衫120余万件，销售总额2080余万元；西旸村有212户，从业人员1200余人，有针织横机657台，圆机12台，年产羊毛衫120余万件；立新村有96户，有针织横机329台，从业人员502人，年产羊毛衫58余万件。

1995年，随着妙桥羊毛衫市场的发展，以生产羊毛衫为主的私营工业企业异军突起，与此同时，家庭个体针织户呈减少趋势。1996年，欧桥村家庭个体针织户从1991年的260户减至207户，西旸村减至162户，立新村减至64户。至2000年，境内家庭个体针织户共286户，从业人员约2000人。

2002年，境内有经济实力的家庭个体针织户开始从国外引进日本岛精、德国斯托尔全自动电脑横机生产羊毛衫；至2006年，境内家庭个体工业户有进口全自动电脑横机120台，其中斯托尔38台，岛精46台，国产36台。2010年，家庭个体工业户有全自动电脑横机562台，从业人员805余人，年产羊毛衫600余万件。家庭个体工业户年收入总额6100余万元。2015年，全村有家庭个体针织工业户86户，拥有全自动电脑横机458台，年产羊毛衫700余万件，年收入总额5000余万元，利税800万元。

1991～2015 年欧桥村家庭个体针织户情况表

表 6－5

年份	户数	主要生产设备						从业人员约数（人）
		辅助设备（件）	手工横机（台）	电动横机（台）	包缝机（台）	圆机（台）	电脑横机（台）	
1991	260	186	632	—	21		—	872
1992	239	250	845	—	68	12	—	1300
1993	218	252	885	—	46	32	—	1017
1994	225	220	786	—	48	35	—	1040
1995	221	170	790	—	50	47	—	1048
1996	207	172	672	—	51	36	—	1045
1997	207	170	627	—	52	25	—	1102
1998	196	190	618	—	52	27	—	918
1999	187	190	522	—	53	22	—	876
2000	172	170	510	15	59	22	—	720
2001	122	165	539	17	60	21	—	732
2002	98	150	421	36	67	—	12	696
2003	80	120	307	58	67	—	20	675
2004	128	95	102	169	132	—	111	618
2005	102	89	102	176	172	—	116	658
2006	93	78	112	120	180	—	120	662
2007	90	79	96	124	180	—	318	636
2008	89	75	98	96	172	—	476	627
2009	87	72	102	95	170	—	492	654
2010	85	76	104	68	150	—	562	805
2011	86	86	105	62	132	—	481	682
2012	89	89	82	62	130	—	473	590
2013	88	89	80	60	137	—	452	683
2014	88	87	62	62	139	—	457	536
2015	86	86	62	60	137	—	458	521

1991～2003 年西旸村家庭个体针织户情况表

表 6—6

年份	户数	主要生产设备						从业人员（人）
		辅助设备（件）	手工横机（台）	电动横机（台）	包缝机（台）	圆机（台）	电脑横机（台）	
1991	183	180	602	—	68	8	—	1017
1992	212	216	657	—	69	12	—	1200
1993	209	206	709	—	60	15	—	1160
1994	201	200	608	—	60	17	—	1112
1995	187	192	572	—	60	17	—	1018
1996	162	163	539	—	59	16	—	1016
1997	160	162	536	—	61	16	—	987
1998	132	158	532	—	60	15	—	958
1999	116	156	512	—	63	14	—	952
2000	72	150	502	12	59	13	—	908
2001	67	142	496	15	60	18	6	871
2002	52	148	492	20	61	11	7	829
2003	32	142	489	20	61	9	12	786

1991～2003 年立新村家庭个体针织户情况表

表 6—7

年份	户数	主要生产设备						从业人员（人）
		辅助设备（件）	手工横机（台）	电动横机（台）	包缝机（台）	圆机（台）	电脑横机（台）	
1991	59	59	167	—	18	1	—	236
1992	96	98	329	—	20	1	—	502
1993	101	112	352	—	19	2	—	536
1994	102	112	320	—	19	2	—	538
1995	90	108	281	—	20	—	—	512
1996	64	72	207	—	18	—	—	476
1997	61	70	209	—	18	—	—	460
1998	59	68	186	—	18	—	—	452

续表6-7

| 年份 | 户数 | 主要生产设备 | | | | | | 从业人员 |
		辅助设备（件）	手工横机（台）	电动横机（台）	包缝机（台）	圆机（台）	电脑横机（台）	（人）
1999	32	60	180	—	17	—	—	413
2000	42	50	138	9	20	—	—	364
2001	27	50	138	12	22	—	—	351
2002	27	48	152	18	22	—	—	296
2003	16	40	148	20	23	—	—	275

二、私营工业

境内私营工业企业主要从家庭个体工业脱胎而来的。90年代，家庭个体私营业主大多数是村镇工业企业的骨干，他们辞职回家创业，经过几年拼搏，在市场激烈竞争中脱颖而出。1997年，境内第一家私营工业——江苏瑞群服饰有限公司建办，注册资本120万元，资产总额415万元，拥有针织横机、包缝机、整烫机、包装等设备一条龙羊毛衫生产线，有职工200人，年产20余万件羊毛衫。1998年，欧桥港欧针织制造有限公司、盛佳机械制造有限公司、飞鹿王针织服饰有限公司、荣鑫电子有限公司，龙宇针织制造有限公司和东方毛衫厂、工艺围巾厂经营部6家私营企业相继建办。注册资本总额250万元。资产总额360余万元，有职工112人，年总产值500余万元。是年，西旸港艳花式纱线厂、美达针织绒厂同时建办，注册资本100万元，资产总额313万元。

1997年始，境内各村对集体企业实行产权制度改革，对资产1000万元以上的集体企业转为股份制企业，资产100万元以下的企业转为私营工业企业。对资不抵债的集体企业采取设备转让，厂房出租，全面转为私营工业。至2003年，境内欧桥村有私营工业企业9家，注册资本2577.28万元，总资产2.39亿元，年销售2.85亿元。西旸有私营工业企业9家，注册资本468万元，资产总额1244万元，年销售945万元。立新私营工业企业4家，注册资本98.5万元，资产总额165万元，年销售544万元。

2004年，西旸、立新并入欧桥村，私营企业增至22家，注册资本3143.50万元，资产总额2.53亿元，2010年，私营企业增至32家，注册资本总额1.05亿元，资产总额2.44亿元，职工3725人，年销售6.58亿元，利税6335万元。2015年，全村有私营工业企业69家，主要工业企业16家，注册资本1.21亿元，固定资产总值4.76亿元。职工2553人，年销售4.33亿元，利税3987万元。

2003 年欧桥村主要私营工业企业经济指标一览表

表 6—8

企业名称	建办年份	法人代表	注册资本（万元）	资产总额（万元）	工业产值（万元）	销售额（万元）	利税总额（万元）	从业人数（人）
江苏欧桥精纺有限公司	1985	马品华	1200	10781	14500	13000	1200	920
张家港盛而达纺织有限公司	2000	吴建国	500	9182	10000	9000	900	500
江苏瑞群服饰有限公司	1994	陆瑞英	600	1589	5000	4000	600	596
市港欧针织服饰有限公司	1995	朱金元	50	192	150	120	12	35
市飞鹿王针织服饰有限公司	1996	徐建石	50	209	350	320	30	50
市荣鑫电子有限公司	1998	张建飞	50	570	840	750	75	120
市盛佳机械有限公司	1998	隆月红	50	1200	1300	1200	120	120
市天冠帽业有限公司	2000	夏文达	50	222	150	120	15	98
工艺围巾经营部	1998	徐根根	27	30	35	35	3	8

2003 年西旸村、立新村主要私营工业企业经济指标一览表

表 6—9

企业名称	所属行政村	建办年份	法人代表	注册资本（万元）	资产总额（万元）	工业产值（万元）	销售额（万元）	利税总额（万元）	从业人数（人）
面粉厂	西旸	1981	邹建文	64	75.79	21.82	20.36	3.20	10
市天伦针织制衣有限公司	西旸	2000	朱建球	50	150.00	52.33	50.00	5.80	24
针织缩绒有限公司	西旸	2002	张益新	50	150.00	20.12	20.12	2.60	8

续表6-9

企业名称	所属行政村	建办年份	法人代表	注册资本（万元）	资产总额（万元）	工业产值（万元）	销售额（万元）	利税总额（万元）	从业人数（人）
永友电脑编织有限公司	西旸	2001	马永法	50	100.00	46.18	46.00	5.40	24
市妙桥精密机械厂	西旸	1992	钱元兴	4	92.00	150.00	120.00	16.00	9
美达针织缩绒厂	西旸	1997	邱雪忠	50	148.18	22.32	22.32	3.20	40
港艳花式纱线厂	西旸	1997	陆仁明	50	165.75	382.88	368.00	37.50	25
市西门铝门窗有限公司	西旸	1990	马建明	100	207.00	150.00	100.00	11.00	14
市新艳色织有限公司	西旸	2000	张惠新	50	155.00	250.00	200.00	20.00	14
立新机械厂	立新	1978	姚祖兰	10	60.00	150.60	148.70	15.00	28
远东羊毛衫厂	立新	2001	黄保忠	4	20.00	102.11	102.11	11.00	40
正中纸制品厂	立新	2011	陈卫忠	45	45.00	86.66	86.00	10.00	18
新达服装厂	立新	2000	杨建新	40	40.00	205.26	200.00	20.00	48

第二节　村（大队）办工业

60年代，境内有7家队办工业企业，其中欧桥大队有手套厂、粮饲加工厂；西旸有粮饲加工厂、农具厂；立新有窑厂、芦帘厂、粮饲加工厂。这一时期，队办工业处在小规模低水平状态，以织造手套、粮饲加工，砖瓦建材为主。1971年，欧桥大队建办农机修配厂，西旸建办手套厂。1974年，欧桥农机修配厂主要设备有龙门刨1台、牛头刨2台，车床、铣床各1台，电台钻2台，职工20人，年产针织手套机、横机50台。是年，欧桥农机修配厂、手套厂并为一厂，更名欧桥综合厂。西旸手套厂引进20台针织横机改名西旸针织厂。立新建办服装厂。1975年，欧桥综合厂有针织横机62台，针织手套机30台，职工202人，工业产值43.5多万元，利税4.2万元。职工转队工资5.6万元。1977年，欧桥建办尼龙加弹厂。1978年，欧桥综合厂更名为欧桥针织厂。1979年，欧桥建办涤纶制品厂，时有针织横机25台，职工58人，年产涤纶衫75000件，年销售收入117.93万元，利税7.75万元。1980年欧桥建办纬编厂，主要设备有棉毛提花大圆机5台，提花小圆机2台，职工45

人，年产涤纶布 87.6 吨，涤纶衫 3.8 万件，工业总产值 354 万元。是年，欧桥大队有针织厂（内含农机修配厂）、尼龙加弹厂、涤纶制品厂、纬编厂 4 家大队办工业，全大队工业总产值 1000 万元。西旸大队有粮饲加工厂、农具厂、针织厂 3 家大队办工业。工业总产值 135.97 万元，销售收入 135.1 万元，利税总额 18.83 万元，利润 12.27 万元，有职工 261 人。立新大队有机械厂、服装厂、针织厂 3 家大队办工业，工业总产值 69.1 万元，销售收入 67.2 万元，利税 12.21 万元，利润 4.7 万元。

　　1981 年，党的对外开放、对内搞活的政策，给队办工业发展迎来难得的战略机遇。境内欧桥工业由小企业向规模企业转变。是年建服装厂，有职工 65 人，生产服装 10.7 万件，销售 194 万元；西旸投资 7 万元建办面粉厂、服装厂。1982 年，欧桥建办毛纺织厂，引进粗纺设备三个台套，年产粗纺呢绒 36 万米，有职工 268 人，年销售 400 余万元。是年，欧桥农机修理厂从针织厂分出来，更名欧桥农机厂，有职工 38 人，年工业产值 30.18 万元，销售收入 29.38 万元，上交税金 1.46 万元，利润 12.92 万元。立新投资 5 万元建办毛织厂。1984 年，西旸与上海肉联厂合作，建办肉联厂，有职工 20 余人。当年投产，年加工生猪 5 万头。1984 年，欧桥村建办精纺厂，翌年投产，主要有成条、纺、织、染及后处理等配套设备。有职工 672 人，销售收入 3000 余万元。1985 年建办运动衫厂，童衫厂，有职工 228 人。是年销售收入 422 万元，利润 62 万元。1987 年，欧桥建办麻纺织厂，1988 年转为市棉纺织二厂，有织布机 300 台，职工 600 余人，年可生产棉布 500 万米。是年销售 162.83 万元。1988 年欧桥建办市保健用品二厂，生产乳胶医用手套，有职工 570 人，产品全部出口，销售收入 415.7 万元，利税 75.38 万元，利润 60.17 万元。是年，境内共有村办企业 17 家。其中欧桥村有 8 家村办企业，有职工 2265 人，年工业总产值 10003 万元，销售收入 7322 万元，利税总额 333.53 万元，利润 212.75 万元。欧桥工业总产值名列张家港市乃至苏州市行政村之首，西旸村有 5 家村办企业，年工业总产值 757.62 万元，销售收入 737 万元，利税总额 18.83 万元；立新村有 4 家村办企业，年工业总产值 449 万元，销售收入 438.7 万元，利税总额 13.84 万元。

　　1989 年，欧桥村建办张家港市保健用品厂：引进药棉棒机、竹签机、吹塑机、滚动机、烘干箱等一条龙生产流水线，机制 PP 药棉棒，生产产品全部出口。1990 年，欧桥村有呢绒、围巾、药棉棒、乳胶手套四只工业产品出口，外贸出口收购额 4217.00 万元。是年境内立新、欧桥和西旸等 3 村集体工业总产值达 1.66 亿元，其中欧桥村工业总产值 1.45 亿元。1993 年，欧桥村工业产值增至 2.28 亿元。是年始，境内各村以生产羊毛衫为主的家庭个体工业迅速发展，制约村办工业的继续发展。

　　1995 年，欧桥村集体工业企业减至 4 家，销售收入 1.04 亿元；西旸村集体工业企业 1 家，工业产值 148.1 万元；立新村办集体工业企业 1 家，销售收入 183 万元。

　　1997 年 8 月，欧桥村将欧桥汽车修配厂转为私营个体工业，对其他关闭企业亦采取设备转让，厂房出租，全面转为个体私人经营。西旸村将西旸面粉厂转为股份企业，立新村将立新铸件厂转为股份制企业。

2000 年 7 月，境内仅剩一家村办企业——江苏欧桥精纺厂转为江苏欧桥精纺有限公司。

1980 年欧桥、西旸、立新大队办工业企业经济指标一览表

表 6—10

大队名	企业名称	企业负责人	销售收入（万元）	利税总额（万元）	利润（万元）	工业总产值（万元）	固定资产净值（万元）	职工人数（人）
欧桥	欧桥针织厂（农机修配厂）	杨品忠	270.75	36.64	18.27	392.40	79.58	398
	欧桥涤纶制品厂	徐来保	170.24	20.25	10.19	182.30	1.11	146
	沙洲县纬编厂	杨仁兴	342.05	67.41	28.50	354.00	16.12	45
	欧桥尼龙加捻厂	陈德明	63.87	18.90	9.80	72.10	3.66	46
立新	立新服装厂	陈炳喃	36.60	6.18	4.70	37.60	3.61	56
	立新机械厂	姚祖兰	19.20	4.21	—	20.20	3.76	32
	立新针织厂	陆永才	11.70	1.82	—	12.10	2.90	46
西旸	西旸粮饲加工厂	蔡叙生	2.87	0.98	0.39	2.87	2.02	6
	西旸农具厂	张永法	39.50	9.65	6.70	41.30	6.12	37
	西旸针织厂	陈永华	93.60	8.20	5.18	94.00	3.90	132

1988 年欧桥、西旸、立新村村办工业企业经济指标一览表

表 6—11

行政村名	企业名称	企业负责人	销售收入（万元）	利税总额（万元）	工业总产值（万元）	固定资产净值（万元）	职工人数（人）
欧桥	欧桥服装厂	张亚飞	143.64	16.99	155.38	6.93	80
	欧桥围巾厂	徐根保	98.18	8.94	128.15	49.37	80
	欧桥福利厂	刘保郎	385.15	25.30	620.13	73.03	93
	麻纺二厂	陆永成	162.83	12.49	285.65	693.59	257
	欧桥针机厂	杨元龙	337.72	43.98	209.57	122.11	60
	欧桥保健品二厂	张亚飞	415.77	75.38	1127.57	1024.43	270
	欧桥精纺厂	马品华	5756.00	153.56	5892.49	877.25	655
	欧桥毛织厂	张建飞	1223.97	26.91	1433.50	109.38	270

续表6—11

行政村名	企业名称	企业负责人	销售收入（万元）	利税总额（万元）	工业总产值（万元）	固定资产净值（万元）	职工人数（人）
立新	妙桥时装厂	陈炳喃	102.20	3.62	104.50	4.16	45
	新虹服装厂	陆正明	110.30	2.11	113.60	3.98	45
	立新机械厂	姚祖兰	34.50	2.79	37.40	8.92	33
	立新毛织厂	陆永祥	161.00	5.32	164.70	3.65	45
西旸	西旸农具厂	张永法	240.20	9.27	248.42	30.28	78
	西旸针织厂	陈永华	293.67	8.6	396.67	28.50	180
	西旸服装厂	季杰	135.30	5.60	139.30	19.20	36
	西旸面粉厂	张忠保	21.00	0.57	22.11	23.58	10
	西旸铸件厂	张永新	67.45	2.10	68.32	38.90	43

第三节　镇（公社、乡）办工业

70年代末至80年代中期，妙桥乡（公社）利用妙桥民办公路的交通优势，在境内西旸公路两侧建办3家乡办工业企业，方便妙桥乡东北部沙田、仇家、跃进、蒋家、立新5个大队农民工进厂上班。

妙桥内衣厂　该厂是欧桥境内最早建办的一家公社办工厂。位于西旸闸东侧，1977年3月建办。前身系江堤护理专业队的柳条编织厂。占地面积6000平方米，建筑面积1200平方米。主要设备有针织横机、盘纱机、包缝机、缝纫机，整烫、包装一条龙生产线，有职工100人，主要生产腈纶衫裤，羊毛衫裤。年产2.8万件套，年销售200余万元。1980年，该厂针织横机增至80台，职工增至120人，是年工业产值300万元，利润12万元。1985年，该厂由于职工离岗较多，流动性增强，导致产量锐减，经济效益下降。1988年9月，妙桥镇对内衣厂试行股份制改革，内衣厂解体。1992年出租私人经营。

妙桥钢窗厂　该厂是欧桥境内第二家乡办（公社）工厂，位于欧桥三号桥东侧，1978年7月建办。时由妙桥农具厂（市属企业）出资。占地面积3009平方米，建筑面积1535余平方米，主要产品是各类钢窗，设备有160吨磨搓压力机1台，60吨冲床1台，35吨冲床2台，16吨冲床2台，固定资产172万元。有职工60人，年产钢窗5000平方米，年销售100万元，利税10万元。1981年销售总额150万元，利润40万元。1986年该厂成为上海市二轻局定点厂，钢材由二轻局供给，产品由二轻局收购。1987，职工102人，年产钢窗8000余平方米，年销售300余万元，利税30余万元。1988年，年产钢窗10000余平方米，销售350余万元，利税

35 万元。1990 年，私营个体工业迅速崛起，科技含量较低的钢窗销售下滑。1993年，投入 30 余万元更新生产设备，提高劳动生产率。是年，工业产值 443 万元，销售收入 443 万元。1997 年，该厂固定资产 170 万元，产品销售收入 1198 万元。1998 年 11 月，镇对镇办企业产权制度改革，妙桥钢窗厂转为私营个体企业。

妙桥船用电表厂 该厂是境内第三家乡办厂，位于西旸公路东侧，在妙桥钢窗厂对面。1985 年 2 月投资建办。占地面积 2200 平方米，建筑面积 750 平方米，由钢窗厂出资。主要设备有车、刨、铣，固定资产 72 万元，业务为上海华东造船厂，江南造船厂生产船用电表。有职工 36 人，年销售 40 万元，利税 4 万元。1987 年，由于企业管理不善连月亏本，1990 年 10 月停产。1997 年，转制为私营工业企业。

第四节 市属工业

张家港市第二织布厂是境内唯一一家市属工业企业，建于 1989 年 9 月，时由欧桥村与张家港市纺织品工业公司、张家港市棉纺织厂二家合资建办。欧桥村提供土地、厂房，市纺织品工业公司出资，市棉纺织厂提供织机、技术和人才，厂长由市棉纺织厂孙仕龙出任。该厂占地面积 2 万余平方米，建筑面积 1 万余平方米，主要设备有织布机 300 台，其中宽幅织机 80 台，自动换梭织机 200 台，自动浆纱机 8台，有职工 600 人。1988 年生产棉布 500 万米，销售 3000 余万元，利税 200 余万元，职工年平均工资 2160 元。1992 年产品市场滞销，流动资金断链，年底关闭。

第五节 外资和港台资工业

1987 年，欧桥村贯彻市政府《关于鼓励发展外向型经济的决定》的文件精神，积极开展招商引资，建办外资工业。1989 年，引进第一家张家港市保健用品厂，时由欧桥农工商总公司与香港商人合资办厂。欧桥提供土地、厂房、劳动力，港商出资 25 万美元购进设备。该厂占地面积 3500 平方米，建筑面积 2000 余平方米，主要设备有药棉棒机、吹塑机、滚动机、烘干箱等一条生产流水线，机制 PP 药棉棒。有职工 38 人，年产 2000 万盒药棉棒（每盒 100 支），1990 年，完成工业产值149.16 万元，销售收入 51.53 万元，上交税金 3.35 万元，企业亏损 18.24 万元。1991 年工业产值 45.22 万元，销售收入 60.68 万元，上交税金 4.3 万元，企业亏损22.33 万元，由于连年亏本，资金断链，年底停业。

1993 年，欧桥村引进外资建办中外合资张家港青云有色金属有限公司，由欧桥实业总公司、美国青云公司、上海地区工业销售公司 3 家企业合资建办，总投资110 万美元，注册资本 80 万美元，合同到账外资 55 万美元。公司占地面积 1 万余平方米，建筑面积 2000 余平方米，主要设备有大小粉碎机 20 台，有职工 82 人。公司主要生产电解铜，年生产 1000 吨电解铜，700 吨硫酸铜和氧化铜，产品销往国外。1994 年，西旸村引进台商企业进兴铸造有限公司，是年，境内两家外资和台商企业销售总收入为 1524 万元，利税 334 万元。其中青云金属有限公司销售收入 195 万元，利润 10 万元。1996 年起青云金属有限公司原料供求紧缺，生产被迫中断。2001 年 3 月关厂。

2003 年欧桥村又引进伟翔机械有限公司，该公司由中国台商投资建办，资产总额 800 万元，注册资本 422 万元。公司占地面积 2800 余平方米，建筑面积 1600 余平方米。生产产品电脑横机。主要设备车、刨、铣、冲床等。有职工 60 人，年产电脑横机 70 台，是年销售收入 576 万元，利税 27 万元。2004 年，销售收入 937 万元，利税 37 万元。2005 年销售收入 78 万元，交税 2.1 万元。年底关闭。2015 年，欧桥村境内仅剩一家进兴铸件有限公司，主要生产针织机械和炉型铸件，年销售收入 571 万元，利税 50 余万元。

第六节　产权制度改革

1992 年，妙桥镇在横泾路口开设羊毛衫市场，境内以生产羊毛衫为主的家庭工业户迅速兴起，集体工业企业相继关闭。1995 年，境内集体村办企业仅有 5 家。其中欧桥 2 家（江苏欧桥精纺厂，欧桥汽车修理厂），西旸 2 家（西旸面粉厂，西旸铸件厂），立新 1 家（妙桥立新机械厂）。1997 年贯彻镇党委颁发的《妙桥镇关于进一步加快个体、私营经济发展的意见》精神，对村办企业全面进行产权制度改革，把村办小微企业转为个人独资企业，对集体较大企业，资产在 100 万元～1000 万元以上的转制为股份有限责任公司。至 2000 年 7 月，境内对 5 家村办集体企业产权制度改革结束。江苏欧桥精纺厂改制成江苏欧桥精纺有限公司。

在村办企业转制过程中，各村组建产权制度改革领导小组，在镇党委、政府、农工商总公司的领导下展开工作。对转制企业摸清家底，理清资产，包括产品、半成品、库存原料，设备等核准，账面查清应收应付，核实净资产。明确产权关系，确定转制方式，改变原有企业产权所属性质，然后业主重新办理登记手续，领取营业执照，取得法人代表资格。

1997～2000 年境内转制企业一览表

表 6—12

企业名称	转制后名称	转制年月	评估值			企业股本金情况				注册资本
			总资产(万元)	总负债(万元)	净资产(万元)	集体(万元)	个人			
							人数	金额(万元)		
江苏欧桥精纺厂	江苏欧桥精纺有限公司	2000年7月	10238.68	3831.27	6407.41	240.00	1	960.00		1200.00
妙桥立新机械厂	张家港市立新机械厂	1997年10月	60.68	49.00	10.00	3.00	8	7.00		10.00
张家港市欧桥汽修厂	张家港市欧桥汽车修理厂	1997年2月	8.10	3.31	4.80	—	2	4.80		4.80
妙桥西旸面粉厂	妙桥西旸面粉厂	1997年10月	44.78	31.78	13.00	—	—	13.00		13.00
西旸铸件厂	西旸铸件有限公司	1997年6月	3.50	3.50	—	—	—	3.50		3.50

第二章 纺织工业

1980 年，境内 3 个大队工业总产值 1207.8 万元，其中机械制造工业产值 61.5 万元，占工业总产值的 5％，纺织工业产值 1146.4 万元，占总产值 95.1％。1990 年，境内欧桥工业总产值 1.44 亿元，纺织工业产值占工业总产值 82.8％。西旸工业总产值 1346 万元，纺织工业产值 1211 万元，占工业总产值 90％。立新工业总产值 735 万元，纺织工业产值 627 万元，占工业总产值 85％。

2000 年，纺织工业依旧是主业。境内欧桥工业总产值 1.09 亿元，其中针织机械、电子、化工等工业产值 4000 余万元，占工业总产值 40％，纺织工业产值 6000 余万元，占总产值的 60％。2010 年，欧桥村工业销售收入 6.59 亿元，其中纺织工业销售收入 4.6 亿元，占工业销售总额 67％，

欧桥针织厂生产车间（1976 年）

其它工业销售收入占 33%。2014 年，欧桥村工业销售收入 5.75 亿元，其中机械电子、化学、冶金销售收入 0.78 亿元，占工业销售总额 14.2%，纺织工业销售收入 4.67 亿元，占全村工业销售总额的 86.8%。2015 年欧桥村主要工业企业 15 家，其中 14 家为纺织工业企业，销售总收入占全村主要工业企业销售总收入的 97.76%。

第一节　针织业

境内工业是从针织起家发展起来的。1956 年，中杨的杨仁仁与刘清环合伙出资从常熟购进 8 台手套机在自家院子里开办手套厂。1964 年，欧桥大队开办手套厂，生产劳保手套，1974 年更名为欧桥综合厂，制造尼龙衫。1971 年西旸大队建办手套厂，引进 20 台手套机为杨舍棉毛公司加工黄纱手套，1974 年引进 25 台针织横机，招收 30 名职工，为公社尼龙衫厂加工生产尼龙衫。

1978 年，党的十一届三中全会召开后，境内队办工业进入了一个新的发展时期，欧桥先后办了尼龙加捻厂、涤纶制品厂、纬编厂。1980 年，欧桥加捻厂加捻尼龙丝 50.5 吨，销售收入 63.87 万元，利税 18.9 万元。涤纶制品厂生产针织涤纶衫 15.6 万件，销售收入 170.24 万元，利税 20.25 万元。纬编厂织造针织涤纶布 87.6 吨，制成涤纶衫 3.8 万件，销售收入 342.05 万元，利税 67.41 万元。针织厂生产尼龙衫裤 13.3 万套，羊毛衫 1.2 万件。销售收入 270.8 万元，利润 18.27 万元，全大队 4 家针织工业企业工业总产值 1000.8 万元，利税 152.38 万元，西旸针织厂针织横机增至 80 台，职工增至 280 人，工业产值 94 万元，销售 93.16 万元，利税 8.2 万元，利润 5.18 万元；立新针织厂，有针织横机 30 台，职工 40 人，加工生产尼龙衫，1980 年销售收入 11.7 万元。

1984 年，欧桥针织企业狠抓产品质量和新产品开发，优化产品结构，开发了兔腈羊毛衫，麻棉羊毛衫，毛涤、涤棉羊毛衫等六只新产品，使针织产业保持持续稳定发展的势头。

1985 年，欧桥针织厂销售收入 116.5 万元，运动衫厂销售收入 334.7 万元，工艺围巾厂销售收入 24.2 万元，纬编厂销售收入 283.5 万元，加捻厂销售收入 50 万元，针织服装厂销售收入 300.3 万元，童衫厂销售收入 87.4 万元，针织工业销售总额 1252 万元，占当年全村工业总产值 2170 万元的 66%。职工总人数 878 人，转队工资总额 111.96 万元。年人均转队工资 1276.65 元。西旸针织厂不断开发新产品，是年工业总产值 238.50 万元，销售 213.80 万元，利润 5.8 万元。有职工 312 人，年转队工资总额 26.15 万元。另有家庭个体针织 30 余户，年生产羊毛衫 3 万余件。1991 年，西旸针织厂成为全市最大的村级针织企业，工业总产值 1059 万元，年末固定资产 260 万元，在厂职工 282 人。1992 年，境内欧桥有家庭个体工业 239 户，占全村总户数的 45%。西旸有 212 户，占全村总户数的 43%。立新有 96 户，占全村总户数的 27%。1994 年，境内第一家具有羊毛衫生产规模的私营个体工业企业——瑞群针织服饰有限公司崛起。注册资本 120 万元，资产总额 415 万元。拥有针织横机 120 台，包缝机 26 台，整烫机 6 台，有职工 200 人，年生产 20 万件羊毛衫，年销售 1510 万元，利税 177 万元。是年，境内家庭个体针织户 528 户，有手摇横机 1713 台，圆机 54 台，包缝机 127 台，从业人员 2690 余人，年销售收入 575 万元。2003 年，针织机械由手摇横机、电动横机向全自动电脑横机跨越。瑞群服饰有限公司投资 350 余万元，进口 6 台德国斯托尔全自动电脑横机投入生产。2004 年 3 月，西旸、立新两个村并入欧桥村后，私营个体工业企业增至 22 家，全自动电脑横机由 6 台增至 102 台。2007 年，有 11 家针织工业企业进村级工业小区落户，全自动电脑横机增至 402 台。

2010 年，有针织工业企业 28 家，其中拥有进口全自动电脑横机 805 台，年产羊毛衫 1000 余万件，年加工收入 8000 余万元。2014 年，有针织工业企业 21 家，家庭个体针织 88 户。有进口全自动电脑横机 683 台，与 2010 年相比减少 122 台。年产羊毛衫 600 余万件，销售收入 1.8 亿元，占全村工业总产值的 46.2%。2015 年，全村有主要针织工业企业 9 家、家庭个体针织工商户 86 家，年产羊毛衫 100 万件，销售收入 2.65 亿元，占纺织工业销售收入的 44.69%。

欧桥针织厂 欧桥针织厂位于西旸塘东岸，欧桥 3 号桥东桥堍南侧，是该村工业企业中起步早，贡献大的骨干企业。前身为手套厂，1964 年建办。原在西旸塘西岸养殖场内，建筑面积 120 平方米，有手套机 6 台，职工两班制 12 人，为杨舍棉毛公司生产劳保手套。由于此处交通闭塞，1968 年移址西旸塘东岸，初始占地 2000 多平方米，建厂房 500 多平方米，有手套机 20 台，职工 40 多人，年销售总额 11.6 万元，利润 8000 余元。1970 年该厂手套机增至 50 台，职工增至 100 余人，年产手套 2.7 万打，销售总额 28 万元，利润 2.1 万元。1971 年，该厂从常熟县大义针织厂引进 6 台针织横机，为上海棉织批发部生产尼龙衫。1972 年将欧桥手套厂更名为欧桥针织厂。1973 年，该厂扩大厂区占地面积 2000 平方米，新增建筑面积 1000 平方米，增添针织横机 4 台。1974 年，该厂和农机厂合并为欧桥综合厂。1976 年有职工 202 人，主要设备有手套机 62 台，针织横机 56 台，年产纯棉手套 3.1 万打，尼龙衫裤 3.4 万套，羊毛衫 1.5 万件，年工业产值 67.88 万元，销售收入 61.55 万元，利润 8.07 万元，职工工资总额 8.2 万元，上交国家税金 3.1 万元。1978 年该厂开发涤纶衫，腈纶衫两只新产品，上市后受到上海人青睐。是年，该厂又更名为欧桥针织厂。1980 年，欧桥针织厂固定资产净值 79.58 万元，厂区占地总面积 3000 余平方米，建筑面积 2000 多平方米，主要设备有针织横机 120 台，包缝机 34 台，缝纫机 10 台，盘纱机 8 台，整烫机 6 台，有职工 398 人，年产羊毛衫、腈纶衫、兔毛衫、涤纶衫 7 万余件。年工业产值 392 万元，销售收入 270 余万元，利税 36 万元，利润 18 万元。1982 年，欧桥新建毛织厂，该厂一部分职工分流到毛织厂当车工，工业产值急剧下跌。1983 年，有职工 150 人，年工业产值 147 万元，销售收入 120 万元，利税 13 万元。1984 年，该厂有职工 92 人，工业产值 78 万元，销售收入 45 万元，利税 5 万元。1985 年，有职工 47 人，工业产值 38 万元，利税 3.5 万元，年底关厂，职工分流其他企业。

历任厂长杨仕良、高培升、王忠、杨品忠、徐兰保、钱仲益、朱仲华。

沙洲纬编厂　沙洲纬编厂地处团结桥北桥堍东侧，北邻欧桥服装总厂。1980 年初建成，旧址在欧桥针织厂北侧，占地面积 1200 平方米，厂房 900 平方米，主要设备有 Z113 大圆机 7 台，生产涤纶布产品并深加工。1981 年专产窗帘、沙发布，有职工 41 人，年工业产值 214.61 万元，销售收入 165.32 万元，利税 28 万元。1983 年，引进 5 台 Z113 大圆提花机，职工增至 70 人，年工业产值 284 万元，销售收入 270 万元，利税 23.48 万元，利润 10.45 万元。1984 年，该厂移址团结桥北桥堍东侧，新厂占地面积 3000 平方米，厂房面积 2000 平方米，主要设备除原有 7 台 Z113 大圆机，新增 5 台 215 提花圆机，固定资产增至 96 万元，有职工 72 人，年产涤纶布 800 吨，工业产值 439 万元，销售收入 327 万元，利税 19 万元。1985 年该厂在厂对面西旸塘东岸，建渔网生产车间，从上海渔网生产厂引进 2 台渔网机，为浙江渔业公司生产渔网。1986 年，该厂有职工 73 人，工业总产值 240 万元，销售收入 233 万元，利润 15 万元。1987 年，该厂转为村福利厂，招收福利人员进厂，职工增至 93 人。1988 年，工业总产值 520 万元，销售收入 385 万元，利税 25 万元。1989 年，工业总产值 294 万元，销售收入 189.35 万元，利润 0.46 万元。1990 年，工业总产值 315 万元，销售收入 227 万元，利润 0.87 万元。1991 年，工业总产值 212 万元，销售收入 176 万元，企业亏本。1992 年，工业总产值 110 万元，销售收入 110 万元，企业依旧亏本。1993 年关停。

沙洲纬编厂、欧桥针织厂（1980 年）

历任厂长有杨仁仁、王忠、马品华、刘保声、刘保郎。

江苏瑞群服饰有限公司　位于欧桥精纺有限公司南侧，前身系张家港市针织机械总厂附属企业苏纺针织实验厂，厂址市针织机械总厂内，1994 年建办，1997 年转为私营企业后移址欧桥村，更名为张家港市瑞群针织服饰有限公司。占地 2 万余平方米，建筑面积 1.5 万平方米，其中生产车间 1 万平方米，职工 400 人，技术人员 12 人。主要设备有针织横机 40 台，年产羊毛衫 5 万件。翌年，针织横机增至 120 台，瑞群牌系列产品以原料优质，做工精细，穿着舒适，服务一流的优势畅销各地，年销售量增至 20 万件，利润逾百万元。1999 年，针织横机添至 200 余台，公司投资 500 万元，在南侧建造生产综合大楼、办公楼各一幢，建筑面积 4000 平方米，并从德国引进 9 台全自动电脑横机，生产能力进一步提高，年销售羊毛衫突破 30 万件。2000 年公司又投资 1800 万元，引进意大利纺织机械设备，在妙桥羊毛衫市场南侧建办毛纺厂，占地 1.13 万平方米，建筑面积 5000 平方米，安装 7200 锭纱锭，形成了从原料到羊毛衫一条龙生产线。年产精纺毛纱 500 吨。2001 年，公司拥有 400 余台精细针织横机，35 台从德国进口的电脑横机。三条精毛纺生产线，年生产精纺毛纱 800 余吨，高档羊毛衫 50 万件，年销售收入 3451 万元，利税 415 万元，入库税金名列张家港市私营企业第四名。是年，该公司升级为省级企业。江苏瑞群服饰有限公司生产的瑞群牌丝光防缩羊毛衫，美丽诺超细羊毛衫，以其优质的原料，精致的做工及一流的服务，享誉大江南北，深受消费者的欢迎。销售网络遍布全国 30 多个大中城市 100 多家商场，公司荣获 1999 年上海国际创新设计博览会"创新设计奖"，2000 年、2001 年、2002 年上海服装市场销售品牌奖，2001 年上海服装国际文化节"十佳设计"和"针织销售 25 强"奖，上海第十七届服装博览会时尚服饰设计奖，2002 年北京毛衫"销售三强"奖。安徽、湖北、天津等地销售品牌奖。2002 年公司通过 ISO9001：2000 国际质量体系认证，国家质量技术监督局认定瑞群牌为合格品牌。2003 年，瑞群公司生产的羊绒和羊毛衫品种有 100 余个，全年销售额达 5000 万元，全国市场综合占有率达到 1.3％。2005 年 4 月 20 日，国家工商行政总局，全国工商业联合会，中华全国商业信息中心在联合举办的第十届大型零售企业信息发布会上宣布，"瑞群"牌毛衫跃入同类产品全国市场综合占有率前 10 名行列。是年工业产值 5212 万元，销售收入 4348 万元，利税 400 万元。2010 年，工业总产值 8532 万元，销售收入 5637 万元，利税 388 万元。2015 年，公司资产总额 6827 万元，生产精纺毛纱 800 余吨，高级羊毛（绒）衫 35 万件，主要业务销售收入 4567 万元，利税 438 万元。

2004～2015 年江苏瑞群针织服饰有限公司主要经济指标一览表

表 6—13

年份	产品销售收入（万元）	利税总额（万元）	利润（万元）	工业总产值（万元）	固定资产原值（万元）	职工人数（人）
2004	4348	400	—	4539	5212	546
2005	3578	290	—	3861	5431	530
2006	3711	584	—	4017	5644	520
2007	5180	627	—	5438	6102	510
2008	5430	623	—	5872	6624	505
2009	4916	354	—	4293	8316	495
2010	5637	388	—	4963	8532	473
2011	7998	402	—	7471	8557	467
2012	8735	405	—	10175	8509	435
2013	9344	416	—	9010	8523	412
2014	7059	343	—	6628	8133	372
2015	4567	438	119	4181	8148	353

第二节　棉（毛）纺织业

　　1964 年，欧桥大队手套厂初始用的棉纱是靠农妇用摇车手纺的。1967 年，该厂用纱量增加，在西旸、鹿苑、马嘶桥等地设纱庄，发放最多时仅马嘶桥一带就有 300 多户棉纺户。1982 年，欧桥大队建办毛织厂，引进毛纺、织 3 个台套，年产毛纱 600 余吨，呢布 15 余万米。1984 年，欧桥村建办精纺厂。1985 年，从德国引进 5000 锭精纺机，18 台剑杆织机，年产羊毛、腈纶条 8500 吨，32 支腈纶纱 1200 吨。1987 年，欧桥村与市纺织品公司、市棉纺厂合作办沙洲县第二织布厂，有织机 300 台，其中宽幅织机 80 台，年产棉毛布 500 万米。

　　2000 年 1 月，本地私营业主合资购买第二织布厂厂房，建办张家港市盛而达纺织有限公司，当年引进

欧桥大队毛织厂（1982 年）

1.2 万锭棉纺机投入生产。江苏瑞群针织服饰有限公司从意大利引进 7200 锭精纺设备配套羊毛衫纺、织一条龙生产。2004 年，张家港市盛而达纺织有限公司拥有 4 万棉纺锭、1 万半精纺纱锭。年产 1 万吨棉纱和 1 千多吨混纺纱。是年，欧桥村有棉（毛）纺织企业 5 家，销售收入 2.79 亿元，占纺织工业销售收入的 71.82%。

2010 年 2 月，三华纺织有限公司建办。拥有半精纺纱绽 4200 锭，年生产 600 吨混纺纱。是年 8 月，熔诚纺织有限公司建成投产，有半精纺纱绽 4000 锭，年生产半精纺纱 520 吨，工业总产值 2800 多万元。2012 年境内有棉（毛）纺织企业 7 家，年销售收入 2.82 亿元，其中棉纺工业销售收入约 1.15 亿元。

2015 年，境内主要有张家港市盛而达纺织有限公司、江苏欧桥精纺有限公司、江苏瑞群服饰有限公司等 5 家棉（毛）纺织企业。拥有 8 万纱锭，总资产 2.38 亿元，固定资产净值 2.1 亿元，年销售收入 3.28 亿元，其中棉纺 4 万锭，销售收入 1.09 亿元，利税 1110 万元；精纺 2 万锭，销售收入 1.37 亿元，利税 1488.61 万元，半精纺 2 万锭，销售收入约 0.82 亿元，利税 736 万元。

江苏欧桥精纺有限公司 江苏欧桥精纺有限公司前身为江苏欧桥精纺厂，该厂位于欧桥村刘家巷东侧，北邻北杨家，为该村规模最大的骨干企业。该厂建于 1984 年，翌年 4 月建成投产，有职工 472 人，占地面积为 4.13 万平方米，建筑面积 2.48 万平方米，主要设备有"B270"梳毛机 3 台，"583"细纱机 8 台，粗纺锭 900 锭，精纺锭 4000 锭，主要生产腈纶坯纱，麻毛涤绒，全毛呢绒等产品。1987 年时有职工 720 人，其中技术人员 20 余人。固定资产 989 万元，有 4 台套成条设备，5000 精纺锭，18 台布机均是国家定型设备，年生产羊毛或腈纶条 8500 吨，纺 32 支腈纶纱 1200 吨，年产值 4490 万元，产品全部出口，实现利税 530 余万元，占全村工业产值的 67.4%。1988 年，该厂被评为"江苏十大创汇单位"，并荣获国家飞龙奖。1989 年，增添毛织机 40 台，"BC6272"粗纺毛机 4 台套。1990 年 1 月，被张家港市评为 1989 年度外贸出口大户。是年 10 月 16 日，《新华日报》公布江苏省第二届优秀产品第二批名单，该厂生产的"JO38002"双抗高级薄花呢获"金牛奖"。1991 年，该厂扩大厂区面积 3.86 万平方米，新增建筑面积 5.12 万平方米。增添精纺锭 3200 锭，毛织机 26 台，精、粗纺染整设备 1 台套，梳毛机 12 台，精梳毛机 5 台套等设备，全厂形成了腈纶、麻毛、全毛精、粗纺和毛织一条龙生产线，职工 1590 人，年总产值 10860 万元，外贸销售额 1638 万元，生产的法兰绒"828"28 支腈纶坯绒、32 支混纺毛绒出口美国、中国香港等国家和地区。1992 年，全厂占地面积 11.2 万平方米，建筑面积 8.1 万平方米，职工 1139 人，其中技术人员 83 人。主要设备有精纺机 8000 锭，粗纺机 960 锭，毛织机 62 台，精、粗纺染整设备各 1 台套，梳毛机 12 台，粗毛机 4 台套和精梳毛机 5 台套，固定资产 2102 万元。全年生产精、粗纺呢绒 55 万米，针织绒 840 吨，年产值 8005.2 万元，实现利税 435.48 万元，外贸收购额 7000 余万元。1995 年，该厂在质量管理和新产品开发上，虚心向上海大型毛纺厂学习，用国营大企业质量标准考核自己企业，以优质产品、新产品占领市场。精粗纺呢绒生产流水线年产精粗纺呢绒 100 万米，针织绒线 1000 吨。生产的"824"腈纶针织绒被上海纺织品公司定为免检产品。在全国毛纺行业不太景气的情况下，仍保持精纺 7 年资产增值 12％ 以上的实绩。至 1999 年，该厂已成欧桥村最后一家村集体独资企业，亦是妙桥镇大型骨干企业，拥有精毛纺纱锭 1.2 万锭，进口剑杆织机 48 台，后整理呢绒设备两条流水线，形成以毛和呢绒一条龙生产，可生产精毛纺呢绒 220 万米，腈纶纱 1000 吨，其中出口呢绒 150 万米。是年现价工业产值 10057 万元，销售收入 9147 万元，利税 569 万元。产品远销美国、欧洲和中国香港等国家和地区。2000 年 8 月，该厂改制，更名为江苏欧桥精纺有限公司，公司通过 ISO9002 质量体系认证，2001 年被外经贸部批准拥有自营进出口权。2005 年开始，公司改进工艺，严格按照欧盟环保标准控制生产流程，产品获得"国际环保纺织标准 100"认证。为提高产品质量，公司先后投资 7000 万元对纺织、后整理车间进行全方位的技术改造，引进德国、意大利、瑞士等国家的染色、纺织、后整理等先进设备近 100 台套。企业设备的技术含量、自动化程度都达到同行业领先水平，并配备有完善的水电气、污水处理等配套设施。2005 年公司立项建设的日处理污水 1200 吨的污水处理项目被评为苏州市样板工程并通过清洁生产省级评审。2015 年年末，公司占地 10 公顷，建筑面积 9 万平方米，有总资产 3 亿元，其中流动资金 6000 余万元；有员工 600 余人，其中大专以上各类专业技术和管理人员 50 人。全年完成销售收入 1.55 亿元，实现利税 1489 万元。公司连续多年被评为省、市优秀企业，"重合同、守信用"企业。

2007～2015 年江苏欧桥精纺有限公司主要经济指标一览表

表 6—14

年份	产品销售收入（万元）	利税总额（万元）	利润（万元）	工业总产值（万元）	固定资产原值（万元）	职工人数（人）
2007	15155.31	2312.76	1237.14	15206.50	14733.46	1183
2008	17664.22	3044.02	1727.40	17710.20	14529.33	1173
2009	13498.87	2619.15	1781.74	13408.10	15259.95	1071
2010	14215.67	1988.40	1193.08	14218.70	15287.76	971
2011	14226.95	1667.86	847.61	14230.10	1544.33	865
2012	14868.99	2564.81	928.85	14905.10	15587.26	805
2013	15609.01	2277.97	1006.74	15635.90	16012.55	575

续表6—14

年份	产品销售收入 （万元）	利税总额 （万元）	利润 （万元）	工业总产值 （万元）	固定资产原值 （万元）	职工人数 （人）
2014	14778.82	1193.40	669.43	14910.20	16695.57	525
2015	15535.11	1488.61	926.00	13910.30	16870.33	615

张家港市盛而达纺织有限公司　张家港市盛而达纺织有限公司地处张杨公路与妙丰公路交会处东侧，公司占地面积45000平方米，有建筑面积23000平方米，职工620人，拥有固定资产4000余万元，注册资金1000余万元。设备主要有棉纺4万锭，半精纺1万锭，年纺腈纶，棉纱混纺纱1万吨，是村最大的纺纱企业。该企业前身是市棉纺织二厂。2000年1月，由私营业主卞丽华和吴建国合资200万元，购买车间、仓库、住宿等1万平方米厂房，租用土地34200平方米，建办盛而达纺织有限公司。同年3月，公司投资1000万元，购进1.2万锭棉纺设备，6月份投产。产品主要有腈纶纱、棉纱。2002年，公司又投资1800万元，扩建二纺车间7000平方米，购进1万锭棉纺设备，不断扩大生产能力。2003年，投资1500万元，增加1万纱锭扩大生产规模。到2004年，公司总投资达4200万元，拥有4万锭棉纺纱锭。有职工1010人，形成日产腈纶纱、棉纱30吨，年产万吨纱的生产能力。

2005年，公司根据市场需求利用美达漂染公司闲置土地和破旧厂房，投资1200万元，扩建车间，仓库、宿舍5000平方米，技改半精纺1万锭，生产混纺产品。2006年，公司生产的全腈、棉腈、纯腈、混纺纱等各种规格的坯纱和色纱1万余吨，年销售1.55亿元，利税489万元。

2007年，公司面对企业招工难的情况，从纺纱的每个环节着手，对配套设备进行技改。先后从德国、日本引进自动纸落筒管机2台和8台，淘汰一批国产小槽筒机，2010年，产品销售收入1.46亿元，利税463万元。2013年，公司职工600人，纺各品种纱7000吨，年销售1.15亿元，利税600余万元。2015年工业产值1.07亿元，产品销售收入1.1亿元，利税886.22万元。公司先后多次被评为张家港市诚信企业、张家港市重合同守信用企业。塘桥镇销售收入超亿元企业、纳税大户企业、十佳民营企业。

2000～2015年张家港市盛而达纺织有限公司主要经济指标一览表

表6—15

年份	产品销售收入 （万元）	利税总额 （万元）	工业总产值 （万元）	固定资产原值 （万元）	职工人数 （人）	注册资本 （万元）
2000	734	14	750	828	194	88

续表6—15

年份	产品销售收入 （万元）	利税总额 （万元）	工业总产值 （万元）	固定资产原值 （万元）	职工人数 （人）	注册资本 （万元）
2001	2630	40	2700	1373	311	88
2002	5792	121	5800	2093	425	88
2003	11303	262	11400	2781	800	500
2004	11072	362	15100	30412	775	500
2005	16599	510	16600	3117	908	500
2006	15540	489	15627	3117	825	1000
2007	12911	468	13100	3750	760	1000
2008	12796	749	12800	4167	665	1000
2009	10557	527	10445	4167	630	1000
2010	14574	463	14580	4520	590	1000
2011	15924	545	15782	4800	580	1000
2012	11467	607	11546	4808	520	1000
2013	11543	600	11710	4818	550	1000
2014	11147	724	10087	4840	546	1000
2015	10950	886	10700	4854	540	1000

张家港市盈盈针织服饰有限公司　该公司前身是市港欧针织公司，1995年建办，固定资产50万元，注册资金50万元，公司租用欧桥粮库房为厂房，建筑面积600余平方米。主要设备有手摇横机12台，包缝机2台，缝纫机2台，产品主要生产羊毛衫，有职工18人，年销售5万元。2000年，公司职工增至32人，针织横机增至20台，年产羊毛衫5万余件，销售100余万元，利税10余万元。2011年迁至村工业小区，公司更名为张家港市盈盈针织服饰有限公司。占地面积5280平方米，建筑面积3700余平方米，其中生产用房3100余平方米，拥有固定资产541万元。主要设备电脑横机60余台，配套设备有包缝车、裁剪机，以及整烫机一条龙生产流水线。有职工60余人，年产20余万件羊毛衫。公司生产的男女羊毛衫以原料优质，设计新颖，做工精致，手感柔软，穿着舒适的优势畅销全国各地。2013年工业总产值1176万元，销售收入1121万元，利税200余万元。2015年，工业总产值2048余万元，销售收入2011余万元，利税301余万元。

第三节 服装业

1974 年，境内立新大队建办立新服装厂，建筑面积 120 平方米，有职工 16 人，为上海戏剧服装厂加工戏衣、枕套，年加工收入 6000 余元。1981 年欧桥大队和西旸大队相继建办服装厂。是年，立新服装厂、欧桥服装厂和西旸服装厂等 3 家服装企业共有职工 100 余人，缝纫机 105 台，裁剪机、拷边机和整烫机各 5 台，年生产和加工服装 13 万件，销售金额 160 余万元，约占境内各大队工业销售总收入的 16.08％。1983 年春，立新大队新建服装大楼，上下两层建筑面积 1400 平方米，职工增至 140 人。是年，立新服装厂更名妙桥时装厂，年销售收入 36.6 万元，利税 6.18 万元。1985 年，欧桥村又建办运动衫厂和童衫厂，有职工 181 人，缝纫机 162 台，拷边机 12 台，裁剪机 2 台，主要生产军用大衣、西装和女式风衣。1986 年，欧桥运动衫厂和童衫厂合并，更名欧桥服装总厂。立新村妙桥时装厂利用上楼车间建新虹服装厂，主要生产运动衫。翌年，原欧桥服装厂并入欧桥服装总厂。1988 年，境内服装业共有职工 526 人，年销售总收入 491.4 万元，占境内各村工业销售总额的 5.69％。是年底，欧桥服装总厂停业，1991 年复业。而立新服装厂、立新运动衫厂和西旸服装厂先后于 1993 年底关闭。是年，欧桥服装总厂有职工 60 人，年销售收入 311 万元，约占欧桥村工业销售收入的 1.37％。1994 年因亏损而歇业。

欧桥服装总厂 欧桥服装总厂由欧桥服装厂、运动衫厂、童衫厂合并而成。欧桥服装厂 1981 年 3 月建办，有职工 65 人，初始入厂职工自带缝纫机，生产品种有中山装、女装、裙裤等。是年生产服装 10.07 万件，工业总产值 194 万元，销售 146.54 万元，利税 7.5 万元。1982 年，缝纫机增至 100 台，职工 112 人。年销售收入 138.12 万元，利税 29.86 万元。1983 年，销售收入 102.42 万元，利税 6.16 万元，利润 2.12 万元。1985 年欧桥运动衫厂建办，有设备缝纫机 112 台，拷边机 10 台，裁剪机 2 台，有职工 149 人，主要生产军大衣，呢大衣等产品。年生产各式服装 8 万多件，工业产值 320 多万元，销售收入 334.75 万元，上交税金 15.88 万元，利润 30.2 万元。是年，欧桥童衫厂建办，有职工 79 人，缝纫机 50 台，拷边机 2 台。主要产品西装，女式风衣。当年生产西装 10000 多套，女式风衣 20000 多件，工业产值 90.31 万元，销售收入 87.43 万元，上交税金 4.3 万元，利润 6.47 万元。1986 年，欧桥运动衫厂与欧桥童装厂合并，更名欧桥服装总厂。是年，欧桥服装总厂有职工 168 人，销售收入 400 万元，上交税金 10 万元，利润 4 万元。欧桥服装厂有职工 106 人，产品销售收入 128.43 万元，上交税金 1.8 万元，利润 3.72 万元。1987 年 1 月，欧桥服装总厂又将欧桥服装厂合并。固定资产 114.23 万元，当年工业产值 297.22 万元，销售收入 161 万元，利税 5.2 万元，亏损 16.16 万元。1989

年关闭，1991年复业。有职工130人，是年工业产值161.94万元，销售收入131.42万元，上交税金4.76万元，利润3.43万元。1993年，有职工60人，工业产值281万元，销售收入310.64万元，上缴税金10.98万元，利润7.29万元。1994年，有职工10人，工业产值64.13万元，销售收入36.72万元，上交税金3.74万元，企业亏本13.35万元。年底歇业。

立新服装厂　1974年建办。初时厂在立新小学东侧，占地面积280平方米，建筑面积120平方米，有职工16人，设备自带。业务为上海戏剧服装厂加工戏衣，兼做杨舍花边经理部枕套。年加工收入6000余元，利税800元。

1978年3月，服装厂搬迁到粮饲加工厂东面新厂内。职工增至28人。业务为苏州服装厂、常熟服装1厂加工童装、连衣裙、内衣内裤等。1983年3月，又搬迁到新楼房，立新服装厂改为妙桥时装厂。新厂占地面积3200平方米，建筑面积1400平方米。职工增至140人。业务自产自销，主要生产运动衫、裤，产品销往上海。是年产值120万元，销售收入106万元，利税15万元。1985年，服装厂有工业缝纫机86台，拷边机4台，裁剪、锁眼机各2台，形成服装生产流水线，年工业总产值296.23万元，销售收入296.40万元，上交税金9.94万元，利润8.92万元。1986年2月，妙桥时装厂分为两个厂，上楼为新虹服装厂，有职工40人。主要生产运动衫，产品销往上海体育用品商店，当年销售收入105万元，利润5万元，工资总额3.05万元；下楼为妙桥时装厂，有职工46人，主要生产呢服装，当年销售收入149万元，利润6万元。

1989年起，服装市场出现疲软，产品积压，资金周转困难，加上家庭工业影响，新虹服装厂时开时停，1993年关停。妙桥时装厂一直坚持到1994年末关停。

第三章　其他工业

60年代至70年代初，境内主要工业行业为粮饲加工业和小砖瓦厂。粮饲加工业于80年代后期相继停止或转为个人经营，但这些队办粮饲加工企业在方便农民粮食加工和发展集体与家庭养猪事业发挥重要作用。立新和欧桥的小砖瓦窑虽早已关闭，但在当时为改善农民居住条件，住上砖瓦房作出重大贡献。80年代欧桥、立新和西旸等村在发展机电、冶金、化学等工业企业方面作过尝试。西旸农机厂初时规模较大，当年单独建立党支部，欧桥村的针织机械厂在1982年生产针织横机2000多台，市保健用品二厂，当年外贸销售400余万元，它们为当时村级经济发展也作出一定的贡献。为此本章对机电、冶金、化学和粮饲加工等行业设节概述。

第一节 机电工业

　　1971年，建办欧桥针织机械厂，原是欧桥农机厂，隶属欧桥综合厂。1974年，自制的针织横机经上海针织厂技术人员鉴定为合格产品。是年，生产的针织横机，针织手套机100台热销周边乡村。1975年增添车床和铣床。1980年生产的针织横机销售收入85.3万元，利润12万元，占欧桥大队工业销售总收入和利润的7.88％和5.11％。1985年，生产针织横机2000余台，销售收入120万元。1988年，该厂职工增至160人，固定资产净值122.11万元，工业总产值377.72万元，销售收入209.57万元，占欧桥村销售总收入的4.60％。1990年后，欧桥针织机械厂生产量逐年减少。1998年停业转营生产羊毛衫。是年，境内欧桥村民营企业欣茂电子有限公司建办，主要设备为端子冲压机、生产电子产品，年销售收入100万元。2002年公司移址镇工业西区更名荣鑫电子有限公司。2003年欧桥荣臻机械公司在镇工业西区建办。公司占地面积2.2万平方米，建筑面积9000平方米，注册资金50万元，有职工160人。公司投资3000余万元，主要生产电脑横机。2004年，欧桥村有盛佳机械、西飞铝门窗、妙桥精密机械和荣鑫电子等4家机电工业企业，现价工业总产值2600万元，销售收入2550万元，占全村现价工业总产值和销售总额的5.99％和5.72％。2012年，全村主要机电工业企业4家，产品销售收入12365万元，占全村工业销售收入的18.35％。2014年产品销售收入15162万元，占全村工业销售总收入的25.79％。2015年荣臻机械、荣鑫电子、盛佳机械等企业归塘桥镇工业集中区管理和统计。是年，仅存盛尔嘉机械有限公司，销售收入388万元，利润22万元，占全村工业销售总收入和利润总额的0.89％和0.86％。

　　欧桥针织机械厂　欧桥针织机械厂（简称欧桥针机厂）位于西旸塘3号桥西桥塊，西旸塘与盐铁塘交汇处。该厂前身为欧桥农机修理厂。1971年建办，旧址在针织厂内。1974年，大队组建综合厂，该厂为针机车间，与针织厂合为一厂，对外两个厂一块牌子。1978年，大队撤综合厂，换针织厂牌子，该厂为针织厂针机车间。1982年，从针织厂分出来为独立核算企业，更名欧桥针机厂，移址西旸塘3号桥西桥塊。建厂初，该厂仅有车、刨、铣、钻4台设备，职工6人，主要为针织厂维修针织横机。1972年始于仿制针织横机。1974年批量生产针织横机。1975年，主要设备车床1台，刨床1台，台钻2台，铣床1台，有职工32人。年产针织横机150台。1977年，该厂新增C6136车床2台，刨、铣各1台，有职工86人，年产针织横机310台和手套机280台。1980年，新增机床2台，车、刨、铣3台，台钻3台，有职工96人，年产针织横机1400余台，手套机、包缝机300余台，年销售收入65.3万元，利润12万元。1982年移址新厂，占地面积3000余平方米，厂房面积

2000 余平方米。新增发电机，切割机以及车、刨、键、铣等设备 21 台，固定资产 37 万元，职工 86 人。1985 年，年产针织横机 2000 台，包缝机、手套机等 200 余台，销售收入 120 余万元，利润 20 余万元。1987 年，年产针织横机 2500 台，销售收入 136 万元，利润 25 万元。1988 年年产针织横机、包缝机 6000 台，销售收入 337 万元。1989 年销售收入 174 万元。1990 年销售收入 95 万元，企业出现严重亏损。1991 年销售收入 167 万元。1992 年销售收入 108 万元，企业连年亏本。1993 年停产。

荣鑫电子有限公司 1998 年建办。原系欣茂电子有限公司，厂址在欧桥纬编厂对面。公司占地面积 660 平方米，建筑面积 500 平方米，注册资金 50 万元。主要设备有端子冲压机等，生产电子产品。有职工 40 人，年销售 100 万元，利税 10 万元。2002 年该公司易址镇工业西区，更名为荣鑫电子有限公司，占地

荣鑫电子奠基仪式（2001 年）

面积 6700 余平方米，建筑面积 6000 余平方米，固定资产 434 万元，注册资金增至 120 万元，总投资 300 余万元。设备有全自动剥线机、全自动冲压机、制塑机、监测仪器等，职工 180 人。2005 年，销售总额 5000 余万元，利税 250 万元。2008 年，销售总额 1766 万元，利税 156 万元，利润 56 万元，职工月均工资 4000 余元。2010 年，销售收入 3742 万元，利税 328 万元，利润 115 万元，职工月均工资 4500 元。2015 年，销售 2526 万元，利税 306 万元，利润 116 万元，职工月均工资 5000 元。

第二节 冶金工业

1969 年，境内西旸大队建办农具厂，初设在西旸粮饲加工厂内，主要从事铜铝翻砂，产品由江阴供电局和苏州电磁厂收购。1970 年销售收入 20 余万元，利税 5 万元。1979 年，境内立新大队建办立新机械厂，建筑面积 200 余平方米，有锅炉 1 台，行车轨道 2 部，职工 28 人，主要为无锡农机厂生产手扶拖拉机配件。1980 年，境内有冶金工业企业 2 家，销售收入 58.7 万元，利税 20.65 万元，分占境内工业企业销售收入和利税的 5.5％和 2.4％。1986 年，西旸村利用原肉联厂房改造成 1000 余平方米的翻砂铸件车间，和上海江湾机械厂合作建办西旸农机厂，安装行车 4 部，

2 吨级火炉 1 台，柴油发电机组 1 台。主要从事电解铜模板生产。1988 年，有职工127 人，工业产值 248.42 万元，销售收入 240.20 万元，分占西旸村工业总产值和销售总收入的 28.42％ 和 28.02％。1994 年，该厂由台商购买厂房经营铸件业务，更名张家港进兴铸件有限公司。1997 年，立新机械厂转制为股份制企业。2003 年，境内有张家港进兴铸造有限公司和立新机械厂 2 家生铁铸造企业，资产总额 1066 万元，年销售收入 665 万元，有职工 165 人。2010 年生产铸件 3200 余吨，销售收入1570 万元，利税 174 万元。2014 年，立新机械厂产品滞销而停业。2015 年，全村仅存进兴铸造有限公司，一家企业年生产生铁铸件 1000 吨，资产原值 615 万元，有职工 21 人，销售收入 571 万元，利税 50 万元，分占全村主要工业企业销售总收入和利税总额的 1.32％ 和 1.25％。

进兴铸造有限公司 1986 年 10 月建办。由西旸村与上海江湾机械厂合作，利用西旸肉联厂停产后的厂房改造成 1000 多平方米的翻砂铸件车间，安装行车 20 吨、5 吨、2 吨、1 吨各 1 部，2 吨火炉 1 台，柴油发电机组 1 台，铲车、控压泵等配套设备若干台。产品主要生产电解铜模板等，厂挂上海江湾机械厂牌子。该厂生产至1991 年停产。1994 年，由台商进兴有限公司购买其厂房、设备，生产针织横机铸件，厂更名为张家港进兴铸造有限公司。是年，公司固定资产 697 万元，产品销售收入 4329 万元，利税 324 万元。该公司占地面积 1.23 万平方米，建筑面积 3667 平方米。注册资金 120 万美元，有职工 130 人。2004 年，该厂生产铸件 1500 吨，销售总额 713 万元，外贸出口 80 万美元，其中自营出口 34 万美元。2005 年，生产铸件 1800 吨，销售收入 1000 余万元，利润 82.2 万元。2010 年销售收入 1150 万元，利税 90 余万元。2015 年，销售收入 571 万元，利税 50 余万元。

西旸农机厂 1969 年建办，是妙桥镇冶金工业最早开办的企业。初始搞铜铝翻砂，厂设在西旸粮饲加工厂内，工厂占地面积 62 平方米，炉子用石墨垦锅，职工 9人。生产涡轮、铜铝接头、铜套等。产品由江阴供电局、苏州电磁厂收购。1970年，产值 23 万元，销售 20 万元，利税 6.5 万元。1971 年，该厂原料由无锡柴油机厂供给，铸件生产进一步发展。1972 年，生产电按键 1.5 万把，铜铝接头，铜套1.7 吨，利润 10 余万元。1973 年，该厂移至西旸粮管所东侧，新厂占地面积 1000余平方米，建筑面积 650 平方米，其中翻砂车间 320 平方米，金工车间 200 余平方米。职工 35 人，主要生产针织横机架。1976 年，工业总产值 65 万元，销售 60 万元，利税 10 万元。1980 年，该厂业务不断扩大，承接上海复旦大学的汽填导规，蒸饭箱以及无锡柴油机厂的消防车铜垫等。1982 年该厂扩建翻砂车间 600 平方米，安装锅炉 1 台，3 吨行车 2 条，职工 68 人。主要生产码头吊车。1983 年，工业总产值 100 余万元，利税 30 余万元。1990 年，家庭个体工业兴起，职工离厂，该厂歇业停产。

立新机械厂 1979 年建办。其时占地面积 1380 平方米，建筑面积 200 余平方米，设备有一吨锅炉 1 台，行车轨道 2 条。有职工 28 人，业务主要为无锡农机厂生产手扶拖拉机配件。1979 年，该厂承接苏州衡器厂业务，生产衡器。1980 年，无锡衡器厂、上海衡器厂、武进衡器厂相继上门订货，产品供不应求，企业不断扩大生产规模。1986 年，厂区占地面积 2400 余平方米，建筑面积 1600 余平方米，固定资产 80 余万元。主要设备，有树脂造型车 1 台，行车 5 部，清砂机 1 台，4 吨锅炉 1 台，有职工 35 人，年生产 1300 余吨铸件。1987 年销售 30 余万元，利税 3.5 万元。1992 年，该厂转向国际市场开发装潢用品，产品远销美国、加拿大。1993 年外贸出口总额 50 万美元。2003 年，该厂转产针织横机机架，年产 1200 吨铸件，销售收入 130 余万元，利税 10 多万元。2012 年，生产 1600 吨铸件，销售 20 余万元，利税 4.5 多万元。2014 年针织横机市场滞销，该厂停产。2015 年复产，年销售 30 余万元，利税 2 余万元。

第三节　化学工业

1988 年 1 月，欧桥村投资 800 万元建办市保健用品二厂，5 月建成投产，主要生产乳胶医用手套，这是境内第一家化学工业企业。该厂占地 4 万平方米，建筑面积 8500 平方米，有职工 270 人，企业 10 条生产流水线设备从美国引进，固定资产 1024 万元。是年，外贸销售收入 415.77 万元，利税 65.55 万元。1989 年，外贸销售收入 584.87 万元，利税 51.55 万元，1990 年外贸销售收入 185.27 万元，企业亏损 62.8 万元。1991 年现价工业产值 38.31 万元，销售收入 47.02 万元。年底该厂关闭。张家港瑞泰美弹性材料科技有限公司在镇工业园双丰路北侧，公司占地面积 1.33 万平方米，建筑面积 5000 余平方米，注册资金 731 万美元，有职工 150 人，拥有全自动乳胶手套机 81 台，吹塑机 13 台，冲床 4 台，具有年产乳胶手套、口罩、围裙 1000 余万打能力，产品主要销往美国、日本等国家。2010 年，销售收入 2800 万元，退税 200 余万元。2014 年公司职工 140 人。固定资产原值 1373 万元，销售收入 1225 万元，占全村主要工业企业销售总收入的 2.08%。2015 年，该公司归镇工业集中区管理。

第四节　粮饲加工业

1962 年，西旸大队塘西、桥西、孟家和张家巷 4 个生产小队联办粮饲加工厂，1964 年归属西旸大队，更名西旸粮饲加工厂。占地面积 150 平方米，有 5 台碾米机，3 台面粉机，职工 16 人。业务主要为全大队农户和邻近的仇家、欧桥、沙田、跃进等农户轧米、磨面粉，年加工粮食 1500 余吨。1965 年，随着养猪事业的发展，欧桥大队和立新大队亦于 1967 年和 1969 年建办粮饲加工厂，除碾米、磨粉外，各厂还添置粉碎机为各生产队集体养猪场和社员养猪粉碎稻、麦、秸秆作饲料。80 年代随着户养生猪量的减少，西旸粮饲加工厂于 1985 年停办，立新粮饲加工厂于 1987 年停办。欧桥粮饲加工厂移址欧家桥东桥堍，村转给职工私人经营。

1981 年，西旸大队建办西旸面粉厂，有 1 台面粉机，职工 8 人，年产面粉 100 万斤，销往周边集镇和常熟东乡一带，用小麦兑换面粉方式营销。1984 年在西旸小学南侧建新厂房，占地面积 2000 平方米，建筑面积 1000 平方米。引进安徽五河面粉机械厂生产的 25 型面粉机组 1 套，榨油机 1 台，并配备柴油发电机组 1 台，面粉以加工兑换为主。1988 年，有职工 10 人，年产面粉 150 万斤，销售收入 21 万元，利税 0.57 万元。1997 年转制给职工 4 人合伙经营，年销售收入 100 多万元，利润 5 万余元。2003 年，西旸面粉厂注册资本 64 万元，资产总额 75.79 万元，销售收入 20.36 万元，2006 年转为私人经营。2008 年销售收入 120 万元，利润 10 万元。2015 年面粉，停产，转为承接村民菜籽油加工业务。

第五节　建材工业

欧桥窑厂　1971 年建办，厂址在盐铁塘与西旸塘交汇处西面。水道交通方便，占地面积 2400 平方米，建筑面积、仓库、住宿等 240 平方米。初始建砖窑 1 座。1972 年又增建 1 座。设备有黏土机 1 台，机制砖坯 1 台，主要生产小瓦、砖头，有职工 21 人，年产 60 余万块砖瓦，燃料用柴草。1972 年用油渣渗入柴草烧制。生产的砖瓦一部分换油渣，一部分卖给本地农户建房用。1978 年，欧桥村实施新农村建设，窑厂烧制的砖瓦全部供给新农村建设。1985 年村农机厂扩建，翌年窑厂停办。

立新窑厂　1966 年建办，厂址在立新机械厂东侧。初时建一座窑，占地面积 2000 平方米，建筑面积仓库、办公室等 200 平方米。有职工 10 人，年产砖 10 万块，小瓦 20 万块。1968 年，窑增至 2 座。有职工 16 人，设备有黏土机 1 台，制坯机 1 台。年产砖 60 万块，小瓦 30 万块。1975 年，窑厂因燃料紧缺停产。1996 年拆除土窑平整为农田。

松林建材经营部　1994 年建办。该经营部坐落在西旸闸北侧。依托长江黄金水道经营黄砂、水泥等。占地面积 1 万余平方米，建筑面积 200 平方米，有职工 3 人。主要设备有吊车 2 台。经营黄砂、水泥，并制造水泥楼板、水管、梁柱、窗档、过墙板等，年营业收入 60 余万元，利税 10 万元。2010 年，年营业收入 100 余万元，利税 17 余万元。2015 年，营业收入 60 余万元，利税 10 万元。

第七卷　商贸服务业

第一章　商业

第一节　商业街区

一、西旸街

西旸街地处西旸港口，旧时江河渔船进出停泊西旸港，遂开设鱼行，渐成鱼市。清末民初，西旸街紧依西旸桥横跨西旸塘两岸，西岸街道东西长不足 30 米，两边有鱼行、盐铺、茶馆、竹木器等 6 家，西旸桥东街道向东 30 米折南延伸，成曲尺状。两侧有茶馆、米行、布庄、药店、南货店、酒店、糖果、豆腐店、剃头店、铁店等10 余家。

中华人民共和国成立前夕，西旸街商业萧条，市场混乱。镇上仅有十几家商铺，其中较有影响的钱康先商店，浦仁俊药店，陈俊元南货店，张老君茶馆，张叙喃南货店，邹品承南货店，卢氏布店，钱和生鱼铺，孟生生糖店，陈桐桐香烟店，邹启泉茶馆，张保庆菜馆，曹允琪豆腐店。其他店面早已关门停业。中华人民共和国成立后，人民政府在西旸设供销站信用社，组建合作商店，经营火柴、草纸、火油、肥皂、食盐等日用品。1958 年，组建国营商店和集体商店，增设布店、药店、百货商店等。1964 年建办棉花收购站。1965 年，开设饭店、小吃店，建办贸易所，经营咸腊、水产、猪、羊肉业务。1970 年建办妙桥粮站、西旸购销站。1971 年，开设农机门市部，经营化肥、农药、建材、五金交电、日用杂货及废旧物资回收。1974年，西旸公路从镇中心通过，街道向北延伸过西旸北桥，向南延伸至欧桥村，全长500 米，街道拓宽至 14 米，碎石路面。1975 年开办食品收购点，建屠宰场和生猪收购房，经营猪、羊肉业务。街道两侧新建供销大厦，粮站、药店、饭店、银行、医院、旅馆和食品店等 30 余家。1986 年 10 月，西旸街道铺设沥青路面。90 年代西旸街两边新开毛线、针机配件纽扣，羊毛衫、缩绒、整烫等店面，商店密布。2002

年，原址于镇北的农贸市场迁移到镇东新建的农贸市场，扩大交易空间，每月定期开展物资交流活动，流动人口增多，市场活跃。2015年，西旸街有商铺65家。

<h2 style="text-align:center">二、欧桥商业区（服务中心）</h2>

欧桥商业服务中心建于80年代初，当时欧桥已成为苏南模式的先进典型，吸引了国内外20多个省、市的各级领导干部，专家学者，外国记者，驻华大使，国家领导人和考察团前往参观，访问，考察，探索欧桥经验，每天参观者车往如梭、人流如潮，给欧桥送来新的商机。1981年，欧桥建造商业大楼、饭店、影剧院。1982年建造宾馆、农民书厅、百货商店。这些新的商业设施建成后，构成欧桥（大队）独特的欧桥商贸服务中心，占地面积0.2平方千米。90年代，欧桥商

欧桥大队百货部（1982年）

贸服务中心开设毛线、针机配件等5家门市部，在灯光球场北门口开设亚仙饭店等。2000年，商业大楼、饭店、影剧院、百货商店等被拆除改建居民集中居住区。建成后各住户利用独特的区位优势，开设商店、饭店、小吃等10余家。2011年，村将物资供应站、灯光球场拆除改建商业区，建筑面积1900平方米，楼高三层，底层设13间店面，开设小超市、面店、汉堡店、水果店等。2015年，欧桥商业区有超市、饭店、小吃、修理等店铺27家，从业人员52人。

<h1 style="text-align:center">第二节　商业网点</h1>

中华人民共和国成立初期，境内商业网点主要集中在西旸街。街上有日杂店、药店、肉庄、鱼行、豆腐店、竹木行、小吃、茶馆、理发、铁店等15家，从业人员30人。1964年，妙桥供销社西旸百货商店分设竹木、肥药、小农具门市部，经营竹木、化肥、农药等，其时街上商店有20家，从业人员36人。1978年，境内有商业网点25家，其中西旸街国营集体商业网点22家，欧桥农村代销店2家，立新农村代销店1家。2000年，境内商业网点发展到57家，其中欧桥21家，西旸32家，立新4家，从业人员82人。2015年，全村有大小超市5家，从业人员20余人，零售贸易和餐饮业等大小网点91家，从业人员142人，其中小吃、餐饮、酒店21家，从业人员58人。

2015 年欧桥村主要商业网点一览表

表 7—1

商店名称	地址	建筑面积（平方米）	经营人数（人）
香烛店	西旸路 278 号	20	1
朱根生小店	西旸路 240 号	20	1
惠琴烟杂店	西旸路 257 号	30	1
西旸寿衣店	西旸路 261 号	20	1
西旸义花商店	西旸菜场	40	1
西旸为民商店	西旸菜场	40	1
妙桥迎客来超市	西旸菜场	200	2
王元生小店	西旸路 206 号	16	1
妙桥国彬杂食	欧桥村	16	2
王芳副食品店	西旸路 26 号	60	2
欧桥水果店	西旸路 39 号	30	2
妙桥雅雅副食店	西旸路 79 号	20	1
妙桥永田副食店	西旸路 87 号	20	1
顺通建材店	西旸路 148 号	40	1
妙桥圣春水果店	西旸路 199 号	30	1
雪亭副食品店	西旸菜场	40	1
新舟副食批发部	西旸路 282 号	40	2
369 车行	欧桥村	20	2
保花烟杂店	西旸路 77 号	20	1
振良烟杂店	西旸	10	1
好易购超市	西旸路 51 号	100	1
欧桥商店	西旸路 65 号	60	2
烟杂店	西旸路 67 号	20	1
羊绒衫专卖店	西旸路 69 号	40	2
妙桥丽英烟店	西旸路 16 号	20	1
欧桥保健用品店	西旸路 89 号	20	1
西旸布店	西旸路 156 号	20	2
如海超市	西旸路 170 号	250	2
良心堂药店	西旸路 197 号	40	1
西旸线店	西旸路 191 号	40	1
超越果业	西旸路 187 号	30	1

续表7-1

商店名称	地址	建筑面积（平方米）	经营人数（人）
妙桥雪才建材商店	西旸路209号	20	2
伟新烟杂店	西旸路213号	60	1
妙桥善晨科技电脑店	西旸路217号	30	2
妙桥新主业电器商店	西旸路229号	40	3
妙桥新时代联华超市	欧桥村	100	3
世纪华联超市	西旸路233号	150	3
贝贝佳美专卖店	西旸路243号	100	2
香烛批发	西旸路247号	40	1
香烛小店	西旸路262号	20	1
西旸建材店	西旸路232号	40	1
欧桥阳光超市	西旸路富民路	60	2
苏豫综合商店	西旸	40	2
妙桥国祥商店	西旸路275号	12	1
理发店	西旸路23号	20	1
徐立摩配	西旸路17号	20	1
高峰缝配	西旸路21号	20	1
雷品乐个体	西旸路40号	20	1
伟浩洗车租赁有限公司	西旸路27号	50	2
红太阳美发厅	西旸路83号	20	2
佳和通讯	西旸路85号	20	1
小李摩配	西旸路91号	20	1
主业电器修理部	西旸路152号	30	3
成鑫造型	西旸路193号	20	1
冷作坊	西旸路71号	40	1
冷作坊	欧桥村	100	1
维达制衣	西旸	120	1
棋牌室	西旸	40	1
小方建材	西旸路205号	60	1
为民农药经营部	西旸路218号	20	2
西旸建龙农资门市部	西旸路222号	40	1
棋牌室	欧桥	80	1
布床加工	西旸路266号	100	1

续表7-1

商店名称	地址	建筑面积（平方米）	经营人数（人）
丝丝绣	西旸路 272 号	20	1
西旸农药配送站	西旸	300	1
朱洪坤个体	西旸加工厂	100	1
西旸浴室	西旸后邹	100	2
建峰摩托车汽修店	西旸路 259 号	20	1
理发店	西旸路 263 号	20	1
孙桂峰个体店	西旸朱介	30	1
夏玉西个体店	西旸车站	120	1
理发店	西旸菜场	16	1
欧桥浴室	西旸路 95 号	100	2
早餐店	西旸路 33 号	30	2
七客小吃	西旸路 35 号	30	2
亚亚面馆	西旸路 43 号	70	3
随意家常小吃	西旸路 75 号	40	3
妙桥福香源点心店	西旸路 179 号	50	2
长润饭店	西旸	30	2
兰州拉面店	西旸路 210 号	20	2
西旸茶馆	西旸路 258 号	90	1
何家贵小吃店	西旸路 270 号	20	2
比比蒸包	西旸路 276 号	20	2
小吃部	西旸路 256 号	30	2
张金成小吃	西旸	50	2
华兴餐厅	西旸路 30 号	50	2
张记蒸菜馆	西旸路 280 号	36	3
西旸饭店	西旸菜场	100	3
妙桥成英水面店	西旸菜场	25	3
建龙饭店	西旸菜场	25	3
馄饨店	西旸菜场	25	3
小饭店	西旸菜场	50	2
水面店	西旸路 253 号	40	1
早餐店	西旸路 212 号	25	2
早餐店	西旸路 33 号	30	2

第三节　商业网点选介

迎客来超市　2001年10月，浙江省温州籍个体户麻光练在西旸菜场内创办迎客来超市，租用营业用房200平方米，主要经营日用百货、烟酒、糖、盐、禽、蛋、水果、副食品等，品种300余种。2002年销售额为50余万元，2015年销售额80余万元。

好易购超市　位于欧桥商业中心北侧，西旸公路与欧家桥路交接处。2002年5月由欧桥徐巷村民投资开设。营业面积150平方米，超市主要经营日用百货、烟酒糖果、副食品等。2003年销售收入40余万元。2012年8月转让浙江丽水商人经营，2015年营业额150万元。

妙桥世纪华联超市（即生活同购超市）　位于西旸街中心。2004年开办，经营面积400平方米，主要经营日用百货、烟酒糖果、副食品等，品种300余种。2005年销售额80余万元，2015年销售额100余万元。

如海超市　即莲都生活超市，位于西旸街南侧，2006年开办。营业面积400余平方米，主要经营副食百货、文化用品，2015年营业额200余万元。

欧桥阳光超市　位于西旸公路与富民路交会处。2008年开办，营业面积100平方米，经营烟酒、副食、百货，有200余品种，年营业额40余万元。

妙桥华联超市　位于妙丰公路与布厂路交会处。2007年开办，建筑面积150平方米，主要经营日用百货、水果、副食品等。2015年销售额60余万元。

西旸化肥农药商店　位于西旸桥北桥堍西侧。该店是为妙桥供销社西旸生产资料部，2001年转营化肥农药店，兼营药具等。2005年张杨公路东延拆迁至西旸北桥北侧，营业面积450平方米。主要经营化肥、农药。复合肥、农药由市惠农物资有限公司配送（由政府统一采购），主要销售给境内45个种田承包大户，耕地总面积6500亩。2015年销售复合肥460吨，自营尿素及其他肥料600吨，化肥销售额为180万元，农药销售额为100万元。

妙桥食品店西旸收购屠宰场　西旸生猪收购屠宰场建于1954年，原址在西旸轮船码头，占地面积600余平方米，建筑面积200平方米。生猪收购和鲜肉供应由西旸供销站经营。1978年，生猪收购屠宰场划归妙桥食品站管辖，西旸为妙桥食品站收购组，主营生猪、兔、羊业务，兼营禽蛋类和水产品。2000年后移址街北西旸小学南侧，新建生猪收购屠宰场320平方米，兼营妙桥镇域生猪屠宰。至2010年塘桥镇归口管理后停业。

妙桥供销社西旸百货商店　妙桥供销社西旸百货商店位于西旸街道西侧，1956年由西旸供销站建办，占地面积500余平方米，建筑面积250余平方米，有店员6人。主要经营火柴、火油、草纸、肥皂、食盐等日用品和棉布。1965年拆旧建新11

间商业用房,除百货商店进驻外,增设布店、生产资料部、废品回收站。1974年,西旸百货商店改建新楼,更名为西旸供销大厦,一排11间上下,建筑面积500多平方米,人员增至12人。经营品种500余种。日均客流量500余人次,节日高峰时达1500人次。1982年起体制改革,个体商店日益增多。百货商店营业额逐年减少。1998年实行股份合作制,员工分流。2000年转为私人经营。

妙桥商业总店西旸商店　妙桥商业总店西旸商店位于供销商店北侧,1956年建办,占地面积300余平方米,建筑面积200余平方米,有三间门面,店员8人,经营项目有小百货,日副、烟酒、腌腊等363个品种。1964年,商店增设服务所,经营生猪收购、宰杀,销售猪、羊肉及水产、禽、蛋。1975年,西旸街道拓宽路面,西旸商店搬至盐铁塘南岸新楼,设饭店、小吃、旅馆。1978年,党的十一届三中全会以后,商店生意日益兴旺,店员增至13人。1980年,西旸商店年营业收入21.39万元,利润1.62万元。1985年,年营业收入38.56万元,利润2.82万元。1990年起,西旸商店营业收入下跌,1995年停业。

妙桥供销社西旸棉花收购站　妙桥供销社西旸棉花收购站位于西旸街道东侧。1964年开办,占地面积1500平方米,建筑面积600余平方米,有职工10人,会计3人。

境内是粮棉夹种区,棉花种植面积达2000多亩,占全镇(乡、公社)种植总面积的三分之一。棉花收购站每年从9月1日开秤,到下年度2月初结束。1965年,西旸棉花站收购籽棉43.6吨。1975年收购籽棉48.9吨。1980年收购籽棉50.8吨。站棉花收购后分批运到轧花厂,60年代运后塍、锦丰轧花厂。70年代运兆丰轧花厂。1985年国家对棉花统购改为合同定购,棉花种植面积逐年减少。至1990年,境内不再种植棉花,西旸棉花收购站停业。

妙桥医药合作商店西旸分店　妙桥医药合作商店西旸分店位于西旸街南侧。1956年建办,时由裴传宗、浦仁俊、金俊瑜三家私营药店合并组成合作药店,建筑面积60余平方米,主要经营中药、配方、收购药草。1980年,西旸街面扩建,西旸药店在街南建造三间门店,建筑面积150平方米,增设煎药房,方便病人用药。1990年,药店改建楼房,建筑面积240平方米,楼下为营业房,楼上为药库。经营业务除中西药外,增加滋补、保健品等。2006年体改,职工分流,药店关闭。

妙桥粮管所西旸购销站　妙桥粮管所西旸购销站位于西旸塘与盐铁塘交叉口,东傍西旸公路,西依西旸塘,水陆交通方便。该站于1970年建办,占地面积2000平方米,库房800平方米,有4只大仓,2只小仓,仓容1350吨。有职工6人,主要为原西旸片6个大队夏、秋两熟交售公粮服务。粮库历经2次扩建,1978年改造装运码头,扩建库房80平方米,街面营业房160平方米。1989年拆除沿街6间营业房,改平房为楼房,建筑面积432平方米。扩建仓库210平方米,仓容1500吨。

年收购粮食 4000 吨。2001 年，妙桥粮管所体制改革，粮食购销全面市场化，粮管所改制为妙桥粮油购销公司西旸稻麦收购站。至 2015 年，该收购站年仓储 800 吨左右。

第二章　生活服务业

第一节　住宿餐饮业

启园农庄　地处西旸闸东侧，2015 年建园，占地面积 1800 平方米，建筑面积 800 余平方米，总投资 200 余万元。该园环境优雅清静，餐厅包厢宽敞，同时可接待 600 余人用餐，菜肴以农家菜为主，有农场自产自养的鸡、鹅、蛋、鱼、猪、羊等，价格特别优惠，使客人特别满意。自开业以来，周边市民纷至沓来品尝农家菜。一到星期天，饭店顾客满堂，日营业额 1 万元以上。农场饭店配有厨师 4 人，其中 3 级厨师 1 人，有服务员和管理员 8 人，年接待游客 2 万人次，现为江苏省四星级乡村旅游区。

雅农生态园　2015 年，该园列入江苏省级三星级乡村旅游区。位于欧桥村境内妙丰公路东侧，北靠场角小区，东邻西旸塘，北距永联村 1200 米。此地原是西旸大巷、油车、塘西组和蒋家仇家宕的集体耕地。2005 年，为妙丰公路工程路基取土用地，总面积 107 亩，其中欧桥村境内 48 亩，蒋家村境内 58.2 亩。2007 年，妙丰公路工程完工后，由外地商人出资租用该地，将其修建池塘，平整土地，开辟道路，植树种花，建造饭店，搭建小木屋等。建成后的雅农生态园占地面积 33 亩，其中建筑面积 4000 平方米，内设厨房、餐厅、茶馆、棋牌等；绿化面积 18 亩；水域面积 74 亩，其中可放养鱼苗的 69 亩。建成集休闲、度假为一体的生态园。2007 年 10 月对外开业，当日接待游客 1000 余人次。

2009 年 5 月，外地商人转卖给本地工商业主经营，接手后着力在"生态"上做文章，利用池塘养殖甲鱼、黄鳝、虾等名贵水产品，把饭店放在菜肴烹制上下功夫，推出生态特产河鲜，受到客人青睐，为了吸引顾客，饭店餐饮、菜肴价格适中，生意火热。2013 年，雅农生态园饭店有厨师 8 人，其中 3 人为主灶，服务员 14 人，日接待客人 100～200 人次，节假日 600～700 人次，年营业额 1000 余万元。2015 年，该园列入江苏省级五星级农家厅。

殷氏农家饭店　位于欧桥境内妙丰公路西侧的李家宕。该饭店由业主利用家院靠自有手艺开办的，是欧桥村第一家农家饭店。该店占地面积 300 平方米，建筑面积 240 平方米，其中厨房 40 平方米，餐厅 200 平方米。2013 年 7 月开业，该店以最拿手的红烧鱼头、鸡肉面筋吸引顾客，价格合理，顾客满堂，外地游客也慕名而来。年盈利 20 余万元。

欧桥招待所　位于欧桥农民书厅西侧，1983 年 5 月建成，楼面 3 间 2 层，朝南向。占地面积 320 平方米，建筑面积 288 平方米。内设床位 40 个，有服务员 3 人，招待所开张至 1989 年，先后接待各地参观团 1 万余人次。1990 年后出租个体工商户经营。至 2015 年，其间承租者几经更换，可资产完好。

欧桥宾馆　位于欧桥农民文化宫北侧，该馆在 1983 年 11 月动工，1984 年 10 月 1 日建成营业。时有占地面积 600 余平方米，建筑面积 1000 余平方米，村总投资 25 万元。这是苏南地区最早的村级宾馆，设客房 20 间 28 个床位，房内装修时尚华丽，家具陈设精致美观，床上用品清洁卫生，房间明亮、宽敞、舒适，宾馆有管理员 8 人。开业后先后接待全国 20 个省市、自治区的领导及外宾 6000 余人次。1997 年，集体资产转制，欧桥宾馆转为私人经营。

欧桥饭店　位于欧桥书厅对面，1981 年 3 月动工，10 月建成营业。该饭店占地面积 420 平方米，建筑面积 400 平方米。内设厨房，仓库，饭厅，包厢。职工 6 人，厨师 5 人。饭店每天顾客满座，参观人络绎不绝到这里就餐。日营业额 3000 元左右。1990 年后转给个体经营，2000 年规划建设居民新村用地拆除。

仙亚饭店　位于欧桥 1 号桥东桥堍南侧，其原是欧桥物资供应站，大楼占地面积 240 平方米，建筑面积 700 余平方米。1990 年改建饭店。底层设厨房，仓库等，上层酒店，大厅装修时尚豪华，有厨师 5 人，服务员 6 人，每天接待客人 100 余人次，日营业额 3000 元左右。2011 年改建商业街拆除。

第二节　其他服务业

一、欧桥物资供应站

欧桥物资供应站位于欧桥商业大楼对面，1988 年 5 月建办，1989 年对外营业。时占地面积 240 平方米，建筑面积 3 层楼面 700 余平方米。有职工 22 人，主要经营建筑物资钢材、木材、水泥、砖瓦以及自来水管道，液化气等。1989 年，营业收入 203 万元，利润 15 万元。1990 年营业收入 220 万元，利润 18 万元。1992 年以后，转包个体经营，改为旅馆、饭店，至 2011 年拆除。

二、欧桥汽车出租公司

欧桥汽车出租公司位于欧桥 2 号桥东桥堍南侧，1983 年 10 月建办，该公司占地面积 2400 平方米，建筑面积 1160 平方米。公司拥有 21 辆卡车 200 吨位，其中最大的 15 吨卡车 1 辆，10 吨卡车 15 辆。另有 10 辆客车。公司除为本村工业企业承担运输，还为镇办企业及周边村工业企业承担运输。有职工 38 人，年营业额 100 余万元，利税 10 万元。1985 年业务收入 112 万元，利税 13 万元。1990 年业务收入

139 万元，利税 15 万元。1995 年，村对集体企业转制，汽车出租公司转给私人经营。2007 年停业。

三、欧桥村粮油销售服务公司

欧桥村粮油销售服务公司位于欧家桥东侧，西傍西旸公路，1987 年 11 月建办。其时村投资 10 余万元，建造粮库 4 间，仓容 40 万千克，门店 100 平方米，晒场 1000 余平方米，有负责人 1 人，验粮、会计、计量各 1 人，其他人员 2 人。

公司收购的粮食由本村 118 户农业承包大户提供，这些种粮大户每年生产的粮食，先向国家交清公粮，留足口粮，余下的粮食出售给粮油服务公司，村按每亩种植面积补助 60 元。公司加工大米后按平价供应占劳动力 85% 的务工人员口粮。1988 年村粮油服务公司收购稻谷 332 吨，全年供应大米 261 吨，面粉 82 吨，菜油 12 吨，同时经销饲料、化肥、农药。1990 年，农业承包户减少，粮食收购量不足，粮油供应短缺，至 1992 年 10 月停业。2000 年村将公司房屋出租个体工业户经营生产羊毛衫。

第三章　集贸市场

第一节　西旸农贸市场

中华人民共和国成立前，西旸农贸市场设在西旸街道两旁，农民摆摊叫卖。中华人民共和国成立后，除猪、羊肉、副食品由西旸商业门市部经营外，菜农、渔民等仍沿街摆摊叫卖。1974 年，公社在西旸街北侧开办露天农贸市场。1989 年 9 月，镇政府在此建造农贸市场，占地 1192.5 平方米，建筑面积 637.1 平方米，设摊位 38 个，另有门市部 10 个。2002 年西旸村因街道扩建将农贸市场易址街东。新建的农贸市场占地面积 5336 平方米。建筑面积 1800 余平方米。内有

农民赴西旸集市（1979 年）

摊位 41 个，超市 1 个，常年从业人员 50 余人，市场管理人员 4 人，主要经营水产、肉类、禽蛋、蔬菜、鱼、豆制品、南北干货、烟酒糖果等，2015 年市场零售总额超过 3000 万元。

第二节　西旸集场

西旸集场始于 2002 年，当时西旸菜场移址新建后，菜场周边场地较大，故设集场。每月农历五日、十五日和二十五日 3 天为物资交流日，由西旸农贸市场管理员，妙桥办事处镇管队员和村联防队员维持秩序。摊位 220 个，日流量 5000 余人次，是年成交额 50 余万元。市场管理费收入 12 万元。2010 年摊位增至 280 个，集场成交额 100 余万元，市场管理费收入 20 余万元。2015 年摊位增至 300 余个，集场成交额 150 余万元，市场管理费收入 25 万元。

第三节　西旸庙会市场

农历三月十八为境内西旸庙会日。昔日，每年庙会极为热闹，形成物资交流展销日。1958 年后中断。直至 1987 年，妙桥镇人民政府决定恢复三月十八（西旸金童庙）传统节日，并定为城乡物资交流日，前后 4 天，庙会展销物资市场设在妙桥镇区永进街。节日期间，商贾云集，镇区及附近人家门庭若市，市场交流的商品数万种，人流量日有 3 万人次。2000 年三月十八，永进街设摊位 1000 余个，西到妙桥农贸市场，东至妙桥羊毛衫市场，全长 2000 余米，赶集的人流日有 4 万人次，日成交额 150 余万元。2006 年，塘桥镇人民政府为安全、环保、卫生、治安等工作考虑，停办三月十八物资交流日。

第四节　西旸苗猪市场

苗猪市场　位于街北西旸塘畔，占地面积 800 余平方米。中华人民共和国成立前，苗猪市场是西旸集镇最热闹的地方。清早，几十只远道而来的小船停靠在西旸码头，一个个猪贩从船上挑着猪篮里的苗猪涌向猪场，场周围买猪的、看猪的、捉猪的、拉皮条的人来人往，多时客流量达一百余人次，成交几十头，多时百余头猪。

中华人民共和国成立后，苗猪市场依然是西旸最繁荣的地

农民在西旸苗猪市场购买猪仔（1979 年）

方，在地方政府的管理下，对猪场营业制定规章制度，对交流、成交、过磅、付款等都有明文规定，按规矩做生意。欧桥大队北杨生产队社员杨惠林是苗猪市场经纪人，他按规章办事，买卖客商都信他。西旸苗猪市场按农历逢四、八进行交易，交易范围除本镇外，港口、塘桥、鹿苑、东莱、南丰、福山等地农民经常前来参加交易，每次成交苗猪 40～60 头，成交额在 1500～5000 元之间（苗猪每千克 1～1.2元）。

苗猪市场的兴旺给西旸市面带来了繁荣。茶馆、酒店、菜场的生意火热。1981年，农村实行家庭联产承包责任制后，劳动力流向村办工业，农户养猪的越来越少，到 1985 年，西旸苗猪市场停业。

第四章　房东经济

1992 年 7 月，妙桥镇开办羊毛衫市场，境内家庭工业快速发展，劳动力短缺，引来大批外来劳动力进入家庭工业户打工，加之串村走巷收购羊毛衫的外地商贩，住宿、仓库等租房的日益增多，为境内村民发展房东经济创造了条件。2000 年以后，村建设标准型厂房出租业主创业，发展村级经济。

第一节　民房出租

90 年代初，境内房屋出租户有 216 户，主要出租给外地打工人员居住。进入新世纪，外地人员租房住宿日益增多，村民房屋出租户也增多起来。据村联防队台账资料汇总，2004 年有村民房屋出租房户 378 户，出租租金收入 75.6 万元。2005 年，有村民房屋出租户 482 户，出租收入 120 万元，2010 年据外管办统计，境内外来人员租住出租房屋的有 519 户，出租房屋 1278 间，吸纳入住外来人员 4227 人，占当年全村常住人口总数的 76%，全村村民出租房屋年收入 136 万元。其中租房年收入1 万元以上的有 38 户，5000 元以上的有 207 户，2000 元以上的 256 户。

2015，房屋出租户 531 户，出租房屋 1192 间，入住外来人员 5085 人，占全村常住人口的 82%。村民房东经济年总收入 265 万元，其中出租年收入 2 万元以上的有 21 户，1 万元以上的有 32 户，5000 元以上的有 152 户。

2006～2015年欧桥村民房出租概况表

表7－2

年份	房屋出租户数（户）	外来人员居住数（人）	民房年出租总收入（万元）	其中		
				年出租收入2万元左右的户数（户）	年出租收入1万元左右的户数（户）	年出租收入5千元左右的户数（户）
2006	513	4120	140	7	28	190
2007	520	4300	145	12	30	195
2008	525	1520	148	19	36	201
2009	540	1580	152	20	37	205
2010	556	4660	160	17	35	211
2011	568	4874	180	15	34	232
2012	558	4691	176	16	34	219
2013	576	4786	192	21	39	221
2014	584	4750	202	21	37	252
2015	531	5085	265	21	32	248

第二节　公房出租

1998年，原村办集体企业江苏欧桥精纺厂产权制度改革，厂房设备等资产转给业主，土地归属村集体所有。业主租用地每年向村上交地租金。对已关闭的服装厂，纬编厂，针机厂等集体厂房采取转卖、出租等形式，出租给私营业主经营。是年，村级可用资金200万元。

2000年8月，村投资400万元，在镇工业区希望路东侧建造标准型厂房，占地面积1万平方米，建筑面积4000多平方米。2001年完工后出租给龙翔公司，是年租金每平方米50元，年租金20万元。2002年5月村投资500万元，在希望路西侧建造标准型厂房，占地面积1万平方米，建筑面积5000余平方米，2003年完工后，出租给熔诚纺织公司经营，每年增加集体可用资金45万元。2004年9月，村投资1100余万元，在商场路南侧建造12000余平方米标准型厂房，土地属扬子江工业园，建成后由华程光电公司租用，每年可增加村级收入60万元。2009年7月，以1350万元价格卖给华程光电公司。2005年3月，村投资220万元，在商场路北侧，卢厅路东侧建造2100余平方米宿舍楼。2006年对外出租，年租金21万元。2009年转让给市人防工程使用。

2006年6月，村投资1800多万元，在妙二路北侧希望路东侧建造18000多平方米标准型厂房，土地属扬子江工业园。2007 年 7 月完工后，租给中衡压力公司经营，年租金 190 万元，2010 年转卖给中衡公司。

2011 年 3 月，村投资 200 余万元，把灯光球场、物资供应站连片整合改建商业街，占地面积 1530 平方米，建筑面积 1900 平方米，其中底层 13 间门面房对外出租，年租金 10 万元。是年，村集体房东经济收入 320 万元。2015 年村集体房东经济总收入达 400 万元。

第八卷 党政社团

第一章 中国共产党

中华人民共和国成立初期,在土地改革中发展的党员刘智保、徐小青、陈大保等,参加西旸小乡党支部组织活动。1956 年,境内建立红旗二社、红旗五社和红旗六社等 3 个党支部。1958 年公社化后,更名西旸、欧桥、太子等 3 个大队党支部。1960 年境内共有农村党员 38 人。1977 年西旸中学设党支部。1984 年沙洲县钢窗厂建立党支部。至 1980 年,境内农村支部党员人数增至 110 人。1986 年,欧桥村党支部升格为党总支部,下设 6 个支部。2002 年企业转制后,归并成 3 个支部,有党员 73 人。2004 年 3 月,西旸、立新 2 村并入欧桥村后,党员人数升至 174 人。是月,经上级批准建立中共欧桥村委员会,下辖 9 个支部。是年,欧桥村党委被评为苏州市先进基层党组织。2011 年,党委下辖 10 个支部。2013 年,村党委下辖 8 个支部,党员 216 人。2015 年,党委下辖 9 个支部,共有党员 213 人。自 2004 年以来,欧桥村党委不断加强对党员干部宣传教育和纪律检查。2004~2015 年,多次被评为张家港市先进党组织、苏州市先进党组织。

第一节 党员

境内西旸孟家宕孟云生,于 1928 年在常熟王庄加入地下党组织,是欧桥村境内入党时间最早的党员。50 年代前期,在土地改革和农业合作化中入党的有刘智保、徐小青、钱加保、钱永康、刘岳元、陆连保、朱元坤、徐元华、缪海司、时永来等人。1957 年底,境内红旗二社、红旗五社和红旗六社等 3 个支部共有党员 28 人。1961 年共有党员 39 人,其中男性 38 人,女性 1 人。1962 年,境内增设瞿家大队,设立大队党支部。1964 年,境内瞿家、太子、西旸、欧桥等 4 个农村支部,共有党员 41 人,其中男性 40 人,女性 1 人;初中文化程度 2 人,初小以下文化程度 32 人;家庭出身贫农的 29 人。"文化大革命"初期,党员发展一度中断。1969 年下半年,开始整党建党,恢复党组织活动。1970 年,境内西旸、欧桥和立新等 3 个大队支部发展新党员 17 人，党员总数增至 68 人。是年，欧桥大队发展张永来、徐正华、王元元、温金祥等 8 人入党，党员增至 28 人，其中女性 1 人。1977 年，欧桥大队支部党员人数增至 40 人，入党者大多是农业战线上的积极分子和大队各条线骨干。随着社队办工业的发展，一批社队办企业领导和技术骨干相继吸收入党，1980 年该大队党员人数增至 51 人，其中女性党员有马林华、杨巧根等 3 人。党员中，高中文化程度党员 2 人，初中文化程度党员 5 人，高小文化程度党员 11 人，初小文化程度党员 33 人，文盲党员 2 人。随着社队企业的不断发展和对知识分子政策的落实，从事工业生产的党员在不断增加，知识青年党员逐年在增多。1992 年，境内三村党组织共有党员 125 人，其中从事农林牧渔水利业的总共 54 人，从事工业生产的党员58 人。而欧桥村从事农林牧渔的党员 13 人，而从事工业生产的党员 36 人。企业转制后注重吸收私营企业技术骨干和从学校毕业后从事企业或村委工作的优秀青年入党。2002 年，境内共有党员 163 人。其中立新村支部党员 45 人，西旸村支部党员45 人，欧桥村党总支部党员 73 人；具有大专学历的青年党员 5 人，中专学历的党员 6 人。2004 年 3 月，西旸、立新 2 村并入欧桥村后，党员人数增至 174 人。其后每年发展党员 1～2 人，注重发展女性和知识青年。至 2013 年末，共发展党员 17人，其中女性 8 人，大专以上学历的 11 人，高中（中专）学历的 2 人。是年，全村共有党员 216 人，其中女性党员 42 人。党员中，大专以上学历有 48 人，高中（中专）学历有 21 人，30 岁以下党员有 25 人，从事第二产业的党员有 56 人，从事第三产业的党员 17 人。2015 年末，全村共有党员 213 人。

1958～2003 年境内党员人数选年一览表

表 8-1　　　　　　　　　　　　　　　　　　　　　　　　　　　　　单位：人

年份	党员人数			
	立新	欧桥	西旸	合计
1958	9	8	11	28
1960	10	17	11	38
1963	12	17	11	40
1965	10	14	17	41
1967	9	15	17	41
1970	14	26	28	68
1973	18	28	25	71
1975	18	33	27	78
1977	22	40	34	96
1980	23	51	36	110

续表8－1

年份	党员人数			
	立新	欧桥	西旸	合计
1983	20	56	34	110
1985	15	61	36	112
1987	16	70	37	133
1990	17	74	38	139
1992	23	62	40	125
1995	26	66	47	139
1997	29	69	45	143
2000	48	71	45	164
2003	45	73	45	163

1964 年境内各大队支部党员一览表

表8－2

支部名称	党员姓名	性别	文化程度	出生年月	入党时间	家庭出身
欧桥大队	高培升	男	初小	1925.03	1956.11	中农
	陆连保	男	初小	1920.11	1955.02	贫农
	陈大保	男	文盲	1920.05	1957.09	贫农
	徐元华	男	文盲	1928.06	1955.09	贫农
	缪海司	男	文盲	1908.12	1955.10	贫农
	朱永卿	男	初小	1919.04	1956.11	中农
	徐根兴	男	文盲	1938.06	1959.08	贫农
	徐世元	男	文盲	1933.10	1956.06	贫农
	王仁兴	男	文盲	1930.03	1957.08	贫农
	李连保	男	文盲	1935.06	1961.08	贫农
	陆祥保	男	初小	1938.06	1961.08	贫农
	王小大	男	初小	1916.03	1959.08	贫农
	刘兴祥	男	初小	1933.05	1959.08	贫农
瞿家大队	宋永林	男	初小	1933.08	1955.06	中农
	王良保	男	初小	1923.09	1955.11	中农
	李小才	男	初小	1913.09	1954.12	贫农
	周元元	男	文盲	1920.05	1955.09	贫农

续表8－2

支部名称	党员姓名	性别	文化程度	出生年月	入党时间	家庭出身
太子大队	支妙生	男	高小	1932.10	1956.11	中农
	陆祖兴	男	初小	1916.03	1955.03	贫农
	陆三保	男	初小	1932.06	1956.08	贫农
	陆高寿	男	文盲	1930.03	1955.04	贫农
	宋兴兴	男	文盲	1905.10	1954.09	贫农
	徐福生	男	文盲	1923.06	1959.08	贫农
	周瑞发	男	初小	1933.10	1959.08	下中农
西旸大队	孟祖连	男	初中	1933.04	1956.06	贫农
	张桂南	男	高小	1921.06	1955.10	贫农
	钱永康	男	初小	1926.06	1954.06	贫农
	张叙来	男	中技	1929.10	1960.08	贫农
	张宗成	男	初小	1919.06	1955.02	中农
	孟四妹	女	文盲	1932.09	1959.08	贫农
	张叙元	男	初小	1925.06	1959.08	中农
	陆保根	男	高小	1933.01	1954.09	贫农
	孟毛毛	男	初小	1930.06	1955.05	贫农
	陈永才	男	初小	1923.10	1959.08	贫农
	陈根生	男	文盲	1912.04	1955.12	贫农
	孟四保	男	初中	1937.06	1959.07	下中农
	张祖林	男	初小	1904.11	1955.11	贫农
	张金保	男	初小	1924.04	1955.08	贫农
	钱小山	男	初小	1917.04	1958.08	中农
	钱加保	男	高小	1925.12	1954.06	上中农
	张金元	男	高小	1936.08	1960.06	中农

第二节　党的组织

1949年4月，妙桥地方解放，境内隶属中共常熟县梅李区党组织领导。1953年5月，境内西旸乡建立党支部，隶属中共常熟县福山区党委领导。1956年3月，境内高级社先后建立党支部，隶属中共常熟县塘桥区西旸乡总支部领导。1957年，境内红旗二社、红旗五社和红旗六社党支部隶属中共妙桥乡党委领导。

　　1958年9月，妙桥人民公社成立后，境内设有西旸、欧桥和太子等3个农村大队支部。其中欧桥大队支部党员8人，朱元坤任党支部书记。1961年，该大队有党员12人，支部书记何益生，副书记高培升。1966年下半年到1968年上半年，在"文化大革命"的冲击下，境内各大队党组织处于瘫痪状态。1970年10月，经整党建党后，境内各大队复建党支部，欧桥大队党支部由张永来任书记，徐正华任副书记。

　　1983年政社分设，境内设有立新、欧桥和西旸等3个农村支部。其中欧桥村支部书记张永来，副书记杨品刚。1985年，境内共有5个党支部，除立新、欧桥、西旸3个农村支部外，另有西旸中学党支部和沙洲县钢窗厂党支部，有党员130人。1986年6月，欧桥村党支部升格为党总支部，总支部书记张永来，副书记杨品刚、王坤保、陆永成。总支部下设6个支部。1987年5月，欧桥村党总支部由张永来、王坤保、陆永成、马玲华、张亚飞等5人组成，张永来任总支书记，王坤保、陆永成任总支副书记。1992年境内立新、西旸等2个行政村党支部和欧桥村党总支部共有党员125人，共设18个党小组。其中欧桥村党总支部有5个支部，10个党小组。是年，张永来调离欧桥村工作后，马品华接任党总支书记。1995年，境内共有农村党员139人。其中立新村党支部有党员26人，设4个党小组，从事农业生产的党员22人，从事工业生产的党员4人；西旸村党支部有党员47人，设8个党小组，从事农业生产的党员39人，从事工业生产的党员8人；欧桥村党总支部有党员66人，设3个支部，6个党小组，从事农业生产的党员43人，从事工业生产的党员23人。1999年张小飞接任欧桥村党总支书记。至2003年1月，欧桥村共有党员73人，设3个党支部，党总支部由张小飞、朱仲华、徐正芳、刘正环、顾正花、马品华等6人组成，党总支书记张小飞，副书记朱仲华、徐正芳。

　　2003年8月妙桥镇并入塘桥镇，境内立新村、西旸村和欧桥村党组织隶属塘桥镇党委领导。2004年3月，西旸、立新2村并入欧桥村后建立中共欧桥村委员会，下设9个支部，其中5个企业支部。2011年10月，欧桥村党委下辖10个党支部，有党员207人。2013年末，欧桥村党委共有党员216人，下辖8个党支部。2015年末，村党委下辖9个党支部、25个党小组。

1961年境内各大队党支部基本情况表

表8—3

支部名称	初建年份	党员人数（人）	其中女党员（人）	书记	副书记
太子大队	1956	11	—	张桂南	支妙生
欧桥大队	1956	12	—	何益生	高培升

续表8-3

支部名称	初建年份	党员人数（人）	其中女党员（人）	书记	副书记
西旸（中心）大队	1956	16	1	孟祖连	钱永康

1985 年境内各村和企事业单位党支部基本情况表

表 8-4

支部名称	书记	副书记	党员人数	职业结构	
				工业（人）	农业（人）
立新村	陆永环	陆关金	15	9	6
欧桥村	张永来	王坤保 杨品刚	61	37	24
西旸村	王炳忠	张正清	36	25	11
沙洲县钢窗厂	—	邵福保	12	12	—
沙洲县西旸初级中学	陶富荣	—	6	—	—

1958～2004 年 3 月欧桥村（大队）历任党总支部（支部）正副书记名录

表 8-5

机构名称	职务	姓名	任期
欧桥村（大队）支部 （1958.09～1986.06）	书记	朱元坤	1958～1959
		何益生	1960～1961
		高培升	1962～1967
		张永来	1970～1986.06
	副书记	高培升	1962.01～1967.01
		陆连保	1962.01～1967.01
		徐正华	1970.10～1983.05
		王坤保	1979.07～1986.06
		杨品刚	1983.05～1986.06

续表8－5

机构名称	职务	姓名	任期
欧桥村党总支部 （1986.06～2004.03）	书记	张永来	1986.06～1992.03
		马品华	1992.05～1995.04
		徐正华	1995.05～1999.05
		张小飞	1999.05～2004.03
	副书记	陆永成	1986.06～1991.11
		杨品刚	1986.06～1986.12
		王坤保	1986.06～1991.11
		马品华	1989.08～1992.05
		张亚飞	1990.02～1990.08
		朱仲华	1991.11～1993.10
		杨梅忠	1993.10～1995.01
		朱仲华	2001.11～2004.03
		徐正芳	1995.04～2004.03

2004年3月～2015年12月欧桥村历届党委成员一览表

表8－6

届次	任职时间	书记	副书记	委员	
一	2004.03～2008.01	张小飞	周正刚 徐正芳	周学江　陈建新（2006年4月止）	
				顾正花	马品华
二	2008.11～2010.10	张小飞	周正刚 徐正芳 田建林	徐建亭	周学江
				张建博	顾正花
				卢静芳	
三	2010.10～2013.08	张小飞	田建林 徐正芳	徐建亭	周学江
				张建博	杨建依
				顾正花	卢静芳
四	2013.08～2015.12	张小飞	田建林 徐正芳	徐建亭	周学江
				张建博	杨建依
				颜惠新	卢静芳

2013 年欧桥村党委下辖支部一览表

表 8—7

支部名称	党员人数	其中女党员人数	支部书记
欧桥一支部	36	6	徐正芳（兼）
欧桥二支部	37	6	田建林（兼）
西旸社区支部	59	13	张建博
立新社区支部	61	12	周学江
欧桥精纺有限公司	7	—	陈利平
瑞群服饰有限公司	6	2	隆伟
盛而达纺织有限公司	6	3	杨瑞娟
西飞门窗有限公司	4	—	马建明

1958～2004 年 3 月西旸村（大队）历任党支部正副书记名录

表 8—8

支部名称	书记	任期	历任副书记
西旸（中心）大队党支部 （1958～1983）	张叙元	1958～1959	钱永康 王元生 张才保 张正清
	钱永康	1959～1960	
	孟祖连	1960～1967	
	孟祖连	1970～1981.07	
	张才保	1981.11～1983.08	
西旸村党支部 （1983～2004.03）	王炳忠	1983.8～1987.10	张正清 孟祖法 朱东彪 张益新 陈建新
	张正兴	1987.10～1992.02	
	孟祖连	1992.02～1993.02	
	张正明	1993.09～1996.09	
	张才保	1996.09～1997.03	
	瞿增元	1997.03～2000.02	
	钱正刚	2000.02～2001.03	
	钱正华	2001～2004.03	

1958～2004 年 3 月立新村（大队）历任党支部正副书记名录

表 8—9

支部名称	书记	任期	历任副书记
立新（太子）大队党支部 （1958～1983）	顾永兴	1958～1959	祁小二 陆关金 陆关金 陆永环 陆大保 管建刚
	张桂南	1960～1961	
	张仁年	1962～1963	
	支妙生	1963～1967	
	支妙生	1970～1975	
	陆永环	1976～1978	
	周建刚	1978～1983－08	
立新村党支部 （1983～2004.03）	陆永环	1983.08～1987.03	陆正明 谢仁仁 姚仁德 周正刚 戴正忠 周学江
	陈金龙	1987.03～1990.09	
	邵福保	1990.09～1995.09	
	周正刚	1995.09～2004.03	

第三节　党的建设

一、宣传教育工作

中华人民共和国成立初期，西旸乡党支部发动各行政村组织文艺宣传队、办民校和出黑板报等形式宣传土地改革、镇压反革命和抗美援朝运动的方针政策。1953～1957 年，宣传农业合作化的政策。1958 年 10 月，境内各大队大力宣传"总路线、大跃进、人民公社"运动。1961 年以后，重点宣传"调整、巩固、充实、提高"八字方针和"大办农业、大办粮食"。"文化大革命"期间，主要宣传学习毛主席著作和活学活用毛泽东思想以及农业学大寨。党的十一届三中全会后，重点宣传"拨乱反正，把重心转移到经济建设上

外省市领导来参观取经（1979 年摄）

来"。欧桥大队率先提出坚定不移走农副工商运综合发展的道路，宣传"敢不敢富、抓不抓富是鉴别我们党支部是真搞还是假搞农业现代化的标志"，热情接待外省市参观者和新闻部门采访。西旸、立新2个大队党支部宣传教育党员群众要"解放思想鼓实劲，学赶欧桥争富裕，粮争一吨棉纲半，农副工商齐飞跃"。1983年，在乡文明领导小组的指导下，境内各村开展了"文明礼貌"活动，全面开展"五讲四美"（讲文明，讲礼貌，讲卫生，讲道德，讲纪律；语言美，行为美，心灵美，环境美）"三热爱"（热爱祖国、热爱人民、热爱社会主义）宣传教育。1984年欧桥村被评为县文明集体，西旸、立新2村被评为乡文明集体，境内95%农户被评为文明家庭。1985年，乡召开文明建设会议后，境内各村大力宣传双文明建设。欧桥多次被评为苏州市文明村。党支部教育党员永做致富路上的先行者。1987年，在政治战线、思想战线上进行反对资产阶级自由化的正面教育，选派党员干部参与理论培训班辅导学习。1988年开展"禁赌刹歪风"为主要内容的"三提倡"（提倡科学，提倡遵纪守法，提倡节俭朴素）、"三反对"（反对封建迷信，反对赌博，反对铺张浪费）活动。1991年宣传镇党委开展的"满意在妙桥，共建文明镇"活动，是年，欧桥被评为"苏州市双文明单位"，西旸、立新2村被评为镇双文明单位。境内"文明新风户"达1305户，占境内总户数的96.3%。其中欧桥村在党总支部教育下，"文明新风户"占总户数的98%。1992～2000年，境内各村党支部运用宣传画廊、黑板报，组织观看电影、电视、文艺和自办广播，在全党全民中宣传建设有中国特色社会主义的重要意义和方针政策，宣传张家港精神，宣传党的"十四大"和"十五大"精神，宣传"香港回归"和"三个代表"重要思想，结合村情，宣讲《江苏省公民道德建设实施纲要》。2001年结合创建省级卫生村大力宣传环境美。翌年，境内3村均创建成省级卫生村。2005～2006年欧桥村党委根据市镇党委的统一部署大力开展保持共产党员先进性教育活动，印编《农村先进性教育通俗读本》、整理境内优秀党员优秀事迹，开展"大家谈"活动，召开民主生活会、座谈会，发放征求意见表进厂入户等多种形式，征求到四大类27条意见建议，并及时研究整改方案、整改措施和整改责任，最后将整改落实进度情况及时向全村公开。与此同时，全村党员广泛开展帮扶弱势群体，关爱贫困党员的"百名党员联万家"为民办实事主题活动，同时加大力度创建"张家港亿万农民健康促进活动"先进单位，完善境内三个居民集中区建设。

2010年始，村党委宣传工作重点以学习实践科学发展观为主题，贯彻党的十七届四中、五中全会精神，以"服务群众、服务社会"为目标，宣传创建市级绿化自然村，争创市传统村落。2015年，村党委大力宣传培育和践行社会主义核心价值观的重要性，教育党员干部依法办事，公平、公正，教育村民树立"爱国敬业、诚信友善"工作作风。宣传工作从传播文明理念、打造文化阵地、展示精品文化三方面入手，开展文化软实力工程建设，主办数场道德讲堂，参观红色阵地和开展读书活动，营造全村崇德向善，见贤思齐的良好文化氛围。并加强对村级文娱宣传队的指导和投入，加强文化宣传阵地建设，推动全村宣传教育工作上新水平。

二、纪律检查工作

1986 年，在镇党委领导下境内 3 村先后分两批进行整党。使全体党员重温入党志愿书和党员的八条标准，检点各自的思想和行动举止。部分党员干部及时退还欠款 2343.3 元，个别党员清退多占的宅基地，同时清退不合格党员 1 人。1988 年，境内各村党组织在镇党委纪检部门的配合下，开展"禁赌刹歪风"，严查境内参赌的 5 名党员干部，给予党纪处分，其中党内严重警告 1 人。2002 年，各村党组织在村委会换届选举中严格监督，严格按照《江苏省村民委员会选举办法》成立村选举委员会，进行选民登记、候选人产生和投票选举，对在换届选举中出现的问题，及时调查，纠正错误。1990～2003 年，境内立新、欧桥、西旸等 3 村受党纪处分的党员 5 人，其中严重警告 2 人，警告 2 人，劝退 1 人。2004 年起，中共欧桥村党委纪检委严格例行职责。至 2015 年末，受党纪处分党员共 4 人，其中被开除党籍的党员 1 人，严重警告 2 人，警告 1 人。

第二章　村民自治

第一节　大队（农业合作社）管理委员会（革命委员会）

1950 年 3 月，境内废除保甲制，改为行政村建置，境内分属西旸乡一村、二村、三村、四村、五村、六村、十二村和太平乡四村、六村、七村。各村推举村长、农会主任、民兵队长等管理村务。

1956 年 10 月，境内以初级社为基础，建立红旗高级农业生产合作社：红旗二社、红旗五社和红旗六社，每个高级社均建立管理委员会，设正副社长和会计，实际行使行政村的管理职能。

1958 年 9 月，常熟县妙桥人民公社成立，境内设有 3 个生产大队。每个大队都建立管理委员会，设正副大队长、民兵营长、治保主任、共青团书记、妇女大队长和会计等管理大队事务。1962 年 1 月，境内各大队归属沙洲县妙桥公社管辖后，实行"三级所有，队为基础"的管理体制。各大队设正副大队长、妇女大队长、主办会计和助理会计等管理大队事务。各大队下设的生产小队，选举正副队长、民兵队长、妇女队长和小队会计等管理生产小队事务。

1967 年至 1968 年初，因"文化大革命"初期，境内各大队行政管理工作处于半瘫痪状态。

1968年下半年，境内各大队建立革命生产领导小组，翌年3月，各大队建立革命委员会（简称"革委会"），革委会由5～7人组成，设正副主任和委员3～5人，行使大队行政管理职能。立新大队首任革委会主任支妙生，欧桥大队首任革委会主任张永来，西旸大队首任革委会主任孟祖连。

1980年，境内各大队恢复大队管理委员会。行使大队行政管理职能，各大队管理委员会设大队长1人，副大队长2～3人。欧桥大队徐正华任大队长，马林华、王坤保、杨品刚任副大队长；立新大队陆关金任大队长，管建刚、陆大保任副大队长；西旸大队张才保任大队长，张正清、钱维达、陈林元任副大队长。境内各大队管理委员会行使大队行政管理职能至1983年7月。

第二节　村民委员会

1983年7月，境内实行体制改革，生产小队更名村民小组，设组长1人。生产大队更名村民委员会（简称村委会），村委会由5～7人组成，设正副主任，行使行政村管理职能，村委会组成人员由村民代表大会选举产生。立新村委会由5人组成，陆大保任主任；西旸村委会由5人组成，张正清任主任；欧桥村委会由7人组成，朱金元任主任，马林华任副主任。各村另建立经济合作社，设社长1人，副社长2～3人。

1988年12月，妙桥镇政府贯彻实施全国人大常委会颁布的《村民委员会组织法》（草案），对境内3个行政村委会进行换届选举，明确村委会主任、副主任和委员由村民直接选举产生；村委会的选举由村民选举委员会主持，村民选举委员会由村民会议或各村民小组推选产生；村委会每届任期3年可以连选连任。

1992年12月，根据《江苏省村民委员会选举工作若干规定》进行换届选举工作，明确选民登记办法；有选举权和被选举权的村民应当在户籍所在地的村进行选民登记，选民名单应当在选举日的20日前张榜公布，在村委会成员候选人提名前向选民发放选民证。

1999年1月，境内各村进行第五届村委会选举工作，对村委会主任、副主任实行差额选举，候选人名额应当多于应选名额1人，候选人名单按照被提名得票多少确定，并于选举日的3日前张榜公布。

2001年11月，境内进行第六届村委会选举工作。此次选举工作进一步明确2000年8月26日江苏省第九届人民代表大队常务委员会第十八次会议通过的《江苏省村民委员会选举办法》，进一步明确选举纪律。此届选举，境内3村共有选民4000余人，经选举产生村委会委员15人，其中主任3人。至2003年8月，历任立新村委会主任的有陆大保、谢仁仁、姚仁德、周学江等4人，历任西旸村委会主任的有张正清、孟祖法、朱东彪、张益新等4人。

2004年3月，西旸、立新等2村并入欧桥村后，对村委会组成人员进行调整充实。至2013年，先后进行四次换届选举。2015年，欧桥村委会由7人组成，设主任1人、副主任3人。村委会下设综治办、调解信访办、村组建设、民兵、社保、安全等10多个办公室。

2015年末，全村共有57个村民小组，其中西旸片区18个，立新片区19个。2004～2007年该村连续四年被评为张家港市文明村（文明社区）。2009年，该村列入苏州市民主法治示范村，并被评为苏州市创建文明工作先进村。

1961～2015年欧桥村（大队、革委会）历任行政机构负责人一览表

表8－10

机构名称	职务	姓名	任职时间
欧桥大队管理委员会（1961～1967）	大队长	刘祥兴	1960～1961
		徐根兴	1961～1962
		陆连保	1962～1967
欧桥大队革命委员会（1969～1979）	主任	张永来	1969～1979
	副主任	徐正华	1969～1979
		马林华	1972.04～1978.01
		杨升华	1975.09～1976
欧桥大队管理委员会（1980～1983.07）	大队长	徐正华	1980～1983.05
		杨品刚	1983.05～1983.07
	副大队长	马林华	1972.04～1983.07
		王坤保	1989.01～1983.07
		杨品刚	1981.11～1983.05

续表8—10

机构名称	职务	姓名	任职时间
欧桥村村民委员会 （1983.07～2015.12）	村主任	朱金元	1983.07～1985.11
		王坤保	1985.11～1992.03
		杨梅忠	1993.10～1995.01
		徐正芳	1995.01～2000.01
		朱仲华	2001.11～2004.03
		周正刚	2004.03～2010.11
		田建林	2010.11～2015.12
	副主任	马林华	1983.07～
		王保文	1994.01～
		周学江	2004.03～2015.12
		徐建亭	2004.12～2015.12
		张建博	2004.12～2015.12
		田建林	2007.11～2010.11

1961年8月境内各大队主要干部一览表

表8—11

大队名	支书	副支书	大队长	副大队长	妇女大队长	共青团支书	粮站站长	会计		
								主办	助理兼统计	粮食
太子	张桂楠	支妙生	张仁年	钱家保	陆香保	支妙生	李望来	杨丙元	黄妙洲	陆关金
欧桥	何益生	高培升	徐根兴	杨士良	杨巧根	徐根兴	朱元坤	张永来	侯士祥	陈香保
西旸中心	孟祖连	钱永康	钱开元	—	孟雪妹	张小宗	张叙元	陈林元	张小宗	张永法

第三章　社会团体

第一节　农民团体

中华人民共和国成立初，境内以保为单位，设农民协会组长1人，隶属于妙桥乡农民协会筹备委员会领导。1950年3月，废除保甲制，设置行政村组。境内各村建立农民协会，设农会主席，分别隶属西旸乡农会主席徐小青和太平乡农会主席周敖龙领导。各村参加农会的绝大多数是贫农、雇农。农会的主要任务是配合乡村行政干部领导土地改革，发动群众缴公粮，发放救济，解决民事纠纷。在农业合作化运动中，农会是中坚力量，大多数农会干部是办组（互助组）办社（农业生产合作社）的积极分子。1956年建立高级农业生产合作社后，各行政村农会的职能逐步被农业合作社代替。

1964年秋，境内各大队在社会主义教育运动中，成立贫下中农协会（简称贫协），设主任1人，副主任、委员若干人，各大队所有生产小队，均设贫协组长1人。贫协积极维护贫下中农利益（时欧桥大队贫农263户，中农、下中农88户）协助大队党支部开展经济领域的阶级斗争，做好民主理财，巩固集体经济，是大队、生产队领导班子发展生产、提高社员生活水平的有力助手。各大队贫协代表先后参加妙桥公社第一次（1965年4月）、第二次（1969年3月）、第三次（1974年12月）贫下中农代表大会。时欧桥大队贫协主席陆龙保；西旸大队贫协主席陈大力；立新大队贫协主席陈叙保。1979年，根据党的有关政策，给16户富农、地主和其他有关人员摘帽，境内各大队阶级成分发生根本变化，贫协组织活动处于停顿状态。1984年4月撤销。

第二节　工会

根据中央关于整顿恢复工会组织的精神，于1979年5月开始先后在妙桥中小学等单位恢复了工会小组，境内西旸中学设立工会小组。1980年，境内手工业联社创办的沙洲县钢窗厂单独成立工会组织，工会主席陈炳元，有工会会员20人，至1990年发展到60人。这些企事业单位工会组织一般每年召开代表大会1次，主要研究每年的工作规划、规章制度，解决职工的切身利益等问题，发动职工代表提合理化建议。

1994年7月，妙桥镇总工会成立，境内各村企业建立基层工会。欧桥村基层工会时有工会委员1225人，占全村队办工厂职工的90%。

1997年11月，欧桥村工会联合会成立，工会主席徐正芳。2015年末，欧桥村工会联合会下辖工会小组14个，有工会委员2672人，其中女性2271人。

欧桥村基层工会成立后，积极开展民主选举、技术培训劳动致富、劳保福利等工作，维护职工合法权益，开展劳动竞赛。组织工会会员参加文体活动，做好组建民营企业工会小组、安全生产宣传、协调劳资关系等工作。为生活困难的职工送温暖，解决实际困难。2006年欧桥村工会被评为镇先进工会组织。2010年村工会举办农民法律咨询活动，发放宣传资料2000余份。2015年开展心理健康促进活动，发放心理健康手册，并围绕工资、报酬、社会保险、安全生产等领域探索维权工作成果，将普法宣传作为防止和减少矛盾纠纷的重要措施。

第三节　共青团

1953年，境内西旸乡（小乡）建立新民主主义青年团支部。1956年3月，西旸乡（中乡）建立团总支部，时境内各高级社均建立支部。1957年5月，中国新民主主义青年团改称中国共产主义青年团（简称共青团）。

1958年9月，妙桥人民公社成立，境内各大队设团支部，隶属常熟县妙桥人民公社团委。1961年，境内共有共青团员55人（男性43人，女性12人）。其中欧桥大队团支部有共青团员28人（其中男性25人，女性3人）；太子大队团支部有共青团员14人（其中男性12人，女性2人）；西旸（中心）大队团支部有共青团员13人（其中男性6人，女性7人）。1978年境内有团员105人，其中立新大队团支部有团员25人，西旸大队团支部有团员35人，欧桥大队团支部有团员45人。1983年，境内各大队团支部更名为行政村团支部，1986年，共青团欧桥村支部升格为欧桥村团总支部，下设3个支部。

2002年末，境内欧桥、西旸、立新等3个共青团组织共有团员65人。2003年8月始，境内各村团组织隶属共青团塘桥镇团委。2004年3月，西旸、立新2村并入欧桥村后，建立欧桥村团总支部，共有团员73人，分设3个支部。2015年末共有团员52人。

历任欧桥村（大队）、团总支（支部）书记有：徐根元、杨士良、张永来、杨升华、钱魁中、刘建祥、顾正花、颜惠新、陶晓杰。

境内各村（大队）团总支（支部）的主要工作是根据团的章程，围绕各个历史时期的中心工作，宣传党的战略方针，团结青年在社会主义建设中发挥实际作用。

中华人民共和国成立初期，以夜校、民校为阵地宣传土地改革方针政策。支援抗美援朝运动，欧桥青年徐元华、刘仁根、杨兴等人踊跃参加中国人民志愿军。"大跃进"运动中，欧桥大队20多名共青团员和入团积极分子组织青年突击队，实行同吃同住同劳动。1963年后，境内各村团支部组织青年学习毛主席著作，争做好人好事。1970年后，共青团欧桥支部响应大队党支部号召，向高标准吨粮田进军，大力平整土地，实现"两千亩田格子方"。改革开放后，大队团支部组织新长征突击队，有5名突击手、2个突击队受到共青团沙洲县委的表彰。为活跃团员青年业余生活，团总支建立并办好"青年之家"，开展各种文体活动。1986年共青团欧桥"青年之家"获苏州市"红旗青年之家"，时任中共中央总书记胡耀邦为之题词。欧桥村团组织围绕经济建设这个中心，开展为"繁荣欧桥，企业兴旺"献计献策活动，开展实用技术培训和技术操作、岗位练兵活动。1989年镇纺织行业的技术比赛中，欧桥精纺厂团员青年职工邓美芳、吴莲分别以93.03分和87.98分获得第一名和第三名，并代表市参加省工业厅举办的针织绒操作运动会。1990年后，共青团各村总支部（支部）为增强团员青年热爱农业，扎根农业的意识，成立"科技兴农"小组，开展三麦"共青丰产方"、"青年科技示范户、青年种田大户、青年多种经营专业户"竞赛活动，数人被评为张家港市种田能手。境内各村支部还建立阵地，活跃团员青年业余活动，办好"青年之家"，开展各种文体活动。各村共青团支部还加强对境内小学少先队员的辅导，建立辅导员制度。1996年西旸小学五年级中队被授予张家港市"先进集体"称号，欧桥小学辛建丰被授予"张家港市优秀少先队员"称号。

2004年始，欧桥村团总支还不断加强自身建设，开展青年志愿者活动，积极稳妥地做好组织发展工作，做青年的知心朋友，把积极要求上进，且符合条件的青年吸收到团组织中来。同时认真做好组织推荐工作，向党组织输送新鲜血液。2010年，团总支开展青少年读书看报活动，并开展青年道德法制教育活动，强化青少年法律意识和自护能力。2013年始，团总支开展青少年志愿者活动，举办3次"青春闪动，幸福欧桥"公益活动，开展青少年植树护绿活动，开展精神文明创建活动，组织20余人参与交通劝导志愿活动。2004～2015年全村有16名优秀团员青年加入了中国共产党组织。欧桥团总支部多年被评为市镇先进基层团组织。

第四节　妇联

中华人民共和国成立初期，境内各行政村均配备妇女主任，参与村政权建设和土地改革，支持妇女冲破封建思想束博，争取婚姻自由。在农业合作社运动中，境内各高级社亦设妇女主任。各生产队设妇女队长，协助农业社队干部开展工作，带领妇女参加社会主义建设。1958年人民公社成立后，欧桥大队杨巧根任妇女大队长，该大队有女劳动力288人，其中全劳力125人。是年，妙桥公社召开妇女代表大会，建立妙桥公社妇女联合会，境内各大队亦建立妇女联合会。"文化大革命"期间，妇联工作一度停止。1969年大队建立革命委会，各村配备妇联主任1人，任大队革命委员会委员。1983年农村实行体制改革，选举产生村民委员会时，吸收妇女主任为村委会成员。1962年至2004年3月，历任西旸村（大队）妇女主任的有孟雪妹、朱翠英、黄菊妹；历任立新村（大队）妇女主任的有陆香保、张梅英、管保琴、颜惠新。1962年至2015年历任欧桥村（大队）妇女主任的有：杨巧根、马琳华、顾正花、颜惠新。

境内各村（大队）妇联围绕各个时期中心任务，结合妇女工作自身特点开展各项工作。特别在关心妇女疾苦、开展计划生育、发展幼托事业等方面做了大量工作。七八十年代，重点在开展计划生育，动员育龄妇女采用上环和其他节育措施。1989～1994年，欧桥村在全村开展"双学双比"竞赛，有3名妇女被评为镇"双学双比"劳动竞赛优秀生产手。1995年开始，境内各村妇联在镇妇联指导下大力开展以"品德高尚，遵纪守法好；努力学习，工作劳动好；家庭和睦，邻里团结好；移风易俗，文明习惯好；计划生育，教育子女好"为内容的争创"五好家庭"活动。每年评出"五好家庭"标兵40余户。2004年欧桥村妇联在全村先后开展平安家庭、绿色家庭、健康家庭和五好家庭评选表彰活动，是年，被评为镇级先进集体。2009年，该村妇联启动"翰墨书香飘万家，文明港城更文明"家庭主题读书活动，动员全村广大妇女和家庭成员开展读书活动和开展"和谐生活 我与健康同行"家庭主题活动，宣传控油限盐。是年，村妇联被评为镇先进集体。2013年起，村妇联开展"健康生活进我家"主题活动，开展健康知识宣传，卫生清洁活动，并通过育典型、品家风、晒幸福等活动载体，推荐"最美家庭""五星级家庭户"活动，取得良好的效益。

第五节　老年协会

1990年，境内各村老年协会成立。这是一个在镇老龄工作委员会领导下"自己教育自己，自己管理自己，自己服务自己"的群众组织。欧桥村老年协会由9名老干部组成的欧桥村道德教育委员会，协助村党组织对全村干部群众进行讲文明、讲道德、讲纪律、讲礼貌的"四讲教育"，增强干部职工的法制观念，推动文明村的建设。1991年，境内各村老年协会在江苏省第四个老年节前后，宣传贯彻《江苏省保护老年人合法权益》，大力宣传尊老、敬老、养老的先进人物，开展《假如我是一位老人必然想些什么？》的讨论活动。通过几年的宣传教育，境内各村树立以"尊老、敬老、养老为光荣；鄙老、嫌老、弃老为可耻"的观念，养成人人敬老的好风尚。村开设老年活动室和欧桥书厅（茶馆），为老年人休闲娱乐之所。1993年境内70岁以上老人437人，90岁以上老人11人。其中西旸村70岁以上老人多达196人，列全镇之最；欧桥村4组陈林年高98岁为全镇之最。2002年，境内3村90岁以上老人18人，其中西旸村9人。2004年西旸、立新2村并入欧桥村后，全村老年人数逐年增多。2014年末，全村有60周岁以上老年人1547人，占全村总人数的26.6％，高于全镇平均水平。其中男性679人，女性868人。70岁以上高龄老人680人。2015年，全村70岁以上高龄老人已占总人数的12.34％，老年协会工作任重而道远。

自协会成立以来，村委会主任兼任欧桥村老年协会会长。村老年协会按照"活泼、节俭、健康、平安"的原则，切实安排好老年节日活动，中秋节向70岁以上老人赠礼品等，重阳节向老人发放慰问金。欧桥村老年协会多次被评为镇先进集体。2013年，欧桥村老年协会经张家港市民政部门核准登记，由塘桥镇政府主管，法人代表田建林。近年来，随着老龄居民的增多，村老年协会持续开展情暖夕阳敬老活动，举办传统锡剧专场演出，聘请评弹名家到欧桥书厅演出，丰富老年人的文化娱乐活动。

第九卷　军事·治安

第一章　军事

第一节　民兵组织

中华人民共和国成立初期，境内各行政村建立民兵分队，隶属西旸乡民兵中队领导。主要任务是负责剿匪反霸，保护土地改革成果，支援抗美援朝。1956年，境内农业合作社设民兵中队，隶属西旸乡（中乡）民兵大队领导。1958年9月，妙桥公社成立，根据上级"大办民兵师"的指示，境内建立基干民兵营，各生产队建立民兵连，实行全民皆兵。1961年，境内欧桥大队设1个民兵营，14个民兵连，28个民兵班，民兵总数488人，其中女兵210人。有基干民兵168人，均为男性。"文化大革命"中，大队民兵建制变动频繁。1977年，境内欧桥大队设1个民兵营6个排，民兵总数为492人，其中基干民兵132人（内含武装民兵8人）。立新大队1个民兵营4个民兵排，民兵总数312人，其中基干民兵86人。1978年4月，大队民兵营参加公社民兵团。召开创建"三落实"誓师大会。1981年冬，民兵的年龄作调整，普通民兵由原来的17～40岁调整为17～35岁；基干民兵由原来的17～25岁调整为18～30岁，退伍军人调整为18～28岁。大队基干民兵连指导员由大队党支部书记兼任。1983年，境内欧桥大队从基干民兵连中，挑选4名民兵组建联防队，1985年联防队增加到8名，1988年增加到12名。村把民兵、联防、消防并为"三位一体"，提高民兵工作三落实（组织落实、政治落实、军事落实）整体水平。村对联防队、消防队配有对讲机、警报器、摩托车、手抬消防车等治安消防器具，担负全村工业企业的治安、消防工作。欧桥民兵以劳养武"三位一体"的做法，得到上级领导肯定，将其在1990年《东海民兵》，1991年《中国乡镇企业报》刊登。1992年，江苏省军区司令员郑炳清专程到欧桥视察，对欧桥民兵以劳养武"三位一体"的民兵组织建设进行了表扬。是年10月，欧桥村民兵营长杨梅忠当选为中共江苏省人民政府、江苏省军区第三届民兵代表大会代表，杨梅忠被江苏省人民政府、江苏省军区授予民兵工作先进个人荣誉。1999年，按照有利于组织领导、提高质量、开展活动、执行任务的原则，加强民兵应急分队、专业技术分队和对口专业分队的组织建设，境内欧桥、西旸、立新3村建立应急分队。2004年，西旸、立新并入欧桥村，有普通民兵1396人，设1营3连。有基干民兵36人，设1连4班。2015年末，全村共有民兵1368人，其中基干民兵32人。民兵训练每年在冬季进行，参训对象选择思想好、身体强、年龄在18～19岁新入队的基干民兵，境内参训民兵中专业技术兵占50％，基干民兵训练合格率99.5％。着重训练民兵干部应急分队，专业技术分队和保障人员。

历任欧桥村（大队）民兵营长（负责人）：刘祥兴、张永来、刘正环、杨梅忠、陈忠、徐建亭、周学江、张建博。

第二节　兵役

清朝至民国中期，军队兵源由朝廷（政府）向社会招募，实行"募兵制"。民国22年，国民政府颁布征兵令，对所征之兵的年龄、免役、禁役、缓征等条款以及服役、体检等作了明文规定，实行"征兵制"。民国后期，由于国民党军队和地方武装兵源不足，常下乡任意抓壮丁。境内刘岳元、颜大连等村民都是被抓壮丁入伍的。

中华人民共和国成立后，1950年11月杨正石、陈月明（女）参加中国人民解放军（扩大武装师应征）。1951年开展"抗美援朝，保家卫国"运动进行征集志愿兵动员，时称"志愿兵役制"，欧桥地方徐元华、徐世法、刘仁根、高金元、陆三保、邓二保、陆华保、朱小云、陈保根、陈坤保、邹林保、杨兴先后参加中国人民志愿军，其中陆三保等人入朝参战。

1955年，国家实行义务兵役制，征兵每年一次。应征青年要经过报名、体检、政审、定兵等程序，操作严密，统一时间发放入伍通知书，按规定时间送兵入伍。1984年，国家第二部兵役法出台，规定实行义务兵役制为主体的义务兵与志愿兵相结合，民兵与预备兵相结合的兵役制度。义务兵役期限为陆军3年，海、空军4年。1987年，以兵役法为依据，每年对适龄青年进行兵役登记，1988年起给经过兵役登记的应征公民发放兵役证。适龄公民收到兵役登记通知书后按规定时间、地点履行兵役登记手续。1955～2003年，境内3村共有入伍青年177人，其中欧桥村（大队）有入伍青年70人，其中转业复员的有51人，提干的3人。2004年3月，西旸、立新2村并入欧桥村后，每年都有1～5人应征入伍。2004～2015年间，共有25名青年入伍。

1955～2003 年境内各村（大队）入伍参军、退伍军人情况表

表 9—1

年份	参军入伍总数	其中			退伍军人总数	其中		
		欧桥	西旸	立新		欧桥	西旸	立新
1955	7	—	6	1	—	—	—	—
1956	5	1	3	1	—	—	—	—
1957	1	—	1	—	—	—	—	—
1958	—	—	—	—	3	—	2	1
1959	6	4	1	1	3	—	3	—
1960	13	8	4	1	1	—	—	1
1961	2	—	2	—	6	2	3	1
1962	—	—	—	—	—	—	—	—
1963	1	—	1	—	1	—	1	—
1964	4	1	3	—	2	1	1	—
1965	9	7	2	—	8	6	1	1
1966	—	—	—	—	2	1	1	—
1967	—	—	—	—	—	—	—	—
1968	5	1	1	3	8	3	5	—
1969	15	6	5	4	9	4	5	—
1970	12	4	4	4	6	3	2	1
1971	1	—	—	—	1	—	1	—
1972	7	2	3	2	—	—	—	—
1973	8	2	3	3	10	5	—	5
1974	6	2	2	2	—	—	—	—
1975	1	—	1	—	6	—	3	3
1976	4	3	—	1	14	2	6	6
1977	3	—	2	1	8	4	4	—
1978	6	2	2	2	5	2	1	2
1979	4	—	3	1	2	1	1	—
1980	3	2	—	1	2	1	1	—
1981	3	1	—	2	11	3	4	4
1982	7	2	3	2	1	—	—	1
1983	2	2	—	—	3	—	1	2
1984	3	1	—	2	5	3	1	1

续表9－1

年份	参军入伍总数	其中			退伍军人总数	其中		
		欧桥	西旸	立新		欧桥	西旸	立新
1985	2	1	—	1	5	1	2	2
1986	3	3	—	—	6	2	2	2
1987	4	1	3	—	3	1	2	—
1988	—	—	—	—	—	—	—	—
1989	2	—	1	1	2	1	—	1
1990	3	2	—	1	7	3	3	1
1991	2	—	1	1	4	1	2	1
1992	2	1	1	—	3	3	—	—
1993	3	—	2	1	—	—	—	—
1994	—	—	—	—	2	—	1	1
1995	2	1	1	—	—	—	—	—
1996	4	3	—	1	2	—	2	—
1997	3	—	1	2	2	—	1	1
1998	3	1	2	—	4	3	1	—
1999	—	—	—	—	4	—	1	3
2000	4	3	—	1	3	1	1	—
2001	2	1	—	1	1	—	1	—
2002	1	1	—	—	4	3	—	1
2003	2	1	—	1	1	1	—	—

第二章　治安　调解

第一节　治安管理

中华人民共和国成立后，党和政府十分重视治安工作。组织民兵打击各种刑事犯罪活动，保障公共秩序。土地改革后至"文化大革命"期间，重点对地、富、反、坏"四类分子"进行管理，实行就地监督、教育和劳动改造，使其成为自食其力的公民。党的十一届三中全会后，对"四类分子"落实政策，全部摘掉帽子。对其他冤、假、错案和历史遗留问题，也按照党的政策进行复查，纠错和平反，恢复了名誉。

　　1980 年起，村治安工作转到经济建设上来。境内欧桥村组建联防队值勤护厂。1985 年，联防队兼负消防工作，配备警报器、手抬消防车、对讲机等，发现火警，投入扑救。同时开展禁赌活动，查禁赌博场所。1989 年，欧桥村联防队在省消防业务考核中，荣获张家港市第一名，苏州市第二名。1992 年，境内欧桥联防队配合派出所开展以赌博为主的扫"六害"（卖淫嫖娼、走私贩卖传播淫秽物品、拐卖妇女儿童、私种吸食贩运毒品、聚众赌博和利用封建迷信骗财害人）斗争，使社会秩序有所好转。1995 年 2 月，市综治办、市文明办、市计生委和市公安局联合制定《张家港市管理暂行办法》，对境内居民出租房全面进行管理，村联防队对农户出租房逐户统计、核证，查处违法犯罪嫌疑人 2 人。2004 年，创建平安欧桥，村发挥联防队、护厂队、老年义务值勤队的作用，开展群防群治，不留死角，做到大案不发生，小案月减少，矛盾不上交，小事不出村，大事不出镇。2005 年，村建立综合治理办公室，加强对外来务工人员管理。同时对安全防范、人民调解、社区矫正、安置帮教等各项治保工作实行分工负责制。2006 年，镇外来人口管理办公室派人到村接管管理工作，由镇统一管理。2007 年，村委对居民住宅安装自动报警器。全村有 307 户安装。2008 年，村设立欧桥警务室，村联防队由社区民警领导，村域治安由社区民警领导下开展工作，社会治安状况进一步好转。

　　村治安管理工作解放初由民兵中队长负责，1962 年起由大队民兵营长兼任，1983 年起由村主任兼任。村设警务室后，由社区民警负责管理。

第二节　户政管理

　　境内户籍管理始于 1962 年，当时妙桥公社以大队为单位，由大队会计对域内居住农户人口进行登记，建立户口册，农户人口的出生、死亡、结婚、迁入、迁出均登记造册，建档立案。据 1963 年登记资料统计，欧桥村年末总户数 302 户，总人口 1342 人，其中男性 678 人，女性 664 人，户均人口 4.4 人，当年出生 41 人，死亡 23 人。立新年末总户数 249 户，总人口 817 人，其中男 412 人，女 405 人，户均人口 3.2 人，当年出生 23 人，死亡 16 人。其间户籍管理重点对出生、死亡、结婚、迁出、迁进等进行登记，对外出的须由大队出示证明，如外出住宿、外地医院治病等，必须持有单位证明。1982 年，人民政府颁发新户口簿，农户持新户口簿外出、住宿更加方便，户籍管理得到进一步加强。1984 年，各村户籍由妙桥派出所接管，从此村不再对户籍管理。2003 年 6 月，市政府对户籍制度实行改革，出台《张家港市户籍准入登记暂行办法》，打破传统户口管理"二元"结构，取消农业户口，非农业户口性质。在张家港范围内的迁移，实行以具有合法固定住所为基本条件的准入登记制度，新出生的农民子女统一按城镇居民登记。2010 年起，妙桥派出所简化办理村民户口迁移手续。2015 年，户籍管理改革进一步深化，城乡户籍同化。

第三节　民事调解

1964 年，境内各大队民事调解委员会成立，由大队长兼任调解委员会主任，妇女主任任副主任。调解工作在政府司法行政部门领导下，利用乡村力量，对民间日常生活中发生的矛盾纠纷进行妥善化解，问题得到妥善解决。1988 年，村调解委员会更名村民事调解委员会，按照《人民调解委员会组织条例》开展民事调处。1999 年 4 月，境内开展"知万家情，解万家难"民间纠纷大排查、大调解活动。2005 年，村民事调解委员会更名为人民调解委员会，调解委员会主任由村主任兼任，在村民委员会组织下开展民事调解工作。2007 年，村委开展"五星"调解委员会创建活动。2009 年，欧桥村被张家港市委市政府评为调解工作先进集体。

据不完全统计，1982～2000 年，民事调解委员会累计为群众调处各类矛盾纠纷 132 件。

2005～2010 年，村人民调解委员会累计受理民事纠纷调解 137 起，调处纠纷 118 件。其中工资纠纷 7 件，婚姻纠纷 17 件，财产纠纷 12 件，宅基地纠纷 27 件，自留地纠纷 9 件，路道铺设纠纷 19 件，房屋拆迁纠纷 11 件，赡养老人纠纷 6 件。调解成功率 98%。

2011～2015 年，开展一村一站一室活动，村设立便民服务站、警务室。累计为村民代办各类证件 136 件，调处各类矛盾纠纷 87 件。

第十卷　教育·卫生

第一章　教育

境内教育起步较早。明清年间，道院、庙宇或民间大族办乡学、读私塾，延聘邑地名儒任教，培育一批进士、举子、秀才。1931年，吴永嘉在西旸街办起西旸小学。1949年，境内已有西旸、欧桥和云头3所小学。中华人民共和国成立后，西旸小学建办成完全小学，并于1952年增设初中补习班。1958年在西旸邹家宕办起妙桥公社农业中学。1964年，境内各大队办起耕读小学（耕读班）。是年，在西旸街创办沙洲县西旸农业中学，1968年转为全日制中学。境内西旸小学、立新小学和欧桥小学在各大队支持下，教育事业得到蓬勃发展。1976年，西旸小学和欧桥小学在办好完小的同时，办起戴帽初中。1977年，西旸中学已有7个班级，其中高中4个班，学生总数385人，教师18人。1980年，境内各小学都办了附设幼儿班（园）。1983年，欧桥村投资8万元，建办了占地3000平方米、建筑面积780平方米的教学楼，并作出从幼儿园到高中免费入学的规定。境内基本上普及了初中教育。1988年，境内开始实施九年制义务教育。90年代中后期，教育系统全面推进教育现代化建设，并加快对学校布局进行调整。1995年撤销西旸中学，1998年撤销立新小学，2000年撤销欧桥小学，2005年撤销西旸小学。欧桥村中小学生入妙桥中学、妙桥小学读书，幼儿入妙桥幼儿园学习。是年，该村中小学生的入学率、巩固率、普及率均达到99.3%，绝大部分青壮年具高中以上学历，50%以上青年具有大专以上文化水平。

第一节　学前教育

1958年，境内各大队办起托儿所、幼儿园，1962年幼儿园停办。1980年秋，幼儿教育纳入教育事业规划。境内西旸、欧桥和立新等3所小学都附设幼儿班（园），分中班和大班。1981年欧桥幼儿园有2个班，其中大班幼儿22人，中班幼儿28人，幼儿教师3人，开设语文、常识、计算、音乐、体育、美术等课程。1990

年境内各校共有幼儿班 5 个，幼儿总数 119 人，教师 5 人。1998 年 8 月，立新幼儿班并入欧桥幼儿园，2001 年西旸幼儿园并入欧桥幼儿园，2003 年欧桥幼儿园并入妙桥中心幼儿园。2003～2015 年，境内幼儿入园率 100％，绝大部分幼儿入妙桥幼儿园。

1980～2003 年欧桥幼儿教育事业选年一览表

表 10—1

年度	班级数（个）			幼儿数（人）			教师数（人）			备注
	中	大	合计	中	大	合计	公办	民办	合计	
1980～1981	1	1	2	28	22	50		3	3	—
1985～1996	1	1	2	25	23	48		3	3	—
1990～1991	1	1	2	28	22	50		3	3	—
1995～1996	1	1	2	24	23	47		3	3	—
1998～1999	1	2	3	23	45	68		4	4	1998 年 8 月，立新幼儿班并入
2000～2001	1	2	3	23	46	69	1	3	4	2000 年 8 月，西旸幼儿园并入
2002～2003	1	2	3	23	45	68	1	3	4	2003 年 8 月并入妙桥中心幼儿园

第二节　小学教育

1931 年，吴永嘉在西旸街创办西旸初级小学，后欧桥南杨家巷和立新张家云头亦办起私塾。中华人民共和国成立后，私塾转为初级小学（简称初小），并由人民政府接管，时境内有西旸小学、欧桥初小和云头初小。1954 年转为公办小学。1958 年始，在小学内先后增设民办班，配备民办小学教师。1964 年增设 4 个耕读小学（耕读班），1969 年转为全日制小学。是年，境内实行大队办学，有西旸大队小学、欧桥大队小学和立新大队小学，学制由沿用四二制（即初小四年、高小两年的制度）变为五年一贯制，7 周岁入学。1970 年后，逐渐恢复课程设置。1976 年欧桥小学、西旸小学附设初中班，1978 年附设初中班并入西旸初级中学。1983 年，境内小学学制恢复六年，入学率为 99.9％，巩固率 99.56％，合格率为 98.15％，普及率 99.85％。1984 年，沙洲县在妙桥乡进行小学教育管理体制改革试点工作，境内各小学"四率"均超过上级规定的标准。1990 年，境内有小学 3 所，其中西旸小学和欧桥小学为完全小学，立新小学为初小。是年，共有 17 个教学班，在校学生 525 人，教职工 36 人。1998 年起，上级对境内小学布局调整，是年撤并立新小学。2000 年撤并欧桥小学。2005 年撤并西旸小学。境内小学学生入妙桥小学，有校车接送，入学率为 100％。

欧桥小学　1946 年 8 月，由龚心湛在境内欧桥南杨家巷家塾的基础上开办私塾，1～4 年级组成 1 个复式班，学生 41 人，教师 1 人。按照"洋学堂"的要求，开设语文、算术、体育、美术、音乐等课程，三四年级增设常识课。

1950 年 8 月，经福山区人民政府核定，南杨家巷初小定为私立公助学校。1954 年秋季，由福山区人民政批准为公办小学，名为欧桥初小。有 1～2 年级复式班和 3～4 年级复式班，共有学生 89 人，教师 2 人。1964 年秋季，欧桥大队在徐家巷开办 1～4 年级复式耕读班，学生 36 人，教师 1 人。1969 年 9 月"公办小学下放大队办"时期，欧桥初小与徐家巷耕读小学合并改名为妙桥公社欧桥大队小学。校址迁到刘家巷北侧重建，占地 2243 平方米，建筑面积 640 平方米，有 6 个班级，学生 227 人，教师 8 人。1976～1978 年增设初中班，1979 年 9 月，更名为沙洲县欧桥小学。1983 年，由欧桥村出资，在西旸塘西侧、欧桥新村路南，建造新校舍，占地 3000 平方米，建筑面积 780 平方米，有教学大楼 1 幢，生活用房 130 平方米。有 6 个班级，学生 221 人，教师 8 人。另有 2 个幼儿班，幼儿 48 人，教师 3 人。2000 年 8 月，因施教区内学生数量不足，为合理利用有限的教学资源，经上级主管部门同意，撤销欧桥小学，师生分别并入妙桥中心小学和西旸小学。该村杨品成、陆瑞月等老师曾任学校主要负责人。

欧桥小学学生活动场景（1975 年摄）

1946～2000 年欧桥小学教育事业选年一览表

表 10－2

年份	学生数（人）							教师数（人）			备注
	一	二	三	四	五	六	合计	公办	民办	合计	
1946～1947	12	10	10	9	—	—	41	—	—	1	1～4 复式班
1950～1951	25	23	22	20	—	—	90	—	—	2	1～2 复式班 3～4 复式班
1955～1956	24	21	22	21	—	—	88	2	—	2	1956 年秋 1 个公办班分到横泾小学
1959～1960	12	11	10	9	—	—	42	1	—	1	1～4 复式班
1964～1965	11	10	10	8	—	—	39	1	1	2	1～4 复式班
	11	9	18	8	—	—	46				1～4 耕读复式班
1969～1970	47	46	45	44	45	—	227	2	6	8	1969 年公办小学下放大队办
1975～1976	46	45	44	43	44	—	222	—	—	—	—
1979～1980	45	44	43	42	43	—	217	2	6	8	附 2 个幼儿班
1985～1986	43	42	41	40	41	39	246	2	6	8	附 2 个幼儿班
1990～1991	41	40	39	38	39	37	234	6	2	8	附 2 个幼儿班
1998～1999	31	32	37	36	25	22	183	9	—	9	1998 年 9 月立新小学并入
1999～2000	31	30	35	34	24	21	174	9	—	9	2000 年 8 月，并入妙桥中心小学或西旸小学

立新小学 立新小学位于立新村三徐家村，村委会驻地北侧。其前身是云头私塾，1946 年秋季由许顺兴在张家云头民房里开办。时有 1 个班级，16 名学生，1 名教师。

1950 年秋，由福山区核定为私立公助学校。1954 年 8 月，经福山区人民政府批准转为公办学校，改名为云头初小。校址迁移至三徐家村太子庙内，有 1 个班级，31 名学生，1 名教师。1959 年秋季该校增设 1 个民办班，有一、二复式，三、四复式共 2 个班，76 名学生，2 名教师。占地面积 667 平方米，建筑面积 160 平方米。

1964 年立新大队在陈家宕开办了 2 个耕读班，有 68 名学生，2 名教师。1969 年 9 月"公办学校下放大队办"时期，陈家宕耕读班与云头初小合并，改名为妙桥公社立新大队小学。该校在原址上扩建，占地面积 1334 平方米，建筑面积 400 平方米。有 4 个班，159 名学生，4 名教师。1979 年 9 月经上级有关部门批准，改名沙洲县立新初级小学。1987 年秋季该校又增设了 1 个幼儿班，有 27 名幼儿、1 名教师。

1995 年 8 月妙桥镇调整学校布局，该校三、四年级学生分别转入欧桥小学，只留低年级 2 个班，39 名学生，2 名教师。1 个幼儿班，25 名幼儿，1 名教师。1998 年 8 月，经张家港市文教局批准撤销立新小学，学生并入欧桥小学。该村张祖来老师曾任学校主要负责人。

西旸小学　西旸小学位于西旸集镇北部，东靠西旸公路，西临西旸塘，北近西旸新桥。其前身是初小，1931 年由吴永嘉创办。1945 年秋季，由黄麟书在西旸街东建平房 5 间定名"西旸私立小学"。时有 2 个班级，50 多名学生，2 名教师。1949 年秋，学校迁至金童庙，有 3 个班级，100 多名学生，4 名教师。1950 年，由福山区核定为私立公助完全学校。1951 年夏，在庙场上建朝西草房 5 间。1952 年，该校增设 1 个初中补习班，1953 年秋季并入凤凰初中补习班。1954 年秋，经福山区人民政府批准转为公办学校，改名称常熟县福山区西旸完全小学。

1959 年秋，该校增设了 1 个民办班。1965 年春，该校又增设了 1 个耕读班。1969 年秋季，在"公办小学下放大队办"时期，改名为妙桥公社西旸大队小学。学制由 6 年缩短为 5 年。1974 年，拆除金童庙，迁移至西旸塘东重建，占地面积 4135 平方米，建筑面积 650 平方米。1976 年秋季，该校增设初中班，成为"戴帽子"初中。1978 年初中班并入西旸初中。1979 年 9 月，经上级主管部门批准更名为沙洲县西旸小学。1982 年 9 月该校增设幼儿园，设 2 个班级，有 44 名幼儿、2 名教师。

1995 年秋，撤销西旸初中，校舍移让给该校使用，占地面积 6303 平方米，建筑面积 2026 平方米。有 10 个班级，330 名学生，18 名教师。学校先后添置了大彩电、钢琴和电脑，每个教室添置了投影仪，开辟了自然活动室、音乐室、美术室、体育室、阅览室、图书室等。教学质量逐年稳步上升，2001 年度该校被评为"张家港市常规管理先进学校"。2003 年妙桥镇撤销后，该校隶属塘桥镇。2004 年西旸、立新并入欧桥村后，该校一度更名张家港市妙桥小学欧桥分校。2005 年 8 月并入张家港市妙桥小学。该村钱世华、蔡一飞、陈建国、张亚明等老师曾任学校主要负责人。

第三节　中学教育

1958 年，常熟县妙桥公社在境内西旸大队邹家宕创办妙桥农业中学，有农业生产实验基地和饲养羊、兔小组，师生实行半农半读。1961 年，教育事业调整，该校停办。1964年，沙洲县中、小教育事业迅速发展。是年10月，在西旸镇（街）创办沙洲县西旸农业中学。1968年8月，西旸农业中学转为全日制初中——沙洲县西旸初级中学。1976年该校升格为完中，并在境内西旸小学和欧桥小学附设初中班。1977年末，境内有初中班6个，学生264人；高中班4个，学生239人，共有初高中教师24人。1978年，境内调整中学学校布局，撤销戴帽初中（小学附设初中班）和西旸中学高中部，境内高中学生入妙桥中学，初中入西旸初级中学。1980年起，西旸初级中学恢复"三三制"（即初中3个学年，高中3个学年）。1995年8月，经张家港市人民政府批准，撤销该校。从此以后，境内初中学生大多数入学于妙桥中学。

西旸初级中学 西旸初级中学坐落在妙桥镇西旸街北，西旸塘东畔。1995年初全校有6个班级，学生257人，教职工23人。学校占地面积9.45亩，房屋总面积1396平方米，其中教学用房面积698.6平方米。有理化仪器室、音乐室，有藏书4500余册的图书室，有面积2000平方米的操场。校园绿树成荫，环境优美，1988年经苏州市教育局九年制义务教育达标验收为"合格初中"。1992年2月经苏州市绿化委员会验收颁发"江苏省绿化标准达标证书"。

学校的前身是沙洲县西旸农业中学，筹建于1964年11月，1965年2月开学。该校是根据刘少奇同志关于"两种教育制度、两种劳动制度"的指示精神，经妙桥公社党委研究决定，县文教局批准，由西旸片各大队联合办。办学委员会由西旸、欧桥、沙田、跃进、太子、仇家、蒋家等7个大队党支部副书记及教师代表陶全坤等组成。西旸大队党支部书记孟祖连任办学委员会主任，陶全坤具体负责筹办、招生、管理。初时学校规模小，学生38人，教师2人。校址在西旸街东，占地仅1.5亩，学校校舍面积125平方米，操场占地仅有600平方米。

1966年"文化大革命"开始，学校曾一度停课师生外出串联，走向社会"破四旧"。1967年4月即开始复课，是妙桥公社中小学复课闹革命的先进单位，在全公社中小学师生大会上作过介绍。1968年7月，首届农中学生毕业。经公社和县批准，学校更名为西旸初级中学，学制三年改为两年，是年暑期招收初一新生118人，分设2班，学校有教师3人。经公社党委研究决定，由联办大队出资，由西旸小学张锦龙老师负责新校舍的筹建。新校舍位于西旸街北，于1969年1月建成。此时学校拥有教学用房288平方米，操场0.65亩。此后4年间，该校每年招收初一新生2班，学校发展到4个班级（双轨）。1973年暑期后，该校招收初一新生3个班，发展到5个班级。1976年，经县文教局和公社党委研究决定，招收高一新生121人，学校升格为完中。1977年又招收高一新生130人，这时为学校膨胀时期，有7个班级，学生385人，教职工22人，其中公办教师11人，时陈保华、陶富荣任学校负责人。1978年调整学校布局，高中部撤销，初中有8个班（四轨），学生406人。

1980年，初中学制恢复三年制，此时学校已占地7.735亩，校舍1235.2平方米，其中教学用房面积已达535.8平方米，操场1668平方米。学校有7个班，学生414人。自1988年6月始，学校将1座平房改建成教学大楼，并筑了操场围墙、修建校门、传达室等，耗资10万余元。1989年校内主要走道浇了水泥路面，1990年为学生、教师造了长形车棚，可放置自行车300余辆。1991年校门外大道花去3000余元灌浇了黑色路面，接通公路。1992年学校添置较多的教学用具和设备，如录音机两台，电冰箱，新筑沿塘石驳岸40余米。学校在近10年中规模变化不大，教学班保留6到7个。学校拥有3座平房，1幢教学大楼，还有4座辅助用房。

32年来，学校培养初中毕业生达3500余人，大部分走向社会，已成为农工商兵各条战线上的骨干，部分毕业生已是当地党政基层干部、个体大户。有1000余人升入高一级学校，事业有成。学校在1968年时只有教师3人，均高中文化水平。1976年时虽有9人，但仅有3名公办老师，其中也只有一名是大专水平。民办教师占大多数，他们的年收入仅300元。自1978年以来，新教师不断调进，原有教师坚持进修，有7名教师函授大专毕业。1992年学校教职工中，公办教师19人，其中本科学历3人，达大专以上文化水平11人，专任教师70%达标。1995年该校有高级教师1人，一级教师8人，二级教师10人。民办教师年收入已过3000元。1995年8月，经张家港市人民政府批准，妙桥镇调整办学布局，撤销西旸中学，并入妙桥中学。该村蔡一飞、侯祖兴等老师曾任学校负责人。

第四节　公益助学

境内一向有公益助学的好风气，特别是欧桥地方。1946年，龚心湛在南杨家巷家塾的基础上办私塾时，杨氏就让出3间瓦房做教室。1954年，南杨家巷初小批准为公办小学后，在当地民众的支助下，扩建了操场，杨氏私人捐出土地700平方米，竖了木结构篮球架，使学校体育活动得到正常开展。当地百姓一向把学校教师当成"自家人"看待，逢时过节，经常邀请该校住校老师到他们家去吃饭，拉家常；逢节假日住校老师回家后，南杨家巷的两个姐妹主动住进学校，帮助学校做好安全保卫工作。

1964年秋，沙洲县西旸农业中学创办时，西旸、欧桥、太子和西旸片其他各大队成立西旸农中管理委员会，各大队抽出资金修理、重建校舍，并对学校办公费用和教师工资给予补助。欧桥大队在徐家巷开办耕读小学，大队党支部书记高培升让出自己的办公桌，给耕读教师办公之用。主办会计兼团支部书记张永来亲自动手，在徐家巷清扫、修理民房，借门板搭成课桌，张永来和耕读教师还挨家挨户走访农户，把失学学龄儿童动员进学校读书。大队还出资购买学生课本，并负担教师工资和办公费用。

1969 年 9 月，公办小学下放大队办时期，境内各大队均加大对所属小学的投入。欧桥初小和徐家巷耕读小学合并，校址迁至刘家巷北侧重建，占地 2243 平方米，大队出资 2 万元，新建校舍 640 平方米，并添置了各种教学设备。西旸小学亦由西旸大队出资出劳力移址新建。

1983 年，欧桥村党总支书记张永来为改善欧桥小学办学条件，决定村里投资 8 万元，在欧家新村之南、西旸塘西侧，重建新教舍。占地 3000 平方米，一幢新建教学楼建筑面积 780 平方米，生活用房 130 平方米，还添置了各种必要的教学设备。是年 9 月 1 日及时交付使用。同时，欧桥村还决定，凡本村的幼儿到初高中学生，均享受免费入学，所有书簿费和学费均由村里支付。1983～2003 年，每年村里要支出 12 万元以上资金，支持贫困农家孩子读书。

第二章　卫生

民国初年，里人章成器在西旸张家巷行医，甚重医德，授徒多人。中华人民共和国成立前夕，境内有钱锦全、仇锦英、冯树功、孟永清、钱永清等私营诊所。然农民生活水平低下，有病无钱治。中华人民共和国成立后，这种情况虽然有所改善，但农民看病难的矛盾仍然没有解决。1969 年，境内各大队合作医疗管理委员会成立，先后培养"赤脚医生"钱培元、陆永林、陆世保等近 10 人。农民在卫生室看病的报销药费 50％～100％不等，农村缺医少药的现象基本得到缓解。同时，大队（村）在爱国卫生，妇幼保健、传染病防治、健康教育，环境整治和创建卫生村等方面做了大量工作，取得了良好的成效。2002 年，欧桥、西旸、立新等 3 村均创建成省级卫生村。2004 年，欧桥、西旸、立新 3 村合并新的欧桥村后，爱国卫生等方面的工作进入长效化管理，卫生工作向着长效规范化方向有序推进，成果明显。2007 年，欧桥村列入"亿万农民健康促进行动"苏州市先进村。2011 年，该村社区卫生服务站创建成苏州市示范社区卫生服务站。2015 年，获张家港市三星级康居乡村。

第一节　卫生机构

卫生室　1969 年，境内各大队建立卫生室并成立大队合作医疗管理委员会。其中欧桥大队出资培训赤脚医生杨正球、陆永林等 2 人，建立大队卫生室，负责本大队的防病治病工作。各大队根据财力情况决定报销比例一般在 50％～100％之间，其中欧桥大队农民到卫生室看病，报销医药费 100％。1975 年，合作医疗实行社队联办，欧桥大队根据公社合作医疗管理委员会制定的大病、慢性病报销的乡规民约，修订了继续实行报销医药费100％的补充规定。1979年，境内各大队赤脚医生经过县卫生局考核都有从医合格证明。1983年，大队卫生室改为乡村卫生室，赤脚医生改称乡村医生。1985年，江苏省和苏州市对乡村医生进行分期分批统一考试，境内6名乡村医生经过考试，成绩合格，由市卫生局发给乡村医生合格证书。1990年，各村合作医疗均采用村办镇管的办法，以村为核算单位，实行自负盈亏，欧桥村继续实行医药费报销100％的办法。基本解决了本村居民看病难、求医难、买药难的矛盾。2002年，境内3个行政村的合作医疗覆盖率继续保持100％，各村合作医疗基金到账率达100％。2004年原西旸、立新村的乡村医生并入欧桥村，建立社区卫生服务站。

1983 年境内乡村卫生室一览表

表10—3

室名	建立年月	占用房屋（间）	建筑面积（平方米）	主要乡村医生	年门（出）诊人数（人）
欧桥村卫生室	1969.01	5	180	陆永林 杨正球	6500
西旸村卫生室	1969.01	2	60	钱培元 邹利平 邹阿英	5800
立新村卫生室	1969.01	1	35	陆世保 管保琴	5000

欧桥社区卫生服务站　2004年3月立新、西旸2村并入欧桥村后，原西旸村卫生室和欧桥村卫生室合并，在刘家巷建立欧桥社区卫生服务站，占地面积500平方米，建筑面积260平方米，设诊室、病房和药房，有医技人员3人，病床4张，年门诊服务2.5万余人次，出诊500余人次。而原立新村卫生室更名欧桥第二社区卫生服务站，占地面积400平方米，建筑面积250平方米，医技人员3人，病床3张，年门诊1万余人次。主要为立新片在籍村民和外来暂住人员服务。2015年4月，塘桥镇社区卫生服务中心研究决定欧桥社区服务站和欧桥第二社区卫生服务站合并管理，由张顶刚任站长。该站服务总人口9140人，其中户籍人口5828人，流动人口3313人。是年，全站有医技人员7人，年门诊服务29965人次。该站以"防病治病，服务第一"为宗旨，实行免费挂号、低价配方、方便群众等措施，取得良好成效。该站对相关病种病人进行登记，纳入管理。至2015年已对高血压患者1229人、糖尿病患者262人、肺病患者92人、冠心病患者132人、精神患者42人、脑病患者249人进行建册登记管理。是年，社区药品品种扩大到260多种，年门（出）诊

人次比上年增5%。2011年，欧桥第一、第二社区卫生服务站被评为苏州市示范社区卫生服务站。

<h3 style="text-align:center">2015年欧桥社区卫生服务站医护人员一览表</h3>

表10—4

姓名	出生年月	文化程度	专业技术职称	参加工作时间
陆英	1974.08	中专	乡村助理医师	1996.01
刘本金	1991.06	大专	见实期医师	2014.04
马刚强	1979.08	大专	执业医师	2005.08
张顶刚	1985.11	本科	主治医师	2008.08
邹利平	1959.08	中专	乡村医生	1981.05
朱丽娅	1972.07	大专	主管护师	1990.06

第二节　妇幼保健

产妇保健　旧时，妇女生育由本地接生婆接产。设备简陋，卫生条件差，土法接生，致使产妇和婴儿死亡现象时有发生。新中国成立初期，本地仍用老式接生，事故仍然经常发生。产妇和婴儿只能听天由命，生命没有保障。

1958年，境内各大队培养了接生员，送公社医院培训，孕妇接产工作开始正常化，产妇、婴儿的生命得到了一定的保障。1981年，欧桥大队对全大队产妇实行围产期保健，定期对产妇检查，加强了孕产妇围产期监测工作，产前规定6次检查率达到90%，新法接生的比例达到100%。境内各大队（村）消灭了新生婴儿破伤风发生，确保了产妇分娩时生命安全。1983年开始对产妇实行定期回访制度，定期上门交流产后的身体状况和婴儿的生长健康情况，并做好有关跟踪材料的登记工作。做到登记材料齐全，每人1份，记录在案，妥善保管，产妇的保健有了保障。2004～2015年欧桥村孕产妇建卡率100%，住院分娩率100%，高危孕妇管理率100%，并全面启动产妇生殖道感染综合防治工作。

妇女病防治　1960年春，境内各大队开展对妇女病子宫下垂、妇女闭经、滴虫病等普查和治疗工作。1985年，境内欧桥、西旸和立新3村对检查出的宫颈炎患者进行免费治疗，治愈率达95%。1996年，欧桥村里对宫颈息肉、子宫肌瘤、卵巢囊肿者进行检查和治疗，治愈率达99%。同时，对全村产妇，定期进行B超检查，确保每个妇女有病及时发现，及时治疗。2003年境内1100多名妇女接手生殖道感染普查普治。2004年欧桥、西旸和立新3村合并成新的欧桥村后，村妇联和计生组织历年为全村妇女开展预防艾滋病、霉菌、乙肝母婴传播的宣传工作，每年免费检测。

儿童保健　中华人民共和国成立后，人民政府对儿童的身心健康十分关心。1952年，境内各村开展牛痘接种工作。1959年，接种麻疹疫苗、乙脑疫苗、小儿麻痹糖丸、接种霍乱天花等工作，确保儿童身心健康发展。

1981年，妙桥医院开设防疫保健科，定期为境内儿童开展健康检查和体格检查，并为儿童接种卡介苗、百日破疫苗、乙肝疫苗、麻疹疫苗等。1986年，境内各村"四苗"覆盖率为99%，超过上级规定的指标要求。至2012年底，该村从未出现国家法定的不允许发生的任何儿童疾病。儿童保健工作，做到专人负责，及时有序开展，确保了全村儿童的身心健康发展。2015年，该村婚前医学检查率95.11%，产前筛查率98%，新生儿疾病筛查率98.8%，免费发放《妇儿健康服务手册》5000余份。

第三节　爱国卫生

旧时，境内农民就有打扫卫生的习惯。中华人民共和国成立后，农民对场前屋后的卫生工作一向十分重视，1952年春季，境内各村开展大规模的爱国卫生运动，把爱国卫生运动与农村大积大造有机肥料结合起来，清除垃圾、除掉杂草，做成有机质堆肥。同时发动群众种牛痘，注射霍乱、鼠疫菌苗等工作，大大提高了农民的卫生意识和身体健康。

1958年，欧桥大队开展了以除"四害"为重点的爱国卫生运动，发动全大队农民人人动手灭苍蝇、灭蚊子、灭老鼠、灭麻雀的活动，成绩明显。但1959年1月27～29日，全民发动灭四害，有走过场，搞形式主义的倾向，领导组织得少严密，参加灭四害的百姓有松散的现象，故效果不好，收效甚少。1960年，境内各大队又开展了以除害防病为重点的爱国卫生动动，提高了全民的身心健康意识。1972年，公社和境内各大队号召农户打浅水井，并支持红砖和水泥，到1977年，西旸、立新大队80%以上农户使用井水。1978年，大队开展了水源防污，粪便管理、食品安全等工作，爱国卫生管理工作进一步加强。

80年代初，境内西旸、欧桥等2个大队卫生工作重点放在治理西旸公路沿线的脏、乱、差等现象上。发现一处，就及时处理改正一处，脏、乱、差现象基本得到整治。同时提出由原来的饮井水，逐步改饮自来水，淘汰茅厕，改建水冲式马桶，实现粪便无害化处理。从90年代开始，欧桥村里建造垃圾房4处，设垃圾箱10只，垃圾桶16只，基本实现了生活垃圾无害化的目标。2002年，境内欧桥、西旸和立新等3村被江苏省爱国卫生委员会命名为卫生村。2004年，欧桥、西旸、立新合并成新的欧桥村后，爱国卫生进入长效化管理，村里组建专职队伍，定人定位，专人负责全村的爱国卫生工作。爱国卫生工作向着长效规范化方向推进。2015年经复审为省级卫生村。欧桥村以"深化十大整治，共建魅力港城"城乡环境综合整治，生态文明建设暨三大"百日行动"为抓手，加强对境内背街小巷、动迁小区、西旸集贸市场、"小行业"（餐饮业、小浴室、小美发店、小旅店）和农村"四户"等重点区域的整治管理。对村内河道、道路、绿化和环境卫生整体打包，实行一体化管理，配备农村专职河流管理员8人，道路保洁员27人。

第十一卷　文化·体育

第一章　文化

　　旧时，境内没有专门的文化设施和文化团体。每年农历三月十八西旸庙会期间，汇集各地的民俗文化团队，表演一些民俗文化节目。50年代，境内翻身农民普遍演唱反封建婚姻、人民翻身得解放的歌曲、秧歌、腰鼓和小戏剧等。1965年，欧桥大队组建毛泽东思想文艺宣传队，到周边各大队演出锡剧《沙家浜》《红灯记》。1980年，欧桥农民文化宫竣工。1981年，欧桥书场竣工。一向很闭塞的欧桥农民文化生活十分丰富和活跃。许多反映重大历史题材的电影、许多名家演出的戏剧、许多评弹艺术家的说唱，让欧桥农民大开眼界。农民在劳动之余，也能享受到城市居民的文化娱乐生活。1998年，欧桥村夕阳红艺术团成立，丰富境内和周边村民的文化娱乐生活。至2015年，欧桥年糕（定胜糕）制作技艺，欧桥羊毛衫棒针编织技艺，西旸辟尘道场列入张家港非物质文化遗产名录，欧桥（西旸）传统村落成为张家港市首批传统村落，西旸遗址为塘桥镇四大文化遗址之一。

第一节　文化设施

　　欧桥农民文化宫　1980年，欧桥大队出资30万元建造欧桥农民文化宫，占地1980平方米，建筑面积1000多平方米，内设座位1042个，并附设放映室、图书室、游艺室、乒乓室、广播室等。1981年1月，经苏州地区行政公署教育局批准，正式命名为欧桥农民文化宫影剧院。是年，欧桥周边的农民全年每人看戏、看电影超过100场次。1984年，特请无锡市锡剧团、江苏省艺术团、上海市越剧团等到欧桥村为村民演出戏剧节目。是年，放映电影和演出戏剧节目共400余场次，观众达40万人次。

　　1986年，中共中央总书记胡耀邦视察欧桥村期间，亲笔题词"欧桥农民文化

宫"7个隶书体大字。1998年，欧桥
农民文化宫拆除（危房）。

欧桥书场（书厅）　1981年，欧
桥大队投资6万元在农民文化宫北侧
建造欧桥书场竣工开业。占地400平
方米，建筑面积200平方米，内设座
位150个。常年聘请评弹艺人到欧桥
演出。全年书场共说书近20档，每档
演出时间15～20天，听众约20万人
次。1985年，欧桥书场特请江苏省曲
艺团艺术大师金声伯，上海著名评弹

欧桥农民文化宫（1980年）

艺术家赵开生、王小跃、沈莉玲等到欧桥书场演出，每天场场客满，听众足足有
300～350人。至2015年，该书场仍然完好，常年正常泡茶营业。春节和节假日聘
请评弹艺人来场演出。

欧桥图书室　1981年，欧桥图书室设在欧桥农民文化宫风门厅内。共有2间，
面积78平方米，内间藏图书，外间阅览室。1982年，欧桥大队出资到上海、苏州
新华书店购买图书2000余册，建立村级图书室，聘图书专管员1人，负责日常图书
借还登记工作。1986年，欧桥村又出资，到常熟、杨舍新华书店购买图书1000余
册。是年，胡耀邦总书记视察欧桥村时，看到村里办起了图书室后，他赞不绝口地
说："好！好！很好！"2004年，欧桥村将西旸、立新2图书室图书集中，建立档案
室和图书阅览室，占地面积200平方米，有档案资料1000余卷，图书数千册，报刊
杂志20余份。

第二节　群众文化

1965年春，时任主办会计兼团支部书记的张永来组建欧桥大队毛泽东思想文艺
宣传队，有队员18人，白天排练锡剧《沙家浜》《红灯记》。晚上到附近或周边公社
的大队去演出。1966年，全年演出120余场次，演出范围极广，外县有常熟县福山
公社邓市、花庄、幸福、徐桥、红光、绿山、东山等大队，本县有港口公社程墩、
前进、杏市等大队；塘桥公社韩山、上相、水渠等大队；本公社有西旸、前巷、尹
家、塘湾、陈庄、洞泾、陶桥等大队。1968年秋季，该文艺宣传队转为业余文艺宣
传队。

1980年2月，妙桥公社业余文艺宣传队与欧桥业余文化宣传队合并，活动地点
在欧桥大队，有队员32人，建办一个沙发厂，以厂养队，边打工边排练小歌剧、小

曲艺、小锡剧、小品等民众喜闻乐
见的节目。1986年，在欧桥村党总
支具体领导下，文艺宣传队得到巩
固和发展。1987年，小歌剧《月亮
是圆的》、独角戏《歌星百态》分别
获得张家港市创作、演出二等奖。
1988年10月，该文艺宣传队参加
张家港市首届群众业余乐器比赛，
电子琴独奏获二等奖，民乐合奏获

欧桥业余文化宣传队在沙洲县汇报演出（1980年）

三等奖。1989年1月24日，欧桥举办"89新星"演唱赛，53名歌手参赛，共青团
张家港市委和市文教局观摩并担任评委。结果：毛纺厂李秀华荣获特等奖，陈红芬、
郑和英等10位歌手分别获一至三等奖。欧桥村上千农民观摩。

　　1998年10月，欧桥村成立夕阳红艺术团，有团员18人。是年，参加张家港市
群众文娱节目比赛，获得组织奖和文娱节目优秀奖。2004年西旸、立新2村并入欧
桥村后，夕阳红艺术团得到发展，排练的节目以小锡剧为主，也有说唱、小品、歌
剧等，形式多样、内容丰富。2015年仍经常对外演出，所到之处为民众喜闻乐见。

　　2010年起，每年三月十八，金童庙会期间，村企老板纷纷出资，请外地戏剧团
为村民演出3～5天。全村约50%的家庭建有书房，自费订阅报刊，家庭文化娱乐
生活亦较丰富充实。

第二章　古迹遗址

　　欧桥村境内的历史文化底蕴深厚。这里有6000年左右良渚文化时期的西旸遗
址；有宋代嘉熙二年（1238）进士陈元大建造的"陈氏别业"（西阳山居），明代嘉
靖年间被倭寇毁后，清初陈氏出资又重建道院，并特请清康熙丙辰年探花翁叔元撰
写《辟尘山碑记》。数百年来，道院香火燎绕不绝。另外，这里还曾有纪念梁代治学
严谨的文学家萧统的太子庙和纪念宋代定国安邦名将高琼的西旸庙。

第一节　西旸遗址

　　西旸遗址位于西旸塘和盐铁塘交汇处西旸塘东侧。1974年，在疏浚西旸塘时发
现石锛、石刀共3件。其中石锛2件，形制基本相同，一件黑色板岩，已残，另一
件，灰色页岩，磨制粗，长条形，背略弧单面斜刃，长11.5厘米，宽3厘米，厚2

厘米。石刀 1 件，形似钺，一面磨平，高把柄，刃向一边倾，宽 10 厘米，厚 0.5 厘米，长 11.4 厘米。现已收藏在苏州市博物馆。据考古工作者王德庆、缪自强实地考察和对实物的验证，初步认定为良渚文化时期的产物。因此可见，6000 年前西旸地区就有人类活动。在张家港市范围内，西旸遗址与徐家湾遗址、蔡墩遗址、西张遗址、凤凰山遗址是 5 个齐名的古遗址。

西旸遗址（2010 年）

附：西旸遗址出土石锛、石刀简图

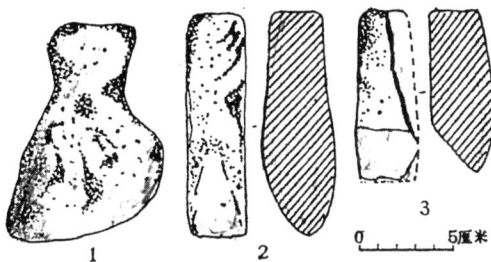

第二节 碑刻

《辟尘山碑记》青石碑

《辟尘山碑记》青石碑在西旸张家巷仙人台基上，长 140 厘米，宽 68 厘米、厚 24 厘米，石重约 150 千克，为单面刻，竖排竖写。全石文字分五段，每段 20 行，每行 11 个字。全文共 1024 个字，均为正楷篆刻。该石碑制于清康熙三十六年（1697），探花、刑部尚书翁叔元在京亲为撰文，元大的十四世孙、西旸瑞草村陈道书写镌刻。碑文记述西旸山居毁于明朝倭乱后重修辟尘道院的概况。该石碑原置于金童庙山门右侧的墙壁上。1974 年，院屋拆除后石碑散落在民间，直至 1980 年后才被邑人发现，收藏并妥善保存，置于辟尘道院山门右侧墙壁上。石碑中间断裂，已有少数字迹模糊不清。

附文

辟尘山碑记

翁叔元

神仙氏之学，儒者多不道，为其迂且怪也。夫迂怪也，而神仙乎哉。余窃谓神仙云尔者，殆孔子所称逸氏者流欤！质禀山川之秀，学贯古今之统，愿弘济世，德可熏俗，而或不遇，于时又不欲俯仰取容，遂徜徉山林泉石间息机藏用，以葆合太和。久而厌世，磅礴太虚之气不可磨灭，或见或隐，以神仙特闻是说也。余盖私识之，而未敢以告人，今□上之。丙子秋，友人陈汝南以书来京师，属余辟尘道院记。其书曰：有唐纯阳吕先生灵踪异迹，杂载诸传记。明季陶庵黄先生同诸名宿数辈于□川碧水坛，力开宗风。此其徵化而其近而□信者，莫如西阳。西阳去邑四十里余，北滨大江，东南与釜峰七山相联，属地居山之西，故以西阳名其里。吾陈氏世之居之。岁甲寅会□功

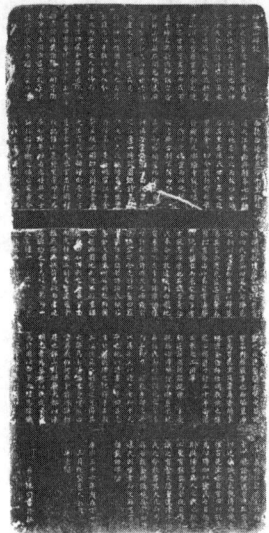

辟尘山碑记（2002 年）

令，严敕郡县举行乡约，凡乡镇寺观皆编□公所，以次传宣。而此地独□僻远无古刹。不得者□□□三亲知。顾苍虹徐□□□升传灯，冀请图于伯氏云谷之草庐一时，谈圆赋诗为□修之助。久之，纯阳吕先生实俯降焉。自是海扬空江，千金声，玉振流，闻四方，辨香云。集先生有教无类，归斯爱之，言慈、言孝、言友恭、言忠信，因村授记。虽山农野叟有叩必答，各如乐意而去。尤好与文士相接，踪学术之偏正，究古今成败忠逆之是非，令人心爽日开，姣饮琼乐如昭宝鉴。常命伯氏云谷曰："道人向降邑之，车内川□翼纷集，曾以辟尘易其名，而尘氛益甚，因弃去。兹地有西山以爽目，有涛声以洗耳，抠衣而来，前者多有古风，真辟尘也。其识吾意，伯氏奉命不敢违，爰割西园地百弓而不足，千女诛草锄棘。之计诎然，诗甥氏无偏，钱公子佛云、孙登先闻而奋曰：'窃有愿，谁为助者？'诗伯氏枫谷暨金氏、眉仟、村谷共起而图之，顾西园地形迫隘，乃得购邻人田，如所割之。半审，方面向庄村尤易工，创为重屋若干，楹廊庑无缺。前为殿，而处之为乡约也；中为殿而严饬□大王豫一□□□□□□□能位地无，所绘塑重绕圣也；后建崇阁，大梵、文昌诸圣毕刻昭严事也；西偏置净室，为吕先生及云房青阳主琳秀全诸师位，明教统也。殚众心，竭众力，计二十年而竣，土木之工用毕。"

朝廷诏颁约讲规条□，官长亲临始得举行。于斯觅乎艰矣。伯氏念神仙显化之不易，人工物力之艰难，弗碑云，无以传永久，以诗之受知于夫子也，托以请书之，卒曰："吕先生针韵顾砭目贵　之化详于正教三编才总真二刻。"览之可得其大概焉。

余读其书，竟喟然曰："噫，异哉！抑何与余前所识相符也。"详立刻所载，大都以净明忠孝为筑基，以扶危济困为作用，以四子六经为经忏，以文章礼录为符箓，以纯一不贰，义精仁熟为金丹、标方士云艺语，标道教之正宗。欲以迁怪记之夫，孰得而讥之？惟吕先生亦白言曰："以孔孟为嫡传，加以逸民之旨趣。"是则纯阳吕真人之教也欤！余心更有默契焉者。既自喜私识之有当，又恐得违陈子伯氏之命，敢节其大凡而为之。辟谷、捐金、助竣、施舍、斋田诸姓氏例当书，而文难尽书，宜修载诸碑阴。

康熙三十六年岁在丁丑春三月既望

邑人翁叔元并篆额

弟子陈道书并镌

第三节　庙宇　道院

太子庙　位于欧桥村三徐家村。清代宣统三年（1911），里人出资建造。平房 8 间，其中正殿 5 间，侧厢 3 间。庙里供奉昭明太子圣像 1 尊。新中国成立初，移作太子小学校舍。1972 年拆除。

西旸庙　位于欧桥村塘西小组。明代嘉靖年间，内忧外患，老百姓居安思危，希望安居乐业，消灭倭寇侵扰。里人集资建造高王庙，平房共 5 间，其中正殿 3 间，侧厢 2 间。庙内供奉北宋定邦安国名将高琼圣像 1 尊。该庙于 1957 年拆除。

辟尘道院　辟尘道院，俗称"金童庙"，位于西旸街东北部，历史上为江南著名名道观之一。

宋朝嘉熙二年（1238）进士、温州教授陈元大游学至西旸之北长江边，见该地南眺虞山，东南与釜峰七山相联，北瞰大江，是块风水宝地，就建造一座陈氏别业，有房屋 48 间。他的子后在西旸港两侧定居下来，繁衍陈氏一族，形成陈氏港西支、港东支、常熟河西陈氏等支系。

进士陈元大信奉道教，把陈氏别业作为道教活动场所。晚年，就舍其别业增修倡道，名为西旸山居，时弟子众多。明朝嘉靖三十一年（1552），倭寇从长江上岸骚扰当地百姓，西旸山居道教弟子和当地百姓奋起反抗，西旸山居被倭寇烧毁。

清朝初年，陈氏十四世孙、诸生陈道和十五世孙诸生陈安世以及举人、后赐同进士的陈桂恩等出资重建道院，建造房屋 36 间，供奉祀斗姥、吕仙等神像，更名辟尘道院。并请康熙丙辰年间探花、工部尚书、刑部尚书翁叔元撰写《辟尘山碑记》。农历三月十八立碑之日，苏州府知府、周边各县县令骑马光临。江苏巡抚慕天颜亲自为辟尘道院题词"真风翼教"。清朝乾隆年间，西旸陈氏世孙进士陈士林、进士陈桂森等都为该道院出资修缮。光绪十八年（1893），因长江北涨南塌、危及宇房，邑人遂将辟尘道院南迁至神阳堂仙人台基上，建大殿一座，共 16 间，另有辟尘弟子住房。殿内供奉斗姥、吕仙神像及薛丁山、樊梨花等圣像。1934 年，邑人张康云等又对该院进行改建，历时 1 年。1945 年秋，上海黄金荣亲临朝拜并赠匾"德溥西隅"。孙传芳部下独立团团长周安发赠匾"威灵显赫"。吴中名医章成器赠柱联"行善之人如春园之草，不见其长，日有所增；作恶之人如磨刀之石，不见其损，日有所亏"。其时道院香火旺盛，每年农历三月十八庙会活动，出会东至福山、西至马嘶桥。

中华人民共和国成立初，道院房屋改作西旸小学校舍。1974 年，西旸小学移址，辟尘道院所有房屋被拆除。1976 年之后，当地散居道士、宗教信众在原道院屋基上进行宗教活动。

辟尘道院原址仍香火不断，在民众自动助缘下，道院几经修建。2011 年，占地 3976 平方米，建筑面积 700 平方米，院水泥场 840 平方米，主要建筑有前后两座大殿和东西偏殿共 16 间，殿内供奉吕纯阳神像和薛丁山、樊梨花等圣像。2012 年 12 月，经苏州市民族宗教事务局批准恢复重建。

辟尘道院自重建以来，大大满足西旸地方和周边福山、南丰、鹿苑等地方宗教信众和善男信女们宗教活动的需求。客观上起到了净化社会风气，促进社会稳定和谐的作用。

第三章　非物质文化遗产

第一节　欧桥年糕制作技艺

欧桥年糕的由来与苏州有关。相传春秋战国时期，伍子胥生前在城墙下藏糯米粉做墙砖。这些糯米粉砖待吴越交战时救了全城老百姓。从此，每逢过年，家家都用糯米粉做成"城砖"，户户都爱吃年糕以纪念并铭记伍子胥的功绩与忠烈。到了元末明初，吴江人氏庞伯源（塘桥庞氏始祖）为避兵乱来到塘桥，安家落户，他也将苏州年糕的制作技艺带到了塘桥、妙桥、鹿苑一带。到了清代、民国年间，妙桥乡欧桥的高氏族学得一手蒸年糕（含定胜糕）的好手艺。

年糕制作全凭手工，其制作方法：1. 将浸泡过的糯米和少量粳米磨成米粉。2. 将糯米粉和少量粳米粉捣和，加少量水拌成小颗粒状的糕粉。3. 同时将蒸笼（含蒸垫）放在烤炉（灶锅）上蒸开。4. 将糕米均匀地铺散在蒸笼里，边散边用旺火。5. 待蒸粉熟了，糕粉撒完后，用锅布或锅盖焖上少许时间，即可出炉（灶锅）。6. 可用毛巾适力压一压糕面，则一屉白水年糕蒸好了。如要制作定胜糕，则将糯米粉、粳米粉放入盛器，加红曲粉、白糖和少量清水拌匀成糕粉并涨发 1 小时，然后放入雕刻成的各种形状的模型内，摁实、刮平，再翻扣在案板上，放入蒸笼里用旺火蒸熟即可。年糕（定胜糕）的操作步骤并不复杂，但在每道工序的操作中含有很多技巧，注意点尤多，这只有在师傅的指点下，经实际操作才能掌握。

年糕全凭手工制作。制作前要把糯米和粳米浸泡好，并用石磨磨成米粉。然后将糯米粉和粳米粉按一定的比例配料捣和，加水拌匀，成小颗粒状，再用筛子筛一下，使糕粉颗粒细小均匀。再将糕粉均匀地放入用竹、木做成的蒸笼里，做到上下透气，然后将蒸笼放到已烧开水的蒸锅上蒸熟。

年糕的口味因人而异。有人喜吃白水年糕；有人喜吃甜糕。则在糯米粉里加白糖、猪油，再加上玫瑰、桂花、薄荷、素蓉等配料；有的喜欢在年糕中加入大枣、绿豆、小红豆等一起蒸食；有的喜欢在年糕中包上豆沙、枣泥等馅；有的喜欢制成红枣年糕、白果年糕和白水年糕；有的用萝卜或芋头切碎，混合炒香的腊肉、虾米、冬菇作料，再加入米粉后蒸成；还有的喜欢用高粱米粉或玉米粉制成年糕。

塘桥（欧桥）高氏一族蒸年糕已有近百年历史。56 岁的高建芬为代表性传承人，她继承、发扬了前辈的制作技艺，会蒸煮各式各样的年糕，以适合不同喜好的人群。2012 年，她在张家港市第一届"非遗"技艺传承大赛中获得三等奖。2013 年在苏州市观前街举行的传统特色食品演示中获得市民好评。2014 年在张家港市第二届"非遗"技艺传承大赛中获得一等奖。2015 年，经张家港市人民政府批准，欧桥糕点（定胜糕）列入张家港市非物质文化遗产代表作名录，代表性传承人为高建芬。

欧桥糕点荣誉证书（2014 年）

第二节　欧桥羊毛衫手工棒针编织技艺

明朝末年，产自中南美洲的棉花传入中国。欧桥及其周围地区的农家利用种植的棉花，经土法扎花、加弹后制成棉条、纺成棉纱、并成棉线，用棒针织成棉纱衫、裤。清代、民国时期，欧桥地区农家大多养殖绵羊，剪下羊毛，土法加弹后制成毛条、纺成毛线，并根据各人的喜好染上色彩，用棒针手工织成羊毛衫（裤）。19 世纪 20 年代，市场上出现了毛线（俗称头绳）后，农妇们图省力直接购买后手工编织成各种织品。19 世纪中后期，随着工业革命的加速推进，出现了半自动、全自动的毛衫织机后,手工织品便淡出人们视线。尽管如此,在江、浙、沪一带,无论在城市或农村,仍有一部分妇女钟情于手工编织。特别像妙桥欧桥地区,农闲时妇女们买回毛线,仍用二、三根棒针,手工编织羊毛衫等织品。

棒针手工编织羊毛衫主要有二大工序:纺纱和编织。纺纱阶段:先将羊毛剪下,去污渍、晒干、土法加弹、制成条状、纺成毛纱、并成毛线。后来出现了现成的毛线后,这道工序就略去,买回后直接编织。手工编织有两种方法:一是从毛衫的下摆起针开始,编织成圆筒状的织物,直至领口。再织两只臂袖;二是织成衣片,然后缝合。衣片编织时,从起口、退圈、垫纱、弯纱、闭口到圈套、成圈、绕圈,再到牵拉、翻针、放针、收针等操作流程。进行缝合时,套口不能有跳针、漏针,领口注意是圆领还是 V 型领,还有绣花、做口袋、手锁扣眼等都要操作规范、尺码正确。缝好后进行整烫,使之样式美观,手感柔软润滑。

棒针编织一般是社会传承。欧桥棒针编织有其独特性,为家族传承。人们买了不少棒针编织的书,学习图案花样编织,能独立手工编织 8 种男女款式的羊毛衫。并把编织技艺传给后代。2015 年,欧桥羊毛衫棒针编织技艺列入张家港市非物质文化遗产名录。代表性传承人为朱雪琴及其女儿陆怡婷。

第三节　西旸辟尘道场

辟尘道场属道教活动。南宋年间进士、温州教授北山先生陈元大等人在妙桥西旸讲道并建西旸山居。清康熙年间陈氏十四世孙陈道在妙桥张家巷仙人台基上建造辟尘道院(即金童庙),四方信徒蜂拥朝拜,道教活动盛极一时。民国年间,每年三月十八日辟尘道院都要举行大型法事活动。新中国成立后仍盛行。"文化大革命"中遭严禁。改革开放后,执行党的宗教政策,道教活动恢复,辟尘道院每年仍举行法事活动。同时,民间道场越来越多,规模越做越大。分布区域,以欧桥村为中心,东至福山镇,西至马嘶桥、鹿苑,南至常熟、谢桥,北至南丰永联及农场,活动区域约 60 余平方千米。

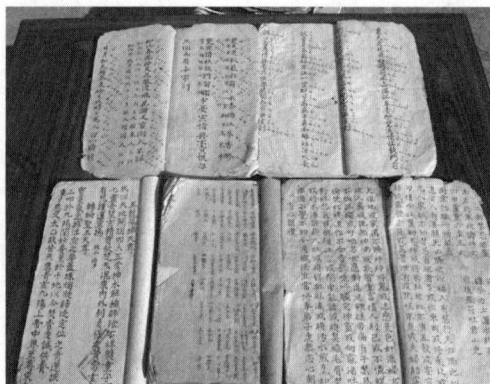

辟尘道场经书、工尺(2012 年)

辟尘道场是欧桥地区道教中的一种道场法会,俗称做道场或做法事。道人穿着金丝银线制成的道袍锦衣,和着乐声,低吟曲调,建醮作法,诵经礼忏,画符念咒,吹打献技,虔诚地替事主表达信仰和祈求,或为老人祈福延寿、消灾禳祸;或为亡者超度亡灵，避开地狱之苦。道场法事举行前需设立经台，点好香烛，摆好纸马。一般人家为期一天一夜，请5～7位道士；也有三天三夜的，请9～13位道士，最多的请19位道士。辟尘道场基本上分两个阶段：第一阶段为道士念经。根据事主的不同情况选用不同的经卷。主要经卷有《度人经》《道德经》《南华真经》《大平经》《道藏》《云笈七签》《周易参同契》《老子想尔注》《黄庭经》《上清经》《玉皇经》《新印妙经》《常清静经》《西升经》《开玄经》等。第二阶段是驱疫化煞。一般为戒律、威仪、赞颂、表奏四类。戒律指约束道教徒的行为和道德的基本准则；威仪主要指斋醮和行持，斋醮即内外斋，行持则包括各种斋坛、醮坛的设立及道士举行科仪时所用的法器、法服和供品等；赞颂主要指科仪使用的语言，包括经颂、诗歌、步虚、青词等多种形式；表奏指和科仪有关的文字，如章奏、表申、关牒、榜文、礼仪、奏疏等。到了近代，随着道教文化的发展和人们对宗教信仰的自由，辟尘道场法事内容也丰富起来，有祈求超度亡灵，超度前世今生的作孽障的；有祈求子女身体健康、开智增慧、学习进步、学业有成的；有祈求斩桃花、隔开第三者，婚姻如意、夫妇和合的；有祈求驱邪化煞、趋吉避凶、运道如意、贵人相助的；有祈求事业兴旺、工作顺利、生意兴隆、财源广进的；有祈求官运亨通、牢狱无侵的等等。

辟尘道场中的音乐和声乐各具特色。道场音乐主要用于设坛、上供、焚香、升坛、画符、念咒、发炉、降神、迎驾、诵经、赞颂等仪式中，所用乐器有笛、弦子、钹、笙、箫、古提琴、双青、大锣、小锣、唢呐、二胡等。道场声乐是指道士咏唱或念诵经韵的一种音乐形式，有咏唱、念唱、吟诵、朗诵等形式。咏唱式是一种歌唱性很强的经韵唱音方式，旋律性最强，往往有笙、笛、箫等乐器伴奏。念唱式是一种似念似唱的形式，旋律精简，少拖腔。吟诵用于诵念咒语而形成的声乐形式，分为有节拍和无节拍的吟诵。朗诵是唱中夹说的声乐形式，通常在一段或几段经韵唱完，插入一段有一定韵律的经文道白或咒语，再接唱经韵。

辟尘道院俗家道士做道场主要有两支：一支是西旸张家巷的张云庆、张云亭、张琪为主。张云庆、张琪均为法师，继承祖辈事业，有徒弟多人。该支代表性传承人为张云亭，现年69岁，辟尘道院负责人。早年师从父亲张永和大道士，是一位热心传承辟尘道场的继承者，在辟尘道院每年组织四次法事活动。该支另一位传承人是张云庆，75岁，早年师从父亲读背经书，熟悉、掌握各种乐器的弹拨、吹奏和各种经卷的诵、唱，带徒8人，其子张琪学做道士17年后亦成为法师，收徒6人。另一支是塘湾张卫东，高中文化。19岁师从祖父张永康，当法师17年，收授徒弟多人，班子规模大，道教声乐功底深。常年为企业单位和村民做法事，年逾200天。2013年，经张家港市人民政府批准，西旸辟尘道场列入张家港市非物质文化遗产代表作名录。2014年，俗家道士张琪法师被张家港市人民政府确认为西旸辟尘道场代表性传承人。

第四节　西旸庙会

西旸庙会，亦名金童庙会，每年农历三月举办，三月十八日为正日，为纪念唐朝名将薛丁山、樊梨花而设，其庙会之盛、规模之大、人数之众，是周边乡镇之庙会少见的。其波及区域面积达 50 平方千米，东至福山镇，南达大义，西达鹿苑镇马嘶桥，北到南丰、兆丰、东沙等地。

西旸金童庙始于南宋，活动地点为陈氏别业所舍的"西阳山居"，而清朝康熙年间移此建造辟尘道院（即金童庙）后，里人陈道、陈安达（诸生）、陈桂恩（举人）为首倡导每年三月十八举行盛大的金童庙会，直至民国年间从未间断。新中国成立后，金童庙会还举行过数次，后较长时间停办。直至 1978 年后，金童庙会得以恢复。1987 年 4 月，妙桥镇人民政府决定将西旸三月十八金童庙会市场移址妙桥集镇，恢复农历三月十八传统节日，并定为"城乡物资交流节"。而民间自发以宗教活动为中心的金童庙会一直传承下来。

西旸金童庙会主要为纪念薛丁山、樊梨花而设，当地和周边村民为祈求五谷丰登、合家平安，沿江渔民祈求出江海平安，捕鱼满仓而举行的，以民间宗教信仰为主要内容的群众性活动和民俗文化活动。清朝至民国年间，每年农历三月上旬择日，将薛丁山、樊梨花的神像出行东到福山镇殿山脚下的东岳庙内；择日又将神像薛丁山、樊梨花出行到鹿苑镇马嘶桥，当地都要举行盛大的宗教崇拜活动。农历三月十八为金童庙会正日，庙内举行盛大的宗教活动。外地香客、渔民、商贾前来还愿进香，祈求神灵保佑，航海平安，捕鱼满仓。"社团"人员在供桌前盘膝团坐，彻夜咏唱，直至天明。本地的还愿者也自发组成各种社团，有臂锣社、香案社、开面社、高脚社、调花灯、荡湖船等众多民俗文化活动，与此同时，西旸街从南到北沿街设摊，商贩多，品种齐，花色多，生意红火，热闹非凡。2012 年 12 月，西旸辟尘道院经苏州市民族宗教事务局批准恢复重建后，西旸庙会正式恢复，2013～2015 每年都举行出会仪式和众多的文艺表演活动。

第四章　体育

旧时，境内体育活动较少。盛夏青少年在大小河道游泳是一大自发性的体育活动。六七十年代，欧桥大队组建农民业余篮球队。1983 年，欧桥灯光球场竣工，1985 年，改造成塑胶球场。1984～1988 年，欧桥村 4 次承办国家级篮球邀请赛，使农民大开眼界，同时也带动了欧桥境内的群众体育和学校体育的广泛开展。该村先后举办 3 届村级运动会，并积极参加镇级运动会。

第一节 体育设施

旧时，欧桥境内体育活动较少，只有少数人练武，打拳等，因此体育设施简陋。中华人民共和国成立后，境内群众体育事业发展较快。1954 年，南杨家巷初小在当地民众的支助下，竖起了篮球架，开辟篮球场。60 年代，在针织厂内的场地上建造篮球场，不定期地开展篮球友谊赛或邀请赛。

1978 年，西旸初级中学操场建成，占地 2000 平方米，铺了环形跑道 200 米，直道 50 米，并设有篮球架 1 副，排球架 1 副，简易足球架 1 副，单杠 1 副，双杠 2 副，水泥乒乓球台 4 块，另有室内乒乓球台 2 张。1965 年，西旸小学有操场 600 平方米，有篮球架 1 副。1974 年移址新建后，操场面积增至 1200 平方米，有篮球架 1 副，排球架 1 副，水泥乒乓球台 3 块，另有室内乒乓室。1983 年欧桥小学再次新建后，操场面积由 500 平方米增至 1000 平方米。

1982 年，欧桥大队出资建造灯光篮球场（水泥场地），至 1983 年 5 月竣工，正式交付使用，球场周围设有观看台，共分 8 个区，有 1770 个座位。1985 年春季，欧桥村又出资在原有水泥球场的基础上，改造成塑胶球场，四周原有的水泥板座位，统一油漆拉成木纹板，灯光篮球场的设施得到了改观。球场建成以后，丰富了群众业余体育活动，并承办了多次全国性的篮球赛。

1983 年，境内西旸初中、西旸小学、欧桥小学和立新小学均建起了大操场，有 60 米直道，场内有篮球架 9 副，排球场 3 处、羽毛球架 4 副。周边设有单杠、双杠、水泥乒乓台等。1995 年始，境内中小学先后撤并，各村社区亦辟有多处体育活动场所。2015 年，全村有篮球架 4 副，全民健身路径 4 处，广场舞健身舞队 1 个，人均占有体育活动场地面积约 3.75 平方米。

第二节 群众体育

60～70 年代，欧桥大队就组织农民业余篮球队，不定期的外出或请进来进行篮球友谊赛。1967 年农历三月十八，由欧桥大队主办邀请福山、梅李、谢桥、大义、塘桥、港口、凤凰、西张、妙桥、金村等地的业余篮球队，在西旸农业中学操场上举行篮球邀请赛，参加比赛的业余球队有 14 个。经过 2 天比赛，结果梅李队冠军，塘桥联队亚军，欧桥队季军，妙桥联队殿军。八九十年代，欧桥村（大队）群众体育活动广泛开展，乒乓球、羽毛球、桌球等成了民众日常体育的活动的主要项目。

全村举办村级农民运动会,积极参加镇级农民运动会,并组织 4 次欧桥篮球邀请赛。近几年来,全村群众体育工作贯彻实施《全民健身条例》,全民健身服务体育设施逐步完善,经常性参加体育锻炼的人口达到全村总人口的 50％以上,围棋爱好者积极参与金塘桥围棋文化节活动,许多老年居民参加健身秧歌活动。

欧桥大队篮球比赛（1983 年）

一、村级农民运动会

1988 年 2 月 12 日,欧桥村在 1983 年和 1985 年举行两次小型运动会后,村党总支、团总支联合举办欧桥村第三届农民运动会,全村有 300 多名体育爱好者参加比赛。这是全镇乃至全县第一次规模较大的村级运动会。设篮球、乒乓球、象棋、拔河、慢车等项目,男女组共 14 个,历时 5 天。比赛结果,村精纺厂获团队总分第一名,村针织机械厂获团队总分第二名,服装、文化商业并列第三名,农机组纬编厂获鼓励奖。

二、镇级农民运动会

1983 年 11 月,妙桥镇首届农民运动会设篮球、拔河、骑自行车慢车、长跑(10000 米)等项目。其中篮球参赛队 8 个,比赛结果,金村队冠军,教工队亚军,针织厂队季军,欧桥队殿军。

1989 年 9 月,妙桥镇第二届农民运动会在妙桥中心小学大操场举行。设男女100 米、200 米、女子 800 米、男子 1500 米、男子 4×100 米接力、男女子跳高、跳远、男子拔河、自行车慢车、消防灭火等 10 多个项目,参加比赛的代表队共 28 个,比赛结果,麻纺厂代表队总分第一名,手套厂代表队总分第二名,针织染整厂代表队总分第三名,欧桥村代表队总分第四名。

1996 年 5 月 9 日,妙桥镇举行第三届体育运动会,这次运动会有 26 支团队,600 多名运动员。特设"欧桥杯"男子篮球赛,比赛结果欧桥村运动队名列第二银杯。

2003 年境内隶属塘桥镇后,在塘桥镇举办数次运动会中,欧桥村均组团积极参加,比赛成绩列村级优秀。

三、欧桥篮球邀请赛

1984～1988 年,境内欧桥村 4 次承办国家级篮球邀请赛。

1984 年 10 月 11～18 日,中国人民武警部队消防局举办的全国武警消防部队篮球邀请决赛在欧桥村灯光球场举行。北京、辽宁、江苏、上海、湖南、甘肃、山西、贵州等8个省、市的消防部队男队参加比赛，共比赛28场。经过6天激烈比赛，北京消防队获得冠军，江苏消防队获得亚军，辽宁消防队获得第三名。

1985年1月1～5日，江苏省体委会举办的全国部分省、市青年篮球邀请赛在欧桥村灯光球场举行。

1986年10月14日，全国首届"欧桥杯"篮球邀请赛在欧桥村举行。参加比赛的有辽宁、北京、南京部队、广东、江苏、山东、四川等八支甲级篮球队。经过四天比赛，江苏队获得冠军、南京部队获得亚军、辽宁队获得第三名，北京队获得第四名。

1988年10月27日，全国第二届"欧桥杯"男子篮球邀请赛在欧桥村举行。参加比赛的有刚荣获"加美杯"冠军的北京队、辽宁队、江苏队、河北队等八支省市级篮球队。经过2天激烈的角逐，辽宁队以三战三胜获得冠军，江苏队以二胜一负获得亚军。北京队、河北队分别获第三、四名。

第十二卷　精神文明建设

第一章　宣传教育

1981 年，妙桥公社文明领导小组成立后，境内欧桥、西旸和立新 3 个大队先后成立文明领导小组，开展"双文明"建设和"五讲四美"教育活动，并将"三热爱"列入"五讲四美"活动。1983 年，欧桥村抓精神文明"五带头"，被评为沙洲县文明单位、苏州市文明村。1986 年，欧桥、西旸等 25 村参加创建县文明村倡议活动。1988 年，欧桥村参加市委、市政府召开的全市文明村建设经验交流会，并作了《积极进取、永不停步》的经验介绍。1991 年，欧桥村加强了精神文明建设的领导，党员干部带动全村村民广泛开展"双学""双争"活动。在评选文明家庭、文明职工、五好学生等活动中，不断充入新的内容，在全村形成一个先进更先进，后进赶先进的局面，人人争做一个高尚的人。以退休老干部为主的欧桥村道德建设委员会亦加大工作力度，大力开展"五讲四美""尊老爱幼"和"环境综合整治"教育。1998年，欧桥村成为苏州市首批文明卫生示范村。2002 年境内 3 村创建成省级卫生村，其中欧桥村评为苏州市文明村。2004 年，欧桥村党委加强精神文明领导班子建设，深入开展文明村创建和文明家庭创建活动，不断丰富文明创建内涵，开展社会志愿服务，加强对未成年人思想道德建设。至 2015 年，该村多次评为苏州市文明村和张家港市文明村、文明社区。

第一节　宣传教育活动

1981 年，境内欧桥大队党支部从改善社会风气，建设社会主义新农村的需要出发，对干部群众进行"五讲四美"教育，要求村民讲文明、讲政治、讲卫生、讲秩序、讲道德，做到心灵美、语言美、行动美、环境美。其时，欧桥由穷变富成了苏南地区的先进典型。村民家家住新楼房，喝上自来水，煮饭烧菜用液化气，电视、收录机、摩托车等高等商品进入了农家，洗衣机、电风扇基本普及。全国各地参观团络绎不绝到欧桥参观。大队党支部抓住"村民富了，思想道德不能变"这一主题，在开展"五讲四美"教育活动中，把学雷锋、树新风与"五讲四美"结合起来，使传统美德溶化到现代生活中，塑造新一代农民形象。是年欧桥村在开展五讲四美三热爱活动中创作的舞蹈《在希望的田野上》获县文化局会演二等奖，创作三等奖。1982年，把"三热爱"列入"五讲四美"教育后，境内各村党支部以坚持党的领导，坚持社会主义信念，坚持集体主义思想为主要内容对干部群众进行教育，爱党、爱国、爱社会主义成为干部群众自觉行动。1983年是境内各村实行家庭联产承包责任制的第二年，也是村民户售公粮的第一年。村民们自觉挑好粮，晒干扬净缴公粮。西旸村538农户，12万千克公粮仅3天就完成任务。立新村距离粮库路程较远，村民交公粮互相帮助，拼车装运，全大队10万千克夏粮出售任务仅用了4天就完成。"五讲四美、三热爱"教育活动的开展，社会风气得到根本好转。境内出现"五多五少"新气象，爱党、爱国、爱社会主义的人多了，计划生育超生现象没有了；讲文明、讲礼貌、讲卫生的人多了，不讲文明、乱扔乱倒垃圾的人没有了；尊老爱幼、助人为乐的人多了，兄弟推诿不养父母的人没有了；家庭和睦、邻里团结的人多了，婆媳不和、宅地纠纷的人少了；讲科学、学文化、学技术的人多了，搞赌博、迷信活动的人少了。

1985年起，根据不同群体有重点地开展争做"四有"新人教育活动，对在集体企业上班的职工重点进行爱岗敬业、遵纪守法、学习文化、多作贡献方面内容的教育，对务农家庭侧重进行遵纪守法、勤劳致富、移风易俗、计划生育等方面内容进行教育。对党员干部进行党的宗旨教育，坚持全心全意为人民服务的宗旨。1993年，响应市委提出的"人人都成为良好的投资环境，个个都树立港城美好形象"的号召，开展学习《张家港市文明市民守则》活动，要求党员干部做示范，带领群众争做张家港市的文明市民。为了使村民牢记守则，各村把市委宣传部印发的张家港市文明市民守则分发至每家每户。

1986年起，境内欧桥村党支部把每年7月15日定为大中专学生活动日，8月20日定为中小学生活动日。每年7月15日，村里组织大中专学生召开座谈会，谈人生、理想、前途，谈社会主义制度优越性，谈科技就是生产力，谈改革开放后取得的伟大成就。每年8月20日（临近中小学新学年开学前），组织中心小学学生开展文体活动，并请参加过抗美援朝的老军人讲上甘岭战役的故事。从2000年始，暑期中小学生活动日由村妇联负责组织教育活动，活动内容增加了对困难家庭学生发放关爱金。考取高中、中专的困难家庭学生发放2000元关爱金，考取大学的发放4000元关爱金，鼓励他们认真读书，学好本领，报效祖国。

2002年起，境内各村党支部组织党员干部开展"三个代表"学习教育。结合各村实际，开民主生活会，对存在问题落实整改措施。当年，各党支部举行讲座 2 次，开党内外群众座谈会 10 余次，参加活动的党员人数 192 人。

2005 年冬，欧桥村党委会在全体党员中开展第三批保持共产党员先进性宣传教育活动。以胡锦涛同志的科学发展观为理论，要求党员树立起与时俱进、科学发展的理念。为村级经济发展增添新的活力。是年，举办讲座 2 次，召开座谈会 5 次，党员、干部参加人数 300 余人。2005 年以来，为配合精神文明建设的宣传教育活动，欧桥村艺术团自编的《一张保险单》《婆媳风波》锡剧小戏，为本地及周边村镇的群众义务演出 60 余场次，2010 年，该团参赛的舞蹈姑苏风光被常州市电视台现场直播，受当地观众的热捧。

2014 年，在党员干部群众中开展以"中国梦"为宗旨的群众路线教育活动。2015 年举办讲座 4 次，受教育干部群众 400 余人。

第二节　公民道德教育

境内村民素有邻里和善、礼貌待人、修善积德的好风尚，1963 年 3 月 5 日，毛泽东主席"向雷锋同志学习"的题词发表后，境内欧桥、西旸、立新三个大队团支部组织团员、青年开展学雷锋活动，运用文艺表演、讲故事等形式，宣传雷锋好榜样，教育群众学雷锋、做好事。特别是团员青年自觉地以雷锋为榜样，积极为烈军属、孤寡老人、五保户做好事，帮助他们挑水担米，打扫卫生，送医送药，学校在农村夏忙组织学生拾麦穗，秋忙摘棉花。

1987 年 8 月，欧桥成立道德教育领导小组，老干部高培升为组长，陆连保、杨巧根三人专门负责思想道德教育。在全大队开展争做"四有新人"等活动。思想道德教育逐步深化，社会风气得到进一步净化。

90 年代开展群众性社会主义精神文明建设，把培育"四有"公民作为根本任务，强化"五爱"（爱祖国、爱人民、爱劳动、爱科学、爱社会主义）四有（有理想、有道德、有文化、有纪律）"三德"（社会公德、职业道德、家庭美德）为主要内容的公民道德教育，不断提高村民的思想素质和文明程度。同时深入开展文明新风系列活动，评比文明新风户、文明职工、文明个体工商户等。把公民道德教育引向深入。

2000 年后，组织群众开展学法、守法活动，按照"应受教育的成年人和学生一个不缺，外来外出人员一个不漏"的要求，组织企业职工、外来务工人员、村民及在校学生 5000 余人分 10 个场次集中学习，对企业职工不同工种的专业人员还进行专业法律法规知识教育；对未成年人学法、守法教育的同时，以"八荣八耻"为主要内容，加强思想道德教育和社会主义荣辱观教育，把文明习惯教育、学法守法教育与八荣八耻教育相结合，让孩子从小树立正确的荣辱观。

2005年，开展文明村、文明社区教育活动，进一步提高居民的思想道德素质和文明素质。结合村实际情况，以多种形式开展了社会公德、职业道德和家庭美德的教育活动，树立了村、组良好的社会风尚。村每年开展了好人好事评选、道德模范评选活动，用村民身边的典型影响带动周边的人，提高村民的文明意识和道德水平。2013年起大力宣传培育和践行社会主义核心价值观，把24字社会主义核心价值观作为市民道德的基石、社会运行的基础，树立起社会新价值坐标。倡导富强、民主、文明、和谐，倡导自由、平等、公正、法治，倡导爱国、敬业、诚信、友善。2013～2015年，该村好人好事不断涌现，评选出陆世保、陆正明等8名道德模范。

附：道德模范事迹

陆正明　真情反哺老年人

陆正明，欧桥村立新5组人，在张家港邮电局工作，企业干部。2004年体制改革后在市工业园区独资办厂，当了民营企业老板，生意红火。企业发展后他始终心系公益事业，义无反顾地以爱心反哺养育自己的家乡，用善举温暖空巢老人的心。

从2005年起，事业已经有了起色的他决定：一定要为村里的老人做些什么。

逢年过节，他回家乡给老人们送上慰问品，月饼、粽子、水蜜桃……而且每次他都是亲自拎着送上门。不仅如此，他还每年组织老人们出去旅游。由于平日里经营企业太忙，实在抽不出时间，每次活动前，他都联系好车子、用餐、门票，事无巨细，安排得妥妥当当。暨阳湖、华西村、苏州、无锡等地，让老人们走过的地方还着实不少。"我们还真是有福气，没想到这个年纪了还能出去走走看看。"让老人们感叹："出去看看改革开放后的巨大变化真好。"

2014年初，陆正明心中萌生了一个想法，决定给村子里年满90岁老人发一个3000元的红包。今年89岁的苏老太是个独居老人，儿子和女儿常年在外工作，就在两个月前，老人突然身体不适，陆正明听闻后，特地前去看望，并送去了300元。考虑到老人的身体状况，陆正明决定破例，提前给老人送去了一个3000元的大红包。"你真是比我的儿子还要好！"陆正明的举动令苏老太激动不已。

陆正明有个惯例，村里老人得了病，他总要带着水果、牛奶等前去看望，并送上三五百元以表自己的一份心意。即使自己没有时间，他也会提前叮嘱好母亲，一定要替他前去看望。在老母亲眼里，陆正明是个孝顺贴心的好儿子。去年父亲去世后，本来住在市区的他即使工作再晚，也要每天回到欧桥家里，陪着母亲说说话，守候在旁为她端茶送水。10多年来，陆正明始终牢记办企业初心，用真情反哺家乡老人，得到欧桥社区居民称赞。

陆世保　风雨 42 载的从医路

陆世保，欧桥村立新 6 组人，社区医生。1969 年当大队赤脚医生，2003 年退休，从医 38 年。他怀着方便村民看病、治病的理想，爱岗敬业，无私奉献，热心为村民治病。70 年代，那时的乡村医生村民称道赤脚医生，谁家里有患者，就叫赤脚医生看，陆世保总是第一时间背起药箱赶往病人家里，详细询问病情，细心对症用药，患者病很快就好了。到了夏秋大忙季节，陆世保背着药箱奔波在田头、场头，哪里有村民割麦、脱粒划破了手或中暑，他就出现在哪里诊治。且随叫随到，不管刮风下雨，白天夜里。有一次立新北面生产队一妇女宫外孕，家人认为肚子痛叫他去诊治，陆世保第一时间赶到，发现病人将要休克了。他及时抢救，打了一针葡萄糖和一支休克针，随病人家属一起急送妙桥医院，医生望诊后说，幸亏陆世保及时用药，不然生命危险了。像这样的病例不计其数。陆世保娴熟的医术来源于他平时认真学习医疗知识，并在临床中不断实践，使他掌握了针灸、挑奶痨等医术。

2003 年退休后，凭着精湛针灸技术，不要村里报酬，义务为村民治病。10 年来，他先后为村民针灸 300 多人次，其中陈凤英、陆连保等 7 人中风后半身不遂，通过他两年多精心针灸、用药恢复康健。陆世保从医 45 年来，诚实守信，方便村民看病、治病，赢得了村民的称赞。1981 年至 1992 年，他当选县（市）五届、六届、七届、八届人民代表，1989 年、1991 年被评为市优秀党员，2005 年被评为市医疗卫生工作先进个人。

第二章　精神文明创建活动

第一节　文明新风户、文明家庭评选

1980 年，沙洲县委提出在全县开展五好家庭活动。同年 10 月份，境内开展创建五好家庭活动，至今已经历了 3 个发展阶段。

第一阶段：评选五好家庭活动，当时五好内容为认真学习，遵纪守法好；爱国家、爱集体、积极生产工作好；尊老爱幼、家庭和睦、勤俭持家、教育子女好；文明礼貌、邻里团结好；移风易俗，实行晚婚、计划生育好。

第二阶段：1989 年 7 月，境内在广泛开展五好家庭评比活动的基础上，又启动文明新风户创建活动。根据妙桥镇党委、镇政府的统一部署，境内各村开展文明新风户评选工作。文明新风户的评选标准有 10 条。重点是自觉遵守《张家港文明公民守则》，搞好家庭内外环境卫生和敬老爱幼等 3 方面。

第三阶段：1995 年 10 月，在五好家庭评比标准的基础上，修订了文明家庭创建的标准：困难互助、尊老爱幼、文明礼貌、敬业奉献、遵纪守法。文明家庭的创建与文明市民的培育齐头并进。

文明新风户评选工作定期进行，每季度评选一次。评选程序：每个家庭自评，群众互评，评议小组初评，村委集体评定，出榜公布挂牌、摘牌等。1989年，境内欧桥村参评户有566户，评选文明新风户487户，占全村总户数的95％；西旸村参评户有560户，评选文明新风户438户，占全村总户数的94.5％；立新村参评户有311户，评选文明新风户293户，占全村总户数的93％。1995年，境内欧桥村参评户共有547户，评选文明新风户542户，占全村总户数的99％；西旸村参评户有585户，评选文明新风户578户，占全村总户数的99％；立新村参评户有314户，评选文明新风户310户，占全村总户数的98.7％。

2004年，根据塘桥镇党委、镇政府的统一部署，欧桥村开展"五星"文明家庭评选活动。评选"五星"家庭内容有：一、遵纪守法星；二、勤劳致富星；三、文明卫生星；四、友善和睦星；五、诚实守信星。评选程序：每年上半年初评，到年终总评。每户自我申请，村民小组推荐，群众互评，评议小组初评，村领导审定，出榜公布，最后挂牌或摘牌等程序。2004年，全村参评户有1748户，评出五星文明家庭1628户，占全村总户数的92％。2015年全村参评户有1762户，评出五星文明户1689户，占总户数的95％。

第二节 文明村创建

1983年起，境内欧桥村开展争创文明单位的活动，是年被评为张家港市双文明单位称号。1994年，获得苏州市委、市政府颁发的双文明单位的奖匾。

在创建文明村活动中，村按工作重点对村民进行了思想道德、遵纪守法、爱国爱家、勤劳致富等方面的教育。举办各类培训班6期，专题讲座6场，发放法纪教育宣传材料2000余份，参加活动的有300余人。

同时，村委对照文明村创建标准：基层组织坚强有力，经济建设稳步发展，思想教育成效显著，文化建设稳步推进，村容村貌整洁优美，社会治安秩序良好。着力点放在农村环境卫生整治上。铺设水泥路5800米。改水安装自来水入户率100％。改厕安装抽水马桶入户率95％。新增垃圾桶130只。配备专职保洁员20余人，实行全天候保洁，全村垃圾日产日清。健康教育授课人数达到100％。发放健康知识宣传材料5600余份，全村无传染病例。2002年，境内欧桥村、西旸村、立新村创建成江苏省卫生村。

2005年评为苏州市文明村、张家港市文明村、文明社区。2006年评为苏州市文明村、苏州市先锋村。2007年评为苏州市亿万农民健康促进行动先进村。2010年评为张家港市文明村。2011年，该村社区卫生服务中心评为苏州市示范社区卫生服务站。2015年评为张家港市文明村。

第十三卷　社会保障

第一章　社会保险

第一节　养老保险

一、城镇职工养老保险

2003年4月，欧桥村贯彻执行《张家港市所有企业及其职工纳入城镇社会养老保险管理的意见》，境内企业职工实行城镇养老保险，对一些个体工商业主及小微企业业主也视作企业单位，纳入城镇社会养老保险范围。从此，农民工也可享受与城镇职工同等待遇。同时将村级基层组织也视作企业单位，工作人员纳入城镇社会保险范围，列入参保对象。至2005年，境内19个中小企业共有721人办理了城镇职工养老保险手续。至2010年8月，欧桥村有2388人参加城镇职工养老保险，至2015年末，有2451人参加城镇职工养老保险。其中享受城镇职工退休养老保险待遇的共有1081人，人均每月退休工资1250余元。

二、农民社会养老保险

1983年，境内欧桥村实行农民享受退休制度。规定男60周岁女55周岁享受退休待遇，视工龄长短确定退休金多少。连续工龄5年以上的每月退休金12元，连续工龄10年以上的每月退休金18元，连续工龄15年以上的每月退休金25元，连续工龄20年以上的每月退休金30元。工龄不满5年的一次性发退休金每年80元。60岁以上务农人员养老金每月10元。村干部任职5年以上退休的，发原工资65％。任职15年以上的发原工资70％。任职20年以上的发原工资75％，退休金一般每月在35～40元。对70岁以上老人每年发70元生活补助费。1995年10月，境内推行农民社会养老保险。农民社会养老保险费以个人缴费为主，集体补贴为辅和国家政策扶持的办法筹集。单位根据经济承受能力和在职职工共同负担养老保险费用，建立个人养老保险账户（个人和集体缴费金额记入个人账户，养老金按个人养老保险账户数除以120计发）。2000年3月，张家港市农村养老保险暂行办法修订，从4

月起对农村养老保险办法在养老金的计发（按个人账户数除以 160 至 200 计发），女性参保人员退休年龄可延长至 55 周岁。是年，境内共有 962 人参加养老保险，其中欧桥 372 人，西旸 334 人，立新 256 人。2002 年 12 月，《张家港市农民养老保险办法》出台，参加农民养老保险以上年农村人均收入的 16％缴纳保险费，集体和个人缴纳的养老保险费按缴纳总额的 90％记入个人养老保险账户，10％划入农民养老保险统筹基金。男 45 周岁至 60 周岁，女 40 周岁至 55 周岁，且以种植承包田为主要经济来源的可由集体予以补助。2004 年起，将 18 周岁以上的纯农民全部纳入农保，保险费由市、镇、个人三方共同承担，对参保纯农民实行分年龄段补助，男 46 周岁不满 60 周岁，女 41 周岁不满 55 周岁的，市、镇财政补贴 60％；男 18 周岁不满 46 周岁，女 18 周岁不满 41 周岁的，个人承担缴费的 60％，市、镇财政补贴 40％。2005 年欧桥村 2117 名农民参加农民养老保险，有 58 名农民领取退休养老金。至 2010 年 8 月，全村有 1102 人参加农民社会养老保险的转为城镇职工养老保险。是年，参加农村养老保险减至 498 人，2015 年有 468 人。

三、老年农民社会养老保险补贴

2004 年，张家港市政府实施老年农民社会养老保险补贴，对男满 60 周岁，女满 55 周岁的农民，每人每月发放社会养老保险补贴金。是年，欧桥村有 386 个老年农民领到了社会养老补贴金。2010 年全村有 569 位老人领取养老补贴，2015 年，全村领取社会养老补贴的老年农民达 522 人。

2007～2015 年欧桥村社会保障基本情况表

表 13－1　　　　　　　　　　　　　　　　　　　　　　　　单位：人

年份	老年人数			领取社会养老金人数		
	合计	男	女	领取农村养老保险人数	领取社会养老补贴人数	领取城镇养老保险人数
2007	1150	561	589	487	590	73
2008	1201	589	611	491	587	123
2009	1319	632	687	492	586	241
2010	1691	820	811	498	578	614
2011	1712	838	874	500	569	645
2012	1742	860	908	500	561	703
2013	1768	863	905	502	546	716
2014	1923	882	1041	502	532	793
2015	1944	895	1049	468	522	1081

四、征地安置补偿

2006～2011 年，欧桥村境内沿江公路、338 省道、妙丰公路等道路建设工程和走马塘拓浚工程相继开工建设。其间工程沿途有 17 个村民小组的集体耕地被市政府征用。征地总面积 450.185 亩，其中耕地 350.240 亩，补偿面积 76.62 亩，不补偿面积 23.326 亩。征地补偿标准按耕地前三年平均年产值的 10 倍计算补偿。征地安置按被征地的农业人口安置，征地后被安置的农业人口按照《张家港市征地补偿和被征地农民基本生活保障暂行办法》规定，实行基本生活保障，第一年龄段人员（16 周岁以下人员）一次性领取 6000 元生活费；第二年龄段人员（女性 16 周岁以上至 35 周岁，男性 16 周岁以上至 45 周岁人员）每人每月领取 160 元的生活补助费，期限两年；第三年龄段人员（女性 36 周岁以上至 54 周岁人员，男性 46 周岁至 59 周岁人员）每人每月领取 180 元生活补助费；第四年龄段（女性 55 周岁以上，男性 60 周岁以上人员）每人每月领取 200 元征地养老金。欧桥村征地后安置的农业人口有 695 人，其中第一年龄段 75 人，第二年龄段 126 人，第三年龄段 246 人，第四年龄段 248 人。2010 年起，征地保养人员养老金上涨，2011 年每人每月领取 260 元，2012 年每人每月领取 290 元，2013 年每人每月领取 340 元，2014 年每人每月领取 390 元，2015 年每人每月领取 420 元。

第二节　医疗保险

职工医疗保险　2000 年前，农村企业职工跟农民一样参加农村合作医疗，小病在村卫生室诊治，重病转镇、市医院治疗，如在厂劳动时发生工伤住院，当月只享受基本工资（不发奖金），医疗费可在厂里报销。2000 年起，实施《张家港市城镇职工医疗保险办法试行》，农村中小企业主对部分重要岗位的职工参保城镇医疗保险。参加城镇养老保险后，医疗、工伤、生育、失业四险一起投保。按规定，参保人员符合规定的门诊医疗费用的个人账户（IC 卡）核定金额为限额，超出部分，统筹基金和参保人员实行分段按比例负担，1 万元以下部分，在职职工自费 20%，退休人员自费 10%；1 万元至 2 万元（含 2 万元）部分，在职职工自费 16%，退休人员自费 8%；2 万元以上部分，在职职工自费 10%，退休人员自费 5%。参保人员年累计统筹基金支付额以张家港市上年城镇职工社会平均工资收入的 4 倍为封顶线，超过封顶线不予支付。2005 年后，不断调整医疗保险待遇及支付标准，减轻参保人员的医疗费用负担，体现医保改革向大病重病倾斜原则。2006 年，欧桥村有 1162 名职工参加城镇医疗保险。2010 年，境内企业主对一些不参加城镇保险的外地职工投保商业保险雇主责任险，如职工发生伤残，由保险公司赔偿。至 2015 年，欧桥村工业企业参加城镇医疗保险的职工人数达 1729 人，参加商业医疗保险的人数 984 人。

2004～2015 年欧桥村城镇职工医疗保险情况表

表 13—2

年份	职工投保数（人）	占户籍人口总数的 %	职工退休数（人）	占户籍人口总数的 %
2004	1005	19.03	252	4.77
2005	1286	23.99	268	4.99
2006	1375	24.84	391	7.06
2007	1436	25.55	402	7.15
2008	1505	26.64	448	7.93
2009	1586	27.97	492	8.65
2010	1951	33.80	501	8.76
2011	2325	38.37	517	8.53
2012	2534	41.86	591	9.76
2013	2603	42.91	768	12.66
2014	2592	42.60	856	14.07
2015	2681	46.00	918	15.75

农村合作医疗　福利型合作医疗　1968 年，境内各大队建立农村合作医疗制度，分别建造卫生室，配置 1～2 名赤脚医生，为农民看病、治病。合作医疗初办时，每个农民参加合作医疗一年缴 2 元（1 元农民缴纳、1 元生产队公益金支付）。农民得了病，由大队赤脚医生治疗，病重的转公社医院治疗，医疗费用由大队合作医疗报销。当年境内各大队社员参加合作医疗人数 100％。1976 年，合作医疗实行队办社管，全乡统一基金标准、统一报销手续，村民到大队医务室看病医药费全报，急诊转妙桥医院，重病再由妙桥医院转县人民医院。住院医疗费用由大队支付50％。1980 年，村办企业发展后，农村合作医疗基金主要由大队负担，农民缴一部分。境内欧桥大队合作医疗不收农民一分钱，免费看病治病，在大队卫生室看病不收费，重病转院到妙桥医院、县人民医院，住院费、医药费由大队报销。到外省医院治病，医药费全报，住院费、护理费自付。西旸、立新合作医疗基金收缴按 70 年代标准执行，不足部分由大队拨款解决。社员参加合作医疗人数 100％。

福利风险型合作医疗　1992 年实行福利风险型合作医疗制度。把农民缴纳的合作医疗基金分为两块，一块福利型，患者去医院看病的门诊，住院合作医疗；一块风险型是大病补偿，基金收缴标准为村平均收入的1.5%至2%。当年收取农民合作医疗基金每人每年5元，福利型合作医疗的报销最高限额从350元至500元不等，风险型合作医疗补偿额从1750元至4800元不等。是年境内有2700人参加合作医疗。参保率75%。

大病风险合作医疗　1995年实行大病风险合作医疗，大病风险基金为每人每年10元，大病患者药费起报点为1001元，限报点10000元，最高补偿额为5400元。1996年，境内有1500多人参加合作医疗。1999年，合作医疗基金收缴方式作出新规定，农民个人承担的合作医疗基金采用上门收缴。2002年，大病风险基金提高到20元，大病风险合作医疗补偿报销额调整为700元至2700元，最高补偿额提高到1.1万元。

2004年，农村合作医疗实行新型合作医疗制度，扩大参保范围，除本村居住民参保外，在村域内从事农副业生产的外籍居民均纳入参保对象。参加者以户为单位设立个人账户。新型合作医疗基金标准每人每年110元，其中个人缴40元，市、镇财政各负担35元。境内男年满60周岁、女55周岁的老年农民免交，由村集体出资投保，是年参保人数4208人。新型合作医疗费用补偿限保点由3万元提高到5万元，最高补偿额有1.52万元提高到3.015万元。2010年合作医疗基金标准提高到180元，其中老年人个人承担80元，村集体补贴该村老年人参保人数1035人。2015年基金标准210元，老年人由村补贴100元，个人自缴110元，60岁以下参保者村补贴15元，是年，村民参加新型合作医疗保险有3301人，参保率为100%。

2004～2015年欧桥村居民参加合作医疗情况表

表13-3

年份	参加合作医疗人数（人）	个人缴纳基金（元）	市、镇两级人均补贴（元）	人均合作医疗基金（元）
2004	4208	25	60	85
2005	4017	35	80	115
2006	4213	40	90	130
2007	4464	40	90	130
2008	4283	60	100	160
2009	4218	80	120	200
2010	4035	90	120	210
2011	4001	100	140	240

续表13-3

年份	参加合作医疗人数（人）	个人缴纳基金（元）	市、镇两级人均补贴（元）	人均合作医疗基金（元）
2012	3862	150	150	300
2013	3569	150	400	550
2014	3309	170	530	700
2015	3301	210	590	800

第三节　职工工伤、失业和生育保险

职工工伤保险　2004年，境内有826工人参保职工工伤保险，其中江苏欧桥精纺有限公司352人，江苏瑞群服饰有限公司189人，张家港盛而达纺织有限公司67人，其余28家中小企业投保370人。按照市政府在1997年颁发的《张家港市职工工伤保险办法试行》规定：参保职工在发生工伤后，享受伤残抚恤金，一次性发给伤残补助金、护理费、医疗费等工伤保险费。2005年，参保人员1236人，发生工伤32人次，发放工伤补助金12.6万元。2010年，参保人员2112人，发生工伤28人次，发放工伤补助金27.5万元。2015年，参保人员2208人，发生工伤19人次，发放工伤补助金46.8万元。

职工失业保险　2004年，境内有802人参加职工失业保险。按照市政府颁布的《张家港市职工失业保险暂行办法》规定：职工失业保险缴费比例为企业在职职工工资总额的3%，其中单位缴费比例为2%，个人1%。同时还规定张家港农民合同制职工终止，可按失业救济金标准一次性发给生活补助费。2005年1月执行统一的失业保险制度，不论单位性质与职工性质如何，均享受失业保险待遇。是年，全村有1326人参保。2006年，有9人获得失业保险3.5万元。2010年，参保人员2112人，有6人累计获得失业保险7.5万元。2015年有12人获得失业保险金9.2万元。

职工生育保险　农村女职工生育保险从2000年开始，企业职工缴费比例按单位职工工资总额的0.8%征收。2001年，江苏瑞群服饰有限公司等5家企业38名女青年职工投保生育保险，补偿标准为：顺产补6个月的上年度职工平均工资。难产补8个月的上年度职工平均工资。2004年有3名女职工生育获得生育补偿金累计6000元。2010年，有12名女职工生育获得生育补偿金3.8万元。2015年，有21名女职工获得生育补偿金12.8万元。

第二章　优抚　救助

第一节　优抚安置

中华人民共和国成立初，境内对入伍抗美援朝志愿兵家属的农田进行代耕代种。农业合作化时期改为年终补贴工分。人民公社成立后改为年终定额补贴。1979 年以后，优抚对象扩大到因公牺牲家庭、病故军人家属、烈属、带病复员、退伍军人等，对这些对象发放生活补助金。对现役军人家属，每年"八一"建军节召集一起举行纪念活动，春节前进行节日慰问。

复员退伍人安置，1970 年前退伍回来参加生产队劳动。文化程度高的表现突出的充实基层干部队伍。1971 年，复员退伍回来的军人安排到苏州钢铁厂当工人。1980 年起，复员退伍军人安置到社办企业工作。1997 年农村集体工业企业体制改革后，复员退伍军人安置到村联防队、镇管队、外管队、交管队、消防队工作。2004 年，境内复员退伍军人 2 人，其中 1 人在镇交管站工作，另 1 人在镇消防队工作。2015 年，复员退伍军人 1 人在私营企业就业。

第二节　社会救助

中华人民共和国成立后，党和政府十分重视社会救济工作，对孤寡老人、病残人员给予照顾。种田减免公粮，冬季发寒衣棉被，特困户发救济金。

70 年代集体经济发展后，境内 3 个大队有 7 个无劳力、无子女的老弱病残者由大队"五保"吃、住、穿、医、丧葬。口粮、柴草、修理住房等费用大队承担。80 年代，各村把五保老人送乡敬老院安享晚年，生活、治病、住院费用由大队支付。欧桥对 2 户特困户每月发生活补助金，住房由村统一安排住楼房，看病、住院费用由村医务室报销，子女从小学到初中免费读书。对四残人员统一安置到村福利厂上班。1984 年，沙洲县福利厂（纬编厂）职工 85 人，其中四残人员 27 人，占 31.7%。

进入新世纪，政府把"三无"对象，残疾人员家庭、重症病人家庭、失地农民家庭都纳入最低生活保障。每人每月 130 元，同时享受医疗、教育、水电、住房等 10 个方面的优惠。2003 年境内欧桥村有低保户 6 户、12 人；西旸村有低保户 9 户 18 人；立新村有低保户 11 户 19 人。2004~2015 年，全村脱贫（低保、低保边缘）户 16 户 21 人。2015 年全村低保对象 20 户 26 人；低保边缘对象 5 户 21 人。全年发放补助金 27 万元，为低保对象发放水费补贴 0.5 万元。

最低生活保障　1998年，《张家港市城乡居民最低生活保障暂行办法》实施，低保起步标准农村居民每月100元，是年境内有低保对象5户，其中欧桥1户，西旸2户，立新2户。2001年，农村居民低保标准提高到130元，境内低保对象为6户。2003年，将农村"三无"对象（无家可归，无依无靠，无生活来源）的老人和婴儿及精神病人、残疾人家庭、重症病人家庭、失地农民等符合低保条件的居民都纳入低保。低保对象可享受教育、水电、住房、法律援助等10个方面的优惠。2005年，将农村家庭人均月收入在城乡居民最低生活保障标准以下的患癌症、白血病、尿毒症的困难家庭纳入低保边缘对象，农村居民低保标准提高到每人每月200元。境内低保对象增加到15户22人。2005～2016年，全村累计142户次、191人次纳入城乡居民最低生活保障，发放低保补助金68.7万元，其中村级照顾低保户生活费7.5万元。

五保户保养　1958年人民公社成立后，境内对鳏、寡、孤、独老人送公社敬老院养老。1980年起，各队送敬老院的"五保"老人担当三分之一生活费，三分之二的生活费由公社、大队分担，三级供养。1985年，境内送敬老院老人有4人，其中欧桥2人，西旸、立新各1人。2001年起，"五保"老人生活费由镇村二级负担，对敬老院的五保老人"保吃、保住、保穿、保治病、保丧葬"。2003年妙桥并入塘桥镇，敬老院也随之并入塘桥敬老院，年人均供养生活费8000元均由镇里承担。

灾害救济　1988年5月4日，境内遭遇特大暴风雨袭击，有172户农民住宅进水，有2户民房倒塌，主房和辅房总计10间，房屋损坏137户272间。灾情发生后，镇、村干部第一时间到现场救灾，解决受灾户的吃、住等。村、镇筹措修建房屋经费3.8万元，砖头6万块，水泥3.2吨，石灰2.7吨，累计修缮民房152间，建造三上三下楼房1幢。1991年7月13日遭受龙卷风袭击，仅立新就有9户住房32间受到不同程度的损坏。村里拿出2.7万元帮助受灾户灾后修缮住房。2008年7月28日雷阵雨，立新3组1户住房遭遇雷击，楼面屋顶起火，东西2间烧掉。灾情发生后，村镇两级筹措救灾款2.7万元帮助受灾户修缮楼房4间。

第十四卷　人物·荣誉

第一章　人物传记

支遁（314—366），字道林，陈留人，东晋著名高僧。咸和中，自金陵来到南沙，创立双凤寺，距今已有 1700 余年历史。他因避东晋战乱之祸患，在外化缘至西山和铜官山一带，看到这里山青水秀，民风纯朴，就隐居下来。他能诗文，工国画。有诗歌集《利城山居》等传世。

范冀兄弟（生卒年月不详），南北朝时期，梁代理学名士。兄弟两人为避战乱之祸患，同时隐居在欧桥境内的西山附近，过着清闲的农耕生活，两人卒后均葬于西山。明嘉靖初，有农人耕地得范冀葬志曰："葬于范山，与南通州之狼山隔江相望。"可见西山曾名范山，因范冀兄弟在此隐居、农耕终生，墓葬于此而得名。

陈元大（生卒年月不详），字子硕，西旸陈氏始祖。宋嘉熙二年（1238）进士，仕温州教授。游常熟之北长江边，爱其风土，遂在西旸构建西阳山居，自福建侯官来徙。其长子东景旸公在此繁衍后代，形成西旸派港东支、港西支。元大为枢密直学士襄裔孙，著《四书讲义》行世，学者称北山先生。

僧化苇（生卒年月不详），字莲溪，号雪航，西旸人，陈元大裔，幼时读书颖敏、读书一目十行能诵背。13 岁进福山大慈寺，后历金山寺，龙华寺、安隐寺，以后住持三峰寺。建藏经阁，罗汉堂等。他擅长书法、国画、诗词。晚年退居石室、跌坐而逝，享年 72 岁，著有《水月舟外集》传世。其徒妙言亦善继志者。

陈必谦（生卒年月不详），字益吾，西旸人，陈元大十一世孙，东林党人。明万历四十一年（1613）癸丑科 3 甲 49 名进士。知辉县，浚河有功升南京御史，因抗疏论梃击、红丸二案削职归里。崇祯初复出为御史，提出"正纪纲、明职业、重操守、破情面、禁借端，息党议"六条奏疏，晋都御史，巡抚河南，战功卓著。复因执政有门户之见，以其"坐失战机，见敌不杀"为由被解职归里。后再度起用，出任工部侍郎，曾疏荐史可法"可倚大任"，升尚书职。未几，京师陷落被擒，后伺隙逃回福山，一说年迈病死，一说因不愿剃发而被清兵杀害于福山护桥。墓在福山，据传在涛山之阳。

陈道（生卒年月不详），字我莽，西旸瑞草村人。陈元大十四世孙，诸生。明嘉靖三十一年（1552）西旸山居被倭寇焚毁。清康熙十七年（1678）他与里人筹资重建道院，历时20年竣工，更名辟尘道院。清康熙三十五年（1676）特请友人刑部尚书翁叔元撰写《辟尘山碑纪》，事后他亲手将碑记书写并镌刻在青石碑上。晚年他主编《西阳陈氏家乘》。凤凰《圆觉庵碑》亦为其于康熙十一年篆额。

陈桂恩（生卒年月不详），西旸人，陈元大十六世孙。清乾隆元年（1736）京城会试登进士。恩授华亭教谕。其间他与陈安世合编《西旸陈氏世系》，该书现保存在常熟市博物馆古籍部。

陈士林（生卒年月不详），西旸陈氏派港东支人，陈元大十六世孙。清乾隆二十二年（1757）参与京城会试，录取丁丑科第四十七名进士。先后派往贵州省瓮安、永安、施秉等地任知县。能体察民情，办事认真，清正廉洁，晚年，返乡颐养天年。金村《永昌庵地藏殿记》由其于乾隆四十四年篆额，其子声和，由廪生贡成均试，辄居六馆士先。诗才隽颖，时为袁枚所咨赏。年三十而卒，袁过虞哀挽云：一代清才最汝怜，无端骑鹤去遥天，伤心八十龙钟叟，又向人间哭少年！

陈桂森（1730—1785），字和叔，号耕岩，西旸人，陈元大十六世孙。幼年孤贫，刻苦自励，业师于陈祖范。清乾隆三十一年（1766）会试取进士、任庶吉士，授编修，改御史，转史科治事中，擢光禄少卿，历太常少卿，任大理少卿。曾一次为正考官，三次为同考官，两次为学政。由于出身寒微，而蒙朝廷重用，故办事勤奋，严以律己，不敢稍有懈怠。在翰林院，遇大比之年，四方学子云集，畏其清正，不敢有所请托。后视学陕甘，不收供应，一切所需，秉公处置。其巡视仓漕，严禁部属营私，革除陈规陋习，谢绝礼品馈赠。在广东督学乡试时，未及开考就病卒。享年55岁。郭世勋入其卧室探视，见其室内萧然简陋，叹息良久而去。

章成器（1869—1944），名琛伯，字其琢，西旸人，家境贫寒。7岁入学，读书颖悟。稍长，即从韩山母舅顾灿卿学医，致心医经，孜孜好学，在习业中积累内外科诊疗经验，颇得母舅和无锡名医王旭高赏识。学成回家后，即悬壶开业。

章成器医术高明，内外诸科均擅长。诊病处方，认真负责。常以经方大剂青龙白虎等方疗人重病。尤擅长伤寒、瘟病危症，每服一二剂就转危为安。许多内外科疑难杂症，经他诊治，往往妙手回春。1934年冬，常熟寺前街吉祥店老板时少章伤寒病危，城中诸医均告束手，后延章成器赴城，精心诊治，渐获痊愈。时感救命之恩，敬赠匾额一方。章成器声名日隆，被誉为常熟医界三鼎甲之一。为应民众士绅要求，在城内设期应诊，求医者络绎于道，门庭若市。

章成器秉性忠厚，甚重医德。为便病家撮药，家设药店。上午门诊，下午出诊，终日繁忙，还常漏夜出诊，倦极而假寐于轿中。对贫苦者，不计诊金，乐善好施，深得民众赞誉。他常告诫学生，"医者对人当真诚负责，如是，则学业自能日有所进，即使医术稍逊，亦不失敦厚之士"。

章成器乐于授业，收弟子顾殿良、王近仁、庞启英、孟永清、钱永清、金炽昌等80余人。桃李之众，为常熟县之冠。晚年双目俱瞽，然得其女襄助，照常行医。1944年1月病卒。

王近仁（1916—1963），号良工，又名和尚。立新村之东冯巷人。先世务农。从小好学不倦。18岁从西旸名医章成器学医，刻苦认真，上自内难经典，仲景之道，下至叶薛吴王诸温热之论，无从不逮。常节衣缩食购读各家之说。4年学成，尽得师传。合资协理福山同仁寿药店，坐堂行医，治病辄效，远近盛名。精内、外、妇科，擅长温病杂病。求诊者日超百余，出诊通宵达旦，业务遍及境内和福山、妙桥、谢桥、大义、港口、塘桥、鹿苑等地。曾有"虞西第一医"之美称。辩证精细，用药严谨。其门人弟子有陶佐生等10余人。为人淳朴，平易近人。曾任妙桥联合诊所主任、谢桥区大联合诊所副主任兼金村诊所主任、妙桥乡民办医院院长等职。1963年3月，因食河豚鱼中毒，不幸去世。

孟云生（1900—1964），1900年出生在西旸孟家宕。家境贫寒，祖祖辈辈做长工度日。1916年春，他就到常熟王庄周阿庆家放牛，1918年在王庄镇一家皮匠店当学徒。1925年4月，为养家糊口，贩运青菜、萝卜，往返于王庄、常熟、无锡等地。1928年8月，孟云生经宋水竹介绍，在中共里仁区委加入中国共产党组织。从此，他以手摇船职业为掩护，接送宋水竹、赵守诚、严朴、陆阿庆等地下革命者开展革命活动。1928年12月25日，因王庄的土豪须彦英告密，孟云生同宋水竹、赵守诚等在王庄镇上被反动派逮捕。历尽反动派严刑拷打，他坚贞不屈，拒不招供，被关押8年之久。1937年9月，孟云生被释放。其时，由于赵守诚等一批革命者被反动派杀害，他与党组织失去联系，无奈之下，回乡种田。

1949年妙桥地区新中国成立后，孟云生任西旸乡第三村村长、农业合作社社长，1964年10月病卒。

陆金元（1939—1971），欧桥村石家泾人。1965年3月，他积极报名应征入伍，在东海舰队海军538部队服役，1966年任班长，1971年2月，在某海岛执行国防工程任务时牺牲，被追认为烈士。

张永来（1938—1996），欧桥村人，初中文化，中共党员。1956年7月～1968年，他先后任初级社、高级社、欧桥大队主办会计。1968年起，历任欧桥大队革委会副主任、主任、村党支部书记、党总支书记。1987年10月任中共妙桥镇党委副书记兼欧桥村党总支书记，1992年5月～1996年3月，任张家港市物资局副局长。1983年，当选为第六届全国人大代表。1988～1992年，任江苏省第六届政协常委。

1996 年 3 月，因病逝世。

他一直以强烈的事业心和责任心，带领全村民众探索致富，坚持集体经济，发展村办工业，促进农副工和三产全面发展，走农民共同富裕的道路。1980 年，欧桥村在沙洲县率先跨入"千万元村"的行列。1987 年，全村农副工总产值 7036 万元，其中工业产值 6899 万元，占全村总产值的 94.64%，人均劳动生产率 3.63 万元，工业利润 580 万元，上交国家利税 300 万元。全村外贸收购额 1219 万元，居苏州市各村之首，列全省第二名。公共积累 2500 万元，比 1980 年增长 14.1 倍。全村建楼房 5085 平方米，人均住房面积 27 平方米。随着集体经济的壮大，农业基本建设的投入也不断增加，全村 1901 亩耕地格田成方，户户通大道，全村建造了 4 座自来水塔，村民喝上了自来水，全村 80% 的农户使用液化气，村里务工村民吃上了"村域商品粮"。村里全部耕地由 118 名种田能手承包，90% 的农活实行机械化操作。村里还新建了 1 所小学和幼儿园，还开办了职工业余学校，建造了 1100 个座位的欧桥农民文化宫，400 个座位的书场，770 个座位的灯光球场，还有阅览室、图书馆、桌球室、乒乓室、放映室和电视广播室。当时，欧桥村被为誉"苏南模式"的典型，成为全国闻名的治穷致富的先进单位。先后到欧桥视察、参观、访问的各级领导、外宾有 3000 余人次；中共中央总书记胡耀邦、法共中央总书记马歇也来到欧桥视察。欧桥村连续四年（1987～1990 年）被评为苏州市文明单位。1988 年被评为江苏省劳动模范、1990 年被评为乡镇企业家。

刘智保（1933—2002），1950 年 3 月任西旸乡第五村村长。1950 年 10 月参加中国新民主主义青年团，不久任西旸乡中国新民主主义青年团支部书记，1951 年 3 月，任西旸乡民兵中队队长。1952 年 9 月，加入中国共产党，1953 年 4 月任中共西旸乡党支部书记。1953 年 7 月调任中共福山区委秘书，1955 年春季，任中共福山区委组织委员。1955 年冬季，任中共谢桥区委副书记（兼组织委员）。1957 年 10 月，任中共大义公社党委书记。1965 年春季～1968 年秋季，响应中共江苏省委号召报名参与干部交流活动，在望城市农业局农村科任职。1968 年春季任中国农业银行常熟县支行行长。从事金融工作 25 年，直到 1993 年退休，2002 年 6 月病故，享年 69 岁。

徐小青（1922—2011），高小文化程度，中共党员。欧桥村后香堂人。1950 年春，参加革命工作，任西旸小乡农会主任。1953 年调入福山区人民政府任助理工作，1955 年 12 月～1956 年 2 月，任福山区人民政府副区长。1956 年 3 月～1957 年 9 月任谢桥区副区长。1957 年 9 月～1958 年 9 月调任妙桥乡人民政府乡长。1958 年 9 月～1963 年 4 月任妙桥公社管理委员会社长。1963 年 4 月～1968 年 4 月任妙桥公社管理委员会副社长、监察委员。1968 年 4 月～1981 年 10 月任妙桥公社革命委员会副主任。1970 年 7 月～1982 年 10 月任中共妙桥公社党委副书记。1982 年退休后，继续留用在机关工作。2011 年卒于妙桥，享年 90 岁。

第二章   人物名录

第一节   先进人物

欧桥籍劳动模范一览表

表14-1

姓　名	性别	荣誉称号	表彰单位	授予年份
杨品荣	男	江苏省劳动模范	江苏省人民政府	1987
张永来	男	江苏省劳动模范	江苏省人民政府	1988
奚才保	男	苏州市劳动模范	苏州市人民政府	1988
马品华	男	江苏省劳动模范	江苏省人民政府	1990
周正刚	男	张家港市劳动模范	张家港市人民政府	1999
钱仲益	男	张家港市劳动模范	张家港市人民政府	1999

欧桥籍先进人物一览表

表14-2

姓　名	性别	荣誉称号	表彰单位	授予年份
周小香	女	望虞河工程水利英雄	苏州地区行政专员公署	1959
徐坛保	男	望虞河工程水利英雄	苏州地区行政专员公署	1959
张亚飞	男	江苏省农村文化先进个人	江苏省文化厅	1984
张永来	男	江苏省乡镇企业家	江苏省人民政府	1990
杨梅忠	男	江苏省民兵工作先进个人	江苏省人民政府 江苏省军区	1992
杨品刚	男	江苏省科技先进个人	江苏省科委	1997
周学江	男	苏州市综合治理先进个人	苏州市人民政府	2006
张小飞	男	苏州市新农村建设带头人	苏州市人民政府	2007
周正刚	男	苏州市消费维权先进个人	苏州市人民政府	2010
李建兴	男	苏州市百佳人民调解员	苏州市人民政府	2013

第二节 高级知识分子

欧桥籍正高级知识分子一览表

表 14—3

姓名	性别	出生地	出生年份	职务（职称）	工作单位
尹连	男	油车	1936	高级工程师	江苏省城市建设局
马益	男	庆家弄	1936	高级工程师、总工程师	中国社会科学院第二机械工业部
尹葆珍	女	油车	1938	主任医师、副院长	南京中医医院
张国彪	男	张家巷	1954	研究员、站长	苏州市农业局植保站
杨建平	男	邹家宕	1958	主任医师、博士生导师、副院长	苏州大学附属第一人民医院
杨建华	男	中杨家	1959	研究员	美国精细化工有限公司驻上海分公司
张建安	男	朱家宕	1963	研究员	湖南长沙冶金研究所
徐建高	男	欧家桥	1964	高级工程师、董事长	北京市京洲计算机有限公司
邹建刚	男	小桥头	1966	主任医师、博士生导师	江苏省人民医院
支正良	男	王金川	1964	博士后	英国伦敦国王大学
周双利	男	马家弄	1938	中文系主任	内蒙古大学
钱俊元	男	欧桥钱家	1938	教务委员会副主任	江苏省天主教第四届教务委员会
浦玉华	女	西旸集镇	1941	研究员	安徽省农业科学院蚕桑研究所

第三节 党政领导干部

1949～2015 年欧桥籍正团级以上干部名一览表

表 14-4

姓名	性别	出生年份	出生地	职务	工作单位
方仁元	男	1939	西旸钱家宕	研究员（大校级）	南京军区军事研究所
陈龙保	男	1946	陈颜家巷	正师级	中国人民解放军某部
徐声华	男	1950	陆家宕	正团级	南京军区司令部动员部
杨丁飞	男	1962	庆家弄	副院长（大校级）	中国海洋大学工程勘察设计院

1950～2015 年欧桥籍副科级以上干部一览表

表 14-5

姓名	性别	出生年份	出生地	职务	工作单位
陈忠保	男	1928	邹家宕	部长	沙洲县妙桥公社人武部
王祖保	男	1930	朱孟家	宣传委员	沙洲县妙桥公社党委
徐正华	男	1940	欧家桥	副总经理	张家港市妙桥镇农工商总公司
吴仁球	男	1948	油车	组织委员	张家港市妙桥镇党委
杨永根	男	1932	邹家宕	镇长	张家港市妙桥镇
周永贤	男	1950	周黄家宕	副镇级干部	张家港市妙桥镇
陈金祥	男	1945	王金川	副主席	张家港市塘桥镇人大
曹正明	男	1945	曹家宕	组织委员	张家港市塘桥镇党委
徐声华	男	1953	陆家宕	组织科长	张家港市市经委
徐金华	男	1950	油车	科长	常熟市检察院经济监察科
孟仕廉	男	1938	孟家宕	副书记	张家港市政法委
周浩云	男	1938	马家弄	副主任	牡丹江机场
钱建明	男	1942	西旸钱家宕	教练	沈阳空军部队
陆卫东	男	1966	徐家宕	主席	张家港市杨舍镇人大
杨建华	男	1960	南杨	主任科员	张家港市发改委
钱魁忠	男	1957	欧桥钱家宕	主任科员	张家港市政协

续表14-5

姓名	性别	出生年份	出生地	职务	工作单位
马品华	男	1952	欧家桥	副书记	张家港市妙桥镇党委
冯家平	男	1948	高家宕	副局长	浙江省工商局
邹建明	男	1961	西旸桥西	党委书记	南京铁路分局芜湖分段
钱建忠	男	1956	西旸钱家宕	行长	中行宁波分行
朱栋裕	男	1971	西旸桥西	副书记	张家港市塘桥镇党委

第三章　集体荣誉

欧桥村获省部级以上荣誉一览表

表14-6

受表彰单位	荣誉称号	表彰单位	表彰年份
欧桥大队	全国千万元大队	国家统计局	1980
欧桥大队	江苏省农业先进单位	江苏省人民政府	1982
欧桥精纺厂	飞龙奖	农业部	1988
欧桥村	全国亿元村	国家统计局	1988
欧桥村	江苏省卫生村	江苏省爱卫办	2002
立新村	江苏省卫生村	江苏省爱卫办	2002
西旸村	江苏省卫生村	江苏省爱卫办	2002
欧桥村	江苏省生态村	江苏省环保厅	2006

欧桥村获苏州市级荣誉一览表

表14-7

受表彰单位	荣誉称号	表彰单位	表彰年份
欧桥村	苏州市农业现代化试点村	苏州市人民政府	1987
欧桥村	苏州市文明村	苏州市精神文明建设委员会	1984、1987
欧桥村	苏州市文明村	苏州市精神文明建设委员会	1988

续表14-7

受表彰单位	荣誉称号	表彰单位	表彰年份
欧桥村	苏州市文明村	苏州市精神文明建设委员会	1989
欧桥村	苏州市文明村	苏州市精神文明建设委员会	1990
欧桥村	苏州市农业现代化示范村	苏州市人民政府	1991
欧桥村	苏州市首批文明卫生示范村	苏州市人民政府	1998
欧桥村	苏州市村民自治模范村	苏州市人民政府	2000
欧桥精纺有限公司	1988～2002年度苏州市环境保护先进集体	苏州市人民政府 苏州市环保局	2003
欧桥村	苏州市文明村	苏州市精神文明建设委员会	2004
欧桥村	苏州市先进基层党组织	中共苏州市委	2004
欧桥村	苏州市先锋村	中共苏州市委	2006
欧桥精纺有限公司	苏州市环境友好型先进企业	苏州市人民政府	2006
欧桥村	苏州市民主法治村	苏州市政法委	2009
欧桥村	苏州市建设社会主义新农村示范村先进单位	苏州市委、市人民政府	2006
欧桥村	苏州市文明村	苏州市精神文明建设委员会	2006
欧桥村	亿万农民健康促行动苏州市先进村	苏州市人民政府	2007
欧桥社区	苏州市和谐社区	苏州市人民政府	2009
欧桥社区卫生服务站	苏州市示范社区卫生服务站	苏州市人民政府	2011

欧桥村获张家港市（沙洲县）级荣誉一览表

表14-8

受表彰单位	荣誉称号	表彰单位	表彰年份
欧桥村	双文明单位	沙洲县人民政府	1983
欧桥村	市先进党支部	中共张家港市委员会	1989
欧桥村	市文明村	张家港市人民政府	2004
欧桥村	市先进基层党组织	中共张家港市委员会	2004
欧桥村	市社会治安安全村	张家港市人民政府	2004
欧桥村	市文明村市文明社区	张家港市人民政府	2005
瑞群服饰有限公司	市文明单位	张家港市人民政府	2005

续表14-8

受表彰单位	荣誉称号	表彰单位	表彰年份
瑞群服饰有限公司	市先进基层党组织	中共张家港市委员会	2005
瑞群服饰有限公司	市绿化先进集体	张家港市人民政府	2005
欧桥村	市政法系统先进集体	张家港市人民政府	2005
欧桥村	市文明村市文明社区	张家港市人民政府	2006
瑞群服饰有限公司	市文明单位	张家港市人民政府	2006
瑞群服饰有限公司	市先进基层党组织	中共张家港市委员会	2006
欧桥村	市文明村市文明社区	张家港市人民政府	2007
欧桥村	市先进基层党组织	中共张家港市委员会	2007
欧桥村	市社会治安安全村	张家港市人民政府	2007
欧桥村	市文明村	张家港市人民政府	2008
欧桥村	市先进基层党组织	中共张家港市委员会	2008
瑞群服饰有限公司	市文明单位	张家港市人民政府	2008
瑞群服饰有限公司	市创建平安张家港先进集体	张家港市人民政府	2008
欧桥村	市文明村	张家港市人民政府	2009
欧桥村	市先进基层党组织	中共张家港市委员会	2009
欧桥村	市创建平安张家港先进集体	张家港市人民政府	2009
欧桥村	市调解工作先进集体	张家港市人民政府	2009
欧桥村	市文明村	张家港市人民政府	2010
瑞群服饰有限公司	市文明单位	张家港市人民政府	2010
瑞群服饰有限公司	市先进基层党组织	中共张家港市委员会	2010
欧桥村	市法治建设先进集体	张家港市委、市人民政府	2010
欧桥村	市民兵工作先进集体	张家港市人民政府	2011
欧桥村	市文明村	张家港市人民政府	2011
欧桥村	市文明村	张家港市人民政府	2014
欧桥村	市文明村	张家港市人民政府	2015

第十五卷 艺 文

第一章 书目

第一节 旧时书目

表 15—1

朝代	作者	著作名称	备注
宋	陈元大	《四书讲义》《五经性理大会》	见龚《志》儒林传
明	陈继善	《中庸讲义》	见桑《志》
	陈继宗	《筠坡集》	见《陈志》
	陈符	《存诚斋集》	见《陈继善传》
	陈蒙	《泛雪稿》	见《陈继善传》
		《育庵集》	见《千顷堂书目》
		《湄溪新咏》	见《园林志》
	陈必谦	《柴居漫语》	见《重修常昭合志》
	陈必诚	《增广楚辞》	见《重修常昭合志》
		《南华经悟解》	见《重修常昭合志》
	陈道	《西旸陈氏家乘》	见《海虞文艺目录》
	陈安世、陈桂恩	《西旸陈氏世家》	见《海虞文艺目录》
	陈士林等	《河西陈氏家乘》	见《海虞文艺目录》
	陈桂森	《绍公志略》	见《重修常昭合志》
		《建大慈寺转轮藏碑记》	见《重修常昭合志》
		《泗水禅院碑记》	见《重修常昭合志》
	僧化苇	《钓雪诗草》（2卷）	见《稽瑞楼书目》
		《水月舟外集》	见《海虞文艺目录》

续表15－1

朝代	作者	著作名称	备注
清	陈玉齐	《情味集》（5卷）	见《稽瑞楼书目》
		《爱日集》	见《海虞文艺目录》
		《不是诗》	见《海虞文艺目录》
		《独酌谣》（1卷）	见《海虞文艺目录》
		《响琴斋集》（8卷）	见《恬裕斋书目》
		《筠樵书屋小草》（1卷）	见《恬裕斋书目》
	陈声和	《筠樵诗草》（1卷分3集）	见《恬裕斋书目》
		《纪游集》	见《陈士林传》
		《北征集》	见《陈士林传》
		《绮园吟》	见恬裕瞿氏钞本
		《痴符集》	见恬裕瞿氏钞本
		《尺牍偶存》	见《恬裕斋书目》稿本
	陈宗翰	《葆真斋诗草》	见《海虞文艺目录》
	陈以忠	《孝感堂纪》	见钱《志》

第二节　中华人民共和国成立后著作选录

表15－2

作者	书目	出版社	出版时间
邹建刚	《实用心血管病药物治疗》	江苏科技出版社	2007年
	《宽QPS波心动过速的诊断与鉴别诊断》	人民卫生出版社	2009年
	《心血管内科精要》	江苏科技出版社	2010年
缪润生	《锣鼓与洞箫》	人民日报出版社	2005年
周双利	《萨都剌》	中华书局出版社	1995年
	《中国文学史新编》	深圳海天出版社	1995年
	《闲话金瓶梅》	内蒙古人民出版社	2000年
	《中国文学史下》	辽沈书社	2001年
	《中国古代文学作品选读》	中国卓越出版社	2002年
	《中国历代诗歌通典》	解放军出版社	1998年

第二章　诗文

第一节　乡土诗选

利城山居

东晋·支遁

五岳盘神基，四渎涌荡津。

动求自方智，默守标静仁。

苟不宴出处，托好有常因。

寻元存终古，洞往想逸民。

玉洁箕岩下，金声懒沂滨。

卷华藏纷雾，振褐拂埃尘。

迹从尺蠖屈，道与腾龙伸。

峻无单豹伐，分非首阳真。

长啸归林岭，潇沥任陶钧。

（选自诗歌集《利城山居》）

龙港渔歌

僧化苇

岩扉涵古色，洞宇引梦新。

闻说商周世，曾栖钓隐人。

烟梦斜补壁，云木自为隣。

禅室更兴废，青春不记春。

（选自《妙桥镇志》）

山居

僧化苇

绿荫如画水堂凉，

一榻高眠午梦长。

忽被隔林鸠唤破，

落花风里焙茶香。

（选自《山峰清凉寺志》）

湖桥系艇

僧化苇

停舟青嶂外，最好是湖桥。

夜月侵鸥梦，春风引客桡。

蒲帆星港度，岚翠鸽峰飘。

千古垂纶处，烟波逸兴饶。

（选自《山峰清凉寺志》）

我爱欧桥村

欧桥誉四海	发展独占先
农耕园艺化	衣着新样添
楼舍赛城市	企业上台阶
物质足丰裕	精神乐管弦
欧桥待访客	启齿露欢颜
"老外"频点首	凤凰奋翼翩

（选自《今日妙桥》）

赠欧桥精纺厂

（一）

精纺厂容美	醒狮立两边
岂为容貌异	瞪目欲争先

（二）

机杼日夜织	优质竞精英
日产万千匹	九州誉美名

（选自《今日妙桥》）

访欧桥纬编厂

沙发原为家用品	纬编织就更翻新
曾经选料数家厂	荣获销售四海名
管理有方为上乘	经营得意无虚音
胸怀韬略前程好	再上重楼美誉迎

（选自《今日妙桥》）

故乡行

李克为

欣闻家乡恢复西旸三月十八庙会节场，返至故里，耳闻目睹家乡巨变，缅怀改革春风吹绿的故园，触景生情，思乡万斛，遂饱蘸乡情，欣然赋诗四首。

(一)

凝眸不见草泥房，玉宇琼楼尽向阳。

游子归来惊巨变，家乡认错作仙乡。

(二)

工农商品畅其流，庙会翻新意至周。

应笑金童香火断，聚财如水胜犀牛。

(三)

喜庆铺张着了狂，农家婚礼更排场。

扛抬列队招摇过，道是新娘起嫁妆。

(四)

聚族而居崇吉金，慈乌义虎寄仁心。

重温五十年前梦，夏邺遗风不可寻。

（选自《今日妙桥》）

书赠欧桥精纺厂

欧桥精纺厂，醒狮大门边。

容貌岂为异，精神耀眼前。

产品精纺粗，日产过万千。

原料内蒙购，销售着先鞭。

栽下梧桐树，好鸟舞翩翩。

（选自《今日妙桥》）

第二节 文章辑录

题族再姪心粹帧首

清·陈祖范

吾族西阳支人才最盛港东则在兹先生以诗文翰墨显名于时港西则汝南翁振飞翁以举子业教授为经生家所推仰继起如尔闲翊济昆人中咸彬彬焉而振飞翁之次子心粹少好学敏记览其肆应才而不以才自喜笃于课子家贫买书贻后独不惜费家葛巷与予今晚年所居望衡宇正可希踪竹林而忘南北之判惜予来迁而君已即世特与其儿子朝夕过从欢好无间长子士俊天性孝诚醇谨人也次子士林从予学聪颖敏捷豁达可喜即知其能继先绪而振家声必□时悬此于影堂其不□然□笑者乎时乾隆十八年夏五月日七十八翁祖范书

（选自《河西陈氏家乘》）

加速农业全面发展，加快农村全面建设

妙桥公社欧桥大队党支部

一九七九年来，我们大队党支部认真贯彻落实党的十一届三中全会、中央两个农业文件精神，不断清除林彪、"四人帮"极左路线的流毒和影响，带领广大干部群众，集中精力大搞经济建设，进一步加快了农业全面发展、农村全面建设的速度。

一是农业持续增产。一九七九年，全大队粮食总产 238 万斤，比历史最高七八年增加 10.2 万斤，平均亩产 2604.3 斤，比七八年增加了 93.7 斤；皮棉亩产 107.2 斤，比七八年增加 30 斤；油菜亩产 317 斤，比七八年增加 5.7 斤。

二是副业有了较大发展。一九七九年，全大队副业总收入 28 万元，比历史最高的七八年增长 15%，平均每个生产队 1.9 万元。生猪年终圈存 1288 头，比七八年增加 165 头，全年饲养量 2720 头，比七八年增加 260 头。

三是队办工业继续跨大步。一九七九年，全大队工业产值 230.7 万元，比七八年增加 76.7 万元，净利润 72 万元，比七八年增加 22 万元。工业劳动生产率人均产值 6850 元，比七八年增加 1450 元。

四是人口出生率持续下降。一九七九年，全大队共出生小孩 22 个，出生率为 12‰，比七八年下降了 0.4‰，总人口增加 8 人，净增率为 4‰，比七八年下降了

1.5‰。96％的育龄夫妇领取了"独生子女证"，真正把计划生育的重点转到了"一胎化"。

五是社员分配水平进一步提高。一九七九年，社员分配水平每人310.12元，加上集体福利费和奖金，实际分配平均每人348.7元，比七八年增长58％。年终分给社员的现金平均每户780元，每人190元，最多的户2821元，没有透支户。男劳力平均月工资56.9元，女劳力平均月工资48.8元。社员口粮平均每人655斤，比七八年增加15斤。

六是对国家贡献越来越多。一九七九年，全大队向国家交售商品粮50万斤，比七八年增加10万斤；皮棉909担，比七八年增加264担；油菜籽658担，比七八年增加14担，生猪1432头，比七八年增加62头，上缴税收12.87万元，比七八年增加4.9万元。

七是农村建设有了新发展。一九七八年，共挑土15万方，格田420亩，挖渠1000米，筑路1500米，建桥3座，植树1.2万株，建居民点楼房310间，5400平方米。至一九七九年，全大队已建吨粮田1650亩，占耕地总面积的85％，已建居民点楼房766间，1500平方米，已有186户社员住进了新楼房，初步改变了以前那种弯弯曲曲羊肠路，鸡零狗碎田角多，破破烂烂草房旧的贫穷落后面貌。

回顾我们的工作，主要抓住了以下几个方面。

一、正确处理好农业内部的比例关系，农副工业一齐上。

近几年农副工综合发展的实践，使我们深深体会到：要使农副工业一齐上，必须正确处理好农业内部的比例关系，摆正农副工业的位置。我们体会，农副工三业中，农业是基础是第一位的。只有立足农业，加快农业的发展速度，才能推动和促进工副业的发展。但是，不搞工副业，农业要持久稳步地发展是不可能的，社员生活水平要不断地、较大幅度地提高也是困难的。

以前，我们队农业内部比例关系、农副工三业的位置摆得不够正，走了一段弯路，受到了一些挫折。一九七零年以前，在林彪、"四人帮"极左路线影响下，我们大队搞的是单一的农业经济，而且是单一的粮食生产，不敢发展工副业。认为抓农业，抓粮食，是干社会主义，抓工副业，抓收入，是资本主义，是方向不正。直到一九七零年，我们大队副业生产还几乎是"空白"，队办工业也仅有一个土纱手套厂，全大队1700多人的吃穿用全靠一熟稻子一熟麦。我们尽管花了九牛二虎之力抓农业，搞粮食，但由于缺乏资金，生产条件得不到改善，农业生产还是搞不上去，粮食亩产连续几年在斤斤上下徘徊，收入也无法增加，社员分配水平很低，劳力朝外跑，人心齐不到农业上来。至于农村全面建设，只能写在纸上，喊在嘴上。北方地区农业会议后，我们办了几个小工厂，七二年，赚到了六万多元钱，使干部群众看到了希望。大家办厂的热情一下子高起来了。但是在一部分干部群众中产生了另一种倾向，认为"农业增产一万斤，不如厂里多添两个人"。在这种思想支配下，办厂的盲目性很大，这个也想办厂，那个也要上马，离开了劳动力、财力、物力的可能，与农业争劳力、争资金、争材料，削弱了农业这个基础。七三年，后季稻移栽误了季节，有200多亩田出现了小穗头，翘穗头，每亩减产100多斤。而这一年，队办工业并没有上得去，产值反而比上年减少了三万多元，社员分配人均也比上年下降了20多元。对此，群众意见很大，批评我们是"坐歪了屁股使偏了劲，捉鸡不着蚀把米"。

错误和挫折教训了我们，使我们清醒地认识到：搞单一农业经济不行，不顾农业，挤掉农业更不行，必须坚持农业为基础，农副工三业一起上，这才是正确的道路。最近几年，特别是七九年，我们从本大队的实际出发，在处理农业内部的比例关系上做到了三个合理，促进了农副工业的继续发展。

一是劳动力合理安排。农副工三业要全面发展，在劳力安排上会出现一些矛盾。七五年以前，我们大队有80%以上的劳动力从事农业生产。最近几年，从事农业生产的劳动力下降到占总劳动力的55%。农业上的劳动力减少了，会不会影响和削弱农业？我们实践的体会是，只要统筹兼顾安排好，农业照样能大跳。一九七九年，根据本大队的具体情况，我们安排了50%劳动力从事农业生产，45%的劳动力从事工业生产，5%的劳动力从事副业生产。虽然农业上的劳动力又比七八年减少了5%，我们仍然坚持种100%的双三制，种70%的散播麦，搞100%的棉花育苗移栽，用工量增加了将近一半，但照样做到了不误农时，实现了熟熟增产，季季丰收。我们主要抓了三点：第一，落实政策，搞好定额记工，调动社员的积极性，一人做两人活，一人抵两人用。第二，队办企业职工实行农闲务工，农忙务农，割青草、挑土方都分配任务，全年劳动不少于两个月。第三，向机械化要劳动力。近三年来，我们利用队办企业盈利，大力发展农业机械化，达到了每1.4亩地一马力，大大提高了劳动效率，从而腾出更多的劳动力去从事工副业。随着管理水平和农业机械化水平的提高，我们还可腾出更多的劳动力去从事工副业。目前我们一个农业劳动力大致负担五亩田。到八三年，每个农业劳动力准备负担10亩田。这样我们就可以安排20%的劳动力从事农业生产，60%的劳动力从事工业生产，10%的劳动力从事副业生产，10%的劳动力从事服务性行业。

二是资金合理使用。发展农业需要投资，发展工副业也需要投资，因此，在资金使用上也会出现矛盾。我们体会：要使农副工业一起上，就要把钱用在刀口上。任何矛盾总有一个主次，在农副工之间，农业是第一位的，因此，当资金使用上出现矛盾时，我们首先满足农业上的需要。最近四年，我们先后在农田基本建设上投资了11万元，为购买化肥、农药、尼龙薄膜投资了12万元，为发展养猪投资了4.8万元，还拿出3.2万元用于对超产的生产队实行奖励。四年来，在农业上大队共投资 31 万元，占农副工业净收入的 14％左右，扩建和发展队办厂投资 50 万元，占 21％。

三是领导力量合理组织。最近两年，我们大队的经济结构发生了很大变化。一九七八年，农业总产值仅占农副工总产值的 25％左右，工副业产值的比例越来越高，因此，必须合理安排领导力量。党支部坚持把主要精力放在农业上，九名支委中有六名管农业，支部书记除了负责全面工作外，主要抓农业。同时把工副业生产提高到应有的位置。分工一名副书记、二名支委负责，并从生产队抽调了一批骨干，充实队办厂的领导班子，使农副工业都有比较坚强的领导力量。

二、正确处理好农业发展与农村建设的关系，生产建设一起抓。

实践使我们体会到：农业发展与农村建设是相互联系的，而发展又是第一位的。没有生产发展的高速度，就不可能有建设的高速度。反过来，不加快新农村的建设速度生产条件得不到不断改善，社员群众的长远利益和眼前利益不能结合起来，群众的积极性就得不到充分发挥，生产的高速度也是不能持久的。近几年来，我们比较好地处理了农业的发展与农村建设的关系，做到统筹兼顾，合理安排，在发展生产的基础上加快建设速度。

第一，发展与建设相互协调。几年来，我们本着"有多少钱，有多少物质办多少事"的精神，逐步协调农业发展与农村建设的关系。一九七七年，我们大队的工副业生产上得比较快，净收入几乎比上年增长一倍，积累了近三十万元资金。有了钱怎么用？是全部用于发展生产，还是全部用来搞建设？我们经过讨论，合理安排了生产与建设的关系。支部决定拿出 15 万元左右发展再生产，拿出 15 万元搞农村建设，当年就建了 400 亩吨粮田，40 间楼房。最近三年，我们大队农副工业总产值平均每年以 50％左右的速度增长，经济实力不断增强，建设速度也相应加快。七八年我们在新农村建设上投资了 25 万元，七九年增加到 38 万元，三年共投资 78 万元，约占工副业生产盈利总数的 45％左右。用这些钱，我们开挖了一条中心河，建了 1650 亩吨粮田，4500 米暗渠，6500 米机耕路，三座水泥桥，三个电灌站，栽了 2.4 万株树，搬了 9 个自然村，建了 766 间民用楼房，42 只沼气池等，实现了水、田、林、路、村、气综合治理。

第二，发展与建设互相结合，互相促进。农业的全面发展为农村建设提供了条件，奠定了基础。几年来，我们队办工厂的产品为农村建设协作进了一大批物资。仅七九年一年，就协作进木材 100 立方米，水泥 230 吨，黄沙 750 吨，砖 150 万块，平瓦 4 万张，钢材 28 吨，大大加快了农村建设的进程。农村的全面建设又为农业的全面发展开辟了广阔的前景。①平整了土地，改变了农业生产条件，增加了土地面积，为农业高产稳产打下了基础。②为副业生产开辟了门路，结合农田基本建设，开辟了果园，建起了鱼池。③兴建了新村，兴办了集体福利事业，增加了分配收入，调动了社员群众的积极性。大家眼看齐崭崭的新房，那个平展展的农田，直瞄瞄的河路，一行行的绿树，心里比吃了蜜糖还甜，都从切身利益中感到社会主义大有奔头，"泥饭碗"大有端头，幸福生活大有盼头，干"四化"大有劲头。全大队没有一个劳动力外流。十三生产队历史上是个村破、地薄、产量低的穷队，有三个"多"，即劳力外流多；超支户多；找不到对象的"老青年"多。七七年大队搞了新村建设，全队十七户人家，家家住进了新楼房，社员群众的积极性空前高涨，外出的劳动力都自觉地回队。他们说"再不好好干，对不起集体，对不起社会主义。"最近几年，生产大发展，去年粮食亩产快到 2604 斤。社员分配达到 310.12 元，住进了新房子，分到了票子，"老青年"也讨到了娘子。过去的三多变成了现在的三多，即：队里生产的粮棉多，社员家里钱粮多，对国家的贡献多。

三、正确处理好积累和消费的关系，集体个人一起富。

我们体会，积累与消费既是矛盾的，又是统一的，积累的主要目的是为了发展生产，而生产的根本目的是为了提高社员群众的物质文化生活水平。发展再生产和农村建设需要积累，但是积累过多，必然挤消费。影响社员群众的生活改善，挫伤群众积极性，不利于安定团结，也会直接影响到生产的发展和建设的速度。

近几年来，我们比较好地处理了积累与消费的关系，坚持生产生活一起抓，集体个人一起富，以生产的发展保证生活的改善，以生活的改善促进生产的发展。

首先，在发展的基础上增加分配、扩大集体福利事业。一九七零年，我们大队纯收入平均每人只有 137.8 元，社员分配平均每人 102 元。一九七八年，纯收入平均每人达到 400.14 元，分配水平上升到 201 元。一九七九年，纯收入平均每人达到 601 元，我们把分配水平提高到 310.12 元。在增加分配的同时，我们逐步扩大了集体福利事业。现在我们已经实行的集体福利项目有：学生由小学到高中的学费由大队支付；社员广播维修费由大队支付；医药费全部报销；妇女做绝育手术，产假的工分补贴和营养费由大队发给；对军属给予优待补助；年满 68 岁男社员、65 岁的女社员和病残社员的生活费由大队帮助解决；三抢大忙期间，为了保护劳动力，我们除了发给社员毛巾、人丹、清凉油、避蚊剂外，还每天发给社员三角钱冷饮费；为了丰富社员群众的业余文化生活，大队购买了 9 台电视机，预定了一架 16 毫米电影放映机，办了一个图书阅览室，七九年，全大队共开支集体福利费 3.6 万元，平均每人 19.8 元。今年，我们准备把福利费提高到每人平均三十元。最近，我们还准备买一些原料给每户社员做二张沙发，收一批工本费，并代社员买片子床，目前已买回 130 张。

其次，在确保消费水平年年增加的前提下，逐步提高积累率，搞"三光四不留"不利于发展生产，也不是真正关心群众生活。最近几年，我们大队社员群众消费水平平均提高较快，积累率也是相应增加的。七六年，社员分配水平 136 元，积累率为 25％，七七年农业遇到了特大的自然灾害，收入比上年大大减少，为了不影响社员群众的生活水平，保证分配比上年有所增加，我们一方面千方百计组织经济收入，另一方面把积累率从七六年的 25％ 下降到 21％。去年，社员的分配水平比上年增加了 109 元，增长了 54％，积累率也上升 41％。这样，社员的生活变富了，集体家业也变大了，目前，全大队已有固定资产 230 万元，集体积累资金 48 万元。

我们考虑们这几年基本建设任务重、投资多，积累高一点是必须的，实际上积累资金中有相当一部分是由于发展文化、教育、卫生事业和建造社员住房。这也是直接提高社员群众物质文化生活水平。我们打算，今后一段时间内，要在确保社员群众消费水平年年增加的前提下逐步提高积累率。今年，如果实现了我们预定的各项生产指标，农副工业净收入可以达到 300 万元，在确保社员分配水平比去年增 100 元，争取达到 430 元，集体福利费保证每人 30 元的前提下，准备多留一些积累，以扩大和发展再生产，促进"两个全面"。今年，我们准备在农业生产及农田基本建设上投资 6 万元，建造社员住房投资 40 万元，建造农民文化宫及生活服务大楼投资 37 万元，除此以外，还可留 50 万～60 万元资金，花三年时间就可积 200 万元资金，这样就不至于成为两手空空的"百万富翁"了。手里有了这笔资金再多留一些储备粮，即使遇到特大自然灾害，一两年农业歉收也不会影响社员的基本生活，这叫做以丰补歉，有备无患。

回顾过去，我们做了一些工作，在"两个"全面的道路上迈出了比较坚实的一步。但对照县委对我们的要求，对照全县各先进单位，差距还是很大。差距就是潜力，在大有作为的八十年代的第一年，我们决心瞄准华西，迎头赶上，把农业生产和农村建设搞得更好。我们打算，在农业上：八零年继续塔高粮食单产和总产，坚持种 100％ 的双三制，全年粮食亩产保证 2700 斤，争取 2800 斤；棉花继续学先进，改革管理措施，大打翻身仗，亩产确保 170 斤，争取 180 斤；油菜要进一步加强管理，亩产确保 330 斤，争取 350 斤；副业上继续狠抓养殖、种植业。大养猪、羊、兔、鱼，大种瓜、果、豆、菜，并要大力增加劳务收入，确保队队副业收入超一万元；工业上，快转快上，抓好骨干厂。进一步扩大纬编厂的生产能力，组织一条龙生产，争取全大队工业产值超千万元。利润超过 250 万元，到目前为止，已完成产值 143 万元，利润 45 万元。目前，正在狠抓突击大战第二季度，力争完成产值 300 万元，月月超百万元。在农村建设上，今年准备建造楼房 400 间，目前正在动工兴建的有 240 间；建造一座有 1100 个座位的农民文化宫，现正在兴建中。今冬明春，准备盖一幢生活服务大楼，开设商店、饭店、旅馆、理发、缝纫、照相、浴室等项目。继续搞好农田基本建设，今冬明春，准备抹平西南方，格田 250 亩，筑路 1500 米，挖渠 1000 米，下半年浇好一条全长 600 米的柏油马路；大搞植树造林，管好一块 18 亩田的花果园；四旁绿化，搞文明新村。为了完成这些任务，最近，结合支部改选，重新组织了农、副、工、新村建设四个工作班子，分四条线作战，明确责任，落实任务，分工包干，有奖有罚，在大队党支部的统一领导下，带领全大队干部群众，向着"两个全面"的目标攀登，大战八零年，作出新的贡献，争取向党、向人民交出更好、更出色的答卷。

（选自张永来在中共沙洲县委召开学欧桥、争富裕经验交流会上发言的整理稿）

1980 年 4 月

冒尖要冒三个尖

缪润生

最近去江苏沙洲县欧桥大队，请党支部书记张永来同志谈冒尖后如何正确处理国家、集体、个人三者关系的体会。他说："一个尖、不算尖；两个尖，不全面；冒尖要冒三个尖。"就是说，不仅在个人收入上要冒尖，而且在集体的积累和对国家的贡献上也要冒尖。这话说得多好啊！充分反映了这个"冒尖大队"的干部、群众宽广的胸怀和高尚的风格。

请看他们冒的三个"尖"吧：去年，人均分配 478 元；集体除拥有 320 万元的固定资产外，还有积累 99 万元，储备粮 22 万斤；对国家的贡献：一个 1876 人、1931 亩地的大队，去年交售商品粮 36 万斤、皮棉近 1000 担、油菜籽 1160 多担、生猪 1232 头、队办企业缴税金 12 万元。

听了他们的体会，看到了他们的业绩，怎能不令人由衷的高兴啊！

（原载 1981 年 11 月 19 日《人民日报》）

坚定不移地走农副工商综合经营的道路

欧桥大队党支部书记张永来

几天来，听取了韩培信同志的报告和先进单位的经验介绍，使我增强了夺取新的胜利信心。我们决心按照党的十二大指引的方向，认真贯彻这次大会精神，继续向各先进单位学习，争取一九八三年更上一层楼，作出新贡献。

我们大队一九八三年的奋斗指标是：农副工商总产值一千二百八十万元，比一九八二年增长百分之二十一点三，净收入一百八十三万元，比一九八二年增长百分之二十四点五。其中农业总收入五十万元，纯收入三十八万元，粮食总产二百万斤，比一九八二年增长百分之一点五，皮棉亩产一百三十斤，比一九八二年增长百分之十三，油菜单产三百八十斤，比一九八二年增长百分之三点三；副业总收入一百七十万元，净收入四十万元；工业总产值一千万元，利润一佰万元；商业营业额六十万元，利润五万元。集体人均分配六百五十元，加上家庭副业收入人均二百元，社员人均实际生活水平八百五十元，比一九八二年增长百分之十五点六。

为了实现以上指标，我们决心以党的十二大精神为指针，做到思想再解放一点，改革再大胆一点，工作再扎实一点，充分发挥群众积极性和集体优越性，上下一心，做好以下几项工作：

一、坚定不移地走农副工商综合经营的道路。我们要继续贯彻"绝不放松粮食生产，积极开展多种经营"的方针，坚持种足粮食面积，实行科学种田，精耕细作，主攻单产，保证粮食生产稳定增长；努力搞好棉花生产，力争皮棉单产超过历史最高水平；狠抓增收节支，争取把每亩农本由一九八二年的八十二元下降到六十五元，把农业的综合经济效益提高到一个新水平。在搞好粮、棉生产的同时，我们还要把发展多种经营作为今后经济发展的重点。今年，除了继续抓好原有的果、禽、蚌、兔、鱼、菜、劳务运输等项目外，还要积极发展生产队手工加工业。工业生产要在提高经济效益上下功夫，继续加强同外地的经济、技术协作，增加适销对路产品，提高产品质量和信誉，扩大新销路，打开新局面，力争在调整中站稳脚跟，稳步发展；商业要多进快销，改善服务态度，提高服务质量，努力为群众生产和生活提供方便。同时，还要鼓励和支持农民放开手脚，大搞家庭副业，使一部分农民先富起来。

二、紧紧抓住完善承包责任制这个中心环节，促进农副工商各业全面发展。在农业上，二十个生产队全部实行包干到户责任制。大队成立机耕、植保、收割、灌溉等四个专业队，实行单项农活的专业化生产。充分发挥全大队一百零六台农机和农田水利设施的效益，副业实行包上交净收入的大包干责任制，大队与副业队签订合同。生产队和副业队也将全部副业项目承包到户。工业实行集体承包、利润包干的厂长负责制，八个队办厂都与大队签订合同，工厂内部实行车间核算和计件工资制。超额完成利润指标，厂长、职工工资从优。商业实行经理负责制，商店、饭店、茶馆、书场、照相馆、影剧院等全面实行承包，落实经济责任。

三、坚持"两个文明"一起抓。主要是在抓好物质文明的同时，采取各种形式，加强社会主义精神文明建设。经常对干部、农民进行共产主义思想教育，培养有理想、有道德、有文化、守纪律的社会主义新型农民；继续加强文化建设，办好农民文化宫、农技讲座和职工技术培训班；抓好人口生产，杜绝无计划生育，将人口出生率控制在千分之十以内；建设文明新村，美化净化农村环境。今年要使百分之九十的社员住进楼房，力争明年家家户户住楼房，并注意充分利用旧宅基，做到建新房不增地。还要加强宪法的学习和宣传，制定新村规，树立新村风。

四、切实建设好大队领导班子。我们决心进一步学习党的十二大和五届人大五次会议的一系列重要文献，深刻领会文件精神，同党中央保持政治上、思想上的一致；同时，认真学文化、学科学、学管理，掌握打开新局面的本领；进一步解放思想，勇于探索，掌握新情况，解决新问题，总结新经验，做改革的促进派。我们还要以共产主义思想、道德严格要求自己，以新党章为镜子，经常洗刷思想上的灰尘，使自己成为一个合格的共产党员；落实干部岗位责任制，以身作则，联系群众，带头执行党和国家的政策法令，带头劳动，使领导班子成员人人成为打开新局面的实干家，建设社会主义物质文明和精神文明的带头人。

（1983 年在江苏省农业战线先进表彰大会上的表态发言）

在致富路上发挥党支部的战斗堡垒作用

妙桥乡欧桥村党支部

我们欧桥村党支部共有 56 名党员，6 个支委，7 个党小组。过去，我们村是有名的吃粮靠返销、生产靠贷款、生活靠救济的"三靠村"。党的十一届三中全会以来，党支部带领全村广大群众，坚决贯彻执行党中央制定的路线、方针、政策，紧紧抓住经济建设这个中心，坚定不移地走农副工商综合经营的道路，开创了农村商品生产的新局面。五年内全村经济翻了两番半。一九八三年，全村农副工商总产值1324 万元（其中农业 53 万元，占 4%；副业 192 万元，占 14.5%；工业 1019 万元，占 77%；商业 60 万元，占 4.5%），相当于一九七八年的 6 倍多，商品率高达97.7%。现有固定资产 410 万元，流动资金 175 万元，社员人均集体分配 675 元，是一九七八年的 3.4 倍，已有 92% 的社员住进了人均 23 平方米的新楼房。短短的五年，我们这个昔日贫穷落后的苦地方，成了住讲宽敞，吃讲营养，穿讲漂亮，用讲高档的初步繁荣的新欧桥。八二年以来，全国二十九个省市共有七万八千多人前来检查指导，五大洲八十二个国家和地区的国际友人前来参观、访问。

在发展农村商品生产，加快建设社会主义新农村的步伐中，如何开拓前进，在致富路上发挥党支部的战斗堡垒作用和党员的先锋模范作用，我们的体会是：

一、支部一班人做执行政策的带头人

我们欧桥村地处沙洲县的东南面。这里原是个有名的穷地方：全村二千多亩土地，就有八百多亩是"高似狼山，低似海"的"龟背地"，五百四十户人家，有百分之七十五以上住的是破草房。为了改变我们村的贫困面貌，公社化以后的八年，上级给我们村换了几任支部书记。他们虽然带领广大群众，在这块土地上洒下了辛勤的汗水，但没有找到致富的路。所以在群众中流传着这样一种说法：有志不在欧桥，有女不嫁欧桥，有路离开欧桥。

一九七零年，大队会计出身的张永来，挑起了党支部书记的重担，但贫困还始终像千斤巨石，压在支部一班人的心上。在一次支委会上，支部书记张永来沉痛地对支委们讲了村里一位社员卖了铁耙换盐吃的事情。他说："上级党组织叫我们支部一班人挑起改变欧桥面貌的重担，我们怎能眼看着广大社员过贫穷的生活呢？要我当书记，就非得把面貌改过来。"张永来的一席话，说得大家心里热乎乎的。都说："带领群众翻身致富，是我们共产党员的责任"！支委一班人统一思想后，就着手制订了一个"先建农田后建庄，二千亩田格子方"的农田基本建设规划。

说了算，定了干！粉碎"四人帮"后的第一个冬天，我们支委一班人带领全村群众挑高岗垫低田，截长块，接短坨，填老沟，开新河，挖渠道，筑新路，对田、河、路、渠、村实行综合治理。身材高大的副书记徐振华，带着专业队，那里任务最艰巨，就出现在那里；支部书记张永来，带着村干部，吃在田头，连续作战，每人硬是比社员多挑100个土方；女支委马林华，扔下吃奶的孩子，也和大家一起奋战，男的挑多满，她也挑多满。就这样，苦干三个月，填平了13条老河，平整了250亩土地。第二年，平整的田地。获得了前所未有的大丰收。大伙的干劲更足了，奋战三年，共挑土方60多万方，平整全村全部土地，使规划变成了现实，打了农业翻身仗。这时，我们党支部又算起了账，虽然粮食亩产超了一吨，皮棉超过了百斤，社员的温饱是解决了，但分配水平还是徘徊在100元上下。社员还是没有富起来。活生生的事实说明单一的农业经济不能根本改变农村的贫困状况。如何使社员尽快富起来，党支部一班人又开始了新的探索。

党的十一届三中全会，给农村送来了富民政策，解放了我们的思想。党支部一班人通过认真学习三中全会的文件后，就在全村社员大会上，宣布到一九八五年要实现"人均分配超六百，人人住上新楼房"的奋斗目标，并响亮地提出了"创社会主义业，冒社会主义尖"。"咬住粮棉不放，抓住钞票不松"的口号。从此，我们开始跳出了单一农业的圈子。走上了农工副综合发展的道路。我们先后办起了和扩建了针织厂、农机厂、纬编厂、涤纶厂、服装厂、毛织厂、毛纺厂，整个农村出现了新的面貌。

农民办工厂，在中国历史上是从未有过的事情。欧桥也不例外。在传统习惯的束缚和极左思想的影响下，我们每走一步，都会碰到重重阻力。一九七九年冬天，县委在我们欧桥召开了"学欧桥，争富裕"现场会。张永来作了题为"理直气壮抓钱，聚精会神想富"的发言，县委在全县进行了推广。但是，受极左思想影响的人，纷纷指责我们的做法"豁了边，过了头"。我们个别支委也担心会不会"偏了方向，犯了错误"。欧桥的方向究竟错不错？是继续前进还是就此止步？针对这个问题，我们多次召开了支委会和支部大会，组织支委和全体党员又一次学习三中全会文件精神，引导大家对照社会主义生产的根本目的和党的奋斗目标，联系本村的发展历史，深入展开了讨论，统一了大家的思想：发展生产，改变面貌，上符社会主义之策，下合人民群众之心，没有错；农副工全面发展，是实践证实了的成功经验，方向没有偏。我们党支部再次向群众表态：坚决"理直气壮抓钱，聚精会神想富"，达不到目标，决不罢休。

最大的风浪，还是在一九八二年。在打击经济领域犯罪活动斗争中，邻乡的一个村支部书记，因侵吞集体财物逮捕了。随之，"欧桥工业产值搞到一千万肯定也有鬼"，"张永来这下跑不了啦"等流言蜚语四起。甚至谣传"张永来被抓起来了"。六七十岁的张永来姐姐摸黑赶了十几里路回娘家，一进村口就焦急地向熟人打听"我弟弟在不在家？"当进了家门看到弟弟，一块石头才落了地。几天内，至亲好友从各地赶来看望张永来。这时，一直蒙在鼓里的张永来才知道了谣传。双目失明、八十多岁的老娘，听到这些谣言，担心地劝儿子不要当书记了。与他同甘共苦、一起创业的妻子徐兰宝，一连几个晚上，流着眼泪对他说："当年八台手套机起家的时候，我和你一起在桅灯下摇手套；队里经济困难，我和女儿天天缝尼龙衫到深夜，把挣到的钱让你招待集体的客人；为办厂，你先后借给集体七千元，我没有说个'不'字；你为集体出差花了钱，我没有一句怨言；为平整土地，你累的夜里趴在床上，叫孩子替你捶腿，我也没有阻拦。眼下，大家过上好日子，你却被人说三道四。我看犯不着，不要再当这个书记了。"张永来深情地说："你不要听他们的，我们村里没有一个人讲这些话，现在社员们都看着我，我能撒手不干吗？"

谣言传到支委的耳朵里，大家都感到十分气愤。

社员听到这些谣言，见到书记就担心地问：我们的工厂还能办下去吗？新村还能建成吗？

面对这个局面，支书张永来及时召开了支委会。一碰面，大家就气愤地议论开了。几年来，我们村的干部没有欠公家的钱，没有占集体的便宜。为了办工业，反而贴了不少钱。张永来开导大家："只要我们站得正，就不怕影子斜。外面的议论不可怕，就怕我们心散。"一席话说得大家思想通了，气消了，接着就研究起进一步发展经济的问题。第二天，党支部就召开了社员大会。张永来代表党支部掷地有声地说："欧桥的事情我们欧桥最清楚，不管人家怎么议论，只要对大家有利的事，我们支部坚决带领大家干到底，工厂要办，新村要建，预定的目标一定要实现。"

党支部提出的规划一一实现了，我们欧桥村提前两年完成了奋斗目标：人均收入超六百，户户住上新楼房。对此，全村群众高兴地说："欧桥能有今天，上靠党中央政策英明，下靠村里的带头人张永来。"

二、教育党员在致富路上做先引者

要贯彻好党在新时期农村的各项方针政策。光有支部一班人的决心和实际行动是不够的，还必须抓好党员教育，发挥共产党员在商品生产中的模范带头作用。几年来，我们围绕发展农村经济的总目标，对广大党员不断进行三中全会以来党的路线、方针、政策的教育，党的基本知识的教育，科学技术和经营管理的教育，不断提高党员队伍的素质，使他们站在发展农村经济的前列，成为勤劳致富的先行者。

我们抓党内教育是针对党员的思想状况进行的。早在前几年，当党支部提出关于建设新欧桥的方案时，党内部分同志消极悲观，在贫困面前失去了工作的信心；在完善生产责任制，发展商品生产时，有的党员观望等待，不敢大胆接受党支部分配的任务。针对这些思想问题，我们党支部及时组织党员学习党的三中全会以来的一系列文件，以三中全会的精神武装广大党员的思想。教育中，我们针对个别党员的具体情况，做具体的思想教育工作。有位党员，办事公道，精明干练，党支部决定让他担任供销员，他一听直摇头："要我带头挑挑，做做没问题，要我跑供销勿来事。"晚上，支部书记张永来到这位同志的家里与他促膝谈心。经了解，原来这位党员认为：搞农业"保险"，搞工业是"冒险"，跑供销是"危险"。针对他的思想，张书记跟他学习党的发展农村经济的有关材料，联系本村经济发展的实际，帮助他认清搞活队办企业对发展农村经济的重要地位和作用。启发他自觉地站到农村改革的前列，为发展商品生产贡献力量。同时又妥善地帮助他安排好家中的生活，使这位党员愉快地挑起了供销员的担子。他长年累月奔波在外，多年来如一日，严格要求自己，工作积极肯干，靠信念摸准行情，凭信誉打开局面，每年都超额完成支部交给的各项供销业务，得到了干部职工的一致好评。今年五月份，支部书记张永来到北京参加六届人大二次会议回来后，就立即贯彻国务院关于改革的报告精神，在全村六个工厂内实行民主选举厂长的工作。这时，我们支部内有些党员认为，这几年我们欧桥迈的步子已快了，生活也富裕了，再改革别改豁了边，还是稳住阵脚，守住家业，好好过日子吧！我们认为这种思想在党内外有一定的代表性，如不及时解决，就会阻碍改革，阻碍生产力的发展。党支部分析了产生这种满足现状，不求进取思想的原因，实际上是这些党员还没有摆脱小农经济思想的束缚，缺乏远大的理想，我们在组织党员学习国务院政府工作报告的同时，就欧桥近年来变迁的事实发动党员进行讨论。使大家看到没有党的三中全会路线的指引，不大胆改革，靠单一的农业经济欧桥不可能旧貌变新颜。现在国家在腾飞，各行各业都在改革中前进，如果我们满足现状因循守旧，就会跟不上前进步伐落后下去，我们只有在前进中不断改革，才能不断前进。党内思想统一后大家一致支持党支部在六个村办企业中民主选举厂长，发动群众选贤举能，有四名厂长继续当选，又有两名精明能干的年轻人当选为厂长。新选举的六位厂长，一上任就有四位厂长立即同党支部签订了承包合同。新当选的针织厂厂长马品华，在短短几个月内就把厂里二万多件价值20多万元的积压产品全部推销出去，使这个厂的生产出现了好的势头。

随着商品生产的发展，农业第一线的党员大部分转到工副业上，面对党员素质不能适应商品生产发展需要的情况，我们及时教育党员学会新本领。党支部明确提出每个党员都要认真学习科学技术，刻苦钻研本职业务，尽快掌握新的本领。成为村办企业的行家，在新的岗位上发挥作用。我们还采取请进来，送出去的办法，对党员、骨干进行各种技术培训。目前，我们村五十六名党员，除两名党员单纯种责任田外，其余的不是"技术员"，就是"厂长"，都在不同岗位上发挥骨干作用。生产队长杨林保，调任商业负责人后，认真学习"生意经"，亲自外出组织货源，摸准市场行情，加快资金周转，改善服务态度，八三年营业额达 60 万元，盈利 10 多万元。生产队长徐仁忠八三年六月调任服装厂会计，放下锄把，掌算盘，这对徐仁忠来说是一个多大的转变。但他迎着困难上，刻苦钻研《工业会计》等业务书籍，很快熟悉财务业务，并在降低成本，搞好核算上下功夫，还主动帮助厂长安排生产，取得了显著的成绩。职工一致称他为"内当家"。三十五岁的党支部副书记杨品刚，分管抓工业，他为了全面学会企业管理的本领，一面外出摸信息，谈生意，掌握经营的门路，一面刻苦钻研《中小型企业管理》《QC 管理法》，不断从理论上充实自己，学会了企业管理的本领，打开了局面。去年，全村评出了 15 名优秀党员，群众说我们村的党员人人有事，个个有责，是发展商品生产的先引者。

在发展商品生产，走致富道路的过程中，我们还经常对广大党员进行共产主义远大理想教育：要求党员扶持困难户，做扶贫忙富的贴心人，带动全村社员共同致富。我们用党员联系户的方法，进行扶持帮助。目前全村党员共计联系了五十二户，联系率达百分之百。联系的内容：一是宣传党的方针政策，做好思想工作，正确处理国家、集体、个人三者关系；二是上门传授生产技术，帮助解决生产上的困难，广开生产门路；三是帮助专业户做好产前产后的服务工作，使他们尽快富起来。十二队社员徐正新，家里人口多，劳力少，尽管村里每年会照顾他，但生活上还是富不起来。党支部书记张永来主动和他联系，经济上支持他六百元，帮助他买了一台制纽扣的机器，请针织厂的工人教他制纽技术，让他家专为队办针织厂制纽扣。这样，他家一年就收入一千多元。八队的钱兆丰，妻子体弱多病，一年到头只能做做家务，经济收入很少，生活比较贫困，党员徐正华联系该户后，支持他家买了一台摇衣的针织横机。利用空余时间，夫妻俩相互配合摇机织衣，去年收入超过了两千元。党员联系户活动的开展，全村的党群关系更为融洽了，党员在群众中的威信更高了。不少社员在家里办副业，总要跟党员商量，倾听党员的意见，请党员出出点子，当参谋。社员朱千法，家中种了四亩责任田。每到播种季节，主动找党员王坤保，请教播种技术。在王坤保的热情帮助下，他家的水稻亩产达一千二百斤。朱千法激动地说："我家能有这么好的收成，全靠党员干部王坤保的指导。"

三、一手抓物质文明，一手抓精神文明

农民生活富裕起来以后，对精神生活的要求也日益高起来了。根据这个新情况：

党支部在抓物质文明的同时，切实抓好精神文明的建设。做到物质文明和精神文明相互促进，共同发展。

在精神文明建设中，我村把思想建设放在首位，用共产主义思想教育农民。近年来，我们村物质生活逐步富裕起来后，有些社员受社会上不健康的思想和歪风邪气的影响，出现了赌博和迷信活动。有的人甚至说："我有钱赌。"面对歪风邪气的挑战，党支部就经常利用社员大会、农民技术学校、共青团和民兵活动等机会，不断地对社员进行形势与任务教育；社会主义、集体主义和爱国主义教育；共产主义道德和移风易俗教育；农业科学技术教育等，不断提高社员的觉悟，引领他们爱国家、爱集体，树立全局观念和集体观念，做到既敢于劳动致富，又做到国家、集体、个人三者利益相兼顾，努力开创遵纪守法、尊老爱幼、移风易俗、计划生育等新风尚。在建设精神文明活动中，我们要求党员做到五带头：一带头爱国家，爱集体，勤劳致富；二带头讲文明礼貌，尊老爱小，创建和睦家庭；三带头破旧立新，移风易俗，反对封建迷信；四带头晚婚和计划生育；五带头学政治、学文化、学技术。党支部每年检查评比一次，表彰执行"五带头"的优秀党员，批评和纠正歪风邪气。党员的五带头活动，推动了全村风气的根本好转。1983 年，全村评出五好家庭一百二十户，欧桥村也被市委和市人民政府命名为文明村。

不断提高农民的素质，是建设社会主义新农村的一个重要环节。为此，我村把文化教育当作一项紧迫任务来抓，迅速改变社员的文化知识同经济发展不相适应的状况。这两年来，我们村每年智力投资一万多元，有计划地选送一批具有高中文化的同志到大学去进修。还实行了对全村的青少年从小学到高中全部免费的制度，考取中专、高校的发奖学金。同时还根据本村的实际情况，办了农、工两个农民技术班，分期分批对干部和社员进行技术培训。为了丰富群众的文化生活，体育生活，我们在八零年就从集体的积累中拨出四十二万元，建造了一座农民文化宫和一个书厅，办了广播站和电影放映队，建立了乒乓球室、图书室、电视室和弈棋室。一九八三年，又新建了有一千七百个座位的灯光球场，已多次邀请了有关省市甲级男女篮球队前来比赛。社员在劳动之余，有的到文化宫看戏看电影，有的到书厅听书品茶，还有的在阅览室看书读报，做到了寓教育于娱乐之中。

精神文明的建设促进了社员思想觉悟的提高，大家初步摆正了劳动致富与实现共产主义大目标的关系，摆正了一村富和一乡富、一县富的关系。在这个基础上，我党支部就引导全村开展助人为乐的活动。与欧桥邻近的蒋家村，原来集体经济比较薄弱，社员分配水平较低，我党支部就去联系商量，帮助他们搞村办工业。开始由我们欧桥出资金、技术、厂房，他们出劳力，利润平分。当蒋家村工业发展到一定基础时，我村就支持他们单独办，资金、技术我们还是尽力帮助。对此，蒋家村的干部和社员说，欧桥村人的风格高。今年三月二日，常熟市福山乡红光村的农民陆永祥家中不幸失火。五间房屋和准备翻造三上三下楼房的木料全部烧光。这消息传到欧桥村后，党员群众极为同情。党支部书记张永来派人连夜赶往现场，和当地的党员干部一起做好灾户的工作。回村后，许多党员听了灾情后，连夜纷纷向党支部捐钱献物，有的送三十元，有的送十多元。在场的群众被党员的模范行为所感动，都主动参加捐献活动，一下子就捐了九百三十一元钱、六段布料、九十五斤大米。第二天，杨果观等三人受党支部委托，把钱物送到陆永祥家里时，陆一家人激动得说不出话来。在场的群众都一致称赞欧桥兄弟助人为乐的新风尚。两年来，全村五十六名党员为邻县、邻乡、邻村做好事一百零八件，广大社员也形成互相帮助的好风气，使助人为乐的精神传遍了整个妙桥乡。

几年来，欧桥村党支部在两个文明建设中，按照新党章的要求，做了一些工作，取得了一定的成绩，1982年以来，我村党支部先后被评为乡县市的先进党支部，还被省评为农业先进单位。今年党中央提出的大力发展农村商品生产，加快发展商品经济的步伐，努力开创工作的新局面。1984年农副工商总产值争取达一千七百万元，人均集体分配七百元，加上家庭副业收入人均二百元，社员实际生活水平达九百元，比1983年增长百分之十六，真正把我村建设成为一个繁荣昌盛的农民乐园。

（在苏州市文明镇村座谈会上的发言）

胡耀邦深秋访"两桥"

陶全坤

1979年底，沙洲县在欧桥大队召开了学欧桥、争富裕经验交流会，会议提出了"解放思想鼓实劲，学赶'两桥'（塘桥、欧桥）争富裕，粮争一吨棉纲半，农副工商齐飞跃"的口号。1980年欧桥大队率先跨进江苏省千万元大队。1983年塘桥乡成为江苏省第一个亿元乡。消息传到北京，主持中央工作的胡耀邦总书记在两次会议上提到江苏常州之东有个什么"桥"大队（即欧桥大队），给予很高的评价，称为中国农村由穷变富的典型。

1986年10月27日清晨，胡耀邦在省市主要领导的陪同下视察"两桥"。首先来到塘桥骨干企业化纤纺织厂。他很关心乡镇企业的发展，在工厂东区环道下车后，便迎着隆隆的织机声，饶有兴趣地看了前纺、后纺和槽筒车间，并边看边问"这个厂有多少工人？""职工人均收入多少？""这个厂有多大规模？""主要产品有哪些？出口哪些国家？"当得知该厂有3万纱锭、1200多名职工、人均收入1200元，并了解到该厂在短短几年中从稚弱逐步发展壮大，成为乡镇企业百花园中绚丽芳菲的奇葩时，连连笑了起来："很好！很好！"

这天上午 8 点半，胡耀邦接着访问了驰名中外的致富明星欧桥村。他一下车就环顾四周，望着这个既有水乡风光美景，又有城市园林美的地方：一幢幢单门独院别墅式小洋楼；村中心三群建筑物，矗立于姹紫嫣红的百花园中，他连连称赞："欧桥好！"当他听到省长顾秀莲介绍欧桥"以工……"两字停顿时，正在凝神阅读的总书记替她念了下去："以工奖农、补农、建农"，"建农"两字念得特别响。当他听到村党总支部书记张永来介绍村办工业总产值 4000 万元、农副工三业总产值 4700 万元、公共积累已达 1225 万元、农民人均分配稳定在 1100 元时，总书记沉思片刻，然后语重心长地说："（人均收入）这个嘛，每年要增加一点，哪怕 5 元也是增。"当他听完镇党委书记严鼎丰介绍该村村民福利待遇后，非常满意，还自言自语说："你们还有 1000 多个座位的影剧院，400 多个座位的农民书厅，1700 多个看台座位的灯光球场，还有乒乓、康乐、图书室……这些也是福利事业啊！"临别时，总书记向在场群众招手致意并愉快地答应为"欧桥农民文化宫""青年之家"题词。

总书记深秋在"两桥"的视察走访时间是短暂的，但给塘桥化纤厂职工、欧桥农民留下难忘的印象。他的平易近人，人民是记得那么清晰，那么真情；他十分重视农村改革，充分调动农民（职工）群主的积极性；他全心全意为人民服务的精神深深地铭刻在大家心中。

欧桥农民文化宫 青年之家

（选自《中国名镇志·塘桥镇志稿》）

翁叔元与西旸辟尘道院

近日，笔者因搜集史志材料去西旸金童庙，见其山门右侧墙身竖有一块石碑，高 125 厘米，宽 65 厘米。虽经岁月的"洗礼"仍依稀可辨《辟尘山碑记》五个大字，落款是"康熙三十六年，岁在丁丑春三月既望，邑人翁叔元撰并篆额"。

翁叔元是清朝康熙十五年（1676）的探花，后历任吏部侍郎、工部尚书和刑部尚书。金童庙又称辟尘道院，仅是妙桥西旸一座乡间小庙。这样一位名倾朝野的大臣怎么会为之亲撰碑记呢？笔者细读碑文，并翻阅史料，才知他与该庙缘分不浅。

原来，翁叔元在孩童时就遇到过金童庙老僧，留有深刻印象。据其自述，常熟北门外金童庙僧，日持一板击于街巷，高声唱："无常迅速，一心念佛！"当时，翁叔元只有 8 岁，正在家门口玩要。老僧抚摩小叔元的头顶说："小相公好生念佛，老僧去矣。"第二天，老僧拈香佛前，合掌念经，竟端坐而逝。这件事在翁叔元幼小的心灵经久难忘，后来在他写的《净土约说》跋中有详细记载。

金童庙在宋朝时系陈氏别业（西园），明朝嘉靖年间毁于倭乱。清初，陈氏族人合力重建，构堂阁，奉祀斗姥、吕仙和金童等神像，遂成道院。当时的巡抚大人慕天颜亲笔为道院题写堂匾曰"真风翼教"。据传有吕纯阳真人仙踪两次"俯降"，山农野叟，有叩必答，各如意而去，故香火极为旺盛，辟尘道院由此成为常熟北门外的历史名观。

初读碑记，可知翁叔元之所以为辟尘道院题写碑记，一则是幼年时与老僧有一段铭刻于心的缘分，二则是受好友之恳切约请。碑记中写道"丙子秋，友人汝南以书来京师，属辟尘道院记"。翁叔元虽贵为朝廷高官，却笃信神仙佛老之学，于是，欣然命笔，写下洋洋千余字的《辟尘山碑记》。

细加研读碑记，笔者对金童庙之历史，尤其是翁叔元之"识"有了初步了解。在翁叔元看来，所谓神仙，"殆孔子所称逸民者，质禀山川之秀，学贯古今之统，愿弘济世"，然而怀才不遇，又不愿俯仰取媚，于是"徜徉于山野林泉，或见或隐，以神仙特闻是说也"。他还称誉道教"以净明忠孝为筑基，以扶危济困为作用，以文章礼乐为符缘"的宗旨，表明了这位尚书大臣纳儒、释、道为一体的理学家的思想和胸襟。

（选自《张家港史志研究文集》）

外国朋友说欧桥

路 顺

欧桥村——这个被胡耀邦总书记喜引为中国农村由穷变富的典型，以它迷人的风姿，引来了一批又一批外国友人和港澳台侨胞。

今年春季，绿树掩映的欧桥村，鸟语花香。来自印度、瑞典、津巴布韦等十六个国家和国际劳工局、联合国粮农组织等八个国际组织的外国朋友来到欧桥。他们一进这个村子，就被这里的富有吸引住了，他们流连忘返，争相取景，把美好印象摄进镜头。美国国际粮食政策研究所布鲁斯·斯通先生看了欧桥村，惊喜地说：这里是中国农村的王牌了，不仅有漂亮的农家新居，还有农民文化宫、书厅、球场、商场、宾馆，不知今后他们村里还要搞什么，像这样好的村子，在美国也是很少的。斯里兰卡计划与执行部副部长为拉索里亚先生对一位村干部说：我们非常高兴看到欧桥村的巨大变化，这是建设具有中国特色新村的模式。我们大多数来自发展中国家，都有兴趣学一点你们的好经验。

初夏的江南，阳光柔和暖意洋洋，欧桥村笑了，欧桥村醉了，老人小孩们在村头游来逛去，笑逐颜开。原来，日本摄影队正在这里开拍长篇电视新闻《变化的中国》（南拍城市广州，北拍农村沙洲）呐！"中国的农村富裕了的标志就是中国人所说的'亿元乡'、'千万元村'的概念。这种富乡富村，在我们所在的江苏省越来越多。背后就是江苏欧桥的一家农户正在盖新房，据说造这么三间上下的一套新房，需花两万多元，这相当于一个普通农民四十年的收入。这种造新房，在苏南农村相当普通。"摄影师仲仓正二感慨地说："我们难得到中国来摄影，内容实在太丰富了，单欧桥，我就被许多场景吸引住了。"他们一连好几天在欧桥拍摄，尽力把欧桥农村艺术反映到画面中去。让日本人民更好地了解中国。

金秋，五谷飘香，欧桥村里喜气洋洋，人民又迎来了民柬友好访华团。这个团里的十四名成员中，大多数是刚从前线下来的高级军官。欧桥村民对他们的到来，特别欢迎。村里的负责人张永来向他们介绍了欧桥村的农民生活，并盛情招待了他们。民柬友好访华团对主人们的热情款待，十分感激，他们说，我们要把中国人的真诚友谊带回去，告诉我们的前线战士，让他们英勇作战，早日解放祖国。离别了，好几位客人还有意伫立片刻，还要过眼望一望欧桥村！他们由衷地赞美欧桥："一个村好像是一个小城市！""我们非常羡慕和钦佩你们！"他们反复表示了自己的心愿："等我们的祖国解放以后，我们一定要再来！""我们一定要向你们学习，建立新的柬埔寨……"

（选自《今日妙桥》）

皓首丹心献余热，童颜鹤发焕青春
——记退休老干部徐小青

苏侃斌　钱凤金

每天清晨，一切都在薄明的晨曦中的时候，妙桥街上总有一个年过花甲、面容清卓、精神饱满的老同志在车水马龙的街道上散步，他就是我镇的退休老干部徐小青。

老徐欧桥村人，原任妙桥乡乡长，今年已六十八岁，八四年退休，按理他可以像一般退休老人一样，在家"安享晚年桑榆景，乐享天伦福寿图"了，但他却没有这样考虑，仍然以一个共产党员的标准严格要求自己，视名利淡如水，视事业重如山，一如既往地为党兢兢业业工作着。

老徐虽已退休，但每天总比机关工作人员早上班晚下班，这对他来说成习惯了，目前他的主要工作是接待来自全国各地的来访者、参观者。这个工作看起来很平凡，但对一个年将七旬的老人来说却很艰巨，正如有些同志称赞他那样："别看老徐头发都白了，肚子里的货色多着呢。"确实，他对我镇的政治、经济情况了如指掌，对历年的工业产值等数据记得滚瓜烂熟，对答自如，这是他平时善于积累、留心记忆的结果。在向参观者介绍时，他不看笔记总是侃侃而谈。据统计，去年他一共接待了来自全国十八个省、四十八个县、一百四十多个单位的参观者，共五千一百二十余人。有时一天就要接待六七个参观团，整天忙忙碌碌，带着参观者来往于村、厂，从没有使参观者失望过。老徐运用多年来练就的接待能力使一批批参观者高兴而来，满意而归。

老徐人老志弥坚，口袋里总是鼓鼓囊囊的，一有空就认真学习各种知识。他以毛泽东、周恩来等老一辈无产阶级革命家为榜样，从不向国家、集体伸手拿一分工资外的钱，连医药费尽量靠自己解决。他总是这样对自己说："作为一个老党员，不应该向党索取什么，而应该想着怎样更好地为党献余热。"在他办公桌上的玻璃里，压着老一辈无产阶级革命家的座右铭，还夹着他自己亲手绘制的二幅奔马图和一幅劲竹长青图，以此自勉，活一天就要有奔马样的热情去工作，有劲竹般的意志去学习。

（选自《今日妙桥》）

最后一次党费

周正刚

人间最大的悲伤莫过于做兄的去给弟转交最后一次党费。现在每一回想起这件事，总不禁使我泪盈双睫，悲不胜悲。

我的弟弟建刚在 1987 年 10 月患白血病的。自从患病后，按时缴纳党费成了他生活中一件很重要的事。我清楚地记得，1987 年 12 月下旬，他刚从上海治病回来休息，由于身体十分虚弱没能上班，印染厂党支部就在他家召开党员干部会议，大家向他嘘寒问暖。党组织的关心如火一般撩起建刚与疾病抗争的信心，他从内心深处感受到党的阳光的无比温暖。他简单地向大家交待党支部的工作后，从衣袋里摸出三元党费交给组织委员。"我前些日子住院了，未能按时交党费，今天补交。"事后不久，他又重返医院治病。

1988 年 3 月下旬，正是春暖花开的时候，建刚的病情缓解后出院了，由于长期接受连续性化疗，体质更差了。回家后，他用坚强的毅力天天散步，学习气功，以期早日康复上班。但是，不间断的用药和筋骨的阵痛迫使他无法回厂工作。厂里的党员干部又上门来了，这年的支部第一次民主生活又在他家里过。党员们谈工作，谈思想。他呢，总是关心着工作，提希望，鼓励大家努力。大家临走时，他又一次摸出钱向组织委员递交了党费。

1988 年底，组织上考虑他身体还需要休息，不必劳神再虑，把他调离印染厂。此后的六个月，他在家里像关在笼中的鸟，孤独、寂寞、烦闷，每天陪伴他的是一张报纸和一架电视机，从报纸上看看党中央的消息，有天早上，他就起床找我，兴奋地交给我六元钱。"问一下严书记，我调离后的组织关系转哪里，接近四个月没交党费了。"我收下了钱去请示严书记，严书记说镇工业公司属经委支部，你去问一下他的组织关系有没有转去了。不久他又去上海住院。那六元党费一直放在我身边。9月 25 日下午，是建刚谢世的前一天。镇党委有关领导前去看望他，我蓦然想起了建刚给我的党费，急忙从衣袋里掏出那六元钱，沉重地交给了组织。这是建刚托我转交的最后一次党费。一名普通党员，他来到人世仅三十七个春秋，十六岁辍学、十八岁参军、二十岁入党、二十六岁当村党支部书记、三十岁当乡副业公司经理，以后几年又当厂长、支部书记。从入党那一天起，他不知亲手交过多少次党费，可现在我给他转交的党费竟成了最后一次，这叫我怎不痛心！党费这是每个党员的应尽义务，党费，这也凝结着每个党员对党的一片赤诚之心。建刚，一名普通的中国共产党党员、你在身患疾病的厄运中，时刻牢记着党，党不会忘记你的。

（选自《今日妙桥》）

父子俩的评弹情结

张小飞

在我的记忆里，我父亲张永来是个地道的评弹"粉丝"，也许是评弹的地域因素，他和乡亲们一样，平时不但爱听评弹，爱唱评弹曲调，还经常与评弹艺术家们接触交朋友，尤其是很多评弹艺术家成了他终生好友，感情颇深。父亲过世后，我和这些评弹艺术家成了忘年交，一直保持联系，平常邀我参加他们的团体活动。2011 年，我非常幸运的当选为张家港曲艺家协会副主席。我受父亲的影响，评弹也成了我最喜爱的曲艺，那软绵绵的曲调我特喜欢。在我的书桌上，堆放着厚厚几叠评弹艺术家们赠给父亲和我的磁带和光盘，墙上尚挂着一把伴随我三十一年已经半旧的三弦。每当工作之余闲来无事，我就进书房，拨弄三弦，弹唱几曲弹词，那柔婉的三弦，抑扬顿挫，唱几句弹词，煞是好听，真的给我一种无限乐趣。

我初接触评弹是在上世纪八十年代初期，那时候我刚进初中读书，欧桥大队已成为"苏南模式"的先进典型。大队新建了内设一千零四十二个座位的农民文化宫，四百个座位的欧桥书厅，六百八十个座位的灯光球场。欧桥书场开张那天，我父亲特请江苏省曲艺团艺术大师金声伯到欧桥书厅说评话，金先生说的《狸猫换太子》的故事，欧桥书厅座无虚席，村里男女老少都来观看听书，把整个书厅里三层外三层围个水泄不通。金先生书艺精湛，妙语连珠，铿锵有力，善于运用片言只语引得听众一阵阵笑声、掌声。我第一次听评话就被金先生吸引住了，一直听到"且听下回分解"才跟父亲悻悻离场。我走在回家路上，回味金先生的表演，总给我一种"曲终人远，犹有余音缭绕"的感觉。从此，金先生成了我的启蒙老师，往后每次到欧桥书厅说书，他一有空，我就去请教苏州评弹的说、唱、弹、噱等知识，学习"三弦"的持、操等基本功夫，我对苏州评弹渐渐入迷。

邢晏春、邢晏芝兄妹俩是我在 1983 年认识的，也是父亲带我去熟悉的。那年，欧桥村农副业三产总产值一千三百二十九万元，利润一百一十五万元，农村人均分配七百五十七元。全村五百四十五户，一千九百三十二人口，绝大多数家庭住上新楼房。为欢庆这具有历史意义的一年，我父亲特邀评弹艺术大师邢晏芝和她三哥邢晏春到欧桥书厅演出。我记得那天，邢晏春和邢晏芝兄妹俩还是第一次到欧桥，从城市到农村一看，这里是农村？分明像城市！特别是看到富裕起来的欧桥农民丰富多彩的文化生活，即兴创作了一段弹词《欧桥，是农村还是城市》，在当晚的评弹开篇中对欧桥大加赞赏，点赞一番。那次演唱的是《三笑》，邢晏芝那时年轻漂亮、风姿优雅，演唱开篇的那种神情，温婉贤淑、光彩照人，弹唱曲调绵软悠扬、悦耳动听，足让所有观众痴迷不醒。从那以后，邢晏芝兄妹俩成了我和父亲的朋友，逢年过节，他们总会到欧桥书厅为农民演出。我记得翌年春节，邢晏芝兄妹俩又邀请了倪迎春，三人同台演唱，演唱时用三弦、琵琶伴奏，演唱的曲词为板腔体的说书调。邢晏芝、倪迎春两位艺术家天赋佳嗓，轻清柔缓，弦琶淙铮，真的有一种"其声如百转春莺，醉心荡魄"、"每一登场，满座倾倒"的感觉，实在是经典。每次来到欧桥，他们总会赠送给我父亲一份必备的礼物——磁带。我父亲收到后一回到家，就打开收录机听、唱，模仿版本里的唱腔，一直学到深更半夜。

八十年代后期，邢晏春、邢晏芝调往苏州评弹学校任教后，邢晏芝举办过一场邢晏芝独唱会，唱的是民歌、戏曲和评弹开篇。那场演唱会，邢晏芝特邀我父亲参加，那次演出阵容宏大，各地评弹大家赶去捧场，我父亲回家后高兴得像个小孩子过节似的，滔滔不绝地告诉我"邢晏芝"演唱会上新认识了上海评弹艺术大家——张鉴庭、张鉴国等，并热情接受邀请来欧桥书厅为村民演出。

1986 年，胡耀邦总书记来到了欧桥村。这一年，欧桥书厅从开张以来是最热闹、最繁忙的一年。上海评弹团、杭州曲艺团等慕名来到欧桥书厅献艺。我和上海评弹团的著名评弹艺术家张鉴国、张鉴庭、赵开生、饶一尘、杨振雄、杨振言、余红仙等都在这一年认识的。我记得杨振雄、杨振言老师才华横溢，魅力迷人；余红仙老师年轻漂亮、唱腔甜美。演唱博得评弹观众一阵阵雷霆般的掌声。其中赵开生、饶一尘先生成了我的朋友，我每次到上海，有空就要去看望他们，张鉴国先生如今已经千古，他送给我父亲的一盘《珍珠塔》磁带至今我还珍藏着。每年清明节，我都会取出来听一段书，以表对父亲和张老先生的怀念。

　　1988年，是评弹明星到农民书厅演出最多的一年。那年，欧桥村工业总产值超1亿元，成为张家港市乃至苏州市第一个亿元村，外贸出口收购额名列苏州市第一。我父亲特请朱悟伯先生说《包公》；又请施斌、吴静演唱《玉蜻蜓》；秦建国、蒋文演唱《白蛇传》；上海的王文跃、石文磊、沈玲莉演出书戏《雷雨》《江姐》等，这些评弹艺术家精彩的轮番表演，引得周边乡镇、西张、凤凰、杨舍、鹿苑和常熟市的福山、谢桥等的评弹"粉丝"骑摩托车远道赶来观看。书厅内外人山人海、热闹非凡。现在施斌、吴静两位老师兼职苏州电视台栏目主持人，吴静毕业于评弹学校，多才多艺，舞台上潇洒大气，笔头上智慧过人，她和顾志明合作的《老苏州、小苏州》成了苏州评弹的代表作。施斌老师是位评弹高手，他在苏州电视台主持的《施斌聊斋》是我每天必看的节目，我与他经常保持联系，在苏州有时偶尔相见，亲热地叫我"三毛"（我父母生我兄弟三人，我排行最小，小时都叫我"三毛"）。

　　2015年春节，我邀请了浙江省曲艺团陆嘉乐、方晏磊老师到欧桥书厅演出。10月份，我听到苏州评弹又要上春晚的消息，高兴得跳起来，期待着这一天快快到来。大年夜，早早吃完年夜饭，我一家人守候在电视机前，春晚开始了，苏州吴中评弹团的张建珍老师和上海评弹团的高博文老师，强强联手合作的评弹歌舞节目《山水中国梦》开播了，我沉浸在评弹的温馨之中，张建珍老师那甜美的唱腔，使我深深感受到苏州评弹吴侬软语的魅力。苏州评弹是父亲和我最喜爱的曲艺，它带给我父子俩无尽的乐趣。

（选自《张家港评弹50年》）

志　余

第一章　文件选辑

沙洲县革命委员会
关于召开学欧桥、争富裕经验交流会的情况报告（摘要）

最近，我们花了一个星期时间，在我县"冒尖"的妙桥公社欧桥大队召开了一次学欧桥、争富裕经验交流会。参加会议的有各公社党委书记、分管工副业的副书记，样板和农副工上得加快的五十五个大队党支部书记，以及县级机关有关部、委、办、局负责干部，共一百五十多人。会议按照中央六十二号文件和县委工作会议精神，以欧桥大队为榜样，总结交流了三中全会贯彻以来的变化和经验。着重讨论和研究了如何加快农业全面发展、农村全面建设，让这些大队先富、快富、早富，使全县在一二年内有五分之一的大队赶上或超过欧桥大队现在的水平。

为了使欧桥这个典型更具有说服力，在这次会上，我们采取了看、听、议、订的方法，就实论虚，以虚代实，打开眼界，解放思想。

这次会议收效比较显著。从理论和实践的结合上比较好的解决了以下四个问题：

一、解放了思想，壮大了敢富抓钱的胆子

原来，部分干部对抓钱致富存在一个"怕"字：一怕变，二怕右，三怕犯错误，四怕个人吃亏，因而望富生畏，谈富色变，不敢想富抓钱。会上，从四个方面使到会同志弄懂了社会主义一定要富的道理：（1）社会主义革命的目的是为了发展生产，发展生产的目的是为了改善生活。因此，敢不敢富，抓不抓富，是鉴别我们真搞社会主义还是假搞社会主义的标志。（2）党中央提出的工作着重点转移，就是由搞政治运动、抓阶级斗争转到搞四化建设，抓经济工作上来，也就是由贫穷落后转到民富国强上来。敢不敢富，抓不抓富，是鉴别我们真搞转移还是假搞转移的标志。（3）搞农业现代化，是要使我们的农业变为能够满足人民生活和工业发展需要的发达的

农业，使我们的农村变为富庶的农村。敢不敢富，抓不抓富，是鉴别我们真搞农工业现代化还是假搞农业现代化的标志。（4）作为党的干部，就要按照群众的愿望，带领他们摆脱贫穷，走向富裕。因此，敢不敢富，抓不抓富，是鉴别我们真革命还是假革命，干部责任有没有尽到的标志。总之，富是社会主义必然的结果，是人心所向，抓富有理，抓富光荣，抓富是搞马列主义的表现。过去有些同志所以对这些道理认识不清，主要是思想上受了三方面的束缚：一是受了极左路线的束缚，这是主要的。二是受了小生产思想的束缚，心安理得过穷日子。三是受了"私"字束缚，畏缩不前，怕这怕那。道理上认清了，根子找到了，抓富的胆子就壮了。

二、开阔了眼界，找到了生财致富的路子

会上参观、介绍的欧桥等二十个先进单位的共同特点是：改变了单一农业经济结构，实现了农副工综合经营，使集体和社员迅速由穷至富。这些单位的不同点是：因地制宜，宜工则工，宜富则富，宜工副业一起办的，就工副业一起抓。到会同志一致认识到，单一农业经济像独木桥，农副工综合经营是金桥，也是生财致富必走的"天桥"。

三、摸着了门道，学到了抓钱致富的法子

欧桥大队，鹿苑公社十六个大队介绍的"生意经"，给了到会同志很大启发。他们决心回去做到五克服、五坚持：克服盲目生产，坚持摸透行情、以销定产；克服粗制滥造品种少，坚持高质量，多品种，创名牌；克服闭关自守，闭门办厂，坚持广交朋友，大搞协作；克服管理不善，少慢差费，坚持科学管理，多快好省；克服不学无术，甘当"外行"，坚持勤学苦钻，早作内行，从而快速有效地生财致富。

四、制定了规划，落实了加快致富的着子

县委按照"两个全面的要求"，因势利导，提出了"解放思想鼓实劲，学赶'两桥'（塘桥、欧桥）争富裕，粮争一吨棉纲半，农副工商齐飞跃"的口号，要求在一九八〇年，全县实现全年亩产争一吨粮；皮棉亩产超历史、争纲半；生猪圈存五十万头；副业队队超万元，全县超过六千万；工业队队超十万，社社超千万，全县超六亿；社员分配再增二十元，争取人均分配一百六十元，人口出生率降至千分之十二点五以内。出席会议的社队都因地制宜制定落实了自己的学赶规划和措施，决心在今冬明春抓好五个"大"字：一是结合年终分配，发动群众对今年的工作、生产、生活来一次大总结；二是围绕两个"全面"的目标，在干部社员中开展想不想富，敢不敢富，怎样富的大动员、大讨论；三是在加强科学管理、建立各种责任制上下功夫，来一个大落实；四是广开生财之道，全面经营农副工，开展一个早富、先富、快富的大竞赛；五是对农副工具体领导上来一个大加强，保证各项指标齐实现。

中共沙洲县委员会

一九七九年十二月三十一日

关于将棉田改种麻和药材的申请报告

妙政发〔1984〕第 9 号

沙洲县人民政府：

沙洲县计委：

沙洲县农业局：

今年以来，我们进一步贯彻落实中央〔1984〕1、4 号文件精神，围绕县委提出的"速度要加快·效益大提高·贡献大增加"的要求。对乡村工业进行了"改革、引进、开发、提高"。在上级有关部门的指导下，经乡党委、乡政府，经联委研究决定，新办一万锭的麻纺厂。

为了做到就地取材，就地生产，我们在保证完成全年粮食大包干出售任务的前提下，发挥本地优势，打算利用五千亩棉田改种黄麻和药材。棉田改种麻和药材后，既解决了麻纺厂的原料，减轻了运输压力，又增加了农民的经济收入，使农民得到更多实惠。我们算了一笔账：农民种一亩棉花，在正常年景下，单产按 110 斤皮棉，单价按 1.63 元计算（包括国家奖励），收入为 179.63 元，扣除 55.00 元成本，每亩纯收入 124.63 元；改种棉麻后，在一般年景下，每亩麻可收 700 斤，按国家收购价每百斤 29 元计算，收入 203 元，扣除成本 24 元，净收入 179 元，每亩麻可比棉花增加纯收入 54.37 元。若将五千亩棉田改种四千亩麻、一千亩药材，单麻每年可增加收入 217550 元。

新办麻纺厂后，若每年 1500 吨原麻都从贵阳购进，按每担差价 13 元（即调拨价＋运输费）计算，到外地引进比本地收购多支出费用 39 万元。为将这笔差价加价给农民，麻农每亩又可增加 91 元。因此，把棉田改种麻以后，农民从中可以实惠 145.37 元。全乡四千亩麻可增加收入 60.7550 万元。

至于一千亩药材，我们已经与县药材公司、山东省药材公司等地进行了联系，经济效益每亩药材比棉花可增加收入 140 元，按一千亩计算，可增加 140000 元。

关于植麻和药材的技术，我们聘请浙江省余杭县农科所技术员帮助指导，种子也由他们提供。

鉴于上述情况，我乡现报请上级有关部门审批，要求将五千亩棉田改种麻和药材。特此申请，请予批示。

妙桥乡人民政府

妙桥公社经济联合委员会

一九八四年八月十六日

（注：1983 年境内各村农民种植棉花面积近 2000 亩，约占全乡棉花种植面积 40％）

关于召开学欧桥、争富裕经验交流会的通知

沙委发〔1981〕第 43 号

各公社（场、镇）党委：

为了进一步贯彻中央十三号文件精神，检查春天全县"两个经验交流会"的落实情况，总结交流经验，进一步解放思想，广辟门路，把多种经营更加蓬勃地开展起来，个个生产队向万元进军，亩亩水面和洼地向千元进军，年终多种经营收入人均分配向百元进军，确保实现全县人均分配再增五十元的目标，经研究决定召开学欧桥、争富裕经验交流会。

出席对象：各公社（场、镇）分管多种经营的副书记或副主任，多办负责人，供销社分管多种经营的副主任和组副组负责人各一人；各大队分管抓多种经营的副支部书记或副大队长一人。上述对象，凡至今未明确的要立即研究确定下来，参加会议，今后一般不再变动。

会议出席的人员，于七月十五日晚饭前到县革命招待所报到，各公社（场、镇）副书记或副主任与十五日中饭前报到，下午开预备会。

各社、队要把贯彻中央十三号文件和全县两个经验交流会的情况，上半年多种经营的完成实绩和下半年的规划设想带来，以便交流。有关社队的典型材料要抓紧总结上报。

沙洲县委办公室

一九八一年七月十二日

关于开展东学欧桥、西学顾家、中学麻纺厂竞赛活动的决定

妙政发〔1990〕第 20 号

为了贯彻上级关于开展社会主义劳动竞赛的精神，5 月 16 日在镇召开的三级干部会议上，党委提出了在全镇范围内开展"比、学、赶、帮、超"括动。并宣布了欧桥精纺厂、顾家村、麻纺织厂为全镇学习的标兵。他们是振兴妙桥经济的排头兵，是"比、学、赶、帮、超"的榜样。

欧桥村历年来一直在全镇名列前茅，为全镇完成各项经济指标挑起大梁。该村精纺厂在开发产品、切实加强企业管理等方面取得了令人信服、使人敬佩的成绩，曾被评为苏州市先进企业和张家港市"明星企业"，并获国家出口创汇"飞龙奖"。该厂是省二级设备管理合格企业，生产的产品获省新产品奖和省优质产品奖。1989年产值超过 6000 万元，外贸收购额接近 3000 万元并实现较好的税利水平，特别是

各项生产指标和质量指标在全国毛纺行业中居先进地位。

顾家村一向以团结的班子、扎实的工作作风，三业协调发展而受到领导的称赞和社会的好评，多年评为"双文明单位"，生产的产品曾获省级新产品多只，在88年经苏州市验收获出口产品和质量许可证。1989年完成产值超过2000万元，产销率达到90％，利税接近100万元，外贸收购额550万元。

麻纺织厂是镇办骨干企业之一。由于该厂领导以厂为家，勇于开拓，善于创新，被评为苏州市先进企业和张家港市"明星企业"、设备管理省二级和二级计量合格企业。早在87年就是市基础管理一级企业，88年就获出口产品生产和质量合格证，是市级档案工作先进企业，连续三年的张家港市"双文明单位"。生产的产品曾获省级新产品奖，并获苏州市优质产品奖。近年来，该厂以艰苦创业的姿态，扩大了生产能力。目前已自创效益全部收回办厂第一期近千万投资，年产值已超过5千万。

欧桥精纺厂、顾家村、麻纺织厂三个先进单位发扬的是"不务虚名的求实精神；艰苦奋斗的创业精神；不断进取的竞争精神；一心为公的奉献精神"。为了表彰他们的业绩，在全镇掀起"比学赶帮超"的热潮，我们号召全镇各村、各厂深入地大张旗鼓地开展向他们学习的活动。

学习三个先进单位，首先要学习他们的精神。以"精纺精神"高标准、严要求，自加压力，不断探索；以"顾家精神"上下一致，奋发求实，三业协调发展；以"麻纺精神"，致力创新，开拓进取。要像他们那样坚持企业的社会主义方向，做好职工的思想政治工作，正确处理好"公"与"私"的关系；像他们那样，敢于到市场的风浪中去求索，摸信息，研究信息，不断开发市场适销对路的产品；像他们那样善于抓住各种抓遇，努力出口创汇，像他们那样，永不满足，努力赶超先进水平。

学习三个标兵单位，要学习他们科学的企业管理方法。像他们那样在加强企业管理中始终以提高经济效益为中心，以提高产品质量，降低物质消耗为重点，从企业的基础管理入手，一步一个脚印，实实在在，持之以恒地开展企业管理工作，使企业保持强盛的竞争能力。

学习三个标兵单位，要学习他们有科学的分析态度，依靠科技进步，不断开发新产品的先进经验。三个标兵单位规模不断壮大，经济效益显著增长，既是加强企业管理的结果，更是重视和推进技改和技术进步的成就。因此，要学习他们重视技术、重视人才、重视职工的应知应会培训和合理化建议。

还有一点值得大家思考学习的是顾家村常年来领导干部不搞家庭副业，集中精力，一心为公，努力发展工业的同时，以工促农。他们坚定走社会主义道路，注重农业投入，积极推广优良品种，不断增加农机设备，逐步改善农田基本设施，增添了农业发展后劲。因此还需学习他们对社会主义坚定的信念，勤勤恳恳地耕耘农村这片希望的田野。

　　学习三个先进不能凭一时的热情，而是要落实到具体的行动中去，坚持不懈地学，学到真经，学出效果。因此，希望各村、厂认真研究方案，依靠和发动群众实施方案，为推动我镇经济建设发光发热。

妙桥镇人民政府

妙桥镇经济委员会

一九九〇年六月二十日

关于妙桥镇周院村西山土地的确权意见

张土发〔1991〕第 18 号

妙桥镇人民政府：

　　你们报来《关于对周院村西山土地的确权报告》悉。

　　经查核：西山林场总面积为 43.2 亩。其中茶林面积 23.62 亩，竹木绿化地 3.2 亩，荒弃地 9.4 亩，道路面积 4.5 亩，河塘 0.68 亩，建筑占地 1.8 亩。由于历史原因，西山土地权属不清，致使产生土地纠纷。

　　为了巩固和发展西山林业基地，维护土地使用者的合法权益，正确处理村队之间的矛盾，根据《土地管理法》第八条规定以及国家土地管理局 1989 年国土〔籍〕字第 73 号文件精神："土地改革时分给农民并颁发了土地所有证的土地……属农民集体土地"。常熟市档案局提供的资料证明，西山有集体土地 4.64 亩，可以确定给周院村 10、11 队，其余均属国有土地。

　　西山林场的发展由来已久，当初 10、11 队都参与了对国有荒山的开垦种植，应当享受 5.36 亩国有土地使用权。但村队已经签订了用地协议，并给予一定的经济补偿，土地使用权理应确定给村专业队使用。

张家港市土地管理局

一九九一年五月二十五日

关于撤并陶桥、仇家等村的通知

妙政发〔2000〕21 号

各村、企事业单位：

　　经报市人民政府批准，按张政组〔2000〕21 号《关于同意妙桥镇撤并陶桥、仇家等村的批复》的文件精神，我镇原陶桥村与洞泾村进行合并，建立洞泾村；仇家村与蒋家村合并，建立蒋家村；将周院村南片 6 个村民小组并入塘湾村，将北片 6 个村民小组并入立新村，同时撤销陶桥村、仇家村、周院村的村民和村民委员会。

特此通知

妙桥镇人民政府

二〇〇〇年六月二十五日

关于同意"江苏欧桥精纺厂"改组为
"江苏欧桥精纺有限公司"的批复

张体发〔2000〕74号

妙桥镇农工商总公司：

你公司妙总发〔2000〕74号请示悉。经研究，现批复如下：

一、同意将江苏欧桥精纺厂改组成江苏欧桥精纺有限公司。

二、该企业改组成有限公司，股本总额1200万元，由妙桥镇欧桥村民委员会和马品华等一名自然人共同出资参股。

三、该企业改制后，按有关规定到市工商行政管理局办理登记手续，到税务部门办理税务登记手续。

四、该企业改制后，要按《公司法》要求，严格规范运作，努力提高经济效益。

张家港市经济体制改革委员会

二〇〇〇年七月十七日

关于同意塘桥镇部分行政区划调整的批复

张政发〔2004〕26号

塘桥镇人民政府：

你镇关于调整部分村行政区划的请示悉。经研究，同意行政区域相邻的杨园村撤村并入镇中社区居委会；禄荡村、李王村、金巷村与周巷村合并，建立新的周巷村；南塘村、十字港村与何桥村合并，建立新的何桥村；上相村与青龙村合并，建立新的青龙村；水渠村与韩山村合并，建立新的韩山村；妙桥村撤村并入妙桥社区居委会；横泾村、薛家村、吹鼓村与洞泾村合并，建立新的洞泾村；陈庄村与顾家村合并，建立新的顾家村；西旸村、立新村与欧桥村合并，建立新的欧桥村；沙田村、跃进村与蒋家村合并，建立新的蒋家村；前巷村、勤丰村、塘湾村与金村村合并，建立新的金村村；西苑村撤村并入鹿苑社区居委会；鹿东村、奚浦村与巨桥村合并，建立新的巨桥村；鹿北村、南林村与滩里村合并，建立新的滩里村；徐湾村与花园村合并，建立新的花园村；马嘶村、五厢村与牛桥村合并，建立新的牛桥村；

泾西村与刘村村合并,建立新的刘村村。同时撤销杨园村、禄荡村、李王村、金巷村、南塘村、十字港村、上相村、水渠村、妙桥村、横泾村、薛家村、吹鼓村、陈庄村、西旸村、立新村、沙田村、跃进村、前巷村、勤丰村、塘湾村、西苑村、鹿东村、奚浦村、鹿北村、南林村、徐湾村、马嘶村、五厢村和泾西村的村名及村名委员会。撤并工作具体事项由你镇负责实施,并按《村民委员会组织法》和《居民委员会组织法》建立好新的周巷村、何桥村、青龙村、韩山村、洞泾村、顾家村、欧桥村、蒋家村、金村村、巨桥村、滩里村、花园村、牛桥村、刘村村的村民委员会及镇中、妙桥、鹿苑社区居民委员会。

　　此复。

张家港市人民政府
二〇〇四年三月四日

关于在部分经济强村、强企建立党委的通知

张委组〔2004〕82 号

市委各工委,各镇、厂党委(直属总支),各部委办局、市直属各单位、各人民团体党组织,沙洲工学院、梁丰高级中学党组织:

　　经市委常委会研究决定:

　　建立塘桥镇欧桥村党委,张小飞同志任党委书记;

　　建立华芳集团有限公司党委,秦大乾同志任党委书记。

中共张家港市委员会
二〇〇四年三月二十六日

关于命名张家港首批文化生态保护区和传统村落的决定

张政发〔2014〕14 号

各镇政府、经济服务中心、冶金工业园、常阴沙现代农业示范园区、双山岛旅游度假区管委会,市政府各部门、市直属各单位(公司),各条线管理单位:

　　建设文化生态保护区和传统村落,是将非物质文化遗产项目与其依存的环境进行整体性保护、维护文化生态系统的平衡和完整、推动非物质文化遗产的有效保护和传承发展的重要举措,有利于调动全社会保护非物质文化遗产的积极性,促进城市文化与经济社会全面协调和可持续发展。根据《文化部关于加强国家级文化生态

保护区建设的指导意见》和省、苏州市等文件要求，我市积极开展文化生态保护区和传统村落规划、建设及申报工作，经过深入调研、广泛论证，决定命名沙上文化生态保护区、金村文化生态保护区为张家港市首批文化生态保护区，命名欧桥（西旸）传统村落为张家港市首批传统村落。

希望被命名文化生态保护区和传统村落的有关镇（区）要认真贯彻"保护为主、抢救第一、合理利用、传承发展"的方针，积极探索实践，积累经验，切实做好文化生态保护区和传统村落建设工作；要科学制定保护规划纲要和相关政策，落实具体措施，着力加强区域内各类非物质文化遗产的抢救、保护、传承和弘扬；要不断积累经验，充分发挥示范和辐射作用，为推进全市文化生态保护区和传统村落建设作出更大的贡献。

张家港市人民政府
二○一四年三月十日

第二章　传说

金鸡墩

昔日，在西旸之东有个大坟名叫金鸡墩，每到半夜三更里，墩内要传出金鸡啼叫的声音，凄凄切切，声传十里，一直叫到东方鱼肚白才停止。天天如此，日日不止。传说这是诚王张士诚的爱妻在为张士诚喊冤，也有的说是催张士诚出来上早朝。

这个墩，本来叫"金姬墩"。据说在元朝末年至正年间，张士诚在苏北泰州高邮造反，打到江南，当了一代英雄。他有个老婆，名叫李金儿，是个"贤内助"，才貌双全，不仅有沉鱼落雁之貌，而且有治国理政之才，每次研究军国大策，她都参与谋略，凡是由李金儿出的主意，总会成功。张士诚哪些地方不检点的，她就指出纠正，耐心谏劝。所以，张士诚十分宠爱李金儿。

后来，张士诚在西旸之东鳗鱼港登基之后，封李金儿为"金姬"。每当李金儿早早起身叫醒张士诚起来上早朝，她自己也坐在旁边，协助治理朝政。因而张士诚在妙桥、西旸、福山一带五年间，纪律严明，深得群众爱戴。谁知正当张士诚出师攻打姑苏城时，李金儿染重病于鳗鱼港新建殿宫中，待等诚王得信赶回鳗鱼港时，金姬已经停止了呼吸。诚王十分痛心，就在殿旁造了墓，把金姬生前的珠宝美玉全部作为殉葬品放在坟里。张士诚打下姑苏城后改称吴王，加封李金儿为"护国定仙妃"。

李金儿死后，张士诚无人谏劝，生活逐渐放荡，迷恋酒色，不理朝政，日趋腐败，不几年被朱元璋所俘，于建康自缢而亡。据说李金儿阴魂不散，就朝殿山啼哭，意思是你诚王头脑要清醒，可已来不及了。因为金姬坟墩里有金鸡啼鸣声，故称金姬墩为"金鸡墩"了。因为鸡的叫声很像啼哭，所以后人把"鸡叫"称之为"鸡啼"了。

（选自《今日妙桥》）

思娘塘与西旸塘

　　妙桥地区有一条从江边小镇西旸通往常熟虞山的古河流，即西洋泾，亦称西阳港、西旸塘，是常熟北部交通和排灌水利动脉。新中国成立后，经过 1952 年、1956 年、1957 年、1964 年等多次疏浚后，港湾少了。然而古代港湾特别多，仅妙桥境内就传说有 72 个港湾。相传此塘古称"思娘塘"。传说数千年前，古恬庄东南仓家桥处有个龙潭大湖，内居母子两条白龙。后小龙渐大，奉玉帝旨意途经扬子江去东海修行。一日将行，母子挥泪而别，小白龙从龙潭湖向北方的海口游去，游过的地方留下一条深深的河流，河两侧涌起了高低不平的泥土。小白龙恋母依依不舍，但奉玉帝圣旨，又不能不去。他一边向北游，一边回头望娘，每游一段回头望一下，每一次回头都要掉下许多辛酸的眼泪。前后共 72 个回盼，故形成河流有 72 个湾。小白龙所经之地形成的河取名"思娘塘"。历沧海桑田，古时的海口逐渐成陆，人们在海口建起小镇"思娘镇"。久之，谐音传为"西旸镇"。思娘塘也被人们称为"西旸塘"。

（选自《塘桥传说》）

欧家桥桥名的由来

　　欧桥，又名"欧家桥"，以桥名推理，此桥是按欧姓取名，可是全村 1000 余人中，无一姓"欧"。欧桥何以得名呢？这里有一段传说：据当地老者说，现在新建的欧家桥（又名丰收桥）前身是一座石桥。该桥早在明朝就建成了，但不称欧桥，到乾隆之后才命名欧家桥。

　　相传清乾隆皇帝乔装改扮下江南，饱览江南水乡秀丽的景色，曾路过欧桥。当时，他打着当地语气询问一农民："嗨！这条啥桥？"这位农民因问讯者少礼貌，也就开玩笑地回答："是嗨家桥"。乾隆皇帝点点头曰："噢，欧家桥。"后来农民才了解到问讯者并非凡夫，乃是当今万岁——乾隆皇帝。后为纪念此事，当地农民将这座桥命名为欧家桥。

（选自《妙桥地名志》）

西旸港渔民的禁忌

清朝后期，西旸港有"鱼市"之称。每逢春汛鱼季，从西旸港出海捕捞的渔船有40多艘，还有苏北网船数百只。渔汛季节，自西旸港口到邹家宕新桥停泊的渔船，帆墙林立，首尾相接，长达2华里左右。

旧时渔船每汛出海前，都要到金童庙里焚香点烛，行跪叩礼，请回疏牒（行文书）。再回到船上祭告神祇、先焚香点烛，再由船老大向神灵行跪叩礼后烧化疏牒，亦称送"行文书"。同时船老大捧一杯酒泼入西旸塘内，并抛少许肉块水中，这叫祭海，亦称"酬游魂"，以祈祷渔船出海作业时顺风顺水，一路平安。每年第一次出海俗称"开洋"，要选好黄道吉日，用猪头、全鸭、鲜鱼等三牲供奉海龙王，渔船要用稻秆烟熏一遍，又要用红、白布做三角形小旗数面，旗上要写明附近数尊神灵（老爷）的名字，分别插在船之首尾，冀其保佑"开洋"时平安无事。同时船上还要携带盐、麦、米、字纸灰，佛码香帛等物品，以备"开洋"期间，在海上遭遇怪异时祭祀所用。到当年渔汛结束时，渔民再用猪头、全鸭、鲜鱼等供奉，以酬谢海龙王，俗称"谢洋"。"开洋"和"谢洋"供毕，由船老大从猪鼻上割下一块肉，抛入水中，其余供品大伙分食。另外每年立夏、端午、重阳节，当地渔民也要到张网桁地和金童庙焚香叩头，给海龙王或河神"祝福"，以表渔民的谢意。

渔民禁忌多，渔船出海回埠，遇行乞之人，都要当面施舍，谓之"讨嘎饭"。渔船上忌红白喜事；凡家里死了人，禁忌到别人家去，也不宜外出探亲；凡参与操办丧事的人，禁忌参加操办喜事；办了喜事未满月的新娘是"火脚"，踏上人家的船，必须放鞭炮，以消除晦气；渔民家中生育孩子，家里人下海作业前要在神像前烧纸钱和点香烛；渔民家中有丧事，家里人上船作业前也要烧纸线和点香烛。对妇女禁忌更多；妇女不能站在船头正中，不能跨过船头和网架，不能走正中的"龙门跳"，不能与男人同桌吃饭，不能从船头坎走过，遇到有关生产事宜，女人不得先于男人讲话，碰到两船相撞，女人不能用手推人家的船，孕妇不能脚踏船板等。船上的男女都忌双脚悬于船舷外，以免水鬼拖脚；坐在船上忌搁膝盖，忌双手捧双脚姿势，此态像哭，很不吉利。忌男人在船头上小便，船上吃饭用鱼时，筷子不能搁在碗碟上，这意味船会搁浅；鱼头要放在老大（舵手）面前，鱼尾放在"挡橹"（舢板小老大）处，中段下肩舱（渔捞手）处，并先吃鱼头，意示"一头顺风"；盘中的鱼不可翻身，亦不能先攫鱼眼，否则隐示要翻船。船上其他东西翻身只能讲"涨身"。此外，出言必以吉利为主，如"十"、"石"音近"蚀"，有蚀本亏缺之意，改读"赚"；"塔"音近"坍"，有坍掉之意，改读"星"；凡遇到不吉利的谐音、方言都要用改称，如"石浦"叫"赚浦"；"猪头"改称"利市"；"猪耳"叫"顺风"等。渔民禁忌将碗筷丢下海中，这意味着看不起渔家及捕鱼的职业；渔民在海上作业或行船，遇到漂流尸体，要把它打捞上岸埋葬，在船上不能讲"浮尸"一类骂人的话语；如捞到动物的骨头，禁忌丢入海中，而要拾上岸，放在"万福公墓"（长江边上的坟场）。

渔民造船，开工前要选好吉日良辰，要用三牲祭品敬请天地神灵，要向木工师傅敬酒，送"红包"。新船梁头（龙骨）定位时要披红挂彩；装淡水的"水舱"、梁头合拢处要衬银洋或铜板、铜钱，并用银钉或铜钉钉合，这是"船灵魂"，亦称"水灵魂"。最后一道工序装船"眼睛"也叫"定彩"。这也要选择吉时良辰，并要给木工师傅付双份工钱和"红包"，在船尾栏板上要贴"海不扬波"的横幅，由木工师傅安上五色彩条（五行），将银钉或铜钉嵌钉其上，就算钉好了"眼睛"，并用红布蒙住。到新船下水时才能揭开红布，称之"启眼"。由身强力壮，父母双全的几十个青壮年在敲锣打鼓，鞭炮齐鸣的气氛中将船徐徐"赴水"（推入水中），谐音表示"富庶"，以图吉利发财。赴水时，东家站在船头上向围观的人群抛馒头，以示抛发禄、发财致富。下水后，在船的后舱设神龛，专供船关菩萨（老爷），这叫堂舱。并用三牲祭品向船关菩萨"祝福"，一般内河渔船供奉女菩萨，出海大渔船供奉男菩萨。在船关菩萨两旁放两个木雕小神像，一个叫"顺风耳"，一个叫"千里眼"。新中国成立后，由于西肠港淤塞，出海渔民东迁福山港、浒浦港，部分江北网船渔民上岸定居，这些俗习慢慢失传。

（选自《张家港风俗》）

第三章　《申报》旧闻

水利研究会审查会议纪

县水利研究会前日为筹浚西洋泾、福山塘、湖槽塘、梅浒塘、徐六泾各河道，特开审查会议，主任丁祖荫、审查员黄炳元、王鸿飞、王泰、陈光煜、夏贻仲、徐粹庵、水利工程局代表赵远及河道所在市乡董曾玉如等，推黄炳元为审查长，兹将各河应拨公款，规定审查意见录下：（1）县水利上存各款，现查县公款公产处交会收支账略，殊不明了，应由审查签附意见，送请主任，知照县公产处详细答复；（2）西洋、福湖漕三河工费，春季大会原议决拨存银一万元，现审核工程概算，委有不敷，应再续拨一万元，归三河统筹支配；（3）梅浒塘工费，动拨银一万元，一面由会函知工程局，仍按历来梅浒塘浚成案，继续勘估，核实汇造预算义议；（4）徐六泾塘向与白茆并浚，现查本年度普带项下，有茆河带征银八千元，应先尽数专折提存，不敷之款，候工程局复则后，再行议拨，尚有第一干河及北横套浚河决算，不及审查，续定原历二十日继续审查，二十一日接开大会云。

（原载《申报》1924 年 12 月 9 日）

清乡局长出发查察

本县清乡局长严师愈日内对于清乡事宜已着手进行，并定即日出发至各市乡查察。其出发路线已决定，计先由西南乡，转赴东乡北乡。其路由如下：邹巷、大小义桥、归家城，港口、金家村、庙桥、西塘桥、鹿苑、新庄港、东来镇、沙洲、庆安、西塘市、栏杆桥、西张市、徐市、周家码头、冶塘、大河、王庄、练塘、卫家浜、平市、旺泥桥、杨树园、桐港泾、吕舍、辛庄、莫城、横泾、东塘市、石牌、任阳、李市、白茆、古里村、董浜、东徐市、吴市、张市、横塘市、东周市、沈家市、梅里、浒浦、王市、先生桥、萧家桥、福山等处。

（原载《申报》1925 年 4 月 17 日第 10 版）

枭匪白日行劫

农历初八日午后一时，福山乡邓市镇，突有枭匪十三人，均持枪械，先侵入陆某洋货店，抢去现洋一百余元。次向陆姓面店行劫，抢去货物银洋约八百元。其对邻张老四家，亦遭该匪侵入，抢去银饰、衣服等约值二百元之数，抢毕，即鸣枪示威，往西洋泾而去。三家事主已飞报福山警分所长徐蕴山，请予饬警查缉矣。

（原载《申报》1925 年 4 月 3 日第 10 版）

续志福山乡伤害致死案

福山乡之邹湘九，于原历八月二十七夜被人戳毙，在河干发现死尸，由保正报由乡董呈县请验等情，已志本报。兹悉此案由俞承审员偕同赵检验吏，于二十九日赴乡，至下午四时，舟抵该处，验明该尸头上刀伤，系委致命，又有项上一刀，确系被人戳毙，弃尸于河。验毕，俞承审员谕该尸属候缉正凶，旋回舟返城。当案出后，该乡周警分所所长查悉有革警时小五，与此案涉有嫌疑，即命警密拘，讵时早时已远飏，仅传到时妻某氏，询时何往，答称已赴鹿苑，周即至时处检查一过，并无违禁物品，事毕回所云。

（原载《申报》1927 年 5 月 4 日第 10 版）

西洋镇连劫架人案

本邑福山区西洋镇地濒大江，枭匪出没无常，乡人司空见惯，毫不之防。讵于前夜（五日）十二时许，忽有海盗二十余人自江边登岸，蜂拥至国医章成器家，迫索银洋，章以无钱对，请约定日期地点，俾得从容筹划，如数交付。盗不允，即从事抢劫，仅得洋二十八元，及衣饰等物，盗意犹未足，仍将章掳之而去。及出章姓之门，见对岸农民张宝歧家，房屋颇好，误认巨室，即绕至对河打门入内，任意搜劫，讵仅得铜元数十枚，于是复将六十四岁老农张宝歧，及六岁幼子一并架去。继又往镇上钱永康家，钱做棉花生意，今日适自南沙区东莱镇出货回来，有货洋九百余元，当被全数劫去。旋又至仇姓贾抢劫，计被劫洋二千余元。盗当见无复可劫之家，乃扎肉票回至江边，遇港口缉私船放出之外哨三人，盗乃一拥上前，将哨兵捆绑，旋经苦苦哀求，始得释放，惟哨兵之枪械子弹，全被劫去，然后匪始登舟，向北开去。身后据镇上乡人云，盗在道真之先，已派多人至镇，先将公告电话机撬去，以防走漏消息。并又据守蟹簖之渔翁云，当盗来时见有一王市镇之客籍游民郑玉山，手持电筒，在前引路云云。现各事主方面，已报告福山区公安所，一面又飞报县政府，请求营救肉票。

（原载《申报》1930 年 11 月 8 日第 10 版）

中医被绑架索款四千元

本邑福山区西洋镇之中医章成器，及农民张宝歧等家，于本月五日，被海盗抢劫，并架去章张及小孩等数人。兹闻福山章成器家中，于前日忽接得章由匪窟寄来一函，函中略谓在匪窟中极为痛苦，匪要求集洋四千元，前往大安港接洽。现章姓接函后，已在竭力筹款。

（原载《申报》1930 年 11 月 19 日第 9 版）

西洋镇又发生绑劫案

本邑福山区西洋镇，于前月间将业医之章成器等六人绑去，迄今尚无下落。讵前晚（二十二日）十时许，有海匪五十余人，分乘民船五艘抵镇，各佩戴武器，先抵港口时，该处适停有缉私船一艘，盗等即将该巡船包围，警因寡不敌众，致所有枪械，全被劫去，计被劫步枪一支，盒子炮二支，马枪一支。夺械后，即一拥至邹有衡家，肆行搜劫，计被劫银元百余元，及饰物等，临行并将好友哼之子田臣，及兄嫂邹朱氏，侄女桂××等三人架去。旋又至同里王伯生家，将其子桂生，及其侄女招妹二人一并架去。并闻邹友衡曾于前岁被匪绑架，以三万元取赎，出险未久，而又以儿子被绑架闻，亦云若矣。

（原载《申报》1930 年 11 月 26 日第 10 版）

西洋镇一夕数惊

福山区西洋镇于最近一月间，连遭匪劫架人巨案两起，迄今尚无消息，因之近来镇上居民，一场恐慌，大有风声鹤唳之概。前日夜间水陆警正在密放步哨之时，突然发现海中有船只一艘，时行时止，逗留西洋镇附近，形迹颇有可疑，乃由步哨返队报告之后，即用电话转告福山李占魁分队长，召集全体巡士，于深夜向西洋镇进发。该船等知有准备，乃转帆而逸，幸无意外。然在居民方面，大有恐慌，甚有□□夜迁徙者，秩序紊乱异常云。

（原载《申报》1930 年 12 月 1 日第 11 版）

西洋镇劫匪探听肉票家况

本邑福山区西洋镇，两遭匪劫架人案。兹闻第一次架去之中医章成器，匪索四千元取赎，章姓因无的款，故至今尚未出险，据闻章在窟中，经匪虐待，痛苦万状。至第二次绑却之邹幼英等五人，匪共索价三万元，无奈此辈均赤贫如洗，经各肉票向匪首哀求，始云待亲自调查后再行减削。前日特派匪多人，假充卖白菜人，雇舟一艘，至金村一带呼售，而舟上所载白菜，则并不多积，及与人买卖时，则每提及邹氏等数家之现状，并语至被绑匪去事，故作可怜状，未几即为镇人看出破绽，知非善类，均不敢与交谈，未及两日，该船仍向大海中驶去。

（原载《申报》1930 年 12 月 7 日第 10 版）

西洋镇又发生惊忧

本邑福山区西洋镇，因迭次发生掳劫案后，附近如金村村一带居民，咸惴惴自危，一遇警告，即群相惊忧。前夜九时许，西洋海口发现匪船五艘，该处驻警即用电话报告妙桥等处，谓海口到有五匪船，惟未悉究向何方行驶，本镇居民闻讯，即纷纷避匿。未数分钟，金村又接到电话，谓盗匪已携械登岸，向同地前进，速即戒备。该处商团接得此项消息后，即戎装实弹，严备警备，金村方面之商民，亦均失措，而尤以妇女等竟有下舟迁避者，旋经民众及驻警商团等集议防范。及至午夜三时许，又接妙桥电话，谓有公安队前往西洋镇痛剿，匪已退云云，于是民众方面，始稍镇静，然已受惊不浅矣。

（原载《申报》1930 年 12 月 10 日第 10 版）

缉私船舱长倒霉

福山区西洋镇，迭遭西洋绑劫案，已屡志本报，至前次被劫时，驻在该处之缉私处哨船舱长梁惠生，亦遭池鱼之殃，计被匪劫去一九步枪五支、白郎林手枪一支及财物等。梁舱长以当时众寡不敌，将被劫情形，亲赴上海统领处报告，并自请处分，不料统领大为震惊，以为梁舱长防堵不力，非不能保卫地方，益且将机械遗失，难卸罪责，即将梁惠生撤职，并饬令将所遗枪械，负责赔偿，遗缺即另委张，某接任。惟梁本贫寒，一时乏巨款，现托人向统领情商，闻已允酌赔半数，以示惩戒。

（原载《申报》1930 年 12 月 11 日第 8 版）

中医章成器已由匪窟逃归

本邑福山区西洋镇，业中医之章成器，于上月间与张宝歧等四人，一并被海匪绑去，旋匪由大安港通函章之家属，索四千元取赎，及备款前往，匪强欲以七千元与张等同赎出。时章之家属，因无巨款，况与张等并无关系，故未成事实。而匪强欲以七千元与张等同赎者，实不肯释章。盖章业中医已有数十年，在西洋福山一带颇有盛名，被绑后，匪即请章为常驻医生，章之起居饮食，匪极优待，并另辟一室，派数匪轮值服侍，一方仍作监视，惟不甚严密，章为求免羁绊计，亦颇与匪和洽，前日通州海州两县，大举剿匪，激战二昼夜，匪不支而退，至宋季港，匪首为警捕去，匪众大乱，章乘此隙，即逃奔数十里，未尝稍休息，于前日（十八日）至南通境，然后再搭舟归来，现闻章将休养数日，仍理旧业，以维生活。至张宝歧等，则尚未脱险。

（原载《申报》1930 年 12 月 21 日第 12 版）

章成器脱险之又一消息

福山西洋镇中医章成器，于上月十六日被匪劫架去，业于十八日出逃出匪窟归来，兹又据一讯，谓章系托人以四千元赎出。章在匪窟中，曾医治匪首之病，因是匪常饬人赠以香烟等，一日曾亲谓匪首云，一生积蓄，现告贷无门，可否准其脱险，讵为同绑之张宝歧云，尔虽无资产，幸有亲朋富有，学生众多，不难凑巨款，讵为匪首所闻，故强以四千元取赎云云。

（原载《申报》1930 年 12 月 25 日第 8 版）

西旸肉票张宝歧出绑

本邑福山区西旸镇，迭遭海盗绑架，而第一次绑去之张宝歧及其子根生，已届匝月，尚未脱险，一再央人与匪磋商，卒无效果。而宝歧因在匪窟之中，常遭匪之虐待，已消瘦不复如人形，匪恐宝歧不支，故亦省事让步，以四百元成交，将张父子释出，派舟送回。于前日清晨，有人见宝歧倒海滩，乃舁之返乡，惟遍体鳞伤，身无完肤，厥状颇为可怜云。

（原载《申报》1931 年 1 月 21 日第 12 版）

五巨盗前日正法

在本邑西北乡犯案累累、横行一时之著名巨匪郑玉山、万锦康、花吉甫、于启园、刘小三（即世光）等五名，先后行劫福山西旸镇章成器家、张家宅基张其宝家及其子张金宝暨塘坊桥徐张氏家，并架去肉票；又在王市镇周东记等家连劫，并架去男女肉票五名；又鹿苑孙晋亨等家连劫，架去男女六名。郑匪则居住王市镇，内地探察，作为指挥。嗣在上海天津公寓将郑等拘捕，迭经庭讯，共证确凿，当由县府电省，准处死刑。县府乃于二十四日上午将郑匪等五名，提至县府逐一讯问，各匪绝少遗言，惟花吉甫请求免绑，仍穿军装，呢帽草履，毫无惧色，旋将各匪押赴北门刑场，万锦康则面带笑容且行且歌。及抵刑场，郑玉山首先执行枪决。当郑玉山被拘之时，其左臂戴有汉玉镯一只，郑匪视若珍宝，即在狱中，亦每日必盘弄，昨在执行之前，眼见情状，知必不能生还，乃将该镯除下，细视一番，若有不忍释手之慨。旋忍泪交之管狱员范琪，转具收藏，候家属具领。

（原载《申报》1931 年 6 月 26 日第 11 版）

第四章 农耕轶事

插秧

欧桥地方称插秧为莳秧，旧时莳秧都用手工。每年"芒种"季节，各家各户就要莳秧了。

第一天莳秧叫"开秧船"，须作小小的庆贺：中午吃酒肉白米饭。民间有"莳秧不吃肉，稻长三粒谷，两粒青壳粃，一粒没有肉"之说。条件好的人家还要吃鲞（读 xiǎng）鱼、咸鸭蛋、"老莳虾"（即大河虾）。民谣唱："鲞鱼尾巴乌叉叉（方言读 cù），仰光鸭蛋磕爬虾（方言读 hù），秋里稻穗狗尾巴（方言读 bù）。"唱词表达了劳动者的美好愿望，祈望秋里能获大丰收。

那时莳秧不用尺、不拉线，秧手们居然能莳出一行行笔直的秧来，这实在是一项绝技！秧手下田，背田而立；双脚分开，与两肩等宽；弯腰 90 度，双膝微屈；左手握秧把，拇指与食指、中指配合，从"秧门"里连续不断地揿出秧来，每次揿5～6支；右手飞快地从左手指间撮取秧苗，夹在拇指、食指和中指间，手指伸直，将秧插入泥中。

莳秧一般从右往左横向莳：先莳右脚外两棵，次莳脚板间两棵，再莳左脚外两棵，满六棵为一横，然后再回身从右至左莳第二横。秧手们手脚密切配合，脚随手移：每当莳右侧两棵时，左脚轻提往后拖挪一小步；莳左侧末两棵时，右脚往后拖挪一小步。双脚交替后退时，拖过的脚印叫"脚三路"。拖"脚三路"有讲究：脚板不能提离泥面，否则"路"就要拖歪，秧行易弯曲、偏向。

莳秧中每横秧的第一棵叫"头棵"，要使秧行成一直线，莳头棵时必须看"前三棵"，如果三棵成一线，那么秧行也就不会弯曲或歪斜了。

本领高强的秧手还会"穿梭莳"，就是从右至左再从左至右来回莳，就像织布时的飞梭，这样省下了"回身"的时间。他们一天能莳一亩，又快又好。这项绝技完全可以申报国家级"非遗"。

然而，有些初学者或学艺不精者，在莳秧时往往会有这样那样的毛病。有道是：秧莳六棵，毛病最多。主要毛病有六种：

"落坑秧"，秧苗插在脚坑里，因坑深而易淹死。

"挖蚌秧"，插秧如挖蚌，插得深，易浆死。

"眠水秧"，秧斜插，眠倒在水面上，易烂叶。

"汆秧"，根不着泥、横汆于水面，必死。

"烟管头秧"，秧根弯曲朝天，呈"U"形，易烂死。

"拖脚白"，脚三路宽、白朗朗的两道水路。

凡此六种，为莳秧之大忌，莳秧时须时刻注意，不使犯"病"。

莳秧也有《莳秧歌》，歌词为：

> 莳秧要唱莳秧歌，两腿弯弯泥里拖。
>
> 泥里拖啊泥里拖，手捏黄秧莳六棵。
>
> 莳六棵啊莳六棵，莳下秧苗就发棵。
>
> 发的棵啊钵头粗，割一棵啊掼一箩。

歌词唱出了莳秧劳动的艰辛：劳作者脸朝黄土背朝天，脚踩污泥，头顶烈日。为了生活，他们起早摸黑、不辞辛劳。当一片片水田在他们手下插满了秧苗的时候，他们的心中充满了希望和憧憬，似乎看到了"钵头粗"的稻子，获得了"割一棵掼一箩"的丰收。

莳秧还有不少"规矩"：秧把绝不能丢在别人身上；秧手之间不能用手直接传递秧把……

耥稻

旧时稻田没有除草剂，耥稻是一项专为水稻除草、松土的农活，须有专门的工具和技术。

耥稻的工具叫"耥"，分小耥和大耥，它们都用树板和铁钉制成。

小耥也称"竖耥"，长约8寸、宽约3寸，形如木屐。板下横钉3排铁钉，前排4枚，后两排各5枚。钉尖一律向下且向后微弯。

耥板前上方竖装一支"耥仙人"，后上方装一块"耥撑根"，两者上面斜装一个两米长竹柄，耥板与竹柄组成了一把"大牙刷"。劳作时，耥者双手握柄，在6条稻肋（每两棵稻之间的空隙称为"肋"）里挨次反复推拉，耥松泥土、挫断杂草根茎，然后逐段纵向推进。这是插秧后第一次耥稻，俗称"竖稻"，也称"竖生"。

大耥的结构、形状与小耥相仿，只是耥板要长一倍，约1尺6寸。板下有5排

方头大铁钉，中段 3 排各有 5 枚，前后两排各钉 4 枚。耥板上也有"耥仙人"和"耥撑根"，其上斜装一根长梢竹竿，叫作"耥竿"，约 6 米长，即乾隆帝把它称为"大虫"的"长须"，主要起平衡作用。

大耥是横稻的工具。所谓横稻，就是横向耥稻（与竖稻相对）。耥者高卷裤管，赤脚下田，侧身站立于"脚三路"里；双手前后一反一正握着这把"大牙刷"的"后颈"，使耥竿前后基本平衡。将耥板置于前一行的稻横之间，前手轻按，两手同时推拉 5~6 个来回。耥好一横，向前换一横，脚也随之往前移一小步。循此方法，耥了一横又一横，换了一行又一行，一直将一片稻田耥完。

大耥宽而长，劳作时，那特长的竹梢不住地晃悠，故横稻须掌握高超的技术：当耥板换横时，应趁竹竿长梢下沉之势，将耥板往前下方拍送下去，"啪"的一声，水花飞溅、耥板着泥。又紧随着竹梢的上下弹跳，将耥板前推后挪。这一推一挪，均须按竿梢的晃动之势——耥梢下沉、耥板前推；上翘，即后挪。推挪之间，耥板头尾的泥水会前激后涌、掀起重重波浪，涌得两侧稻苗左右摇晃，同时发出"哗——哗——"的激水声。合着耥竿的送拉，耥者的身躯也不住地前后晃动。耥得兴起，便会和着"啪——哗——哗——"的激水声节律，唱起山歌来：

> 栀子花开心里香，徐志坚做官不还乡；
>
> 白罗衫结识（只）苏氏女，徐家村改造成白家庄。
>
> ……
>
> 听得渔翁唱新闻，状元肚里火直喷；
>
> 头行牌旗伞全收落，有官扮作讨饭人。

这大概是将《七侠五义》的故事改编成的歌词。耥稻山歌除唱历史故事外，还有唱植物的，如《十月花名》；唱纺纱织布的，如《十张布机》；也有唱情歌的，如《十大姐》《十熬郎》等。有的农民记性好，嗓音亮，能连续唱半天。请想，在这广阔的水乡田野里，每片稻田都有农民在耥稻唱山歌。耥梢在云幕下晃动，歌声在旷野上飞扬，击水声此起彼伏……这该是世界上规模最大、时间最长的锄禾演唱会了。

耥稻是一项单调而又辛苦的农活，尤其是在雨中劳作更觉寂寞。唱山歌能助兴，也容易忘却劳累，加快进度。

"谁知盘中餐，粒粒皆辛苦。"在旧社会里，那些公子王孙能有几人知道农耕社会耥稻劳作的艰辛？

掼稻

秋种过后，欧桥已到冬闲季节，而在农业机械化之前，境内各生产小队社员就忙着掼稻了。

掼稻的工具叫"稻床"，稻床构造很简单：其形象个硕大的"用"字，两竖为"大腿"，长约 1.3 米；上下两横是横档，宽约 90 厘米；中间一竖是脊梁。"大腿"内侧各凿 10 个小孔，用 10 道食指粗的细竹横攀在床脊上，两端嵌在"大腿"内侧的洞里，略呈弧形，宛若肋骨，以前人们形容瘦得皮包骨的人为"稻床"，缘由此出。

稻床的前端（即"用"的两只角下）垂直装两只脚，高约 60 厘米，称"稻床脚"这样，床腿前端撑起，而后端着地，呈斜坡状。掼稻是手工活，费时费力，所以要请帮工或几家农户相互伴工。选好晴朗的日子开场打谷。

掼稻也要分工。年纪大一点的社员搬稻、捆柴，妇女做缫。做缫要搭缫床：在两条高长凳上搁一把梯子或两根粗竹竿，称"缫杠"，将稻子搬放在缫杠上解开，每捆分成 3 份。

一块场上摆 4～8 张稻床，排成弧状，床腿下端都朝场心处，缫床就搭在稻床后面，两者相距约 3 米。掼稻的大多是青壮男社员。他们头戴草帽，足蹬蒲鞋，臂扎袖口，手持稻缫。稻缫是两支尖头小树棒，粗如拇指，长约 7 寸，中间偏下处各钉一个小风圈，圈间系两道棉纱绳，长约 1 尺 2 寸，绳连着棒，形如"H"。缫稻时两手各握一根缫柄，将绳围于稻子近根处，往下按并外扳、翻转，缫柄合拢，缫尖插入稻茎，这样，就像箍桶似的，将一缫稻紧紧箍住，不会散落。

掼稻也要技术，右手握缫柄，左手抓稻根，根朝上而穗在下，双手同时发力，侧肩挪腰，将稻子往后拽。以右肩为圆心，以右臂和稻茎为半径。使稻穗作圆周运动——经过右腿外侧，扫过地面，绕到背后，飞过头顶，顺势身子前俯，屈膝微蹲，三力合一，将稻子重重地掼在稻床背上。稻穗突然受阻，谷粒因惯性而从稻床的竹缝间飞溅下去，也有的飞到远处。掼稻掼了几下，须将"缫"抖动一下，抖掉裹在里面的谷粒，然后再掼。如是再三直至将穗谷掼净，将柴放到捆柴处。此处另有专人捆柴，捆好的柴又要摞起来，其形如稻罗，人称"柴罗"。如果右手握缫掼稻手酸了，可换左手。左右交替可省力些。七八个男社员一起掼稻，场面亦为壮观，如一圈彪悍武士表演大刀舞：金刀黄缨，下拽上挥，挪腰奋臂，左盘右旋；稻子掼下，"噼噼啪啪"，金谷飞溅，残叶横飞……不久，稻床下就积满了金灿灿的谷子。这时就要用钉耙将"床肚"里的谷子扒到场心，这一农活叫"出床"。场心的谷子另有人用箩抬去扬净。

打草鞋

我家住塘桥镇西旸地区，我少年时代，当地农民劳动强度大，时间长。因限于生活条件，农民田间劳作大多穿草鞋，特别是男劳力。打草鞋亦叫做草鞋，根据本人回忆并请教当地一位老农，其制作有5道工序：

1. 搓绳1托，挽成两个圈，"Y"形绳端会于双圈交合点，合成两大股后再搓1托"穿襻绳"，其形如1根豆芽，两瓣为圈，芽为穿襻绳。

2. 将双圈各套在草鞋别头两侧的3枚齿上，成4经。制作者将穿襻绳系于腰间，人稍后仰绷紧经绳；取3~4支软熟稻草插于"豆芽瓣"分叉处，在经间来回纬编，左纬时右搓，右纬时左搓。纬5~6道，右侧连续做2~3个大襻，每襻约1寸半长；之后左侧连做两个半寸长的小襻。纬至小半拔经，并将经绳移至中间，各套在两枚齿上，使成平行。

3. 编至三分之二处（近鞋跟处），拔经后，两侧对称各做两个小襻，再编8~10纬，拔经后。4经合于1齿，用纬柴绕5~6道，收紧打结。

4. 余下的经圈各约3寸多长，分别穿在后跟两侧的小襻里，并透出指头粗1个经圈。

5. 从腰间解下"芽"状绳，由前往后，将"芽"梢穿过大襻、左小襻，到后跟从左襻余经圈进，又从襻后大经间出；绕过后跟，再从右侧经间进，至右小襻前经圈出，打一个结，这样，一只草鞋就做好了。

这是右脚草鞋。左鞋做法同理。但大襻须做在左侧；穿绳过程与右鞋相反。

草鞋轻便而又省钱，农民在垒地、捣土、收割、挑担时都要穿上它。尤其在尖利的麦桩地上和尖硬的地坮上挑肥、施肥、更离不开它。

我曾问那位老农："你现在还会打一双草鞋吗？"

他笑着说："如有草鞋别头能做，忘不了！可谁还想穿它呢？"

是啊！现在农民生活步入小康，皮鞋、皮靴、运动鞋、保健鞋、胶鞋都穿不坏，谁还想那简陋、粗糙的草鞋！但可别忘了当年红军长征也是穿了草鞋从江西走到陕北，居然走了二万五千里路程。看来，一双普普通通的草鞋，它不仅是劳动鞋，还是功勋显赫的革命鞋呢！

编 后 记

　　《欧桥村志》经过编纂人员的辛勤笔耕，历经三载，终于出炉，成为妙桥地区历史上第一部村志。

　　《欧桥村志》的编纂工作自始至终是在欧桥村党委、村委会的领导下进行的。本志的编纂工作始于 2014 年 7 月，由周正刚、陶全坤和吴益民等 3 人在广泛征集资料的基础上着手编写，至 2015 年 6 月完成部分章节的长篇资料编写。是年 7 月，张家港市启动张家港市名村志推进工作，《欧桥村志》被列入市名村志。为此《欧桥村志》纲目作了大幅调整，原志书记述范围从"小欧桥"到"大欧桥"亦调整为以现欧桥村境域范围，从古至今加以记述。编纂人员亦进行调整并作具体分工，由陶全坤老师承担《概述》《大事记》《建制·环境》《居民》《基础建设》《党政社团》《教育·卫生》《文化·体育》《艺文》和《志余》等卷的文稿编撰；村退休干部周正刚负责编写《农业》《工业》《商贸服务业》《军事·治安》《社会保障》《人物·荣誉》和《精神文明建设》等卷的章节。2016 年底，《欧桥村志》初稿完成，约 35 万字。之后，根据市委史志办地方志科的意见对纲目略作调整，对文字进行增删。由陶全坤总纂，由村党委副书记、编委会常务副主任徐正芳组织初审，提出修改意见。编写人员再次对所撰章节进行修改、补充和核实，并印成样稿。2017 年 10 月市委史志办组织对该志进行终审后，再作进一步修改，并配备志首图片、随文照片。

　　在编纂过程中，编者坚持实事求是和历史唯物主义的原则，本着"统贯今昔，详今略古"的精神，力求"横不缺项，纵不断线"，对境内各村发展史，无论是时间、数据，还是人物、事件，尽量做到真实可靠、有根有据，还原事实真相。编者对编志工作孜孜矻矻，倾尽全力保证

《欧桥村志》的顺利问世。在编纂期间得到市委史志办地方志科陆正芳等悉心指导，得到欧桥村现职全体干部和境内昔日各村（大队）知情的老干部、老队长、老同志的热情支持，时友保、张维民等老史志人员亦为本志编写积累了资料。在此，借《欧桥村志》出版之际向诸位一并表示衷心的感谢。

最后要说明的，编纂人员对欧桥村及并村前的西旸村、立新村的历史并不很清楚，所写史实，均通过调查走访、查阅档案等途径取得，加之编纂水平有限，经验缺乏，资料不足，尽管在编纂修改过程中，对史实多次核实和甄别，但疏漏、芜杂、偏颇在所难免，尚祈读者斧正。

编者

2017 年 12 月